CONTEÚDO DIGITAL PARA ALUNOS

Cadastre-se e transforme seus estudos em uma experiência única de aprendizado:

Escaneie o QR Code para acessar a página de cadastro.

Complete-a com seus dados pessoais e as informações de sua escola.

Adicione ao cadastro o código do aluno, que garante a exclusividade de acesso.

3340105A4185041

CB035698

Agora, acesse:
www.editoradobrasil.com.br/leb
e aprenda de forma inovadora e diferente! :D

Lembre-se de que esse código, pessoal e intransferível, é valido por um ano. Guarde-o com cuidado, pois é a única maneira de você utilizar os conteúdos da plataforma.

Editora do Brasil

TeMpo De P CIÊNCIAS

CAROLINA SOUZA

- Licenciada em Ciências Exatas – Física pela Universidade de São Paulo (USP)
- Mestre e doutora em Educação pela Universidade Federal de São Carlos (UFSCar)
- Professora do Departamento de Metodologia de Ensino da UFSCar

MAURÍCIO PIETROCOLA

- Licenciado em Física e Mestre em Ensino de Ciências pela USP
- Doutor em Epistemologia e História das Ciências pela Universidade de Paris VII
- Livre-docente em Educação pela USP
- Professor da Faculdade de Educação da USP

SANDRA FAGIONATO

- Formada em Ecologia pela Universidade Estadual Paulista (Unesp – Rio Claro)
- Mestre e Doutora em Educação pela UFSCar
- Professora da Educação Básica no município de São Carlos (SP)

COLEÇÃO
TEMPO
CIÊNCIAS
4ª edição
São Paulo, 2019.

8

Editora do Brasil

Dados Internacionais de Catalogação na Publicação (CIP)
(Câmara Brasileira do Livro, SP, Brasil)

Souza, Carolina
    Tempo de ciências 8 / Carolina Souza, Maurício Pietrocola, Sandra Fagionato. – 4. ed. – São Paulo: Editora do Brasil, 2019. – (Coleção tempo)

    ISBN 978-85-10-07422-3 (aluno)
    ISBN 978-85-10-07423-0 (professor)

    1. Ciências (Ensino fundamental) I. Pietrocola, Maurício. II. Fagionato, Sandra. III. Título. IV. Série.

19-26335   CDD-372.35

Índices para catálogo sistemático:

1. Ciências: Ensino fundamental 372.35

Maria Alice Ferreira – Bibliotecária – CRB-8/7964

Direção-geral: Vicente Tortamano Avanso

Direção editorial: Felipe Ramos Poletti
Gerência editorial: Erika Caldin
Supervisão de arte e editoração: Cida Alves
Supervisão de revisão: Dora Helena Feres
Supervisão de iconografia: Léo Burgos
Supervisão de digital: Ethel Shuña Queiroz
Supervisão de controle de processos editoriais: Roseli Said
Supervisão de direitos autorais: Marilisa Bertolone Mendes

Supervisão editorial: Angela Sillos
Edição: Erika Maria de Jesus e Fernando Savoia Gonzalez
Assistência editorial: Rafael Bernardes Vieira
Auxílio editorial: Luana Agostini
Apoio editorial: Murilo Tissoni
Copidesque: Flávia Gonçalves, Gisélia Costa e Sylmara Beletti
Revisão: Alexandra Resende, Andreia Andrade, Elaine Silva e Martin Gonçalves
Pesquisa iconográfica: Daniel Andrade e Tatiana Lubarino
Assistência de arte: Carla Del Matto e Josiane Batista
Design gráfico: Andrea Melo
Capa: Megalo Design
Imagens de capa: Karrtinki/Shutterstock.com, Billion Photos/Shutterstock.com, André Marais/Shutterstock.com
Ilustrações: Alex Argozino, Claudia Marianno, Cristiane Viana, Danillo Souza, Dawidson França, Desnhorama, DKO Estúdio, Estúdio Chanceler, Estúdio Mil, Hélio Senatore, Luca Navarro, Luis Moura, Luiz Eugenio, Luiz Lentini, Marcos Guilherme, Natalia Forcat, Paula Haydee Radi, Paulo César Pereira, Paulo Márcio Esper, Paulo Nilson, Rafael Herrera, Reinaldo Vignati, Saulo Nunes Marques, Vagner Coelho
Produção cartográfica: Alessandro Passos da Costa, DAE (Departamento de Arte e Editoração), Sonia Vaz e Studio Caparroz
Coordenação de editoração eletrônica: Abdonildo José de Lima Santos
Editoração eletrônica: N Public/Formato Comunicação
Licenciamentos de textos: Cinthya Utiyama, Jennifer Xavier, Paula Harue Tozaki e Renata Garbellini
Controle de processos editoriais: Bruna Alves, Carlos Nunes, Rafael Machado e Stephanie Paparella

4ª edição /1ª impressão, 2019
Impresso na Gráfica Santa Marta Ltda.

Editora do Brasil

Rua Conselheiro Nébias, 887
São Paulo, SP – CEP 01203–001
Fone: +55 11 3226–0211
www.editoradobrasil.com.br

Caro aluno,

Esta coleção foi pensada e escrita para levar você a descobrir o prazer de aprender Ciências por meio de um material cuja linguagem o estimulará a ler, estudar e buscar cada vez mais o conhecimento.

Queremos estimular sua curiosidade, aguçar sua capacidade de observar, experimentar, questionar e buscar respostas e explicações sobre os astros, o ambiente, os seres vivos, seu corpo e tantos outros fatores e fenômenos que fazem parte do mundo.

Para que a coleção cumpra esse papel, contamos com seu interesse, sua leitura atenta, seu entusiasmo e sua participação nas atividades propostas. Procure complementar as informações apresentadas neste livro com outras obtidas em fontes seguras. Sugerimos várias delas ao longo da coleção.

Desse modo, você desenvolverá competências para agir com autonomia ao tomar decisões sobre situações sociais que envolvem ciência e tecnologia.

Os autores

SUMÁRIO

↑ Durante a prática de atividade física, o corpo perde água e sais minerais. Quando nos hidratamos após os exercícios, o corpo repõe parte dos componentes eliminados durante a transpiração.

Corpo humano

Fernando Favoretto/Criar Imagem

NESTE TEMA
VOCÊ VAI ESTUDAR:

- o funcionamento dos sistemas digestório, respiratório, cardiovascular, linfático, urinário, imunitário e endócrino;
- os processos de transformação, distribuição, absorção dos nutrientes pelo organismo e obtenção de energia;
- a excreção e seu papel no equilíbrio do organismo;
- como são produzidos os hormônios que controlam diversos processos corpóreos e suas funções.

1. Você pratica alguma atividade física? O que mais podemos observar em nosso corpo durante a prática de atividades físicas?

2. Você já reparou na cor da sua urina ao terminar uma atividade física? Qual é? Você sabe por quê?

3. O que acontece com o excesso de água que tomamos?

Nutrição e obtenção de energia

Neste capítulo, você vai conhecer os processos corpóreos responsáveis pela obtenção de energia; vai estudar como se dá a interação dos sistemas digestório, respiratório e circulatório e quais são os órgãos a eles relacionados.

EXPLORANDO A OBTENÇÃO DE ENERGIA

Durante o jantar, Shaiene parou de repente de comer e começou a olhar para o teto. Um olhar reflexivo, mostrando que seus pensamentos estavam longe, longe. Ao seu lado, estava o pai, com quem ela morava. Ele, sem saber o que estava acontecendo, perguntou:

— O que foi filha? Viu algum inseto?

— Não, só estou seguindo meu pensamento.

— Nossa, então ele subiu bem alto, hein?

Os dois riram.

— Sabe, pai, eu estava pensando: Como é que pode um bife, arroz, salada, farofa, estas coisas que estamos comendo, virarem energia para manter nosso corpo ativo? O professor falou que até para piscar os olhos necessitamos da energia dos alimentos!

— Pelo que eu sei, os nutrientes já estão presentes neles. As vitaminas, as proteínas, as gorduras, todos esses elementos fazem parte da nossa comida. Basta ao organismo processar esses alimentos de forma que os nutrientes que eles contêm fiquem disponíveis para nós — respondeu ele, e depois encheu bem seu garfo de salada.

— Mas é fantástico imaginar que nosso corpo consegue fazer isso sozinho! Simplesmente funciona, e avisa que precisa de mais — é a fome —, e alerta quando é hora de jogar fora o que não foi aproveitado — é a vontade de ir ao banheiro.

— Eu fico bem orgulhoso de ver que você enxerga isso como algo maravilhoso. É tão simples, a gente nem se dá conta, mas é realmente maravilhoso. Agora, coma tudinho que está no seu prato, lentamente e mastigando bem, pois seu corpo vai precisar estar bem forte para você ir atrás de tantos outros sonhos que ainda virão.

Agora é sua vez.

1. Você saberia explicar para Shaiene qual é o caminho percorrido pela comida desde a mastigação até o organismo liberar o que não será útil?

2. Você concorda que é importante mastigar bem a comida e comer lentamente? Por que essas atitudes são fundamentais?

3. Como você explicaria para Shaiene o processo de obtenção de energia de nosso organismo e sua relação com a alimentação?

Ilustrações: Claudia Marianno

Como nosso corpo obtém energia?

Quando corremos ou pulamos, ficamos cansados porque gastamos energia. Mas nós, e todos os outros seres vivos, gastamos energia também para nos desenvolver e exercer as diferentes funções biológicas e realizar todos os tipos de tarefas. Você sabe de onde vem a energia de que necessitamos? Como são os processos envolvidos? E como podemos repor a energia que gastamos?

Se você pensou nos alimentos, está correto! A energia de que necessitamos para realizar todas as atividades do dia a dia é obtida dos nutrientes. São eles que fornecem energia e matéria utilizada na recomposição e construção de novas células e na regulação das mudanças que acontecem em nosso corpo.

colnihko/Shutterstock.com

POSSO PERGUNTAR?

A água é importante para a nossa nutrição?

↑ Os alimentos nos fornecem a energia de que precisamos para o bom funcionamento de nosso organismo.

Isso ocorre graças à integração dos sistemas digestório, respiratório e circulatório.

No sistema digestório, as macromoléculas (carboidratos, proteínas e lipídios) provenientes dos alimentos são transformadas em moléculas suficientemente pequenas para que possam ser absorvidas e penetrar em nossas células.

Os produtos finais da digestão e o oxigênio (proveniente da respiração) são transportados pelo sistema circulatório a todas as partes do corpo.

Por fim, nas células, a glicose (proveniente da digestão) e o oxigênio são transformados em energia.

Monkey Business Images/Dreamstime.com

→ Uma alimentação equilibrada nos garante a energia necessária para realizar as tarefas diárias.

Sistema digestório

O **sistema digestório** é formado por um longo tubo de composição muscular responsável por mastigar, deglutir, digerir e absorver os nutrientes dos alimentos. Conforme o alimento percorre o sistema digestório, ele sofre transformação, possibilitando a assimilação dos nutrientes pelas células.

Etapas da digestão

Os nutrientes presentes nos alimentos são disponibilizados e absorvidos pelo organismo por meio do processo chamado **digestão**. É por meio dele também que são formadas as fezes. Vamos estudar agora suas etapas.

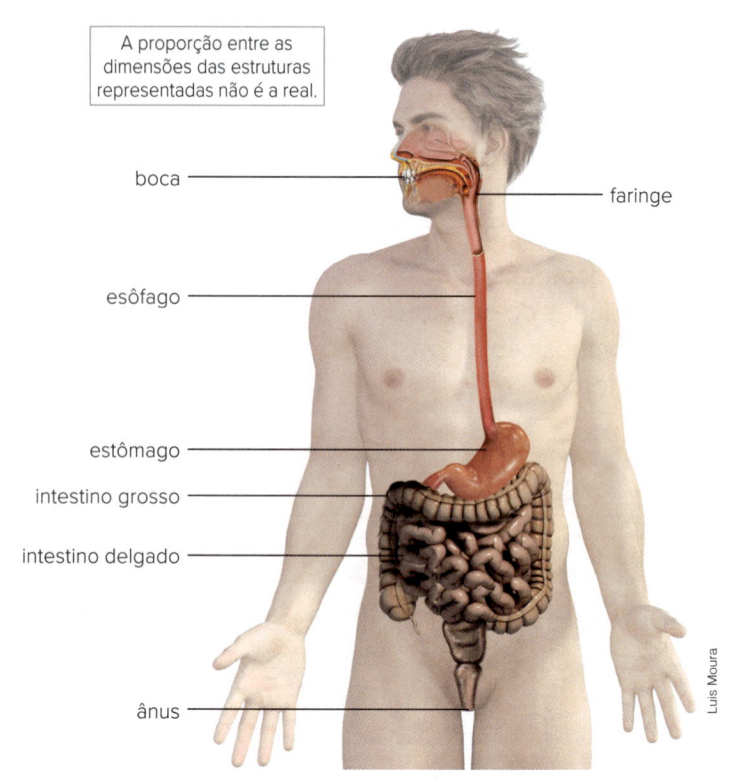

A proporção entre as dimensões das estruturas representadas não é a real.

boca — faringe — esôfago — estômago — intestino grosso — intestino delgado — ânus

Luis Moura

↑ Esquema simplificado que mostra os componentes do tubo digestório humano.

Mastigação e deglutição

Na boca ocorre a **mastigação**, processo no qual o alimento é cortado e triturado pela ação mecânica dos dentes, auxiliados pela língua. A saliva, produzida pelas glândulas salivares, além de umedecer o alimento facilitando a mastigação, contém a enzima amilase, que atua sobre o amido transformando-o em moléculas mais simples.

Por meio da **deglutição**, alimentos parcialmente fragmentados – que formam o bolo alimentar – são conduzidos para a faringe e o esôfago (órgãos tubulares, formados por músculos). Esse movimento é mecânico e voluntário. Mas, assim que é engolido, o bolo alimentar é conduzido do esôfago até o estômago por meio dos movimentos peristálticos, que são involuntários.

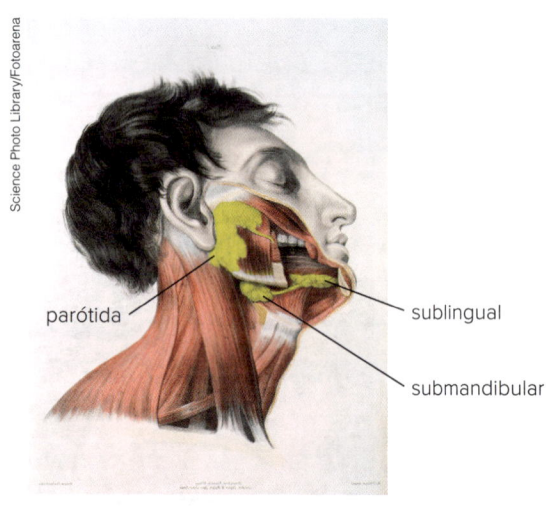

Science Photo Library/Fotoarena

parótida — sublingual — submandibular

↑ Ilustração que mostra a localização das glândulas salivares humanas, indicadas pelas setas.

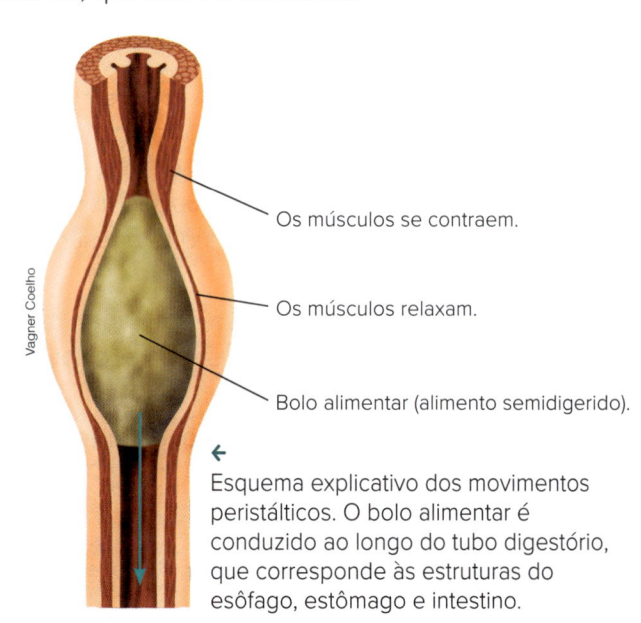

Vagner Coelho

Os músculos se contraem.

Os músculos relaxam.

Bolo alimentar (alimento semidigerido).

← Esquema explicativo dos movimentos peristálticos. O bolo alimentar é conduzido ao longo do tubo digestório, que corresponde às estruturas do esôfago, estômago e intestino.

Formação do quimo

Nas paredes internas do estômago, há glândulas que produzem o suco gástrico, um composto de água, muco, ácido e enzimas digestivas. Entre essas enzimas está a pepsina, que age em ambiente ácido e digere proteínas. Após algumas horas sob a ação do suco gástrico, o bolo alimentar é transformado em **quimo**, um tipo de pasta.

O quimo, por meio de movimentos peristálticos, passa para o intestino delgado.

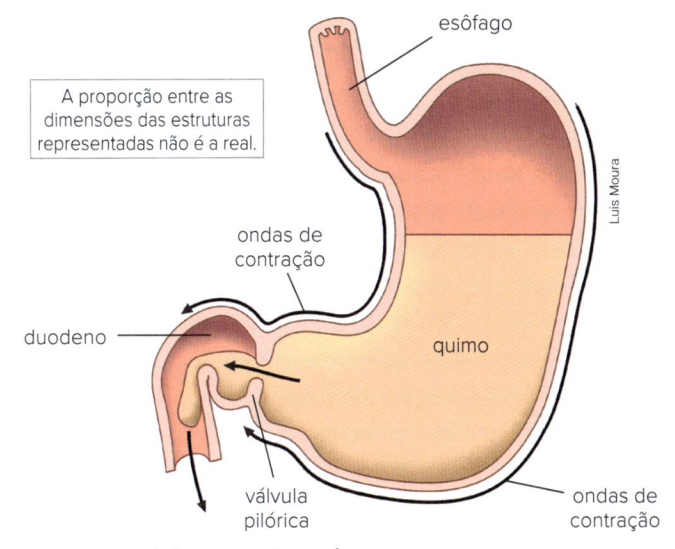

A proporção entre as dimensões das estruturas representadas não é a real.

↑ Esquema do estômago que mostra a passagem do quimo para o intestino delgado.

Formação do quilo

É no duodeno, segmento inicial do intestino delgado, que acontece a maior parte da digestão. As moléculas dos nutrientes são transformadas em moléculas menores, que o organismo pode absorver. Esse processo químico ocorre com o auxílio de alguns líquidos produzidos pelo próprio organismo:

- bile: produzida pelo fígado, facilita a ação das enzimas de outros sucos na digestão de lipídios;
- suco pancreático: produzido pelo pâncreas, contém vários tipos de enzimas que atuam na digestão de carboidratos, lipídios e proteínas;
- suco entérico ou intestinal: produzido pelas células da parede do intestino delgado, contém enzimas que digerem proteínas, carboidratos e lipídios.

Nessa etapa, o quimo se transforma em um líquido viscoso – o **quilo** – que passa para o jejuno e o íleo – partes finais do intestino delgado.

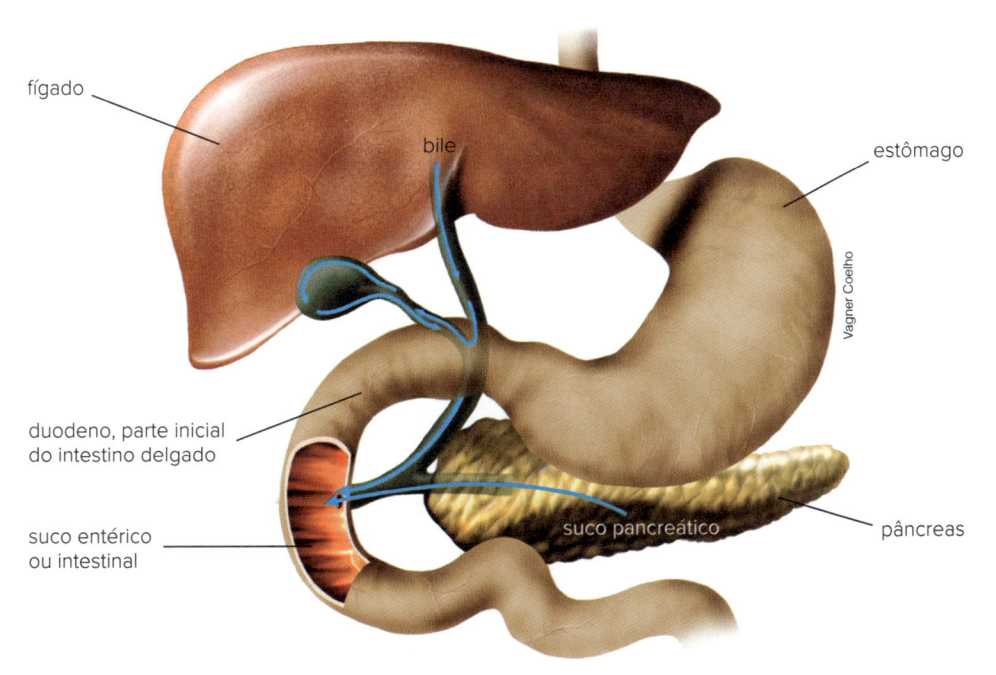

↑ A ilustração representa os órgãos e líquidos corporais responsáveis pela produção do quilo.

Absorção de nutrientes

No estômago e no intestino grosso, a **absorção de nutrientes** é pequena; cerca de 90% da absorção do quilo ocorre nas inúmeras vilosidades do intestino delgado.

As pequenas moléculas resultantes da digestão dos nutrientes, e também vitaminas e sais minerais – que não são digeridos, apenas absorvidos –, atravessam as paredes intestinais e chegam à corrente sanguínea, de onde são distribuídas para todas as células do corpo. Nas células, os nutrientes são utilizados para obtenção de energia e para a manutenção do organismo.

Formação das fezes

No intestino grosso, ocorre a absorção da água presente no material vindo do intestino delgado e de alguns nutrientes, como certas vitaminas e sais minerais.

A absorção da água é essencial para hidratar o organismo. Com o processo, ocorre a **formação das fezes**, constituídas de uma pequena parte restante de água e dos resíduos que sobram dos alimentos após a digestão.

As fezes são armazenadas temporariamente no intestino grosso, até ocorrer a defecação, ou seja, a eliminação pelo ânus.

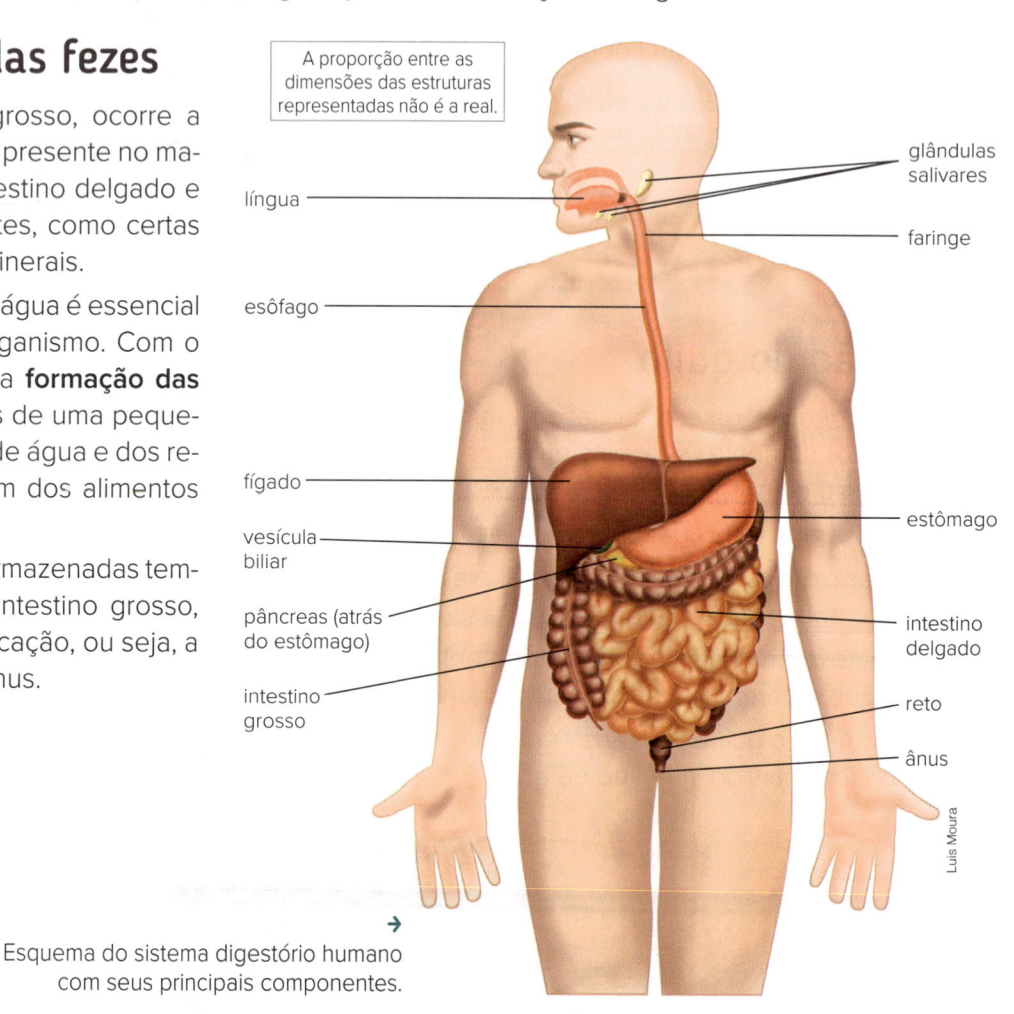

A proporção entre as dimensões das estruturas representadas não é a real.

glândulas salivares
língua
faringe
esôfago
fígado
estômago
vesícula biliar
pâncreas (atrás do estômago)
intestino delgado
intestino grosso
reto
ânus

Luis Moura

Esquema do sistema digestório humano com seus principais componentes.

Sistema cardiovascular

O **sistema cardiovascular** é uma grande rede de tubos pela qual o sangue, impulsionado pelo coração, circula por todas as partes do corpo levando nutrientes provenientes da digestão, oxigênio da respiração e outras substâncias.

Os principais componentes do sistema cardiovascular são: coração, sangue e vasos sanguíneos.

O coração é um órgão muscular que bombeia o sangue para todo o corpo. Os vasos sanguíneos são estruturas tubulares por onde circula o sangue: são as artérias – que levam sangue do coração aos tecidos do corpo; as veias – que reconduzem ao coração o sangue vindo do corpo; e os capilares – que ligam artérias e veias, transportando sangue aos tecidos.

Os vasos sanguíneos estão distribuídos de forma que possam, num movimento circulatório constante, levar o sangue do coração a todos os tecidos do corpo e trazê-lo, em seguida, ao coração.

O sangue é um líquido de cor vermelha, composto por células sanguíneas (hemácias e glóbulos brancos), fragmentos celulares (plaquetas) e plasma (parte líquida do sangue composta de água, proteínas e sódio). Ele transporta os nutrientes provenientes da digestão, os gases da respiração e outras substâncias pelo organismo.

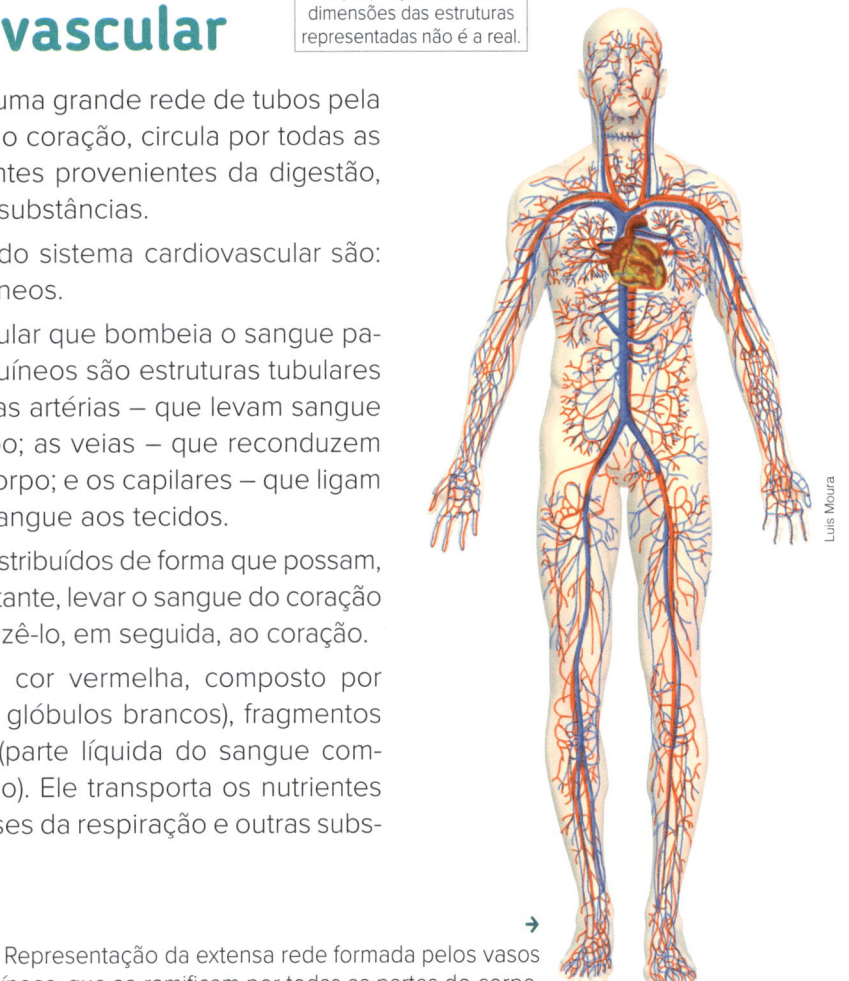

Luis Moura

→ Representação da extensa rede formada pelos vasos sanguíneos, que se ramificam por todas as partes do corpo.

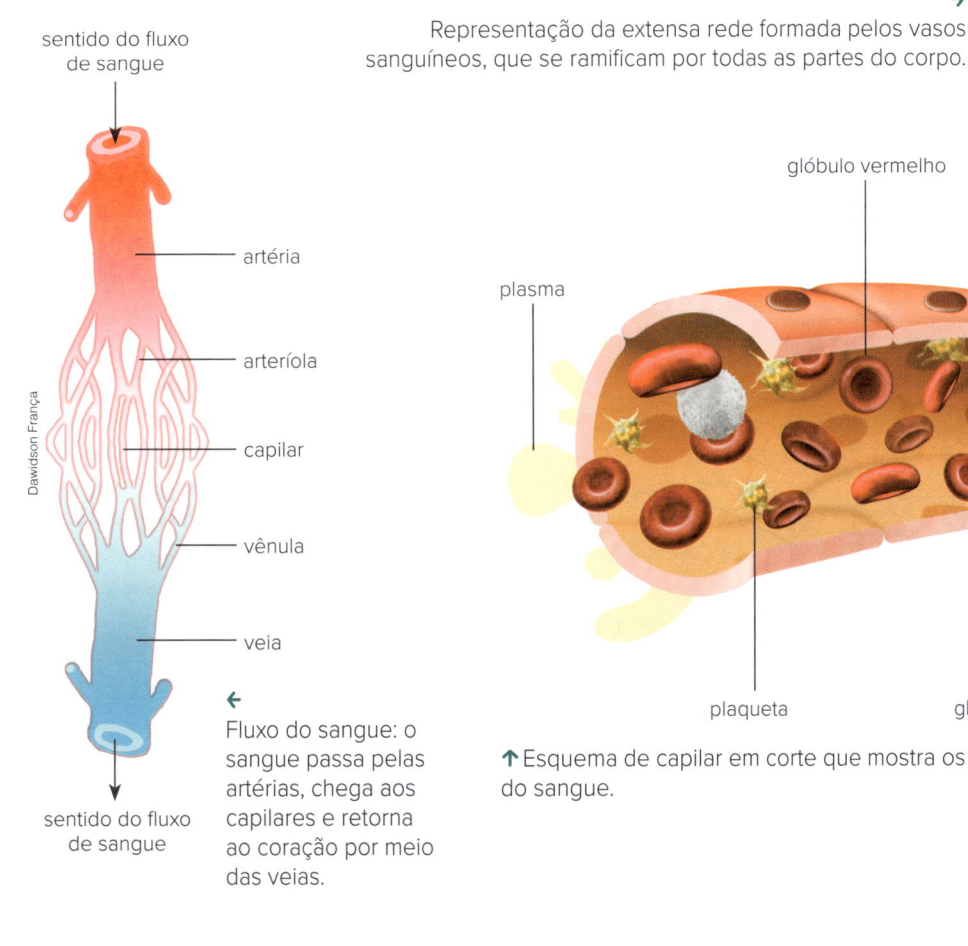

Dawidson França

sentido do fluxo de sangue

artéria

arteríola

capilar

vênula

veia

sentido do fluxo de sangue

← Fluxo do sangue: o sangue passa pelas artérias, chega aos capilares e retorna ao coração por meio das veias.

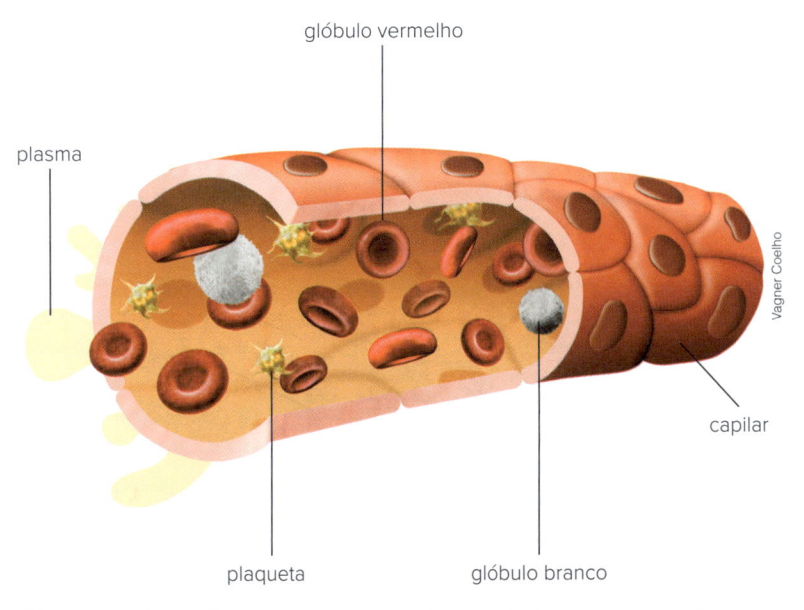

Vagner Coelho

glóbulo vermelho

plasma

plaqueta

glóbulo branco

capilar

↑ Esquema de capilar em corte que mostra os principais componentes do sangue.

Sistema respiratório

Os pulmões são os órgãos mais conhecidos do **sistema respiratório**; fazem parte também desse sistema as vias respiratórias, que são compostas de vários órgãos e estruturas: o nariz (onde se encontram as cavidades nasais), a faringe, a laringe, a traqueia, os brônquios, os bronquíolos e os alvéolos.

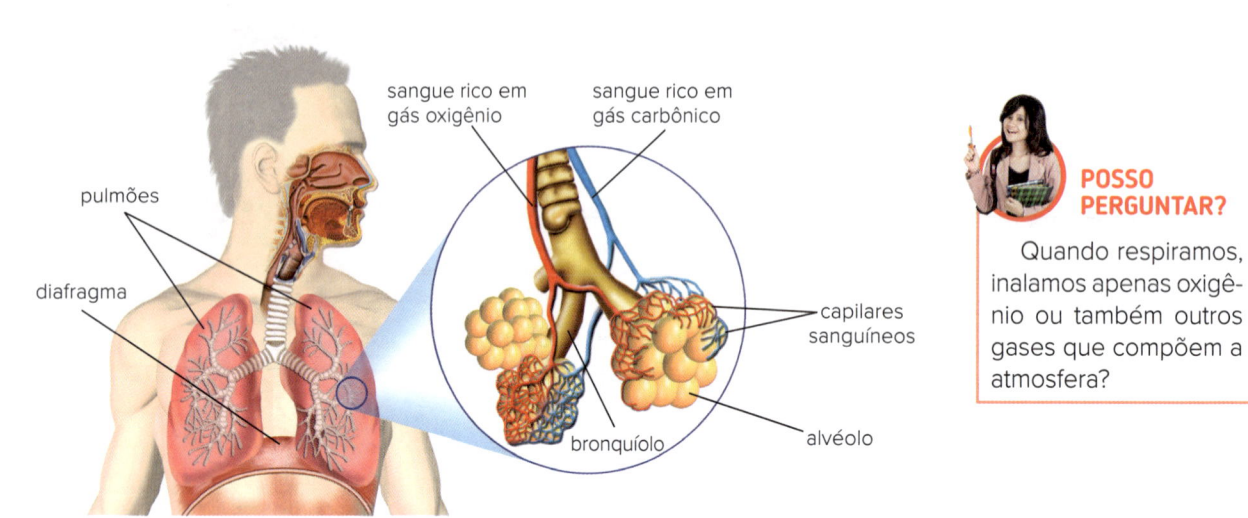

↑ Esquema do sistema respiratório e do diafragma.

POSSO PERGUNTAR?

Quando respiramos, inalamos apenas oxigênio ou também outros gases que compõem a atmosfera?

Os movimentos respiratórios

Desde que nascemos, e durante toda a vida, respiramos várias vezes por minuto. No processo de respiração, ocorrem alternadamente os movimentos de inspiração e expiração.

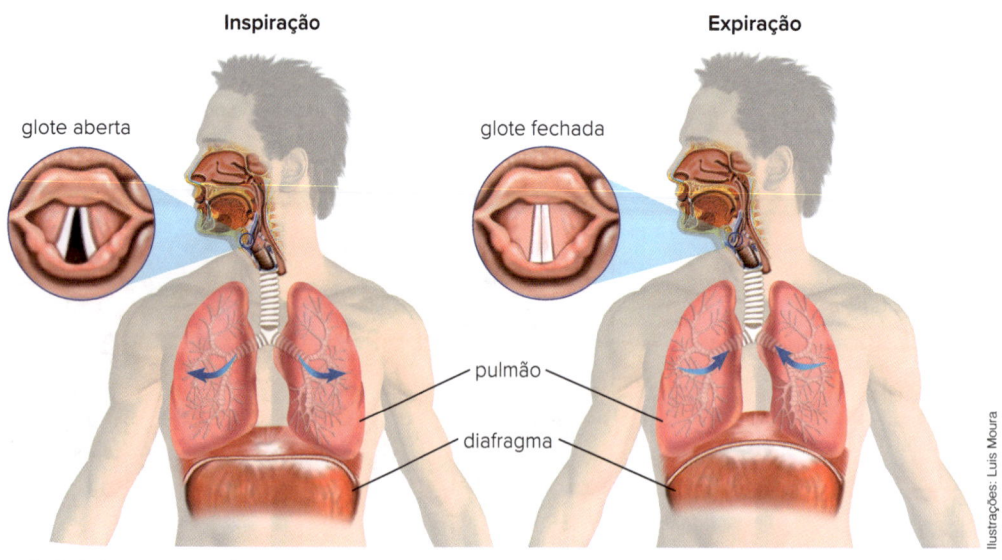

Ilustrações: Luis Moura

Inspiração

1. O diafragma e os músculos intercostais se contraem.
2. O diafragma abaixa, as costelas elevam-se, aumenta o volume da caixa torácica.
3. Os pulmões distendem-se e aumentam de volume.
4. A pressão intrapulmonar diminui em relação à pressão atmosférica.
5. O ar entra nos pulmões.

Expiração

1. O diafragma e os músculos intercostais relaxam.
2. O diafragma volta à posição inicial. As costelas baixam e o volume da caixa torácica diminui.
3. Os pulmões contraem-se e diminuem de volume.
4. A pressão intrapulmonar aumenta em relação à pressão atmosférica.
5. O ar sai dos pulmões para vias respiratórias e dessas para o exterior.

↑ Esquema da respiração em dois momentos: inspiração e expiração.
Em destaque, a posição da glote em cada uma das situações.

Respiração celular

Nos alvéolos pulmonares, o gás oxigênio passa para o sangue. O sangue, por sua vez, transporta o oxigênio até as células, bem como os nutrientes absorvidos no processo digestório.

No interior das células acontece uma reação entre o oxigênio e os nutrientes que resulta na liberação de energia presente nas substâncias nutritivas, em geral na glicose. Esse processo é denominado **respiração celular** e acontece nas mitocôndrias, que são as organelas responsáveis pela obtenção de energia.

A energia liberada no processo de respiração celular é utilizada em todas as funções do organismo.

Gás carbônico e água são produtos do processo de geração de energia. Por ser uma substância tóxica para a célula, o gás carbônico deve ser eliminado imediatamente, o que ocorre pelas trocas gasosas nos alvéolos pulmonares.

Veja a seguir uma representação simplificada da respiração celular:

glicose + gás oxigênio → gás carbônico + água + energia

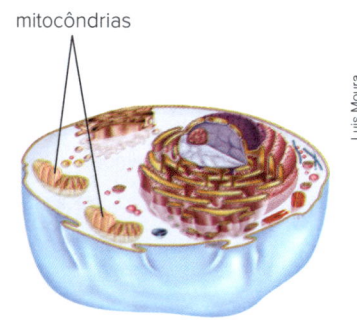

↑ A respiração celular ocorre no interior das mitocôndrias.

A circulação sanguínea e as trocas gasosas

Os seres humanos, da mesma forma que a maioria dos seres vivos, precisam de oxigênio para realizar o metabolismo celular, e têm necessidade de eliminar o gás carbônico que resulta desse processo.

A entrada e saída de ar no organismo são possibilitadas pela **respiração pulmonar** ou **ventilação pulmonar**, que ocorre devido aos movimentos respiratórios.

É nos alvéolos pulmonares que ocorre a troca de gases entre o ar dos pulmões e o sangue.

Percurso do sangue no corpo humano

O coração humano possui quatro cavidades: dois **átrios** e dois **ventrículos** – um direito e um esquerdo.

Para realizar o percurso completo no interior do organismo humano, o sangue percorre dois trajetos interligados.

O sangue rico em gás carbônico, também chamado de sangue venoso, proveniente de outras partes do corpo, chega ao átrio direito do coração por meio das veias cavas superior e inferior; depois, ele é bombeado do ventrículo direito para a artéria pulmonar. A artéria pulmonar se divide em duas, que seguem uma para o pulmão direito e a outra para o pulmão esquerdo.

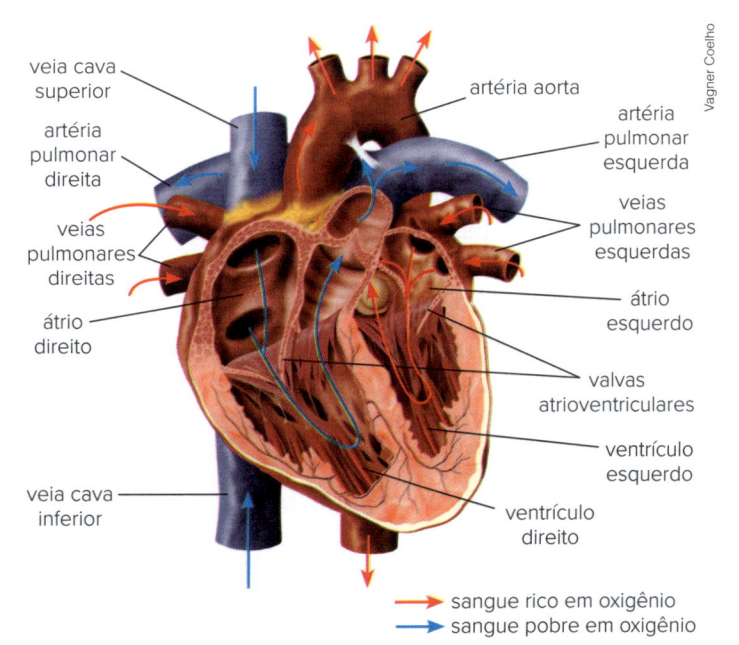

↑ Esquema de coração humano em corte que mostra os átrios, os ventrículos, as valvas e o sentido do fluxo sanguíneo.

Nos pulmões, ocorre a **troca gasosa** nos capilares dos alvéolos pulmonares, ou seja, o sangue libera o gás carbônico proveniente das células do corpo e absorve o gás oxigênio proveniente da respiração. Depois dessa troca, o ar expirado será mais rico em gás carbônico do que o ar inspirado. Observe, a seguir, o diagrama que ilustra esse processo.

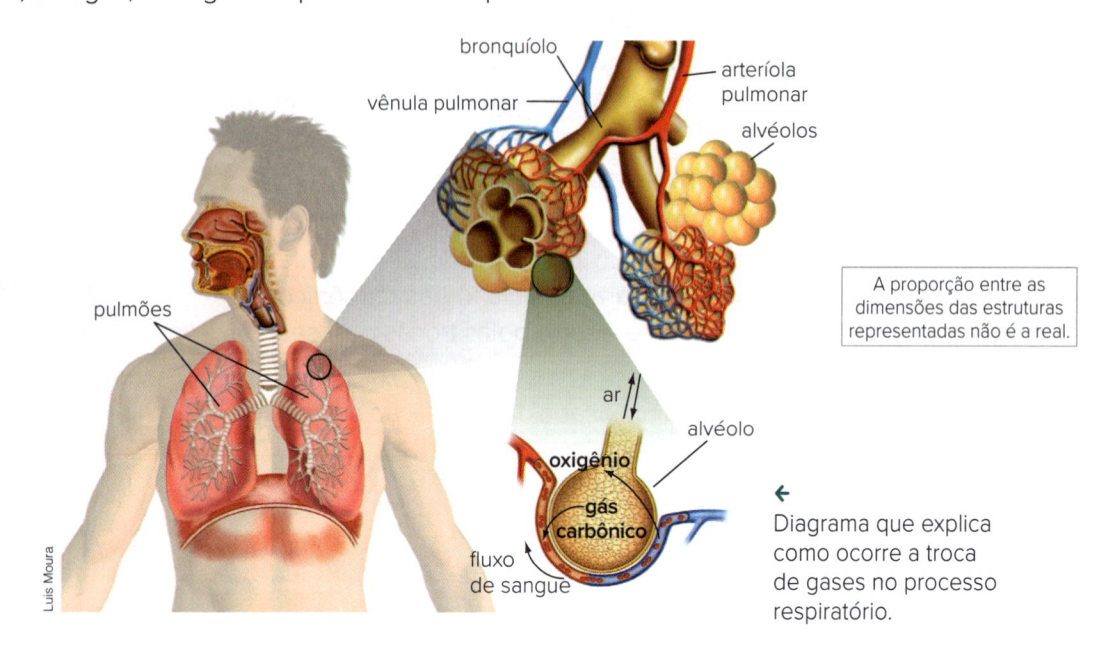

A proporção entre as dimensões das estruturas representadas não é a real.

Diagrama que explica como ocorre a troca de gases no processo respiratório.

O sangue oxigenado, então, retorna ao coração por meio das veias pulmonares, entrando pelo átrio esquerdo. Esse trajeto é chamado de circulação pulmonar ou pequena circulação.

O átrio esquerdo bombeia o sangue para o ventrículo esquerdo, e essa cavidade, por sua vez, impulsiona o sangue para o interior da artéria aorta. A artéria aorta se ramifica em diversas outras artérias que, então, transportam o sangue oxigenado para os tecidos dos órgãos do corpo.

Depois de passar pelos tecidos do corpo, o sangue retorna ao coração por meio das veias cavas. Esse trajeto é chamado de circulação sistêmica ou grande circulação. Ao chegar ao átrio direito, o percurso do sangue se repete.

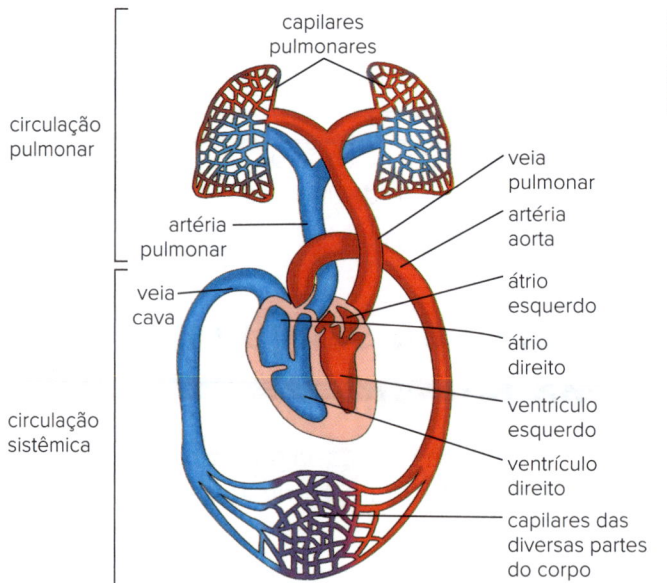

↑ Esquema do percurso do sangue no corpo humano – circulação pulmonar e sistêmica.

No decorrer da circulação sistêmica, o sangue carrega oxigênio e outros nutrientes vitais para as células e capta o gás carbônico e outros resíduos das atividades celulares.

Assim, por meio do sangue, o oxigênio – que foi captado do ambiente atmosférico pela inspiração e chegou até os pulmões – é levado para todas as células do corpo. E o gás carbônico, produzido nas células, é expelido do organismo pelas vias respiratórias na expiração.

O transporte de gases pela corrente sanguínea é feito pelos glóbulos vermelhos e pelo plasma sanguíneo.

POSSO PERGUNTAR?

Por que respiramos mais depressa e nosso coração bate mais rápido quando corremos?

O coração e suas representações

[...]

Muito antes da descoberta da função de bomba impulsionadora do sangue, o coração foi tido como centro da vida, da coragem e da razão. [...]. De onde, e, quando, surgiu essa representação, sempre despertou a curiosidade dos historiadores, vez que pouco tem a ver com o coração anatômico. Para alguns, sua origem deve-se à semelhança com a folha da hera, que na Antiguidade representava o símbolo da imortalidade e do poder. [...]

[...]

A mais antiga representação do coração, de que se tem conhecimento, data de 1200 a.C. Trata-se de um vaso da cultura Olmeca do México, provavelmente usado nos sacrifícios humanos desse povo. O vaso tem a forma grosseira do coração com os três vasos originando-se em sua base. [...]

[...] A escola hipocrática, quatrocentos anos antes de Cristo, descreve o coração como uma massa muscular firme, ricamente suprida por fluidos. Sua forma é descrita como a de uma pirâmide e ele é envolto por uma membrana, onde se encontra uma pequena quantidade de líquido semelhante à urina. Identificam-se quatro cavidades. [...]

[...]

Em 1911, o abade francês Henri Breuil encontrou em uma caverna na Espanha uma pintura da Era Paleolítica representando um elefante. O pesquisador se refere a "uma larga mancha, mais ou menos com a forma de um coração, situada na porção mediana do corpo, representando a orelha do animal" [...]. Alguns historiadores, entretanto, baseados em outra pintura pré-histórica encontrada na França, afirmam que o objetivo de quem pintou o elefante seria mostrar o seu ponto mais vulnerável: o coração. Nessa pintura existe a mesma mancha, com a mesma forma sendo atingida por três flechas, não restando dúvidas de que este seria o ponto a ser atingido quando da caça ao elefante. [...]

[...]

↑ Desenho de um mamute feito na Era Paleolítica.

Paulo R. Prates. Símbolo do coração. História, Ciências, Saúde-Manguinhos, v. 12, n. 3, set./dez. 2005. Disponível em: <www.scielo.br/scielo.php?script=sci_arttext&pid=S0104-59702005000300020>. Acesso em: 7 maio 2019.

→ O símbolo do coração está presente no dia a dia e em obras artísticas, como *Garota com balão*, do grafiteiro Banksy, feita em 2002.

1. O coração geralmente é representado como o órgão responsável pelos sentimentos. Esse órgão realmente comanda os sentimentos? 🎤

2. Por que você acha que fazemos essa correlação?

3. Com base nos estudos deste capítulo, podemos dizer que essa ideia está correta do ponto de vista científico?

Verificando a pulsação

Por meio de atitudes simples, como colocar o dedo sobre um ponto por onde passa uma artéria, podemos perceber a pressão que impulsiona o sangue pelas artérias. Os momentos em que o vaso sanguíneo se expande e se contrai, ou seja, a frequência dos batimentos cardíacos, chama-se pulsação.

Vamos observar, na prática, a pulsação?

Material:

- relógio; papel; lápis.

Procedimentos

1. Reúna-se com um colega.
2. Coloque os dedos sobre o pulso dele, logo abaixo do polegar, conforme mostra a figura, e conte os batimentos dele durante 1 minuto. Peça-lhe que marque o tempo no relógio.

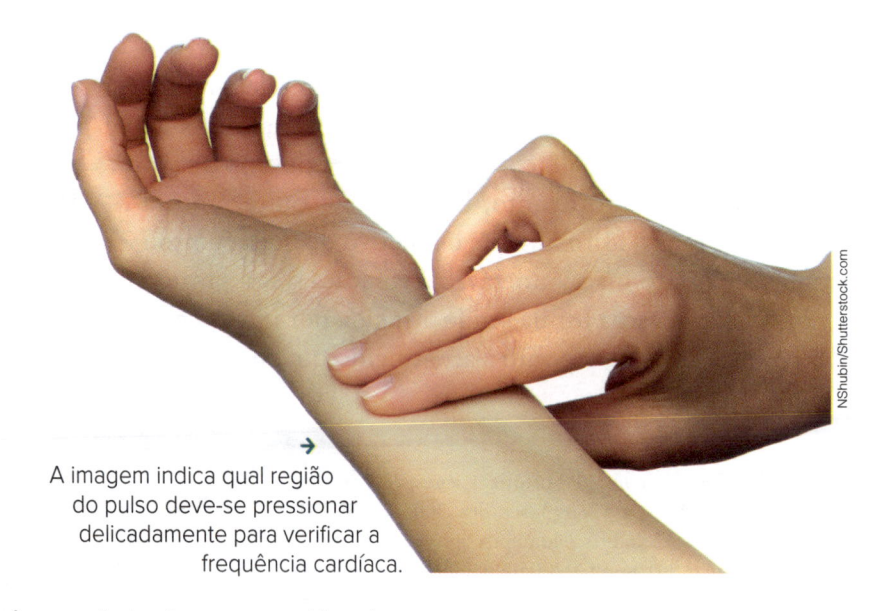

A imagem indica qual região do pulso deve-se pressionar delicadamente para verificar a frequência cardíaca.

3. Anote o número de batimentos verificado.
4. Peça ao colega que corra ou pule durante 1 minuto e volte a verificar os batimentos cardíacos dele conforme as instruções do passo 2.
5. Anote o número de batimentos.

Reflita e registre

1. Houve alteração no número de batimentos cardíacos antes e depois da atividade física? Qual?

2. Por que isso ocorreu?

ATIVIDADES

SISTEMATIZAR

1. Alguns alunos do 8º ano precisam montar um mural, cujo título é "A trajetória do alimento no tubo digestório". As fichas com os nomes das partes do tubo digestório estão embaralhadas. Registre-as no caderno de acordo com a sequência da trajetória do alimento no tubo digestório.

boca	intestino delgado	esôfago	faringe	intestino grosso	estômago

2. Identifique e nomeie as estruturas do sistema digestório humano a que se referem as questões a seguir.

   a) Em qual delas há vilosidades que aumentam a superfície de absorção?

   b) Em qual dessas estruturas é produzida a bile?

   c) Qual é o órgão que conduz o alimento até o estômago?

   d) Em qual órgão é produzido o suco gástrico?

   e) Em qual órgão ocorre a formação das fezes?

3. Qual é o principal papel do sistema respiratório?

4. O organismo humano é composto de uma imensa quantidade de células de diferentes tipos. No interior das células é produzida a energia necessária para as funções celulares e para a nossa sobrevivência. O processo de obtenção de energia depende da respiração, que acontece em duas etapas: a pulmonar e a celular. Faça uma comparação entre elas.

REFLETIR

1. Considerando que, mediante os movimentos respiratórios, ocorrem trocas de gases do ar atmosférico com o sangue, analise o quadro a seguir. Ele ilustra a composição do ar atmosférico, do ar que inspiramos e do ar que expiramos.

GASES	OXIGÊNIO	GÁS CARBÔNICO	GÁS NITROGÊNIO	OUTROS GASES
Composição da atmosfera	21%	0,04%	78%	0,96%
Movimento de inspiração	21%	0,04%	78%	0,96%
Movimento de expiração	16%	4%	78%	0,96%

Tabela elaborada para fins didáticos.

Agora, faça o que se pede.

   a) Por que há uma diferença do oxigênio no ar inspirado e no ar expirado?

   b) Explique a razão do aumento do percentual de gás carbônico na expiração.

   c) Como se explica a manutenção dos percentuais do gás nitrogênio e de outros gases nas três linhas da tabela?

DESAFIO

1. Em grupo, com o uso de *tablets* ou *smartphones*, elaborem um vídeo explicando como se dá a integração dos sistemas digestório, respiratório e circulatório no que se refere à obtenção de energia para a realização de nossas atividades diárias.

Transporte e eliminação de resíduos

No capítulo anterior, você viu como nosso corpo produz energia. Agora, você vai estudar como ocorre a eliminação de resíduos metabólicos e a regulação do equilíbrio do organismo.

EXPLORANDO A VONTADE DE FAZER XIXI

Marcelo e sua turma saíram cedo de casa para uma excursão da escola. Antes de iniciar a viagem, ele tinha bebido uma garrafa de água de 500 mL.

Entrou no ônibus e fez uma careta quando viu que o veículo não tinha banheiro.

Como se a vontade surgisse justamente para desafiá-lo, não demorou muito e veio um desejo terrível de urinar. Tentou pensar em outra coisa, mas... a situação só piorava. Decidido, aproveitou que estava sentado perto da professora e pediu:

– Professora, será que poderíamos parar no próximo posto para eu poder ir ao banheiro? Estou com a "bexiga estourando"!

– Mas, Marcelo, você acabou de entrar no ônibus! Além disso, já saímos atrasados. – respondeu a professora.

Percebendo o desapontamento da professora com seu pedido, Marcelo resolveu apelar para seus conhecimentos do sistema urinário:

– Sabe, professora, o principal problema de segurar tanto a urina, além do desconforto, é o risco de desenvolver uma infecção urinária. Isso não é tão raro, não. E ficar sem tomar água para evitar a vontade é pior ainda, o corpo precisa se hidratar...

A professora riu da argumentação do adolescente e foi falar com o motorista. Marcelo ficou aliviado.

Ilustrações: Claudia Marianno

Agora é sua vez. 🎤

1. Você já passou por uma situação parecida? O que você fez, "segurou" o xixi ou procurou um banheiro?

2. Você sabe o que é infecção? O que pode causá-la?

3. Tem pessoas que deixam de beber água para ir menos vezes ao banheiro. Isso é certo?

4. O que é a urina? De que ela é composta?

Eliminação de resíduos

No capítulo anterior, você viu que é pelo processo de respiração que nosso corpo elimina gás carbônico, resultado da atividade das células. Mas existem outras substâncias, como **ureia**, água e sais minerais, que podem estar em excesso no organismo.

Essas substâncias são chamadas de excretas e o processo de eliminação é conhecido como **excreção**. Contribuem para a excreção o sistema respiratório, que elimina gás carbônico; o sistema urinário, que elimina a urina, mistura de água e substâncias como a ureia; e as **glândulas sudoríferas** ou sudoríparas, que produzem e eliminam o suor, constituído principalmente de água e sais minerais.

O mecanismo de eliminação do suor pelas glândulas sudoríferas é fundamental para a manutenção das funções do corpo. Quando a temperatura corporal aumenta, o hipotálamo recebe o sinal e o retransmite às glândulas sudoríparas, que passam a produzir suor. Por meio da condução, o corpo cede energia, na forma de calor, às partículas de água que compõem o suor. Ele, então, é liberado para o ambiente através da pele.

Sistema urinário humano

O **sistema urinário humano** é composto de um par de rins e pelas vias urinárias.

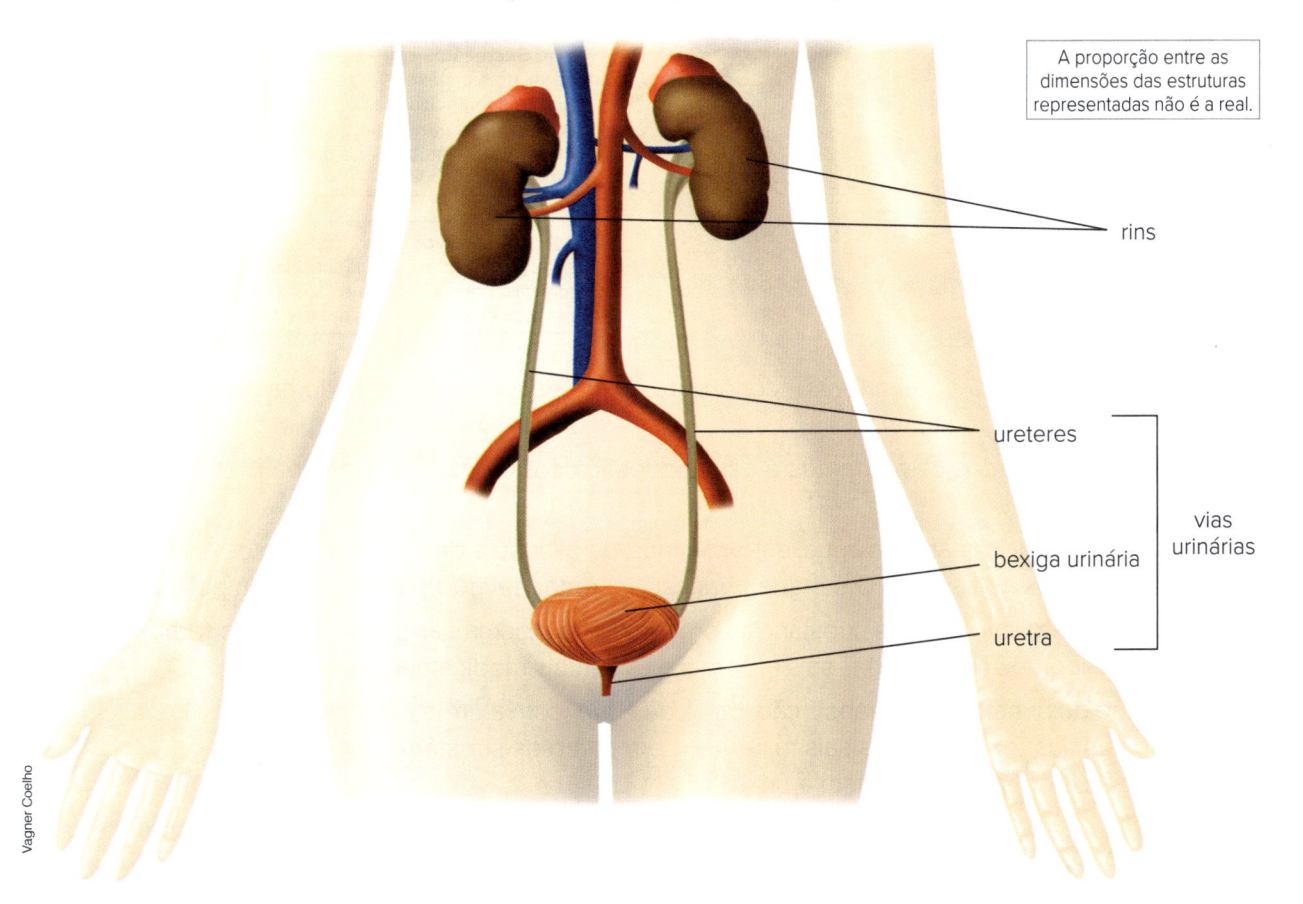

A proporção entre as dimensões das estruturas representadas não é a real.

rins

ureteres

bexiga urinária

uretra

vias urinárias

Vagner Coelho

↑ Esquema do sistema urinário humano. Na imagem estão também representados alguns vasos do sistema cardiovascular, como a veia cava inferior e a aorta.

Como é produzida a urina?

A água é importante na formação das fezes, mas você já deve ter observado que, algum tempo depois de ter ingerido líquidos, dá vontade de urinar, principalmente se tiver bebido muito.

Isso ocorre porque a urina é composta de substâncias residuais do metabolismo e outras que estão em excesso no organismo – como a água, que após atravessar o sistema digestório é integrada à corrente sanguínea.

A cada cinco minutos, aproximadamente, os rins filtram todo o sangue do corpo, retornando-o para o sistema cardiovascular livre de substâncias tóxicas, que compõem a urina.

A **formação da urina** ocorre em estruturas microscópicas denominadas néfrons, localizadas nos rins. Veja a seguir todo o processo.

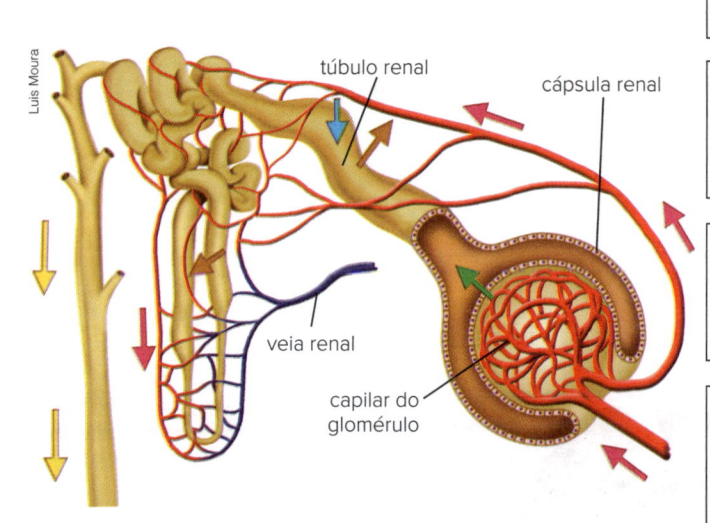

Esquema que mostra as etapas do processo de formação da urina no néfron.

Fluxo sanguíneo: o sangue arterial é conduzido, sob alta pressão, da artéria renal até os capilares do glomérulo, localizados nos néfrons.

Filtração: nessa etapa são filtrados os nutrientes, os resíduos tóxicos, como ureia e ácido úrico, os sais e a água. Proteínas e células sanguíneas, por serem suficientemente grandes, não passam para a cápsula renal. Elas continuam na corrente sanguínea.

Reabsorção: ocorre quando o líquido filtrado passa para o túbulo renal ou coletor. Nele, a maior parte da água, das vitaminas, da glicose e de outros nutrientes e sais minerais são reabsorvidos pelos capilares que rodeiam o túbulo renal.

Secreção: ocorre a eliminação, ainda no túbulo renal, de substâncias presentes no plasma sanguíneo que não foram filtradas no início, por exemplo: alguns sais minerais e eventuais medicamentos. O sangue purificado é então levado para fora do rim pela veia renal.

Formação da urina: após a reabsorção, parte da água (com a ureia e outras substâncias tóxicas) e dos sais minerais, bem como as substâncias em excesso no sangue, permanecem nos túbulos renais e formam a urina.

Fluxo sanguíneo: o sangue arterial é conduzido da artéria renal até os capilares do glomérulo, que são vasos sanguíneos muito finos.

Filtração: são filtrados os nutrientes e os resíduos tóxicos, como ureia, ácido úrico, sais mineirais e água.

Reabsorção: a maior parte da água, das vitaminas, da glicose e de outros nutrientes e sais minerais são reincorporados ao sangue. O sangue purificado é então levado para fora do rim pela veia renal.

Secreção: é a eliminação de substâncias presentes no plasma sanguíneo que não foram filtradas anteriormente, por exemplo: alguns sais minerais e eventuais medicamentos.

Formação da urina: após a reabsorção, parte da água (com a ureia e outras substâncias tóxicas) e dos sais minerais, bem como as substâncias em excesso no sangue, formam a urina.

A eliminação da urina

A urina produzida nos rins é conduzida até a bexiga pelos ureteres, onde fica armazenada, e depois é conduzida para fora do corpo pela uretra.

POSSO PERGUNTAR?

A composição da urina é sempre a mesma?

SISTEMATIZAR

1. O que são excretas? Cite exemplos.

2. O sistema urinário humano é responsável, entre outras coisas, pela retirada da ureia do sangue, garantindo o equilíbrio do organismo. Com base em seus conhecimentos, responda:

   a) Qual é a função do sistema urinário?

   b) Qual é sua importância para o bom funcionamento do nosso organismo?

   c) Esse sistema trabalha em conjunto com outros sistemas?

3. Quais são as substâncias normalmente reabsorvidas no néfron? Escreva em seu caderno a resposta correta.

   a) Água e ureia.   **b)** Água e glicose.   **c)** Glicose e ureia.   **d)** Água e ácido úrico.

REFLETIR

1. Leia o texto e responda à questão.

O racismo, infelizmente, ainda ocorre e atinge diversas etnias. Em muitos países, o próprio governo apoiava esse tipo de discriminação. Na África do Sul, em 1948, foram criadas as leis do apartheid, por meio das quais os negros perderam muitos de seus direitos e foram separados da população branca. Na época, o país, de maioria negra, era governado por brancos, que, com medo de perder o poder político e econômico, criaram um sistema que excluía os negros. As leis foram impostas, gradativamente, antes mesmo da imposição do regime oficial do *apartheid*. Inicialmente, os negros foram proibidos de votar e de se casar com brancos. Mais tarde, em 1953, não podiam mais utilizar os mesmos serviços públicos que os brancos – isso incluía bebedouros e banheiros. Os serviços disponibilizados aos negros eram de péssima qualidade. O apartheid durou até 1994.

A separação para uso de banheiros também ocorreu nos Estados Unidos, onde as empregadas negras eram proibidas de utilizar o mesmo banheiro dos patrões, que acreditavam que os negros tinham doenças diferentes das dos brancos.

↑ Placa de banheiro restritiva do período do *apartheid* com a indicação "Negros, coloridos e asiáticos".

- Considerando a estrutura do sistema urinário, existem doenças que atacam apenas os negros? Justifique sua resposta.

DESAFIO

1. A saúde do sistema urinário pode ser comprometida pelo ataque de microrganismos como bactérias, vírus, fungos e outros tipos de parasitas, e pelo excesso de substâncias tóxicas, podendo alterar tanto o funcionamento dos rins quanto das vias urinárias.

Em grupo, pesquisem sobre doenças do sistema urinário: causas, formas de prevenção e tratamento. Depois, elaborem um panfleto com essas informações para orientar os alunos da escola. Esse material pode ser impresso e distribuído ou ainda divulgado pela internet.

3 As defesas de nosso corpo

Neste capítulo, você vai estudar a imunidade, conhecer o sistema imunitário e seus componentes, e conhecer como são feitos os soros e as vacinas.

EXPLORANDO O TRANSPLANTE DE ÓRGÃOS

Luiza estava triste porque um primo precisou passar por um transplante de órgãos e corria o risco de rejeição.

Ela contou a Pedro, seu amigo de sala, que o transplante de órgãos é uma terapia médica que consiste em substituir, por meio de procedimento cirúrgico, um órgão doente ou deficiente por outro saudável.

Pedro perguntou a ela por que o órgão corria risco de rejeição.

— Não sei explicar como acontece, mas o que meu pai disse é que o corpo do meu primo pode reconhecer o órgão transplantado como algo estranho e começar a combatê-lo.

— Mas por que o corpo faria isso se esse órgão é importante pra ele? Todos os órgãos são importantes, não são? – perguntou o garoto.

— São. Mas ele disse que é uma reação normal do corpo, como acontece contra uma bactéria ou um vírus. O organismo entende esse novo órgão como um agente externo – explicou Luiza.

— Então, quer dizer que qualquer agente externo que entra em nosso corpo é combatido? Temos verdadeiros soldados em nossa defesa!

Claudia Marianno

Agora é sua vez. 🎤

1. Por que órgãos transplantados podem ser rejeitados?

2. Você sabe explicar como nosso corpo se defende de agentes estranhos como bactérias e vírus?

3. Um dos maiores problemas associados ao transplante de órgãos é a falta de doadores. Seus familiares e conhecidos são doadores de órgãos?

Imunidade

Vivemos em um mundo rodeado de agentes que podem nos causar doenças; vírus, bactérias, protozoários e fungos, entre outros. A pele e as mucosas dos sistemas respiratório, digestório, urinário e genital, por exemplo, são barreiras naturais contra esses agentes infecciosos. No entanto, muitas vezes eles conseguem invadir nosso corpo; nesses casos, você sabe como nosso corpo reage para impedir que esses microrganismos causem danos à saúde?

Nosso corpo têm um mecanismo de defesa capaz de combater **patógenos** e eliminar **infecções** e as possíveis complicações causadas por eles. É o que chamamos de **imunidade**.

Sistema imunitário

O **sistema imunitário** é responsável pelas reações que conferem imunidade ao organismo contra a invasão de um agente patogênico.

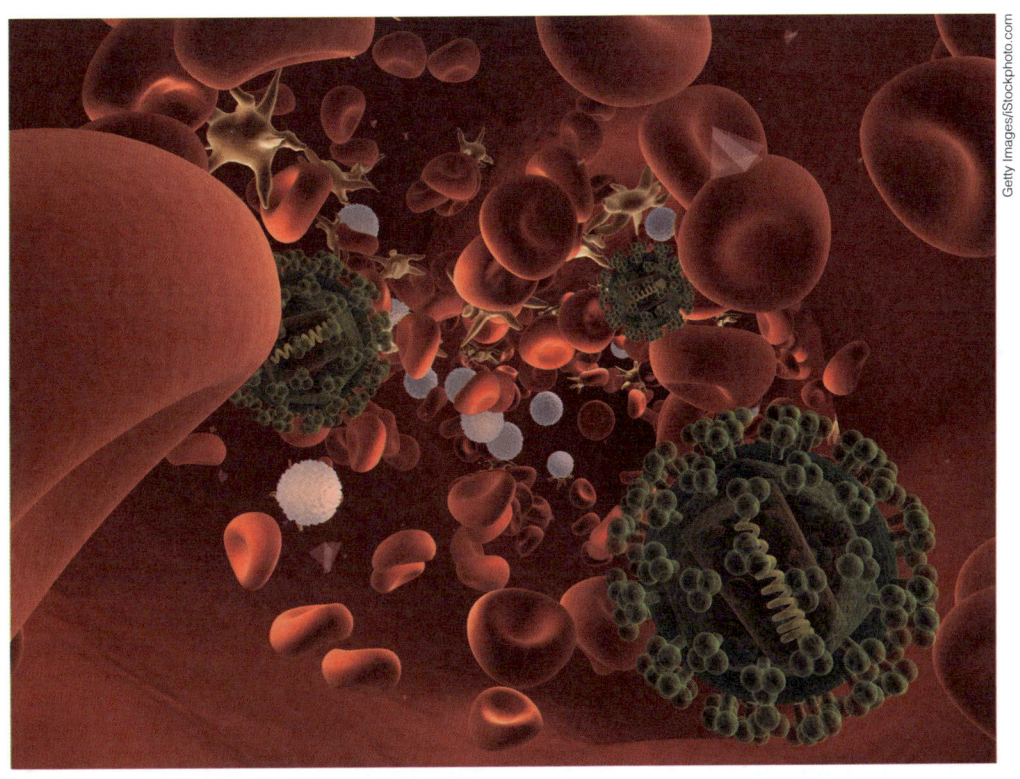

Getty Images/iStockphoto.com

↑ Representação artística de vírus na corrente sanguínea. Os vírus são patógenos que podem nos causar diversas doenças, como dengue, catapora, febre amarela, gripe, sarampo, entre outras. Na imagem, as hemácias são as estruturas vermelhas arredondadas; os leucócitos são as estruturas brancas; as plaquetas são as estruturas amareladas; e os vírus estão representados em verde. As cores e a proporção entre as dimensões dos elementos representados não são reais.

O sistema imunitário é composto por células especializadas, como os leucócitos (ou glóbulos brancos), tecidos e órgãos que reagem de maneiras diversas para garantir a imunidade.

Está intimamente relacionado à circulação sanguínea e linfática. Tanto o sangue (do sistema cardiovascular) quanto a linfa (do sistema linfático) transportam os componentes do sistema imunitário. Graças a esse transporte, o corpo pode localizar uma infecção e enviar agentes para atuar no local para combatê-la.

Leucócitos

Leucócitos são as células de defesa do organismo presentes no sangue. Eles se originam na medula óssea, assim como as hemácias e as plaquetas. Alguns tipos são capazes de produzir anticorpos.

Veja a seguir os principais tipos de leucócitos e algumas de suas características.

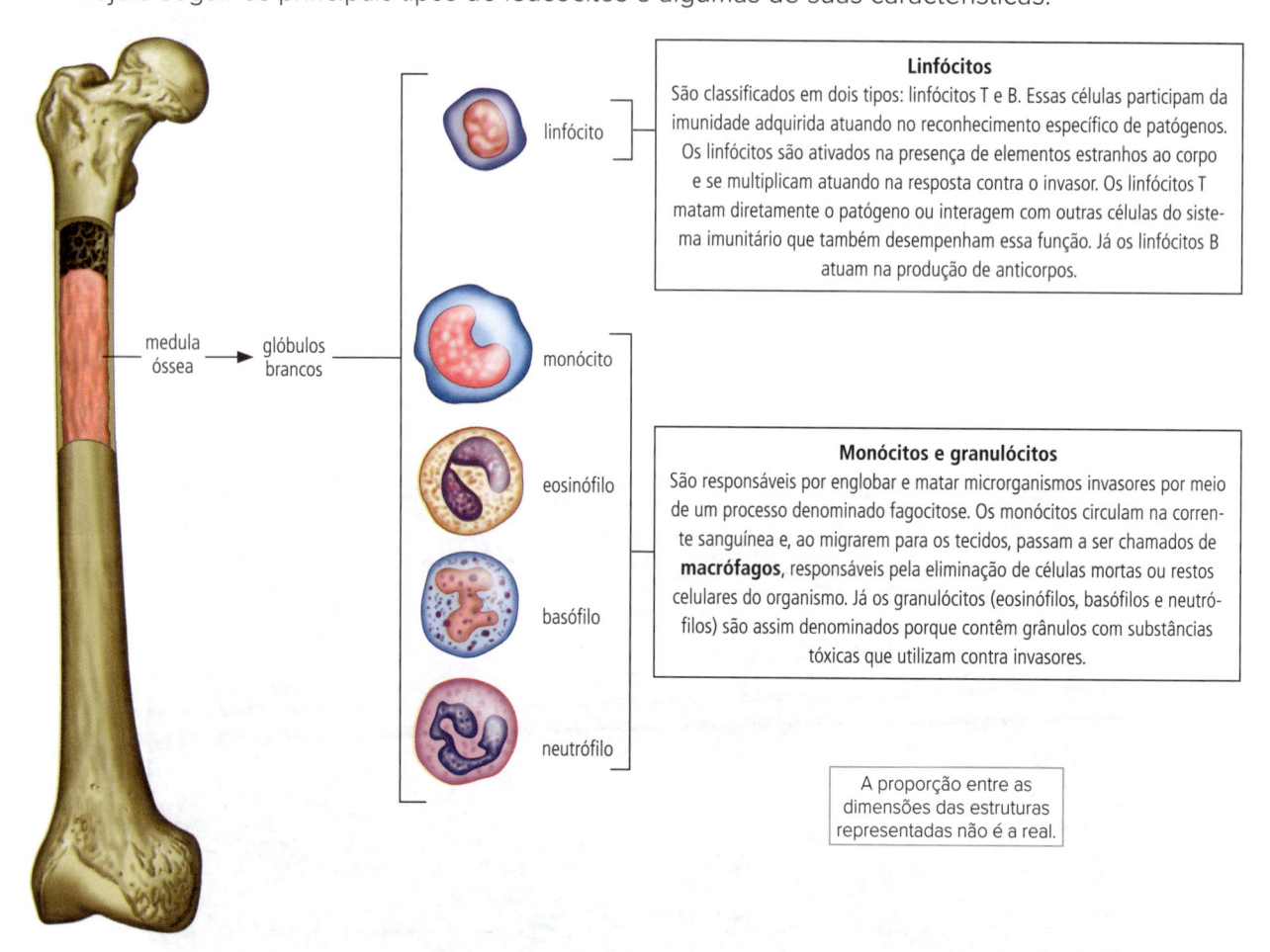

Linfócitos
São classificados em dois tipos: linfócitos T e B. Essas células participam da imunidade adquirida atuando no reconhecimento específico de patógenos. Os linfócitos são ativados na presença de elementos estranhos ao corpo e se multiplicam atuando na resposta contra o invasor. Os linfócitos T matam diretamente o patógeno ou interagem com outras células do sistema imunitário que também desempenham essa função. Já os linfócitos B atuam na produção de anticorpos.

Monócitos e granulócitos
São responsáveis por englobar e matar microrganismos invasores por meio de um processo denominado fagocitose. Os monócitos circulam na corrente sanguínea e, ao migrarem para os tecidos, passam a ser chamados de **macrófagos**, responsáveis pela eliminação de células mortas ou restos celulares do organismo. Já os granulócitos (eosinófilos, basófilos e neutrófilos) são assim denominados porque contêm grânulos com substâncias tóxicas que utilizam contra invasores.

A proporção entre as dimensões das estruturas representadas não é a real.

↑ Os glóbulos brancos presentes na corrente sanguínea são: linfócitos, monócitos, eosinófilos, basófilos e neutrófilos. Eles se originam de células-tronco encontradas na medula óssea. As cores e a proporção entre as dimensões dos elementos representados não são reais.

Anticorpos

Anticorpos são proteínas que neutralizam e eliminam os patógenos. Sua principal função é impedir que as células do corpo sejam invadidas e ocorra uma infecção. Para tanto, eles se ligam aos antígenos, que podem ser toxinas, outros organismos ou elementos presentes nos invasores.

Há diversos tipos de anticorpos e eles podem ser encontrados no sangue, na lágrima, no leite e no sistema respiratório.

POSSO PERGUNTAR?

Por que, quando ficamos doentes, o médico solicita um exame de sangue?

Circulações sanguínea e linfática

Internamente, o corpo humano é percorrido por uma rede intrincada de vasos sanguíneos e linfáticos. O sangue irriga os tecidos e órgãos do corpo transportando gases e nutrientes pela circulação pulmonar e sistêmica.

A linfa percorre o corpo por um sistema paralelo ao cardiovascular, o sistema linfático. Ambos estão intimamente relacionados e compartilham substâncias e componentes celulares.

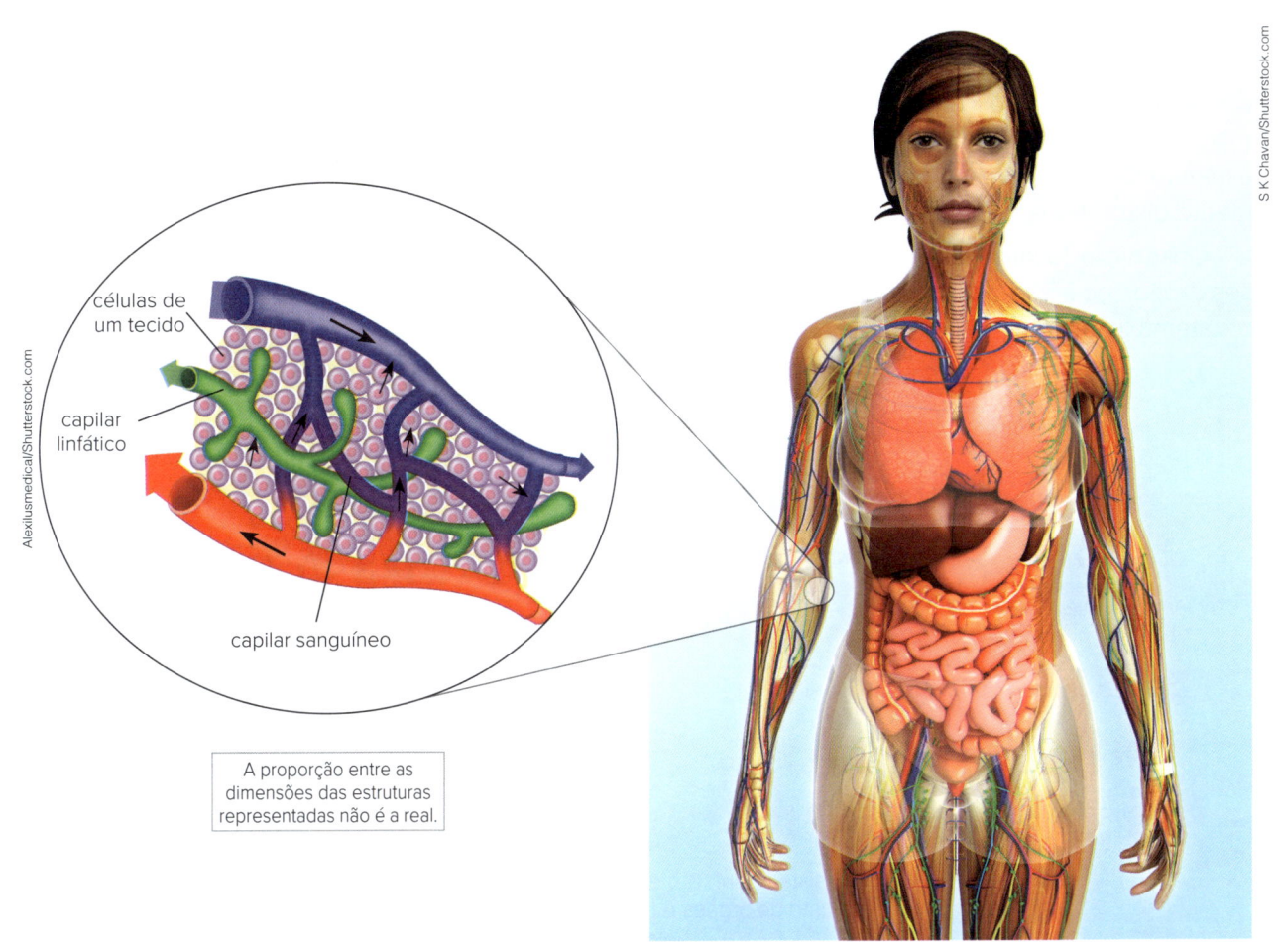

células de um tecido

capilar linfático

capilar sanguíneo

A proporção entre as dimensões das estruturas representadas não é a real.

↑ Esquema da rede de vasos sanguíneos e linfáticos que percorre o corpo humano, entre outros elementos.

Durante a **circulação sanguínea**, uma parte do plasma atravessa a parede dos capilares, formando um material líquido entre as células dos diversos tecidos do corpo. O excesso desse líquido flui para um sistema de vasos chamados capilares linfáticos. Uma vez dentro dos vasos do sistema linfático, o fluido é denominado linfa.

Em sua composição, a linfa é semelhante ao sangue, pois contém leucócitos (glóbulos brancos), proteínas e lipídios. Entretanto, ela não contém hemácias nem plaquetas.

Dos capilares linfáticos, a linfa segue para dois grandes vasos linfáticos. Desses vasos, ela é lançada nas veias cavas, de onde flui em direção ao coração.

No decorrer do percurso linfático, existem os linfonodos (distribuídos por todo o corpo), que armazenam os linfócitos. Os linfócitos são um dos tipos de leucócitos e são responsáveis pela produção de anticorpos – proteínas que combatem os microrganismos e outras substâncias estranhas que podem penetrar no organismo.

O sistema linfático é uma via acessória ao sistema cardiovascular, na qual líquidos podem fluir dos espaços intercelulares para o sangue.

Esse sistema é composto basicamente de uma rede de capilares e vasos (semelhantes às veias sanguíneas), que transportam a linfa, e um conjunto de órgãos, como o baço, as tonsilas, os linfonodos e o timo.

As tonsilas participam das respostas de defesa do organismo contra as substâncias estranhas que são inaladas. No timo, ocorre a maturação dos linfócitos, que são posteriormente distribuídos aos outros órgãos.

Observe a localização de cada um desses órgãos na figura ao lado, que representa o sistema linfático.

A proporção entre as dimensões das estruturas representadas não é a real.

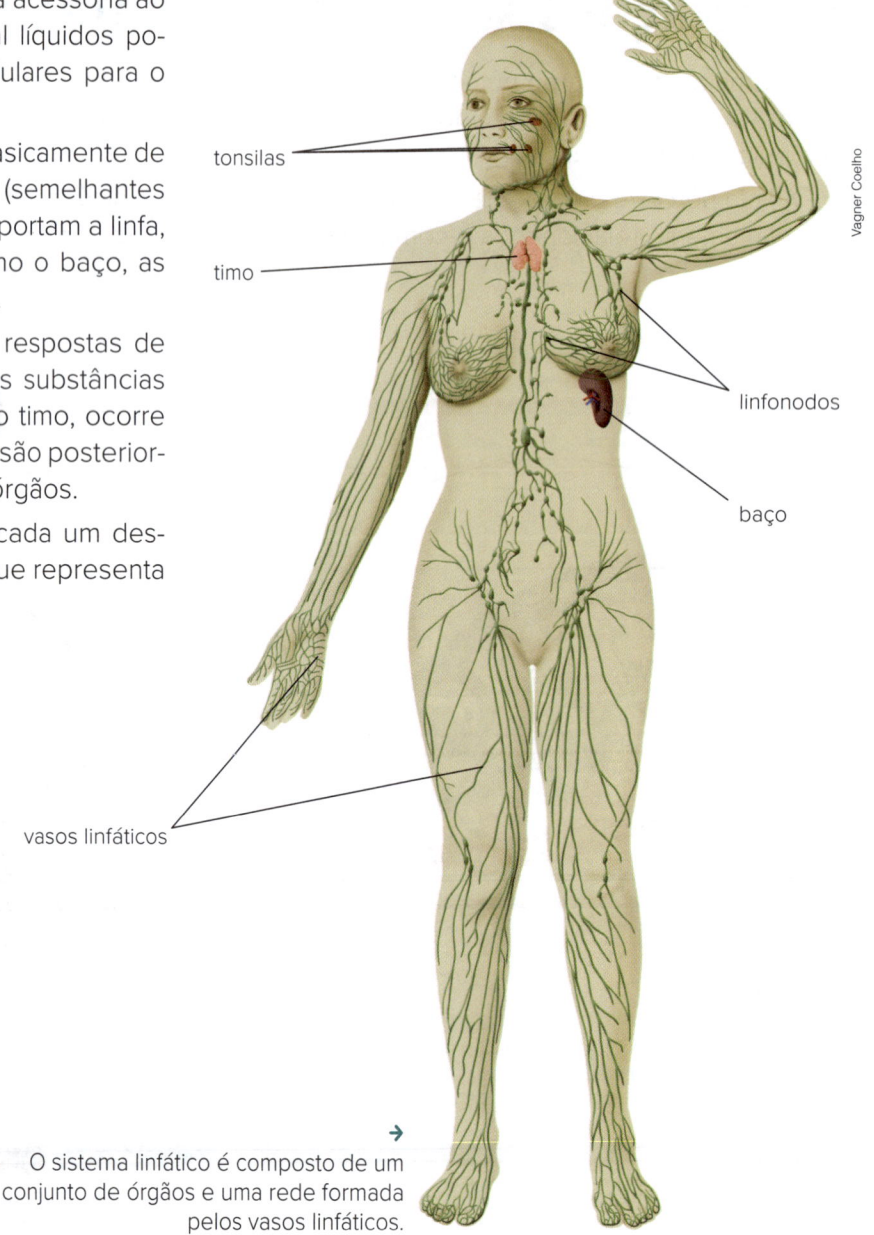

tonsilas

timo

linfonodos

baço

vasos linfáticos

Vagner Coelho

→ O sistema linfático é composto de um conjunto de órgãos e uma rede formada pelos vasos linfáticos.

Ativação do sistema imunitário

Se um antígeno ou uma bactéria, por exemplo, conseguir superar as barreiras de nosso corpo (como a pele, o movimento dos cílios das vias aéreas ou muco da cavidade nasal), entram em ação algumas células, um tipo de leucócito (macrófago) da corrente sanguínea, iniciando assim uma reação denominada resposta imune inata. Essas células englobam o antígeno por um processo chamado fagocitose. São as respostas iniciais a uma infecção.

Se essas respostas iniciais não forem suficientes, algumas células capturam os antígenos, e entram nos vasos linfáticos ativando uma resposta mais tardia, a imunidade adquirida. Ela é assim chamada porque é desenvolvida após contato com o antígeno. Esse tipo de reação tem duas características principais: especificidade e memória imunológica. Especificidade é a capacidade de o organismo desencadear uma resposta específica para cada invasor. Memória imunológica é a capacidade de armazenamento de informações sobre determinado patógeno, o que possibilita respostas rápidas e eficazes contra ele.

Soros e vacinas

Quando somos expostos a um patógeno, nosso corpo reage de forma ativa para eliminá-lo e nos tornar imunes, resistentes a esse organismo. Esse tipo de imunidade é chamado de imunidade ativa.

No entanto, podemos nos tornar imunes temporariamente a determinado patógeno de forma passiva, por meio de **soros**. Isso ocorre pela transferência do soro de um organismo que já é imune a um determinado patógeno para outro que nunca teve contato com esse patógeno. Esse tipo de imunidade é chamado de imunidade passiva, e sua duração equivale ao tempo de vida das células ou moléculas transferidas.

Veja a seguir as etapas da produção do soro **antiofídico**.

No caso das vacinas, partes de patógenos ou patógenos enfraquecidos são inoculadas em um indivíduo sadio. Esse processo leva à ativação da resposta imunológica contra aquele patógeno, gerando uma memória imunológica. Caso o indivíduo seja infectado por esse patógeno, a resposta imunológica ocorrerá de forma rápida e efetiva, uma vez que ele já foi sensibilizado anteriormente. A vacinação é, portanto, uma forma de imunidade ativa. Quando um indivíduo é vacinado, diz-se que ele foi imunizado contra determinado patógeno, isto é, passou a ter imunidade contra esse invasor específico.

> **GLOSSÁRIO**
>
> **Antiofídico:** que combate o veneno de cobras.
> **Soro:** composto que pode conter células ou moléculas – anticorpos, por exemplo – de um organismo que já tem imunidade contra determinado patógeno ou elemento.

Representação simplificada em cores-fantasia e tamanhos sem escala.

1

2

3

4

Luis Moura

1. A peçonha (o antígeno) é extraída da cobra.
2. Em seguida, é inoculada em um cavalo em uma quantidade cuja toxicidade ele seja capaz de resistir e produzir anticorpos específicos.
3. Após o período de produção de anticorpos contra o antígeno é retirada uma amostra do sangue do cavalo. A amostra é dividida em duas frações: as células sanguíneas são devolvidas ao animal, e o plasma, que contém os anticorpos, é coletado.
4. A fração coletada é purificada e concentrada, obtendo-se o soro.

↑ Etapas da produção do soro antiofídico.

1. Qual é a principal diferença entre soro e vacina?

2. Qual é a importância da vacinação?

3. O termo **vacina** surgiu no século XVIII em razão dos trabalhos do médico Edward Jenner. Pesquise os trabalhos de Jenner e responda às seguintes questões: Que doença ele estudou? Qual é a relação dos estudos que ele fez com o desenvolvimento das vacinas?

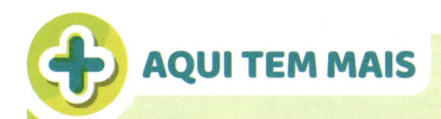

Problemas relacionados ao sistema imunitário

Algumas doenças afetam o funcionamento do sistema imunitário. São denominadas imunossupressoras, porque comprometem a resposta imunológica ou os elementos envolvidos nesse processo.

A síndrome da imunodeficiência adquirida (ou aids, sigla do nome em inglês) é um exemplo. É uma doença causada pelo vírus da imunodeficiência humana (HIV, sigla do nome em inglês). É uma doença sexualmente transmissível, mas também pode ser adquirida pela troca de fluidos corporais, como o sangue e o leite materno. Ela se desenvolve quando o vírus HIV ataca um tipo específico de linfócito T. A infecção dessas células pelo vírus reduz a capacidade de resposta a ataques de outros patógenos, deixando o organismo vulnerável a diversas doenças.

A aids ainda não tem cura. O tratamento é feito com medicamentos que procuram controlar a reprodução do vírus.

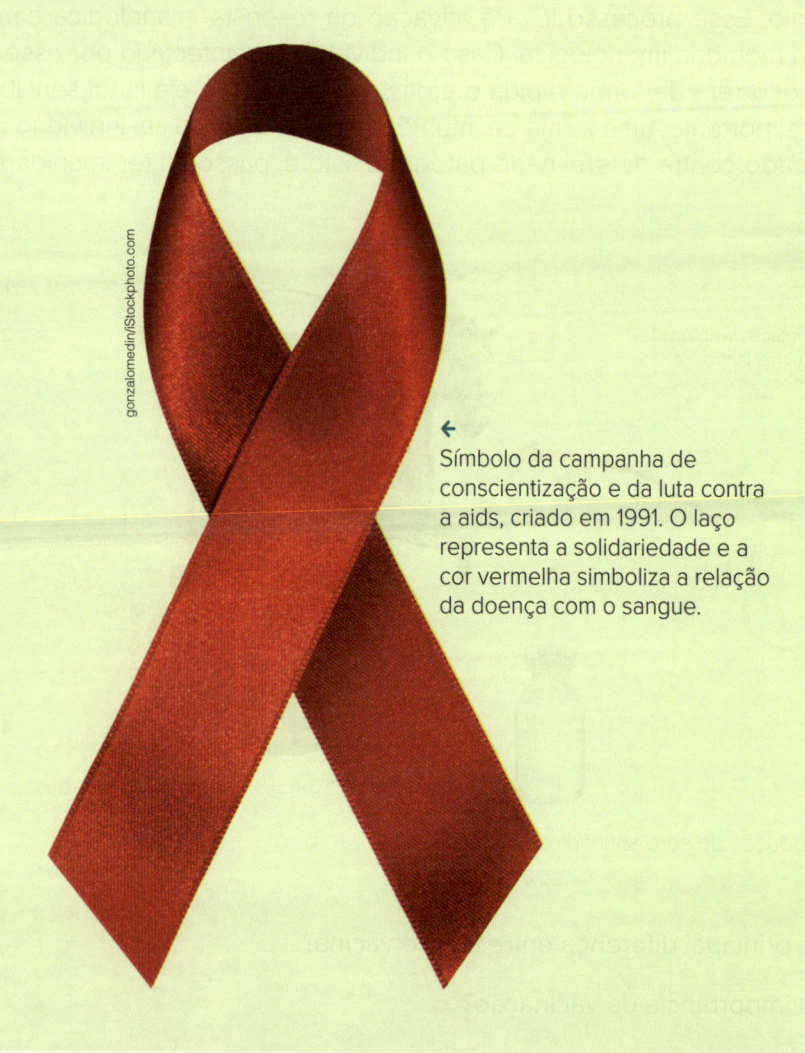

gonzalomedin/iStockphoto.com

← Símbolo da campanha de conscientização e da luta contra a aids, criado em 1991. O laço representa a solidariedade e a cor vermelha simboliza a relação da doença com o sangue.

1. Pesquise outras doenças que afetam o funcionamento do sistema imunitário.

ATIVIDADES

NO CADERNO

1. Relacione os termos a seguir com as frases que os definem.

Alergia, imunidade, inflamação, linfócitos, patógeno, vacina, anticorpos, infecção, soro, leucócitos

a) Propriedade de um organismo de combater agentes invasores.

b) Células que atuam na imunidade.

c) Processo de entrada e permanência de um organismo invasor.

d) Processo de combate a um organismo invasor.

e) Agente invasor.

f) Ativação da resposta imunológica contra agentes não patogênicos.

g) Composto formado de agentes patogênicos mortos ou enfraquecidos.

h) Composto formado por células e anticorpos de um organismo imunizado.

i) Proteínas produzidas pelos linfócitos B.

j) Compreende os linfócitos, monócitos e granulócitos.

2. Explique a relação entre os sistemas cardiovascular, linfático e imunitário.

3. De que maneira a linfa se diferencia do sangue?

4. O sistema linfático está articulado com o sistema cardiovascular. Em que parte dos sistemas isso acontece?

REFLETIR

1. As estatísticas de 2017 indicavam que 36,9 milhões de pessoas viviam com aids em todo o globo. É uma doença ainda sem cura, cuja transmissão pode ocorrer por contato sexual ou troca de fluidos corporais, como o sangue. Considerando as características dessa doença, responda: Por que a vítima infectada pelo vírus HIV se torna mais vulnerável a outras doenças? Cite formas de contribuição na luta contra a aids.

→ Célula humana infectada com o vírus da imunodeficiência humana (HIV), coloridos artificialmente de verde e alaranjado. Fotografia obtida em microscópio eletrônico; ampliação aproximada de 80 000 vezes.

Science Photo Library/Fotoarena

DESAFIO

1. Em dupla, elabore uma história em quadrinhos sobre a ativação das respostas imunológicas inata e adquirida. Considere que as bactérias vencem a barreira da pele de um indivíduo por um ferimento e que o sistema imunitário é ativado para combatê-las.

4 A regulação do corpo

Neste capítulo, você vai estudar o sistema endócrino, o que são hormônios, como são produzidos e como atuam nos seres vivos. Vai também conhecer as principais glândulas endócrinas.

EXPLORANDO OS HORMÔNIOS QUE MODIFICAM O ORGANISMO

Jorge admirava o tio Zé e via-o como uma pessoa especial. Por causa disso, não entendia por que o tio continuava solteiro, por mais que não quisesse. Um dia, o menino deu um palpite:

– Tio Zé, sabe o que você precisa fazer? Tirar essa barba enorme! A vó disse que não está na moda.

O tio deu uma gargalhada e disse ao sobrinho que aquela barba e todos os outros pelos eram sua marca registrada, seu maior charme.

– Ah, não sei, não. Eu prefiro ficar assim como eu sou, sem pelo nenhum.

O tio riu e disse que ele tinha muita chance de ter tantos pelos quanto ele. Depois dessa conversa, os dias se passaram e, em uma tarde de domingo, ao observar fotos de família, Jorge viu a de um garoto muito parecido com ele, e perguntou a sua avó quem era. Ao ouvir a resposta de que era o tio Zé, ele se espantou.

– Nossa, ele era igualzinho a mim, e mudou tanto! Não tinha pelo nenhum! Vixe, acho que ele tem razão, quando crescer, vou ser igual a ele. O que será que acontece com o corpo da gente para ele mudar tanto?

Ilustrações: Wander Antunes

Agora é sua vez.

1. Jorge se deu conta de que terá pelos no corpo. Quais outras mudanças ocorrerão quando ele entrar na puberdade?

2. E no corpo das meninas, quais serão as mudanças quando elas entrarem na puberdade?

3. Você sabe explicar a Jorge o que provoca essas mudanças?

Hormônios e glândulas

Os seres vivos têm diversos sistemas, que atuam em conjunto e de maneira coordenada para o corpo funcionar. Uma das maneiras pelas quais essa coordenação acontece é por meio do sistema endócrino, pela ação de **hormônios**. Os hormônios são compostos produzidos por **glândulas**. Quando você está em uma situação de risco, é normal que ocorram algumas alterações de maneira coordenada em seu organismo para colocá-lo em alerta. Por exemplo, o coração acelera, a respiração aumenta de ritmo, as pupilas se dilatam e a atenção aumenta.

Isso ocorre porque os sistemas respondem a estímulos comuns, que coordenam seu funcionamento.

Hormônios

Existem diferentes hormônios, e cada um apresenta uma estrutura física particular. Por outro lado, as células do corpo têm receptores em sua superfície. Receptores são proteínas, localizadas na membrana plasmática das células, que também têm estrutura específica, ou seja, ligam-se somente a determinado tipo de molécula. Portanto, um hormônio lançado no sangue só vai se ligar às células com receptor específico para ele, não tendo efeito em outras células.

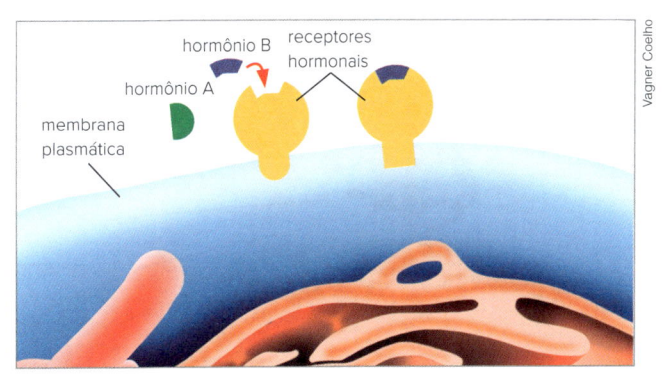

Vagner Coelho

↑ Representação de parte da membrana plasmática da célula. Diversos hormônios são lançados na corrente sanguínea. Eles agem apenas nas células que têm receptores para seu tipo.

Glândulas

As glândulas são conjuntos de células epiteliais que produzem secreções – substâncias que são exportadas para fora da célula.

Existem diferentes tipos de glândulas no corpo humano, de acordo com a natureza das substâncias que secretam e o local em que essas substâncias são liberadas.

As glândulas podem ser **exócrinas**, **endócrinas** ou **mistas**. As glândulas exócrinas produzem e liberam secreções para fora do corpo, como a glândula sudorípara (que libera o suor); ou para dentro de cavidades, como a glândula salivar (que libera a saliva). Já as glândulas endócrinas produzem os hormônios, que são liberados diretamente no sangue, que os leva para as células-alvo do corpo.

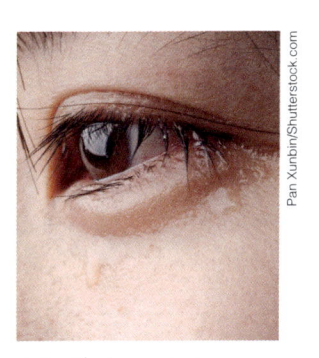

Pan Xunbin/Shutterstock.com

↑ As lágrimas, que ajudam a proteger os olhos, são secreções das glândulas lacrimais, um tipo de glândula exócrina.

As glândulas mistas, por sua vez, liberam hormônios no sangue e secreções fora dele. Um exemplo é o pâncreas, que libera tanto o suco pancreático – que atua na digestão – para o interior do duodeno quanto hormônios, como insulina e glucagon, para a corrente sanguínea.

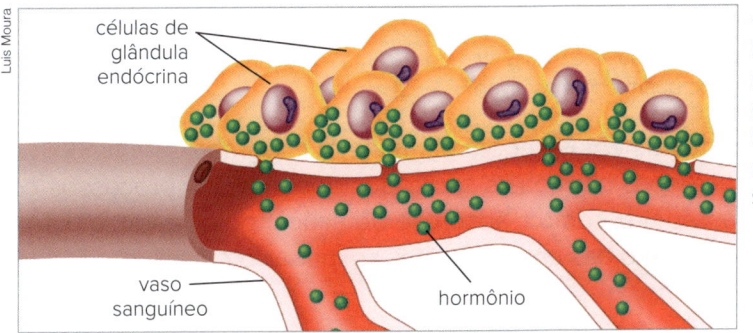

Luis Moura

células de glândula endócrina

← Esquema que representa uma glândula endócrina lançando hormônio na corrente sanguínea.

vaso sanguíneo

hormônio

Sistema endócrino

O sistema endócrino é formado por glândulas, responsáveis pela produção de hormônios que controlam diversos processos corpóreos, como o crescimento, o desenvolvimento sexual, a absorção de nutrientes pelas células, a preparação do corpo da mulher para o parto e a produção de leite.

O sistema endócrino também influencia o sistema imunitário por meio de uma glândula chamada timo, que produz hormônios que atuam na produção e desenvolvimento de um tipo de leucócito.

Veja no esquema a seguir as glândulas que compõem o sistema endócrino humano e sua localização.

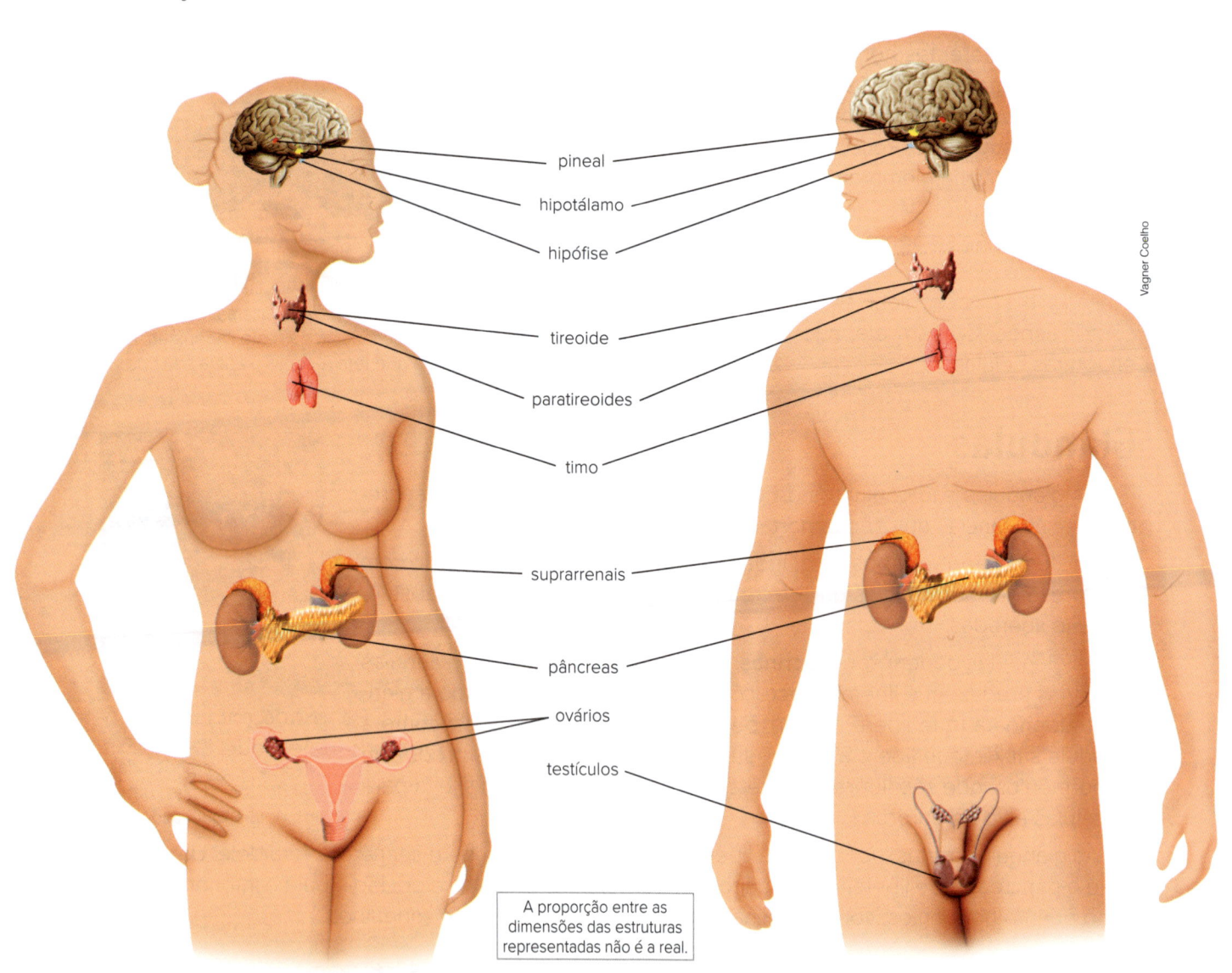

pineal
hipotálamo
hipófise
tireoide
paratireoides
timo
suprarrenais
pâncreas
ovários
testículos

A proporção entre as dimensões das estruturas representadas não é a real.

Vagner Coelho

↑ Esquema simplificado das glândulas constituintes do sistema endócrino humano e sua localização, tanto no organismo feminino quanto no masculino.

O sistema endócrino e o sistema nervoso agem de maneira integrada garantindo o equilíbrio do meio interno. Por meio das secreções hormonais são regulados diversos processos corpóreos, alguns com efeito imediato e passageiro, como a absorção de açúcar pelo fígado; e outros com efeito permanente, como o desenvolvimento das características sexuais e o crescimento.

Funcionamento do sistema endócrino

Os hormônios são produzidos de acordo com os estímulos recebidos pelas glândulas; a quantidade de substâncias específicas no sangue pode interromper ou ativar a produção hormonal. O pâncreas, por exemplo, ajuda o corpo a manter a taxa adequada de concentração de glicose (açúcar) no sangue por meio da ação de dois hormônios: a insulina e o glucagon.

Observe a seguir como isso se dá:

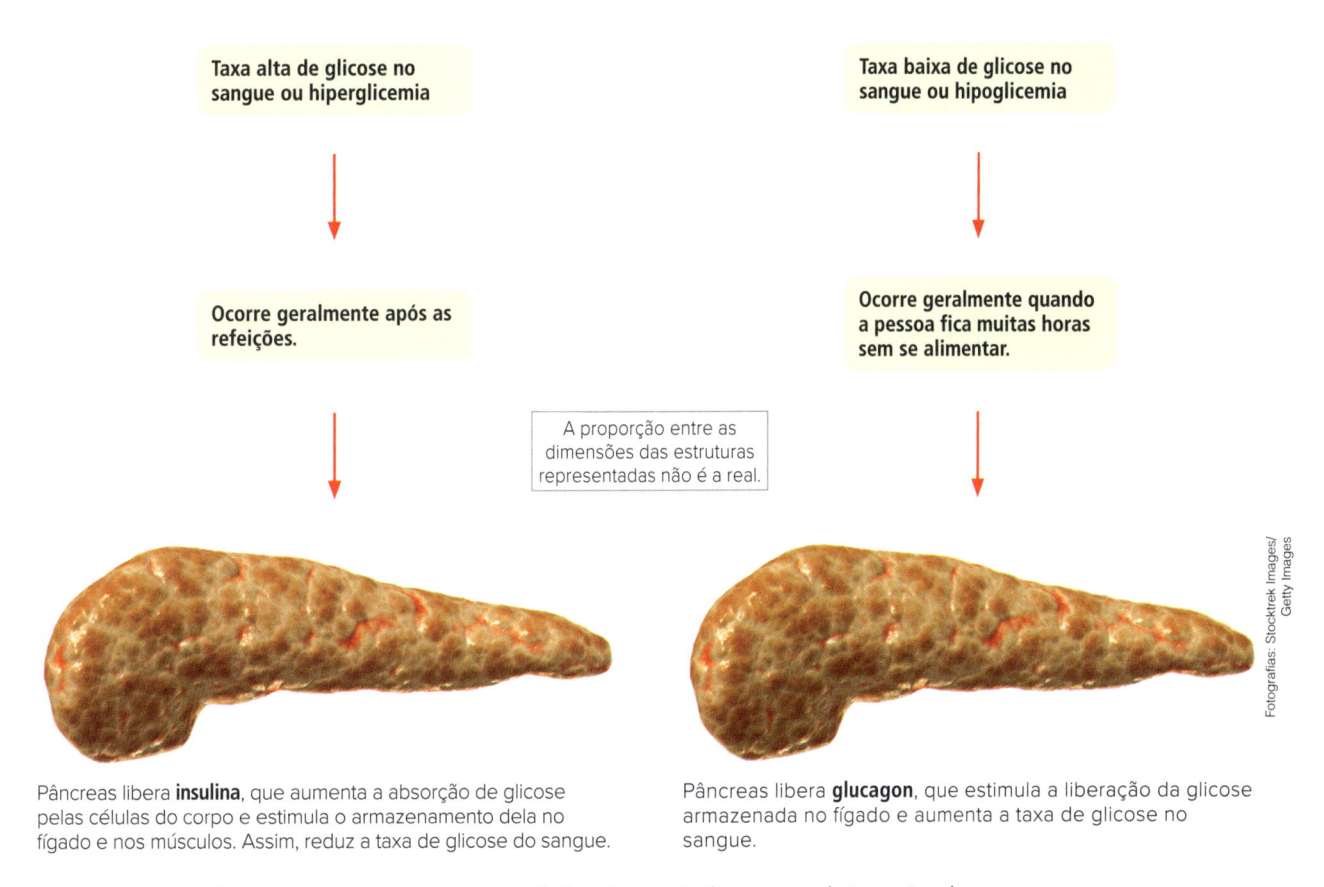

Taxa alta de glicose no sangue ou hiperglicemia

Ocorre geralmente após as refeições.

Pâncreas libera **insulina**, que aumenta a absorção de glicose pelas células do corpo e estimula o armazenamento dela no fígado e nos músculos. Assim, reduz a taxa de glicose do sangue.

Taxa baixa de glicose no sangue ou hipoglicemia

Ocorre geralmente quando a pessoa fica muitas horas sem se alimentar.

Pâncreas libera **glucagon**, que estimula a liberação da glicose armazenada no fígado e aumenta a taxa de glicose no sangue.

A proporção entre as dimensões das estruturas representadas não é a real.

Fotografias: Stocktrek Images/ Getty Images

↑ Esquema simplificado que mostra algumas condições de produção de hormônios pelo pâncreas.

A ação dos hormônios depende de sua quantidade: quanto mais hormônio secretado, mais células produzirão os efeitos desse hormônio, até chegar a um limite. Pensando em um hormônio que estimule os batimentos cardíacos, uma quantidade exagerada dele pode causar danos ao coração e levar à morte; e uma quantidade baixa pode impedir o coração de funcionar adequadamente.

Geralmente, quando a concentração de um hormônio no sangue está alta, a atividade da glândula que o produz é inibida, o que interrompe a liberação de hormônio; assim, a concentração hormonal diminui. Essa diminuição estimula a glândula, que volta a liberar o hormônio no sangue. Esse mecanismo de "liga e desliga" mantém a taxa dos hormônios dentro de limites tolerados pelo corpo.

Os níveis de cada hormônio podem ser influenciados por fatores como estresse, infecções e alimentação. Em alguns casos é necessário tratamento médico para manter adequado os níveis hormonais, por exemplo, em indivíduos que apresentam disfunções das tireoides (hipotireoidismo e hipertireoidismo).

A proporção entre as dimensões das estruturas representadas não é a real.

Glândulas e suas funções

As glândulas endócrinas têm certas especificidades e atuam sobre células-alvo de nosso corpo.

A hipófise, chamada também de pituitária, influencia a atividade de vários órgãos; por esse motivo, é considerada a glândula-mestra. Seu papel é essencial para o bem-estar geral do corpo. Entre os hormônios que produz, podem ser citados o hormônio do crescimento, o antidiurético (que regula o equilíbrio da água no corpo), os hormônios luteinizante e folículo-es-

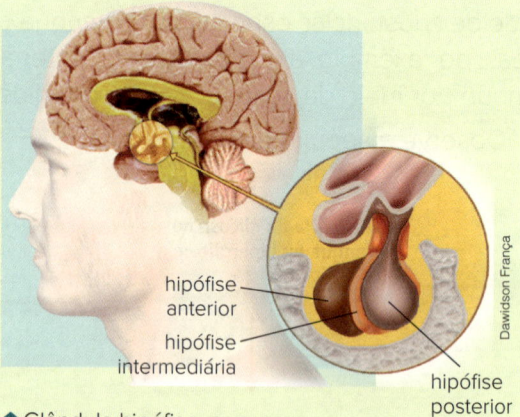

Glândula hipófise, com suas três partes, em destaque.

timulante (que mantêm a função normal dos ovários e dos testículos) e a ocitocina (que estimula a liberação de leite durante a amamentação e aumenta a irrigação sanguínea no pênis).

O timo é uma glândula que produz hormônios que atuam na produção e no desenvolvimento de um tipo de leucócito.

Os ovários são as glândulas sexuais femininas; eles produzem os hormônios estrógeno (ou estrogênio) e progesterona. Esses hormônios são responsáveis pelo desenvolvimento e manutenção das características sexuais femininas, como o crescimento dos seios e dos pelos pubianos. Controlam o ciclo menstrual junto com os hormônios da hipófise. A gravidez também é influenciada por esses hormônios.

Os testículos são as glândulas sexuais masculinas; eles produzem o hormônio testosterona, que estimula o desenvolvimento e a manutenção das características sexuais masculinas, como o crescimento de pelos e engrossamento da voz. No decorrer da vida adulta, a testosterona ajuda a manter o desejo sexual, a produção de espermatozoides e as massas muscular e óssea.

A tireoide é uma glândula pequena, localizada no interior do pescoço, na frente da traqueia. Os hormônios da tireoide, como a tiroxina e a tri-iodotironina, controlam o metabolismo do organismo. A calcitonina, outro hormônio secretado por essa glândula, estimula a incorporação do cálcio disponível no sangue pelos ossos.

O pâncreas, como já foi visto, além de produzir o suco pancreático, que age na digestão, é responsável pela produção dos hormônios insulina e glucagon.

Existem ainda as glândulas suprarrenais ou adrenais. Entre os hormônios secretados pelas suprarrenais, estão a cortisona, que atua no controle do açúcar no sangue; a aldosterona, que regula a pressão arterial e age nos rins, provocando retenção de sódio e água; a adrenalina, que atua em situações de medo, estresse ou excitação aumentando o ritmo cardíaco, a captação de oxigênio e o fluxo sanguíneo para os músculos; e a noradrenalina, relacionada à manutenção das atividades normais do corpo, e não às reações de emergência.

1. Qual é a função do pâncreas no sistema endócrino e quais são os riscos para a saúde em decorrência do seu mau funcionamento?

2. Em grupos, pesquise outros distúrbios acarretados pelo mau funcionamento das glândulas endócrinas.

ATIVIDADES

SISTEMATIZAR

1. Os dois hormônios secretados pelo pâncreas são a insulina e o glucagon. Como eles controlam a quantidade de glicose no sangue?

2. As glândulas sudoríparas lançam seus produtos fora do corpo. Elas são exemplos de glândulas endócrinas? Por quê?

3. Que nome recebem as secreções das glândulas endócrinas?

4. Como as glândulas endócrinas conseguem estimular ou inibir células do corpo que estão localizadas longe delas?

5. Explique por que a hipófise é considerada a glândula-mestra do organismo.

6. Cite duas glândulas endócrinas humanas.

REFLETIR

1. Analise o esquema a seguir e, depois, responda às questões.

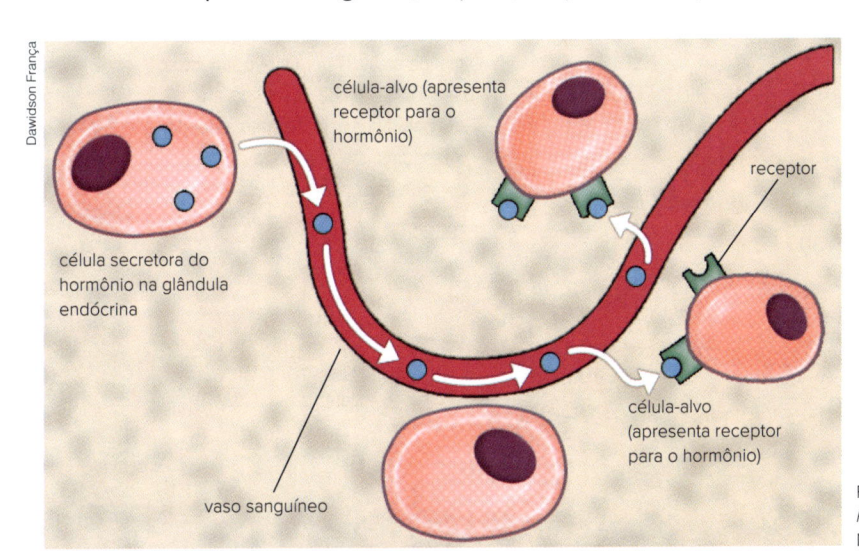

célula-alvo (apresenta receptor para o hormônio)

receptor

célula secretora do hormônio na glândula endócrina

célula-alvo (apresenta receptor para o hormônio)

vaso sanguíneo

Dawidson França

Representação simplificada em cores-fantasia e tamanhos sem escala.

Fonte: Gerard J. Tortora e Bryan Derrickson. *Principles of anatomy and physiology*. Nova Jersey: John Wiley & Sons, 2014. p. 618.

a) O que ele representa?

b) Descreva o processo esquematizado.

c) Explique o que ocorre quando o hormônio encontra a célula-alvo.

DESAFIO

1. Forme um grupo com alguns colegas e, juntos, leiam o parágrafo a seguir, e façam uma pesquisa para responder às questões.

No final do século XX e no início deste século, intensificou-se a prática de esportes radicais, como *bungee-jump*, asa-delta, *snowboard*, *montain bike*, *kite surf*. Pessoas das mais variadas idades têm buscado aventuras e fortes emoções, que liberam adrenalina no corpo.

a) O que é adrenalina?

b) Essa substância é produzida por qual glândula?

c) Qual é a relação dos esportes radicais com a produção de adrenalina?

2. Desde 1953, é obrigatória a adição de iodo no sal de cozinha. Pesquise sobre o assunto e explique o motivo.

Hemodiálise

A hemodiálise é um procedimento utilizado principalmente em pacientes com doença renal crônica, geralmente quando eles apresentam até 10% do funcionamento normal dos rins. Nesse procedimento, o sangue passa por um "rim artificial" – um filtro que tem a capacidade de separar o sangue das toxinas e do excesso de água, assim como os rins naturais.

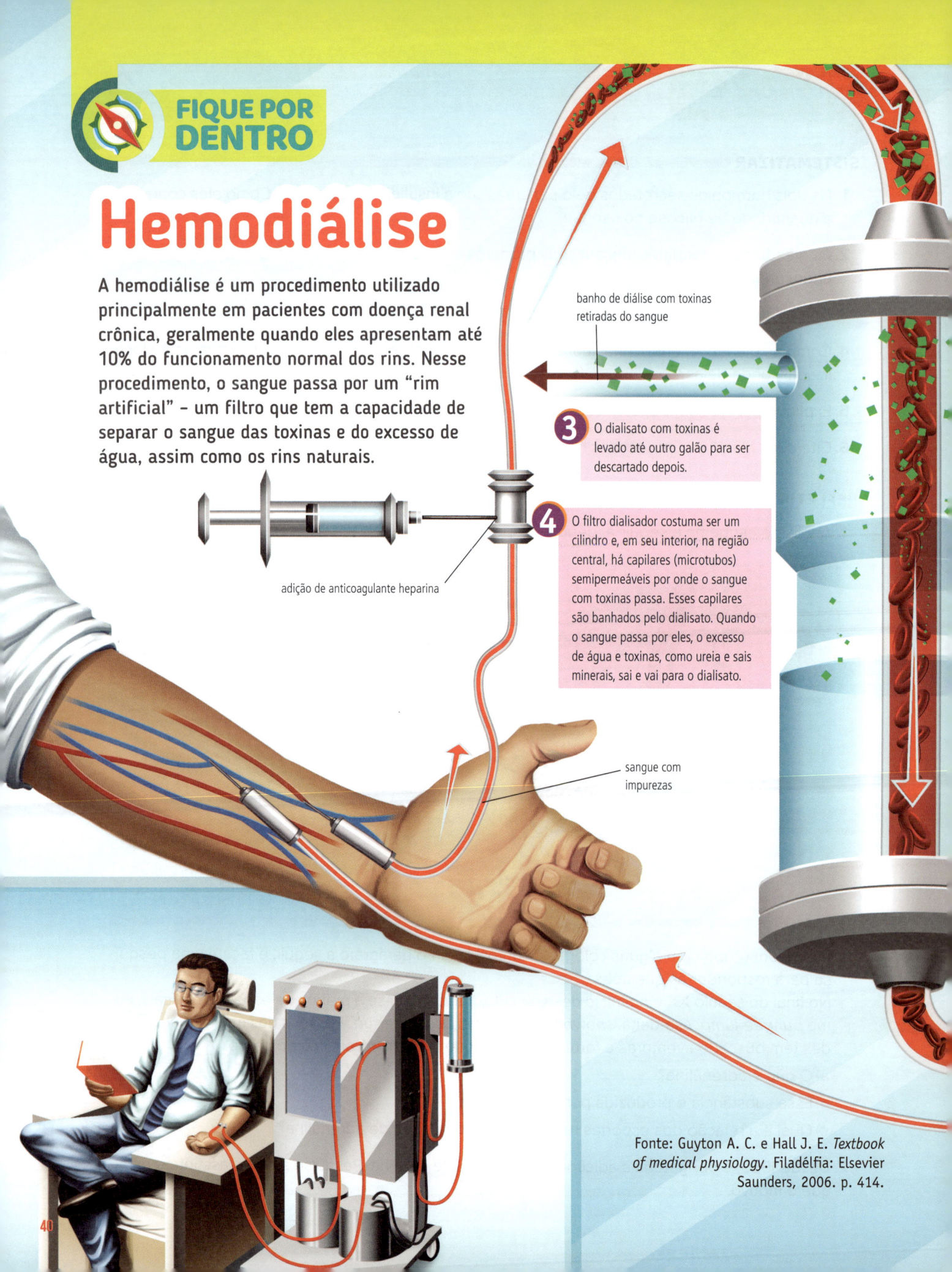

adição de anticoagulante heparina

banho de diálise com toxinas retiradas do sangue

3 O dialisato com toxinas é levado até outro galão para ser descartado depois.

4 O filtro dialisador costuma ser um cilindro e, em seu interior, na região central, há capilares (microtubos) semipermeáveis por onde o sangue com toxinas passa. Esses capilares são banhados pelo dialisato. Quando o sangue passa por eles, o excesso de água e toxinas, como ureia e sais minerais, sai e vai para o dialisato.

sangue com impurezas

Fonte: Guyton A. C. e Hall J. E. *Textbook of medical physiology*. Filadélfia: Elsevier Saunders, 2006. p. 414.

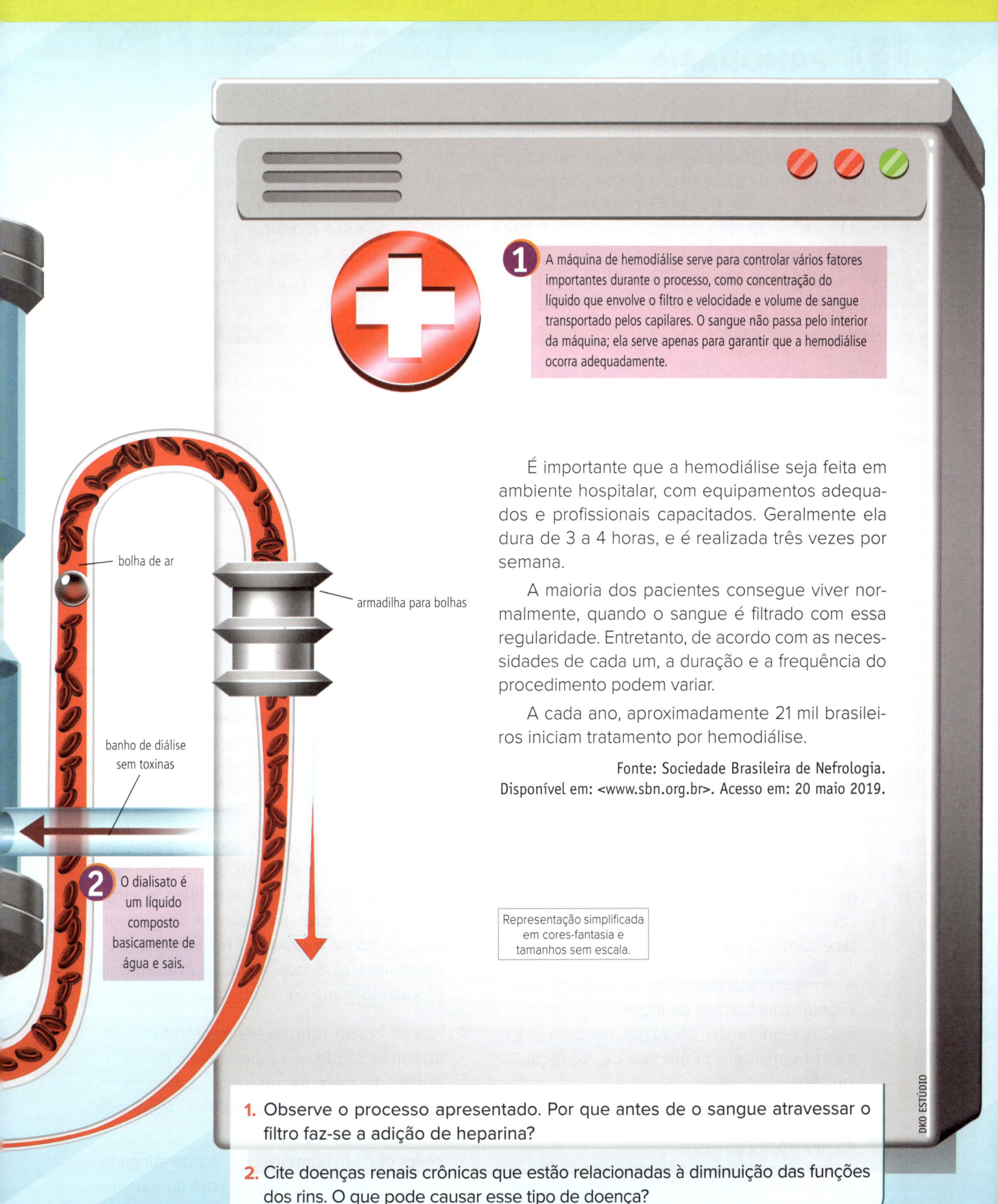

1 A máquina de hemodiálise serve para controlar vários fatores importantes durante o processo, como concentração do líquido que envolve o filtro e velocidade e volume de sangue transportado pelos capilares. O sangue não passa pelo interior da máquina; ela serve apenas para garantir que a hemodiálise ocorra adequadamente.

bolha de ar

armadilha para bolhas

banho de diálise sem toxinas

2 O dialisato é um líquido composto basicamente de água e sais.

É importante que a hemodiálise seja feita em ambiente hospitalar, com equipamentos adequados e profissionais capacitados. Geralmente ela dura de 3 a 4 horas, e é realizada três vezes por semana.

A maioria dos pacientes consegue viver normalmente, quando o sangue é filtrado com essa regularidade. Entretanto, de acordo com as necessidades de cada um, a duração e a frequência do procedimento podem variar.

A cada ano, aproximadamente 21 mil brasileiros iniciam tratamento por hemodiálise.

Fonte: Sociedade Brasileira de Nefrologia.
Disponível em: <www.sbn.org.br>. Acesso em: 20 maio 2019.

Representação simplificada em cores-fantasia e tamanhos sem escala.

DKO ESTÚDIO

1. Observe o processo apresentado. Por que antes de o sangue atravessar o filtro faz-se a adição de heparina?

2. Cite doenças renais crônicas que estão relacionadas à diminuição das funções dos rins. O que pode causar esse tipo de doença?

Neste tema, você estudou como, começando pela alimentação, o nosso organismo obtém os nutrientes que fornecem energia necessária às atividades vitais. Conheceu o funcionamento do sistema respiratório humano e sua participação na obtenção de energia. Aprendeu a importância da excreção e como o sistema cardiovascular participa desse processo, por meio do transporte de substâncias. Estudou também o sistema linfático humano, no qual são produzidos os linfócitos.

E descobriu que o sistema endócrino, juntamente com o sistema nervoso, é o responsável pela regulação das funções orgânicas, feita por meio de glândulas que produzem e lançam hormônios na corrente sanguínea e atuam especificamente nas células-alvo.

1. Reescreva o texto no caderno, completando corretamente com o nome dos órgãos a seguir.

fígado	intestino delgado	estômago
esôfago	boca	glândulas

A digestão acontece mediante processos físicos (ou mecânicos) e químicos. Os processos químicos têm início na ▨▨▨▨▨▨▨▨▨▨, com a atuação das ▨▨▨▨▨▨▨▨▨▨ salivares. As outras duas principais etapas ocorrem no ▨▨▨▨▨▨▨▨▨, que produz o suco gástrico, e no ▨▨▨▨▨▨▨▨▨▨, onde a digestão é intensificada com a ação da bile, do suco pancreático e do suco entérico.

2. A respiração pulmonar se dá basicamente com o transporte do oxigênio contido no ar atmosférico até as células e o transporte do gás carbônico, num processo inverso, das células para o ar atmosférico. O que acontece com o oxigênio nas células?

3. A excreção é o processo de remoção de substâncias tóxicas ou inúteis do organismo. A eliminação de fezes também pode ser considerada um tipo de excreção? Justifique.

4. Explique a importância do sistema circulatório nas trocas gasosas.

5. A filtração é um dos principais processos que ocorrem nos rins. Cite substâncias eliminadas nessa etapa e os locais onde elas foram produzidas.

6. Qual é a relação entre a água que bebemos e a urina que produzimos?

7. Em relação ao sistema linfático humano, responda às questões a seguir.

   a) Quais são suas funções?

   b) Qual é a sua importância no processo de defesa do organismo?

8. O que são anticorpos e qual é a sua principal função?

9. Relacione o conceito de memória imunológica com a produção de vacinas.

10. Explique por que a hipófise é considerada a glândula-mestra do organismo.

11. Situações como provas, apresentações em público ou até um primeiro encontro provocam sensações que estimulam o sistema nervoso, podendo causar taquicardia e aumento da frequência respiratória. Que glândula é acionada e qual é o hormônio produzido como consequência?

12. Nosso corpo tem diversas glândulas endócrinas, algumas responsáveis pela produção de mais de um tipo de hormônio. Com relação a essas glândulas, responda às questões.

    a) Por que um hormônio, apesar de atingir todas as células do corpo, atua apenas nas células-alvo?

b) A concentração de glicose é mantida sob controle no sangue devido à ação de quais hormônios?

13. Pesquise sobre a diabetes tipo 1 e responda às questões a seguir.

a) Em qual glândula a pessoa com essa doença tem problemas?

b) Qual é o tratamento mais corriqueiro para esse tipo de doença? Justifique.

14. Observando as imagens abaixo, explique por que as grávidas sentem mais vontade de urinar do que mulheres não grávidas.

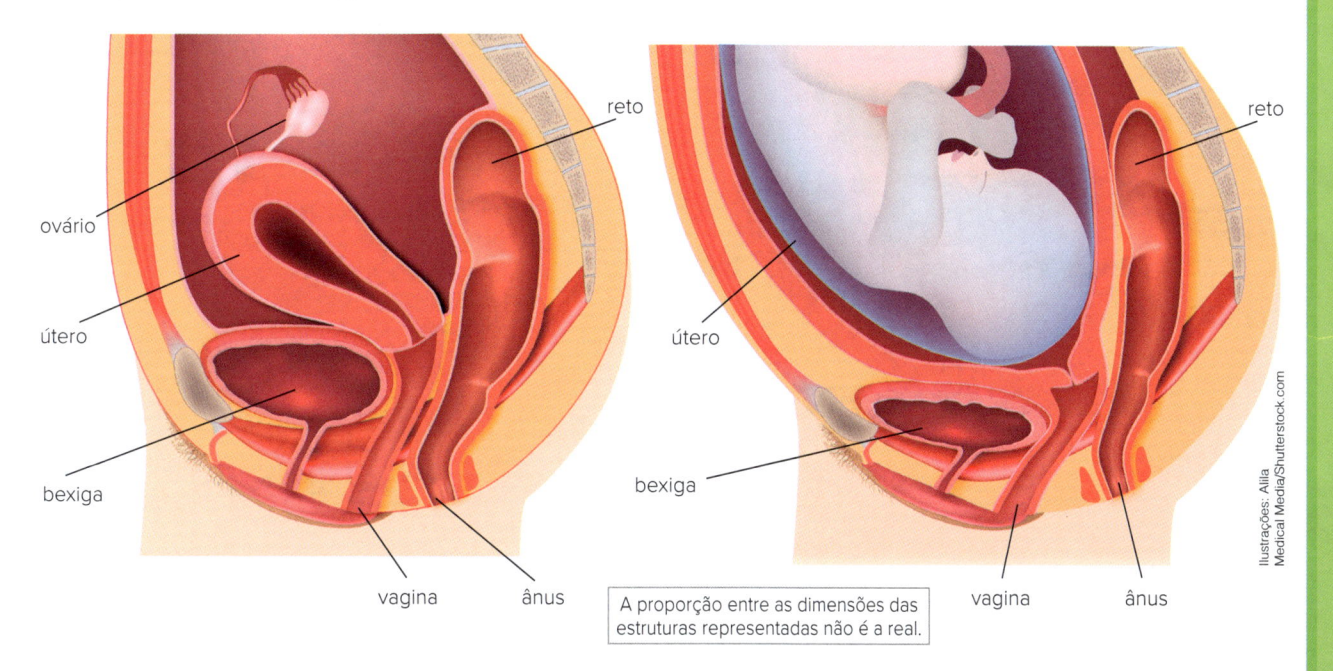

Ilustrações: Alila Medical Media/Shutterstock.com

A proporção entre as dimensões das estruturas representadas não é a real.

↑ Filhotes de tartaruga marinha se deslocando em direção ao mar. Mata de São João (BA), 2012.

Reprodução

NESTE TEMA
VOCÊ VAI ESTUDAR:

- importância da reprodução;
- comportamentos e estratégias reprodutivas de animais e plantas.

1. O que essa fotografia mostra? Você já viu esse fenômeno da natureza? Onde?

2. Você sabe o que é esse material que sai de dentro do vulcão? De que é feito? De onde vem?

3. De acordo com o que você sabe, explique de que a Terra é constituída, desde a região mais alta (mais externa) até a mais profunda (mais interna).

Reprodução

EXPLORANDO O VIVEIRO DE SUCULENTAS

Depois da escola, Raul foi à casa de Kátia para fazer um trabalho de escola. Ao chegar, ele tocou a campainha, mas ninguém atendeu. Depois de alguns toques, Kátia chegou e explicou ao amigo o que havia acontecido.

– Desculpe a demora para abrir a porta, Raul. É que eu estava no banho e minha mãe está cuidando do berçário e quando ela vai pra lá, não escuta nada do que acontece ao redor!

– Berçário? Como assim? Vocês têm bebês em casa? Não sabia disso! – disse Raul.

– Ah! – Kátia riu – Não é bem isso que você está pensando. É um viveiro de suculentas.

– Suco... o quê? O que é isso?

– Suculentas são um tipo de planta muito usada em jardinagem e decoração. Vá lá conhecer o viveiro enquanto eu arrumo a mesa pra começarmos o trabalho. Mamãe vai adorar lhe explicar tudo!

E, de fato, a mãe de Kátia gostou mesmo de contar a Raul que o "berçário" é um lugar especial com vasos para produzir novas plantas. Ela disse que as suculentas são plantas muito interessantes e fáceis de cuidar. O mais curioso é que podem se reproduzir a partir das folhas.

Raul ficou empolgado e disse: – Poxa, que legal! Quero ter um berçário em minha casa também! Me ensina a fazer?

Agora é sua vez.

1. Você conhece as plantas suculentas? Sabia que novas mudas nascem das folhas?

2. Você conhece outras plantas das quais podem ser feitas mudas das folhas ou de outras partes do corpo delas?

3. Você sabe se entre os animais há alguma espécie que se reproduz de modo semelhante ao das suculentas? Explique sua resposta.

Reprodução

A reprodução dos seres vivos sempre despertou o interesse da humanidade. Houve um período em que se acreditava que o macho não tinha participação na concepção. Depois surgiu a teoria de que o macho não só participava do processo de reprodução, mas em seu sêmen estaria um ser vivo praticamente formado que apenas se desenvolveria no ventre da mulher, no caso dos seres humanos.

Atualmente, vários estudos revelam que o processo reprodutivo dos seres vivos é muito complexo, com diversas estratégias de reprodução. São esses mecanismos que estudaremos agora.

Tipos de reprodução

Os seres vivos – unicelulares e pluricelulares – desenvolveram, ao longo de sua evolução, mecanismos reprodutivos que geram descendentes e possibilitam a perpetuação das espécies. Há dois processos reprodutivos básicos: a reprodução assexuada e a reprodução sexuada.

A reprodução sexuada ocorre por meio da união de células sexuais masculinas e femininas, chamadas gametas, o que não ocorre na reprodução assexuada.

↑ Ave alimenta seus filhotes. A reprodução das aves é sexuada.

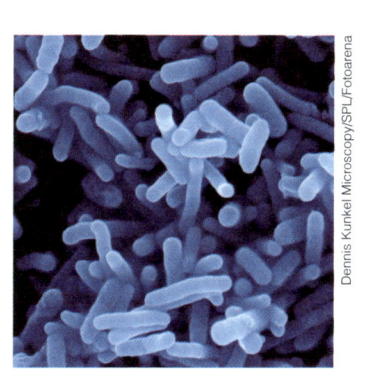

↑ Micrografia eletrônica de varredura colorida de bactéria. Aumento aproximado de 3 900 vezes. A reprodução das bactérias é assexuada.

Reprodução assexuada

É um tipo de reprodução individual que produz clones, descendentes idênticos aos indivíduos que lhes deram origem.

O processo baseia-se na divisão celular, em que uma célula se divide em duas, ambas com as mesmas características da original.

Veja os principais tipos de reprodução assexuada.

- **Divisão binária:** processo comum em indivíduos unicelulares. O organismo se divide em duas partes com tamanho e composição muito semelhantes e origina dois indivíduos. Exemplos: bactérias e protozoários.

- **Fragmentação ou regeneração:** o organismo se fragmenta e cada pedaço dá origem a um novo indivíduo, processo que ocorre em alguns invertebrados. Exemplos: planárias e estrelas- -do-mar.

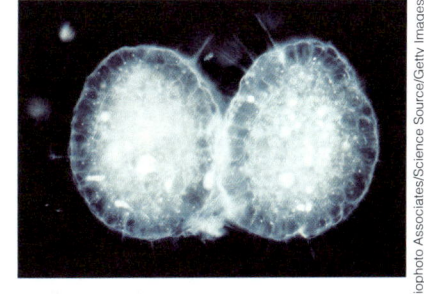

↑ Reprodução assexuada da ameba, um protozoário. Ela se divide em duas, gerando descendentes. Fotografia obtida em microscópio óptico; ampliação aproximada de 77 vezes.

Os tons de cores utilizados na ilustração e as dimensões do ser vivo não são os reais.

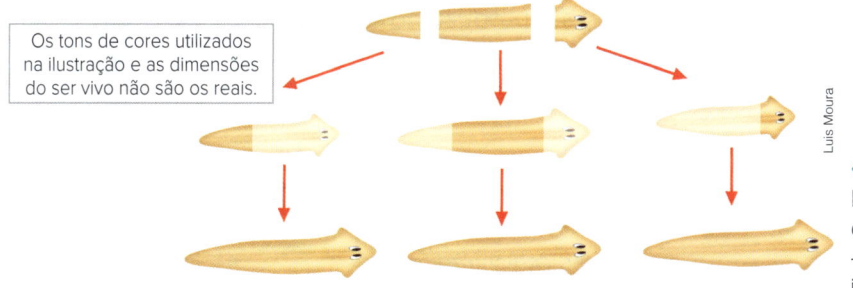

← Esquema de reprodução assexuada da planária. Um indivíduo fragmenta- -se e cada fragmento gera um novo indivíduo idêntico ao original.

- **Brotamento:** um broto se desenvolve na superfície de um organismo e depois de algum tempo se desprende, originando um indivíduo independente, ou permanece no organismo adulto formando colônias. Exemplos: água-viva, anêmona e hidra.

Reprodução da hidra por brotamento. Ao se destacar do organismo principal, cada elemento origina novos indivíduos. Se permanecerem ligados, formam colônias. Tamanho aproximado de 2,5 cm.

- **Esporulação:** um organismo produz estruturas reprodutivas chamadas esporos que, ao germinar, originam novos indivíduos. Exemplo: fungos.

- **Partenogênese:** a célula reprodutora se desenvolve sem que tenha ocorrido fecundação e dá origem a um novo indivíduo. Exemplos: abelhas e formigas. No caso das abelhas, além dos ovos fecundados, as rainhas põem ovos não fecundados. Os ovos fecundados geram indivíduos fêmeas e os ovos não fecundados se desenvolvem por partenogênese gerando indivíduos machos (zangões).

Os esporos fazem parte da reprodução de muitos fungos. Na fotografia, um cogumelo libera esporos no ambiente.

Os tons de cores e a proporção entre os tamanhos dos seres vivos representados não são os reais.

rainha | operária | zangão

↑ O zangão, indivíduo macho da colmeia, é originado de ovos não fecundados da abelha rainha, enquanto as operárias e a rainha são originadas de ovos fecundados (reprodução sexuada).

A reprodução assexuada, muito comum entre as plantas, é chamada de **reprodução vegetativa**. As plantas têm muitas estratégias para produzir novos indivíduos a partir de diferentes partes do corpo: caules subterrâneos ou rizomas, caules rastejantes ou estolhos e estolhões, tubérculos, raízes e folhas.

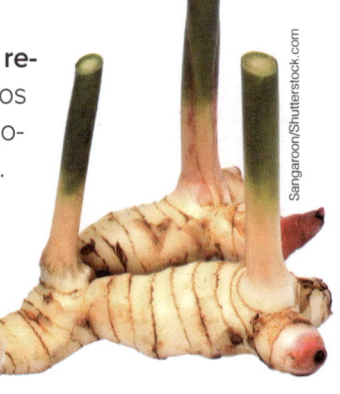

O gengibre tem propagação do tipo rizoma (caule subterrâneo).

Reprodução assexuada das plantas

Nesta atividade você vai organizar e apresentar um seminário sobre as estratégias de reprodução assexuada das plantas.

Material:

- cartolina e papel sulfite;
- lápis de cor e caneta hidrocor;
- lousa e giz;
- equipamentos (retroprojetor, *datashow*, TV e vídeo, *flip chart* etc.).

Procedimento

1. Forme um grupo com alguns colegas e escolham a estratégia reprodutiva de uma das espécies: estolhos ou estolões, rizomas, bulbos, tubérculos, raízes e folhas. Definam data, tempo e ordem de apresentação.

2. Pesquisem o tipo de estratégia que seu grupo vai apresentar (o que é, como ocorre, uso comercial) e preparem a exposição, que deve incluir uma introdução sobre o tema, o desenvolvimento e um fechamento. Sejam claros na organização das informações. Decidam quais recursos vão utilizar e preparem-nos; procurem trazer exemplares das plantas para os colegas observarem.

3. Façam um resumo de no máximo 6 linhas do que será apresentado para a elaboração de um caderno de resumos que será distribuído antecipadamente para todos os alunos.

4. Selecionem uma ou duas pessoas do grupo para fazer a apresentação e ensaiem previamente. Os demais componentes do grupo devem analisar a apresentação observando: clareza no modo de falar, coerência das informações e se os recursos e materiais elaborados facilitam a compreensão do assunto. Se necessário, façam adequações à apresentação.

5. No dia da apresentação, organizem o espaço de forma que todos possam ver e ouvir quem estiver falando.

Reflita e registre

NO CADERNO

1. Que estratégias de reprodução os grupos apresentaram? Dê exemplos de cada uma.

2. De acordo com as apresentações, responda: Quais foram os recursos que melhor ajudaram a compreender as estratégias reprodutivas das plantas? E quais foram as melhores estratégias expositivas utilizadas pelos grupos?

Reprodução sexuada

A reprodução sexuada envolve a participação das células sexuais, os gametas. O gameta masculino é denominado espermatozoide; e o feminino, ovócito.

Nesse tipo de reprodução ocorre a **fecundação**, que é a união dos gametas feminino e masculino, originando a célula-ovo, também chamada de zigoto.

Metade do material genético do zigoto vem do espermatozoide, a outra metade, do ovócito. Isso significa que o indivíduo gerado não é idêntico a um dos **parentais**, mas tem metade da carga genética de cada um, criando uma nova combinação de genes. A combinação de genes recebidos forma um descendente com características próprias.

O zigoto sofre sucessivas divisões celulares e resulta inicialmente em um **embrião**, que continua a se desenvolver, dando origem a um feto. O feto, por fim, se desenvolverá até se transformar no indivíduo pronto para nascer.

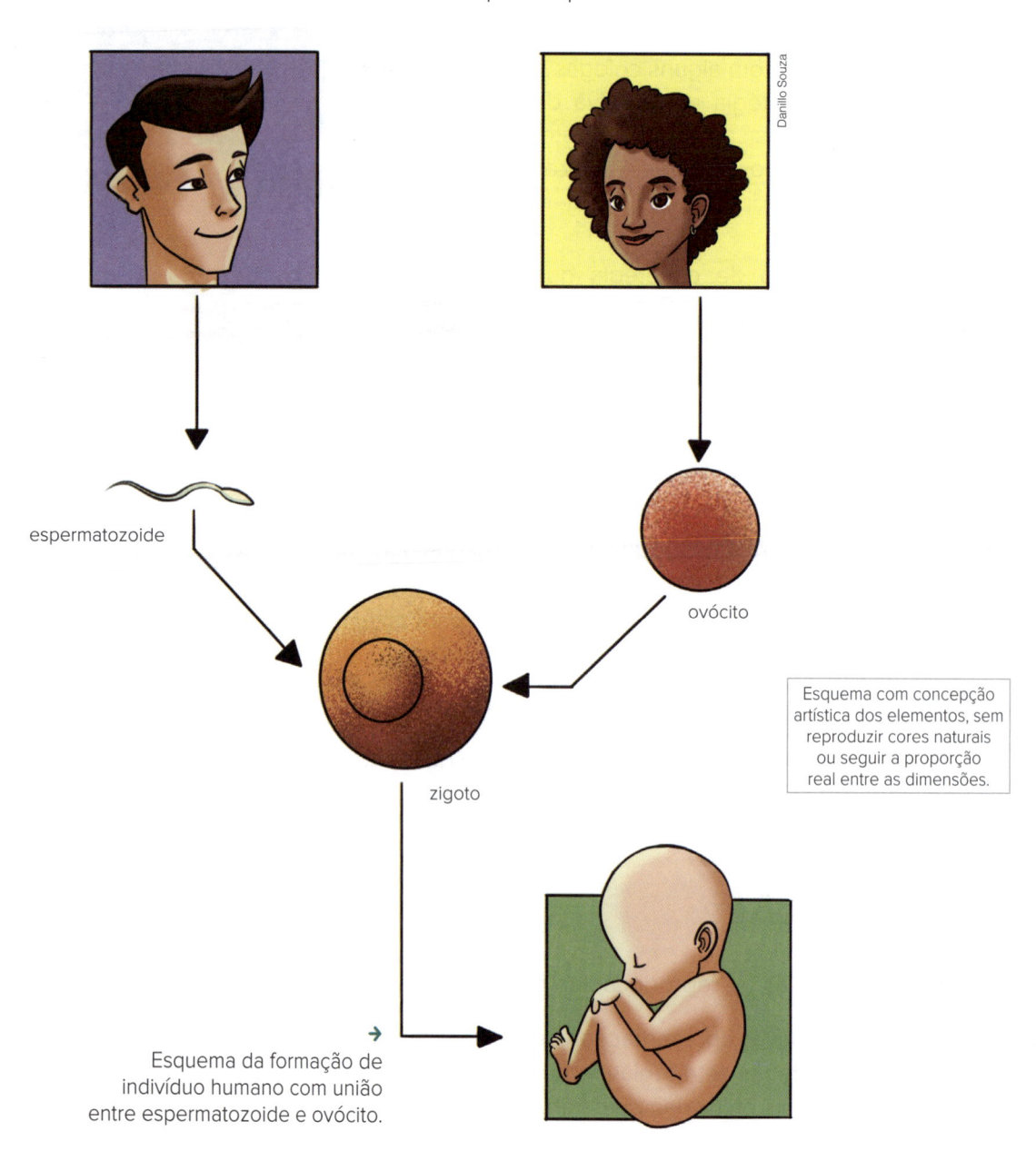

espermatozoide

ovócito

zigoto

Esquema com concepção artística dos elementos, sem reproduzir cores naturais ou seguir a proporção real entre as dimensões.

Esquema da formação de indivíduo humano com união entre espermatozoide e ovócito.

Danilo Souza

Tipos de fecundação

A fecundação pode ser de dois tipos.

- **Externa:** o gameta feminino e o masculino são liberados em um ambiente externo. Exemplos: a maioria dos peixes ósseos, ouriços-do-mar e anfíbios.

POSSO PERGUNTAR?

Há fecundação externa em ambiente terrestre?

As cores, as distâncias e as dimensões utilizadas na ilustração não são as observadas na realidade.

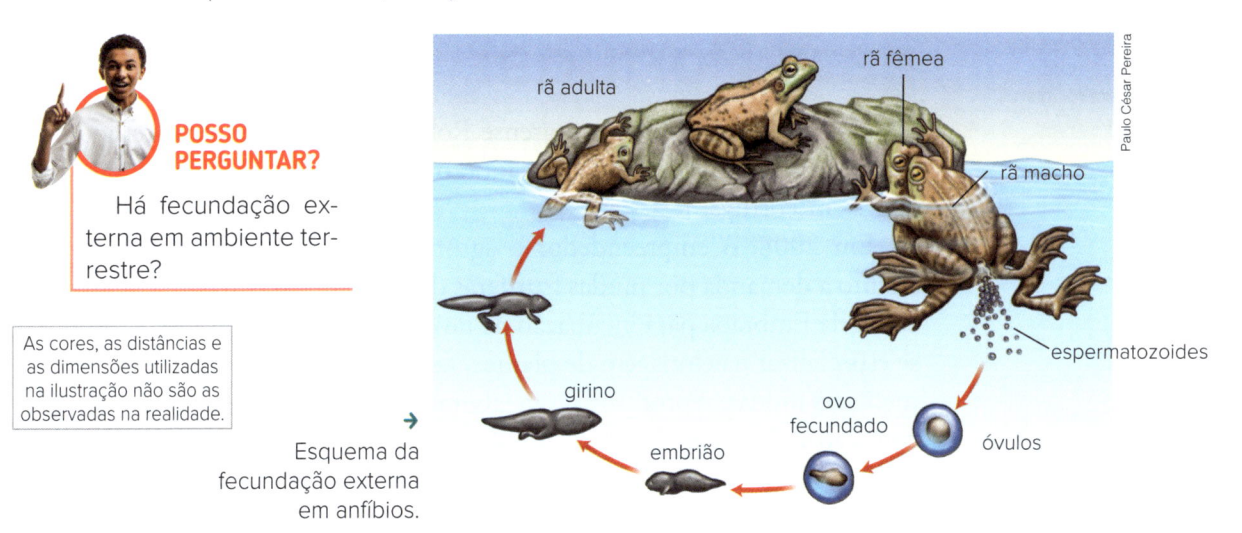

→ Esquema da fecundação externa em anfíbios.

- **Interna**: o gameta masculino é depositado dentro do corpo da fêmea. Exemplos: mamíferos, aves e répteis.

Alguns seres vivos têm sistemas reprodutores masculino e feminino no mesmo indivíduo, são chamados de hermafroditas, e pode ocorrer a autofecundação. No entanto, casos de autofecundação não são comuns nos animais. É mais frequente que hermafroditas façam a fecundação cruzada, em que dois organismos fecundam um ao outro, como ocorre com a minhoca.

↑ Acasalamento de minhocas. Durante o processo, ambas as minhocas são fecundadas.

Vantagens e desvantagens dos diferentes tipos de reprodução

Você consegue pensar nas vantagens e desvantagens desses tipos de reprodução? Qual é a vantagem de um organismo que se reproduz assexuadamente? E dos que se reproduzem sexuadamente? E quais poderiam ser as desvantagens de ambos os tipos?

Os organismos que se reproduzem assexuadamente não precisam se deslocar para encontrar um parceiro; assim, mesmo indivíduos que vivem isolados podem se reproduzir. Além disso, a reprodução assexuada possibilita rápido crescimento populacional, como ocorre com as bactérias, por exemplo.

Uma desvantagem da reprodução assexuada é a geração de descendentes geneticamente iguais, o que torna a população homogênea. Caso haja alterações nas condições ambientais do meio, a ponto de não serem mais propícias ao desenvolvimento desses indivíduos, eles podem desaparecer.

Já em uma população com variabilidade genética, como nas populações compostas por indivíduos que se reproduzem de forma sexuada, quando ocorrem alterações no meio, as diferenças entre os indivíduos representam mais chances de que alguns resistam às novas condições.

Mas a reprodução sexuada não está livre de desvantagens: a busca por um parceiro exige gasto energético do indivíduo, além de alguns riscos, como ser surpreendido por um predador ou um rival.

Brasil vai vender clones para Portugal

Há dez anos, o cientista cearense Roberto Caracas certamente não imaginava que, em 2018, estaria cruzando o oceano para apresentar mudas clonadas em Portugal [...].

Em 2008, o empreendedor e agrônomo trabalhava com fruticultura. Atento à demanda por mudas frutíferas do Nordeste, ele se inscreveu em um edital da Embrapa para incubação de novas empresas. Aprovado, acabou por se especializar na clonagem de plantas, fazendo a seleção e cópia genética das melhores mudas, reproduzidas em laboratório. Assim nasceu a Bioclone, hoje com capacidade para produzir 5 milhões de mudas por ano.

"Começamos com a banana, e agora já temos 12 variedades [da fruta]. Também fazemos cinco variedades do abacaxi, além de cana-de-açúcar e plantas ornamentais. Desde aquela época, até hoje, desenvolvemos novos protocolos para espécies de plantas", afirma o empreendedor. [...]

Um estudo realizado pela Bioclone mostra que o aumento da produção chega a 30%, com mudas livres de pragas e doenças. "Ela é diferente do convencional porque tem uma genética só, uniforme, precoce", garante Roberto Caracas. [...]

Técnica de laboratório analisa culturas *in vitro* de mandioca no centro de pesquisas em Bingerville (Costa do Marfim), 2018.

↓

Sia Kambou/AFP

"Rusticamente, a técnica poderia ser feita a partir de um galho, mas realizamos *in vitro*. Isolamos a parte reprodutiva da planta e, quando ela vai germinando, cortamos em duas. Assim voltamos a planta para o laboratório para brotar quatro, oito, 16 plantas. Você seleciona uma boa planta e a multiplica. Podemos chegar a 280, até 300 replicações de cópias idênticas à [planta] matriz", resume Vasconcelos. [...]

Giorgio Dal Molin. Brasil vai vender clones para Portugal. *Gazeta do Povo*, 1º jan. 2018. Disponível em: <www.gazetadopovo.com.br/agro negocio/agricultura/brasil-vai-vender-clones-para -portugal-35prwdu2wjkun8snd0w6ncex6>. Acesso em: 30 abr. 2019.

1. A produção de clones de plantas é possível graças ao conhecimento genético e ao desenvolvimento de técnicas para fazê-los em grande escala. De acordo com o texto, qual é a vantagem da produção de plantas clonadas?

2. Os clones dos animais também são "fáceis" de obter como os de vegetais? Faça uma pesquisa sobre isso, organize os dados que encontrar e elabore uma resposta para essa pergunta.

ATIVIDADES

NO CADERNO

1. Considerando os diferentes tipos de reprodução, qual é a mais vantajosa em casos de alterações ambientais? Por quê?

2. A que tipo de reprodução a frase abaixo se refere? Cite as vantagens e desvantagens.

Muitos organismos marinhos liberam gametas na água para garantir a perpetuação da espécie.

3. Cite o exemplo de duas espécies cuja reprodução seja sexuada e com fecundação interna e explique porque tem esse nome.

REFLETIR

1. Atualmente é muito comum o uso de plantas clonadas na agricultura. Por meio da clonagem é feita a seleção e cópia genética em laboratório das melhores plantas. Pesquise as desvantagens desse tipo de cultivo e outras alternativas mais ecológicas. Apresente aos colegas o que encontrou e ouça as contribuições deles.

2. Analise a ilustração ao lado.

a) Que tipo de reprodução está retratada na imagem?

b) Que grupo de seres vivos está representado?

c) Quais são as vantagens e desvantagens desse tipo de reprodução?

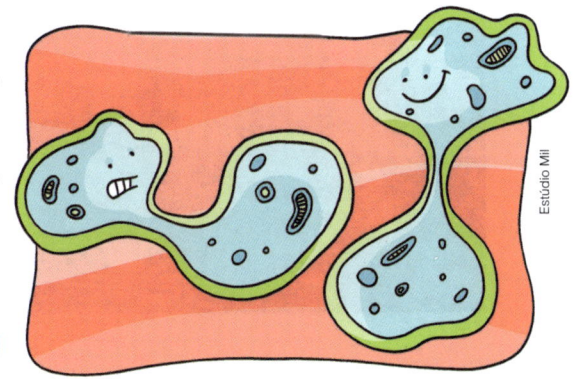
Estúdio Mil

DESAFIO

1. Leia o texto e faça o que se pede.

Após passar anos separada de um macho, uma fêmea de tubarão desenvolveu a habilidade de se reproduzir sozinha.

Leonie é uma fêmea da espécie tubarão-zebra (*Stegostoma fasciatum*) e estava há 13 anos no mesmo tanque que seu parceiro em um aquário em Townsville, na Austrália, quando os dois foram separados e colocados em espaços diferentes. Desde então, ela não teve contato com nenhum outro macho — ainda assim, teve três filhotes no ano passado.

[...] os cientistas consideraram a possibilidade de a fêmea ter armazenado espermas de seu parceiro e tê-los usado para fertilizar seus óvulos. No entanto, os testes mostraram que os filhotes tinha sido frutos da reprodução assexual, já que só apresentavam o DNA da mãe.

[...]

Fêmea de tubarão se reproduz sem macho após passar anos sozinha. *Galileu*, 15 fev. 2017.
Disponível em: <https://revistagalileu.globo.com/Ciencia/noticia/2017/02/femea-de-tubarao-se-reproduz-sem-machos-apos-passar-anos-sozinha.html>. Acesso em: 20 maio 2019.

a) Considerando os resultados dos testes de DNA dos filhotes, qual foi o tipo de reprodução da fêmea? Explique.

b) Em dupla, elaborem uma hipótese que explique por que ocorreu essa estratégia reprodutiva e sua eficiência a longo prazo.

Comportamentos reprodutivos animais

Neste capítulo você vai estudar a reprodução sexuada em animais e como eles escolhem seus parceiros.

EXPLORANDO OS BARULHOS DA NOITE

DKO Estúdio

Malu passou o feriado no sítio, com a família de sua amiga Claudinha. Malu mora no litoral e nunca havia ido para o interior do estado. Para ela era uma grande aventura, além de que poderia ficar mais tempo com Claudinha – elas eram inseparáveis, desde que se conheceram no coral, onde cantavam juntas.

Ao chegar ao sítio, ela conheceu o lugar e ambas se divertiram muito. À noite, Claudinha começou a contar várias histórias de assombração. No começo, Malu disse que não tinha medo, que a amiga poderia contar a história que quisesse; mas depois Malu foi ficando assustada com os casos de mula sem cabeça, noivas fantasmas etc.

De repente, as duas começaram a ouvir um barulho muito alto que vinha lá de fora e uma olhou para a outra, com ar assustado. Mesmo Claudinha, que se achava corajosa, começou a tremer. Estavam sozinhas na sala e foram para a cozinha procurar um adulto. Encontraram seu José, pai de Claudinha.

Ele disse que não precisavam temer, eram rãs no laguinho que ficava ali perto, e perguntou se elas queriam vê-las. Curiosas, prontamente responderam sim!

Seu José pegou uma lanterna na área de serviço e saíram na direção do barulho. Quando chegaram ao laguinho, o que viram foi incrível. Havia várias rãs coaxando, todas juntas, como num coral!

Agora é sua vez. 🎤

1. Você já ouviu rãs e sapos coaxando? Onde eles estavam?

2. Você sabe por que esses animais coaxam?

3. Você conhece outros animais com este comportamento?

Sistemas de acasalamento

90 cm

Marcos Amend/Pulsar Imagens

↑ As araras-vermelhas-grandes, aves características da região amazônica, formam casais monogâmicos e compartilham o cuidado parental.

0,7 cm

49pauly/iStockphoto.com

↑ As abelhas-rainhas são, em geral, fecundadas por 6 a 8 zangões. A rainha copula uma única vez e o sêmen coletado é acumulado e utilizado durante toda sua vida. Nesse caso, quem cuida da prole são as abelhas operárias.

Entre os animais, para que haja reprodução sexuada é necessário o acasalamento, um comportamento de união entre macho e fêmea que diz respeito à forma de escolha dos parceiros e à **cópula**. Ao escolher um parceiro, alguns animais constituem uma união duradoura e outros, uniões temporárias.

Nos animais que são monogâmicos, a relação entre um macho e uma fêmea dura até que os filhotes não precisem mais de cuidados ou que um dos parceiros morra ou desapareça. Nesse tipo de relação aumentam as chances de sobrevivência dos filhotes devido ao cuidado parental. É muito comum entre as aves que tanto o macho quanto a fêmea cuidem dos ovos e alimentem os filhotes, diferentemente dos mamíferos, cuja tarefa geralmente fica com a fêmea.

Há espécies, entretanto, em que um mesmo macho acasala com muitas fêmeas e sua única participação no processo de reprodução é com as células reprodutoras masculinas. É o que ocorre com o beija-flor-tesoura (*Eupetomena macroura*).

Em outros casos, é a fêmea que acasala com mais de um macho e o macho fica responsável pelo cuidado com a prole, como o falaropo-de-bico-grosso (*Phalaropus fulicarius*) e a Jaçanã (*Jacana jacana*).

Há também espécies em que tanto machos quanto fêmeas acasalam mais de uma vez com diferentes parceiros. É muito comum nos animais de estimação como gato, cachorro e bovinos.

CURIOSO É...

Você sabia que o peixe-palhaço muda de sexo? Esse comportamento faz parte do desenvolvimento dos peixes-palhaços. Todos os filhotes nascem machos e se não houver fêmeas por perto um deles transforma-se em fêmea para garantir a perpetuação da espécie.

11 cm

Norbert Wu/Minden Pictures/Fotoarena

→ Peixes-palhaço em seu hábitat natural, os tentáculos de uma anêmona.

Como machos e fêmeas escolhem o parceiro?

De maneira geral, é a fêmea que escolhe o parceiro com base em atributos como coloração, ornamentos ou comportamentos como luta, dança, liberação de odores, sinais sonoros, oferecimento de recursos como território e alimentação. Esses atributos podem indicar que os machos são saudáveis, o que possibilita maior chance de sobrevivência dos filhotes.

← Ema chocando ovos.

Dimorfismo sexual

O **dimorfismo sexual**, condição em que machos e fêmeas são bastante diferentes um do outro, é muito comum entre alguns grupos de animais. Entre as aves, por exemplo, não é raro que os machos sejam mais vistosos, com penas, papos ou cristas maiores ou mais coloridos. São distinções que auxiliam na competição por uma fêmea ou para impressioná-la. O macho do pavão, por exemplo, tem uma plumagem colorida e exuberante, diferente da fêmea, que é acinzentada.

↑ Machos e fêmeas do mutum-de--penacho são bem diferentes entre si.

↑ Entre os peixes de água doce, a espécie lebiste apresenta dimorfismo sexual: o macho é mais colorido que a fêmea e tem cauda longa – são estratégias para atrair as fêmeas.

Rituais de corte

As aves praticam diversos **rituais de corte**, executados antes do acasalamento (cruzamento), quando o macho tenta atrair a fêmea com cantos específicos, posturas corporais, construção de ninhos etc.

A fecundação das aves é interna. Na maioria das espécies de aves, os machos não têm órgão copulador (pênis). Eles depositam os espermatozoides na fêmea juntando as aberturas das cloacas (órgão por onde as aves e outros animais eliminam fezes, urina e põem ovos) durante o cruzamento.

POSSO PERGUNTAR?

Mamíferos também podem botar ovos?

Os ovos das aves são ricos em vitelo (substância nutritiva que alimenta o embrião) e protegidos por uma casca por onde ocorrem trocas gasosas. Dentro dos ovos, os embriões completam seu desenvolvimento. Durante a incubação o macho, a fêmea ou ambos, em rodízio, assentam-se sobre o ovo, e o calor do corpo deles ajuda a manter a temperatura adequada. O tempo de incubação varia entre as espécies (de 10 a 80 dias). Após o desenvolvimento do embrião, ocorre a eclosão (quebra) dos ovos. As aves também liberam ovos não fecundados, chamados ovos não galados.

Entre os anuros (sapos, rãs e pererecas) é muito comum o canto nupcial: sons emitidos durante o período de reprodução. Em geral, são os machos que emitem sons para atrair a fêmea.

Depois de atraída a fêmea, o macho a agarra em um forte abraço, chamado amplexo. Nesse momento, ela libera ovócitos na água e o macho deposita seus espermatozoides sobre eles, fecundando-os (fecundação externa). Os óvulos fecundados transformam-se em ovos com embrião. De modo geral, os ovos são numerosos, protegidos por uma substância gelatinosa e deles se originam os girinos.

↑ Sacos vocais de sapo da espécie *Bufo granulosus*.

↑ Os girinos passam por uma série de mudanças até chegar à forma adulta.

Entre algumas espécies de mamíferos é comum que os machos lutem entre si para decidir qual deles vai copular com a fêmea.

Os veados são mamíferos placentários, isso significa que no útero os embriões se fixam no revestimento interno pela placenta e passam a receber nutrientes e gás oxigênio diretamente do corpo materno. Essa forma de reprodução, embora gere menor número de descendentes quando comparada aos demais vertebrados, aumenta bastante suas probabilidades de sobrevivência, pois o útero materno oferece proteção ao filhote em formação.

↑ Os veados são mamíferos. A fêmea amamenta os filhotes.

↑ Machos de veados duelam pela chance de copular com a fêmea.

❗ CURIOSO É...

Cuidado com os ovos

O sapo-parteiro (*Alytes obstetricians*) é encontrado em Portugal e na Espanha. Ele tem um comportamento especial entre os anuros: após a fecundação, os machos transportam os ovos nas costas. É uma estratégia vantajosa porque essa espécie coloca poucos ovos, e esse cuidado garante a sobrevivência da maioria de seus descendentes.

→ Secreções produzidas pelo sapo-parteiro macho protegem os ovos e os embriões de ressecamento e do ataque de parasitas, como certos tipos de fungos.

1 Temporada de desova. Fêmeas realizam de 3 a 7 posturas com intervalo de aproximadamente 14 dias.

Ovos: 45 a 60 dias de incubação.

Cada desova tem cerca de 120 ovos.

As tartarugas marinhas têm um ciclo de vida complexo, porque passam a maior parte do tempo no mar, mas desovam na areia. Elas colocam centenas de ovos, mas poucos filhotes tornam-se adultos por causa dos predadores.

praia de desova

2 Filhotes recém-nascidos nadam para o mar aberto, onde permanecem nos primeiros anos de vida.

5 área de reprodução

Fêmeas adultas retornam para a área de alimentação.

Machos retornam para áreas de alimentação.

Áreas de alimentação costeiras – indivíduos imaturos/adultos.

Ciclo de vida das tartarugas marinhas

Satu

3 Migração durante o desenvolvimento em mar aberto.

4 Machos e fêmeas adultos migram para a área de reprodução.

Os tons de cores utilizados na ilustração e as dimensões dos seres vivos não são os reais.

Discuta as questões com os colegas e respondam-nas em grupo.

1. Quais são as semelhanças e diferenças entre a reprodução dos peixes e a das tartarugas?

2. As tartarugas colocam centenas de ovos. Qual é a importância dessa quantidade para a espécie?

ATIVIDADES

SISTEMATIZAR

1. Por que entre os mamíferos dificilmente o macho exerce cuidado parental?

2. Entre as emas, na época de reprodução, ao encontrar uma fêmea os machos dão saltos, abrem as asas, sacodem os pescoços e emitem alguns roncos. No que consiste esse comportamento?

3. A abelha rainha seleciona seus parceiros sexuais com o que chamamos de voo nupcial: ela voa em grandes altitudes e em alta velocidade; somente os zangões que alcançá-la conseguirão copular com ela. A rainha copula uma única vez na vida, com vários zangões; ela armazena os espermatozoides para quando precisar. Explique por que essas estratégias são importantes para a perpetuação da espécie.

REFLETIR

1. Veja a seguir parte do resultado de uma pesquisa sobre as jaçanãs realizada no município de Três Lagoas, Mato Grosso do Sul. Leia o texto e responda às questões.

[...]

[...] verificou-se a formação de trios (dois machos e uma fêmea) e parcs reprodutivos [...].

[...]

[...]. Durante a corte, frequentemente iniciada pela fêmea, esta vocalizava solicitando a presença do parceiro.

Este então cessava suas atividades e atendia prontamente o chamado, colocando-se ao seu lado, sendo, neste instante, comum a ocorrência de interações agonísticas entre as fêmeas residente e vizinha, na disputa pelo macho. [...]

[...]. Os ninhos, em forma de plataforma flutuante são confeccionados pelos machos, utilizando gramíneas, junco e/ou aguapé, ou a fêmea simplesmente põe os ovos sobre a vegetação flutuante como salvínia e aguapé.

Completada a postura, em média quatro ovos por ninho, a fêmea é expulsa do território e o macho assume todo o cuidado parental, desde a incubação dos ovos até a criação dos filhotes, cabendo a ela apenas auxiliá-lo na defesa territorial. [...]

[...]

Alessandro Pacheco Nunes e Augusto Piratelli. Comportamento da jaçanã (*Jacana jacana* Linnaeus, 1766) (Charadriiformes, Jacanidae) em uma lagoa urbana no município de Três Lagoas, Mato Grosso do Sul, Brasil. *Atualidades Ornitológicas*. n. 126, p. 17, jul.-ago. 2005. Disponível em: <www.ao.com.br/download/jacana.pdf>. Acesso em: 20 maio 2019.

a) Como é a reprodução das jaçanãs? Qual é a vantagem dessa estratégia reprodutiva?

b) Quem é o responsável pelo cuidado parental?

DESAFIO

1. Os mamíferos fazem fecundação interna (os machos têm pênis) e alimentam seus filhotes com o leite secretado pelas glândulas mamárias da fêmea. No entanto, verificam-se algumas diferenças quanto à forma de desenvolvimento dos filhotes, podendo ser divididos em três grandes grupos: monotremados, marsupiais e placentários. Pesquise informações sobre esses grupos e explique as diferenças no desenvolvimento e no cuidado dos filhotes em cada um deles.

2. Leia o texto e faça o que se pede.

Por que, em algumas espécies, as fêmeas matam os machos?

Os cientistas ainda não compreendem perfeitamente as razões para esse comportamento, batizado de canibalismo sexual, uma forma especial de predação em que a fêmea mata e devora o macho depois do acasalamento. [...] "Depois de receber os espermatozoides, a fêmea deixa de ver o macho como um parceiro sexual", afirma o biólogo Ricardo Pinto de Rocha, da USP.

Por que, em algumas espécies, as fêmeas matam os machos? *Mundo Estranho*, 4 jul. 2018. Disponível em: <https://super.abril.com.br/mundo-estranho/por-que-em-algumas-especies-as-femeas-matam-os-machos/>. Acesso em: 3 maio 2019.

a) Forme um grupo com alguns colegas e elaborem uma hipótese para explicar esse comportamento de algumas fêmeas. Apresentem a hipótese à turma.

b) Ainda em grupo, pesquisem quais animais têm esse tipo de comportamento e como os cientistas explicam o fato. Comparem as informações encontradas na pesquisa com as hipóteses que vocês elaboraram.

3. Assista aos vídeos sugeridos e depois responda às questões.

- *A impressionante aranha-pavão*. Disponível em: <www.nationalgeographicbrasil.com/video/tv/impressionante-aranha-pavao>. Acesso em: 3 maio 2019.
- *Pássaro-jardineiro construindo ninho*. Disponível em: <https://vimeo.com/126783349>. Acesso em: 20 maio 2019.

a) Quais são as semelhanças e diferenças entre as estratégias reprodutivas dessas espécies?

b) Por que essas estratégias são importantes para os animais? Explique detalhadamente o que percebeu sobre o processo reprodutivo nessas cenas.

4. Os insetos têm sexos separados, a fecundação é interna, o desenvolvimento é indireto e passam por metamorfose. Pesquise informações sobre desenvolvimento indireto e metamorfose e explique como algumas espécies de insetos se desenvolvem.

5. No Nordeste brasileiro vivem os *killifishes*, peixes que os moradores garantem que caem das nuvens quando chove. Pesquise esses peixes, descreva seu comportamento reprodutivo e, com base nas informações que obtiver, responda: Esses animais caem mesmo do céu com a chuva?

6. Os moluscos são um grupo de animais que se reproduzem de forma sexuada, no entanto apresentam diversas estratégias reprodutivas. Pesquise a respeito e explique as estratégias reprodutivas dos caracóis e das ostras.

3 cm

woronov/Shutterstock.com

Estratégias reprodutivas das plantas

No capítulo anterior você estudou comportamentos reprodutivos de animais. Neste capítulo você vai conhecer as estruturas que compõem as flores, o processo de polinização e a relação entre planta e polinizador.

EXPLORANDO AS PLANTAS AO NOSSO REDOR

André começou a observar algumas árvores e arbustos que há na pracinha perto de sua casa. Ele notou que, em determinadas épocas do ano, há apenas folhas verdes nas plantas, mas em outras épocas há muitas flores coloridas (amarelas, vermelhas, roxas, cor-de-rosa etc.), que atraem insetos que pousam nelas. Ele pensou: "Vou fotografar com meu celular para registrar esses insetos e as mudanças que ocorrem nas árvores da praça ao longo do ano. Depois vou postar na rede social".

Depois que fotografou as árvores, ele percebeu que nem todas davam flores coloridas e vistosas. E viu também que mesmo entre as árvores mais floridas, as flores não brotavam ao mesmo tempo.

A quaresmeira, por exemplo, florescia por volta de março e abril; já o ipê-amarelo ficava florido a partir de agosto. Com isso, ele pensou, os insetos têm alimento praticamente o ano todo.

As postagens de André foram um sucesso e renderam muitos comentários!

Marcos Guilherme

Agora é sua vez.

1. Você já viu insetos pousando em flores? Por que eles visitam as flores?

2. Você acha que a interação entre os insetos e as flores está relacionada com alguma função da planta? Explique.

3. Você sabe os nomes das diferentes partes das flores? Cite-os.

Plantas com flores

A reprodução sexuada da maior parte das plantas ocorre pelas flores; a flor é o órgão que contém as estruturas reprodutoras.

Se você é bom observador, deve ter percebido que há grande diversidade de flores e que dependendo da espécie elas podem ser solitárias ou formar um conjunto, compondo uma inflorescência. Veja a seguir uma amostra da diversidade de flores.

O girassol, como a margarida, é uma inflorescência composta por muitas flores de formas e tamanhos variados. No centro ficam as flores menores e nas laterais, as maiores. As flores externas têm, cada uma delas, pétalas amarelas bem mais desenvolvidas que ficam ao redor de toda a inflorescência.

POSSO PERGUNTAR?

Todas as plantas dão flores?

↑ Cultivo de girassóis (*Helianthus annuus*). Cuenca (Equador), 2018.

↑ A maior flor do mundo é a raflésia (*Rafflesia arnoldii*). Ela é encontrada na Indonésia, pode chegar a um metro de diâmetro e pesar até 10 kg. É uma flor solitária.

↑ As flores do jacinto (*Hyacinthus orientalis*), também são dispostas em inflorescência e agrupadas em um único pedúnculo. Tamanho aproximado: 7 cm.

As principais partes da flor

As flores são bastante diversas em seus formatos, cores e na disposição nas plantas. São constituídas por estruturas de reprodução, proteção e sustentação.

Estruturas de reprodução

Os órgãos reprodutores nas flores são denominados androceu e gineceu. Esses termos vêm do grego: *andros* significa "homem" (masculino), e *gyné* significa "mulher" (feminino).

Androceu

É a parte masculina. É composto de um conjunto de **estames** constituídos de um **filete** que sustenta a antera. Na antera, encontram-se as estruturas que produzem os **grãos de pólen**.

Gineceu

É a parte feminina. É formado por um ou vários **carpelos** (ou pistilos). Cada carpelo é constituído de três partes.

- **Estigma**: região alargada, que recebe os grãos de pólen.
- **Estilete**: região alongada e estreita, que liga o estigma ao ovário.
- **Ovário**: região alargada e oca na qual se formam os óvulos.

Nem todas as flores são hermafroditas. Algumas plantas produzem flores femininas e flores masculinas separadamente.

Estruturas de proteção

O cálice e a corola envolvem as peças reprodutoras propriamente ditas, protegendo-as. Elas auxiliam também na atração de animais polinizadores. Conheça suas principais características.

- **cálice:** conjunto de **sépalas** (peças geralmente de cor verde, semelhantes às folhas). Protegem o botão da flor contra o ataque de parasitas e animais herbívoros e ajuda a manter a umidade.
- **corola:** conjunto de **pétalas** comumente coloridas e atrativas. Em sua base há estruturas que produzem o néctar, um líquido viscoso e açucarado que atrai os animais polinizadores.

Estruturas de suporte ou sustentação

A flor é ligada ao ramo por uma haste, o pedúnculo. Na região superior do pedúnculo, essa haste é dilatada, formando o **receptáculo floral**, onde se inserem e se sustentam as demais peças florais.

Uma flor completa é formada por **cálice, corola**, **androceu** e **gineceu**. Todas as estruturas da flor são folhas modificadas.

Os tons de cores utilizados na ilustração e as dimensões do ser vivo não são os reais.

Esquema simplificado do corte longitudinal de uma flor hermafrodita (com dois sexos).

Luis Moura

Polinização

A polinização é uma etapa muito importante para a reprodução das plantas, pois é pelo transporte dos **grãos de pólen** do órgão reprodutor masculino para o órgão reprodutor feminino que ela acontece. É resultado da ação de agentes polinizadores que podem ser o vento, a água e os animais.

↑ Quando a abelha pousa em uma flor, os grãos de pólen aderem ao corpo dela. Ao visitar outra flor da mesma espécie, a abelha leva o pólen até ela.

- **Vento**: é o principal agente polinizador das flores pouco vistosas (pequenas e pouco coloridas) e sem **néctar**, como flores de milho, de trigo e de capim. Para que ocorra polinização pela ação do vento é preciso grande produção de grãos de pólen, pois muitos deles, ao serem dispersos pelo vento, podem não chegar a outra flor.

- **Animais**: alguns animais, como abelhas, borboletas, beija-flores e morcegos, são atraídos pelo néctar, pelas cores e pelo odor próprio de determinadas flores, como as flores de acácia, hibisco, maracujá, figueira e paineira. Ao visitar diferentes flores, os animais transportam os grãos de pólen que ficam sobre o seu corpo, disseminando-os.

Interação planta-polinizador

As interações entre planta e polinizador podem ser muito complexas, resultado de adaptações na forma e no comportamento de ambos. As flores, por exemplo, têm atrativos para polinizadores, como cores e formatos chamativos, odores agradáveis e recursos alimentares, como néctar e pólen.

Da mesma forma, algumas características dos animais os tornam bons polinizadores. Um exemplo são as abelhas, que além de visitar muitas flores, transferindo grãos de pólen de uma para outra, têm pelos que transportam o pólen. Algumas aves que têm bicos longos e língua comprida são boas polinizadoras de flores tubulares, pois inserem o bico até o compartimento onde fica o néctar.

GLOSSÁRIO

Grão de pólen: estrutura que contém os elementos formadores dos gametas masculinos.

Néctar: líquido viscoso e açucarado que atrai animais polinizadores que dele se alimentam.

↑ Beija-flor sugando néctar em flor tubular.

Abelhas costumam ser atraídas principalmente pelo perfume das flores e têm preferência por flores amarelas e azuis. O beija-flor é atraído principalmente pelo néctar. As flores com formato tubular são propícias à polinização pelas aves.

Tipos de polinização

Há dois tipos de polinização: polinização cruzada e autopolinização.

Na **polinização cruzada** ocorre a transferência de grãos de pólen de uma flor para outra entre plantas da mesma espécie.

Na **autopolinização**, a transferência dos grãos de pólen ocorre entre flores na mesma planta. Há ainda casos em que a fecundação ocorre na mesma flor, como ervilha e feijão, que têm flores hermafroditas, com estruturas reprodutoras masculina e feminina.

Várias plantas, entretanto, desenvolveram adaptações que evitam a autopolinização. É o caso das que se diferenciam sexualmente porque têm flores femininas e masculinas em indivíduos diferentes, como o mamoeiro.

Em outras plantas, apesar de as flores masculinas e femininas estarem no mesmo indivíduo, ou mesmo se as flores forem hermafroditas, o amadurecimento do gineceu e o do androceu ocorrem em períodos diferentes, como no abacateiro e na pinha. Em outros casos, a localização do estame em relação ao estigma na flor dificulta a autofecundação.

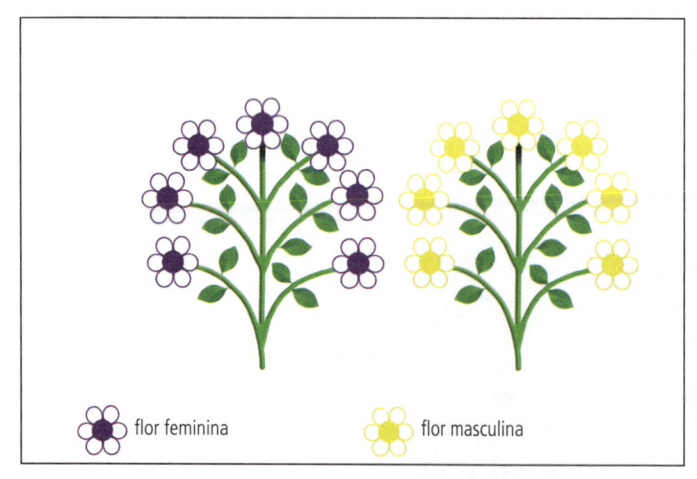

flor masculina flor feminina

↑ Em algumas espécies, as flores masculinas e femininas estão em uma mesma planta.

flor feminina flor masculina

↑ Em algumas espécies, as flores femininas e masculinas ficam em plantas separadas.

As cores e as dimensões utilizadas na ilustração não são as observadas na realidade.

POSSO PERGUNTAR?

Qual é a vantagem da planta que tem autopolinização dificultada?

→ As margaridas são exemplos de flores em que o androceu amadurece antes do gineceu, inviabilizando a autofecundação. A altura das margaridas varia de 15 cm a 1 m.

Flor de maracujá "seduz" morcego para polinização

[...] Flores evoluem de modo a seduzir polinizadores: apresentando atrativos e oferecendo recompensas que levem animais a visitá-las e a carregar seu pólen para outras flores, garantindo assim a preservação da espécie. As estratégias de sedução variam de acordo com o público-alvo, e podem envolver características muito específicas, como a composição do néctar e o formato de estruturas internas da flor. Insetos e pássaros são os preferidos, mas há oito espécies conhecidas, das mais de 600 dentro do gênero passiflora – que inclui o maracujá comum – que são especializadas em atrair morcegos. [...]

A tese de Diego investigou [...] variedades híbridas entre passifloras polinizadas por beija-flor – cujas flores têm cor forte, néctar rico em açúcares e se abrem durante o dia – e por morcegos, com flores brancas, néctar com conteúdo importante de **aminoácidos** e que se abrem à noite. Esses híbridos foram produzidos pela Embrapa, que buscava uma forma de transferir características genéticas desejáveis do maracujá silvestre para a variedade comercial.

"Fiquei sabendo desses **híbridos** justamente porque um pesquisador da Embrapa me disse: nós fizemos uns híbridos, você não quer dar uma olhada? Porque, aparentemente, está tudo bem, mas não dá fruto. Dê uma olhada nessas flores para ver se elas não têm algum defeito. Eu lembro que vi que não tinha nada de errado com as flores. Perguntei: que espécie você cruzou? Ah, eu cruzei uma espécie, essa que é polinizada por beija-flor, e uma polinizada por morcego, e o híbrido a gente põe no campo e não dá fruto", contou Dornelas. "E respondi: claro, porque não tem um bicho que seja o cruzamento de morcego com beija-flor! As flores do híbrido abrem de dia, mas têm características de odor, de cor etc., que o beija-flor não gosta. Quando chega de noite, a flor já fechou. Então ela não é visitada nem por morcego, nem beija-flor. Se você for lá e polinizar com a mão, artificialmente, ela produz fruto".

[...]

↑ Morcego visitando flor de maracujá.

GLOSSÁRIO

Aminoácidos: substâncias compostas de carbono, importantes para o funcionamento do organismo.

Híbrido: resultado do cruzamento entre duas espécies distintas e que gera descendentes inférteis, que não se reproduzem.

Flor de maracujá "seduz" morcego para polinização. *Jornal da Unicamp*, 25 maio 2015. Disponível em: <www.unicamp.br/unicamp/ju/626/flor-de-maracuja-seduz-morcego -para-polinizacao>. Acesso em: 20 maio 2019.

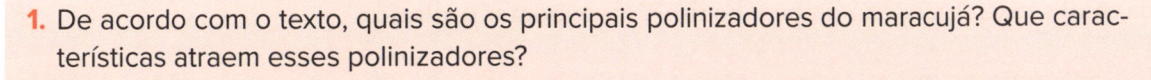

1. De acordo com o texto, quais são os principais polinizadores do maracujá? Que características atraem esses polinizadores?

2. A Empresa Brasileira de Pesquisa Agropecuária (Embrapa) produziu um híbrido que apresentou problemas. Qual era o problema e qual é sua relação com a polinização?

3. Qual era o objetivo da Embrapa ao produzir esse híbrido? Porque isso pode ser importante para a produção de maracujá?

A importância dos jardins

Os jardins fazem parte de diversas culturas, são testemunhas da riqueza e da diversidade bioló-gica. Eles são importantes esteticamente e para a melhoria da qualidade do solo, do ar e do micro-clima local, servem de fonte de alimento e atraem diversas espécies de animais, especialmente nas cidades onde a relação com a natureza torna-se cada vez mais distante.

João Prudente/Pulsar Imagens

← Pessoas no Parque Lage no bairro Jardim Botânico. Rio de Janeiro (RJ), abril 2017.

Como criar espaços para ampliar a relação com a natureza nas cidades?

Feriado e sol quente são combinações para diversos tipos de entretenimento, mas o funcionário pú-blico Odaires Schaida, de 63 anos, costuma fazer diferente. Com uma enxada na mão, ele começou a manhã desta terça-feira [24/05/2016] cuidando do jardim que plantou há dois anos, em um terreno baldio, no bairro Bodanese, em Vilhena (RO).

Cansado de ver o terreno tomado pelo mato, e usado por moradores para abandonar lixo, Odaires resolveu transformar o local em um espaço mais agradável, cheio de flores. "Comecei a carpir, pedi para a Secretaria de Obras gradear o terreno e comecei a semear as flores. Vem várias pessoas aqui tirar foto e pedir mudas", conta.

[...]. "Se todos fizessem isso, não existiria mais mato na cidade. Aqui só tinha mato e fica bem na frente da minha casa. Agora está limpo e bonito", comemora o jardineiro.

[...]

O motorista Nivaldo Pereira de 54 anos [...] reitera que as flores mudaram a imagem do bairro. "Ti-nha muito mato e as pessoas ainda jogavam lixo. [...]"

[...]

Eliete Marques. Morador transforma terreno baldio em jardim de flores em Vilhena, RO. *G1* Vilhena e Cone Sul. Disponível em: <http://g1.globo.com/ro/vilhena-e-cone-sul/noticia/2016/05/morador-transforma-terreno-baldio-em-jardim-de-flores-em-vilhena-ro.html>. Acesso em: 20 maio 2019.

O que fazer

Elaborar um jardim na escola com diferentes espécies de flores.

← Adolescentes plantam mudas de árvores em um jardim.

Com quem fazer

A atividade será feita por toda a turma, mas, para organizar melhor, forme um grupo com três a cinco colegas. Cada grupo da turma se responsabilizará por uma tarefa específica.

Como fazer

Decidam, coletivamente e com a ajuda do professor, onde poderá ser implantado o jardim. Analisem o local e identifiquem se é sombreado, se bate Sol em alguns horários, se é quente ou fresco, úmido ou seco.

Com base nessas condições, pesquisem flores que se desenvolvam bem nesse tipo de ambiente e façam uma relação com os nomes delas.

Em seguida, busquem as mudas que serão utilizadas. Decidam como farão: se vão comprá-las e com quais recursos; se vão semear e com quais sementes; se vão solicitar doações em viveiros, floriculturas ou supermercados próximos; ou se vão pedir aos familiares.

Enquanto isso, preparem o solo que vai receber as plantas: afofem a terra e coloquem composto ou esterco. Conseguidas as mudas ou sementes, é hora de plantar. Planejem como distribuirão as plantas. Uma dica é colocar as de maior porte ao fundo e as menores à frente.

Estabeleçam um cronograma de cuidados, incumbindo cada grupo de regar as plantas periodicamente.

Fotografem todo o processo, desde o início, e acompanhem o desenvolvimento das flores. Vocês podem registrar os períodos de floração, a chegada dos polinizadores e até mesmo dos predadores.

Apresentando o que foi feito

Com as fotos do processo, elaborem uma apresentação para as demais turmas da escola e sensibilize-os para ajudar na manutenção e no cuidado.

A reprodução das samambaias

As samambaias são plantas muito simples, elas não têm sementes, frutos nem flores.

Sua reprodução ocorre em duas fases: uma assexuada e outra sexuada.

↑Folha de samambaia com os esporos.

1. Fase assexuada: nessa etapa ocorre a produção de esporos pelo esporófito, a fase mais duradoura. Na parte inferior das folhas do esporófito adulto, formam-se pontinhos marrons, os soros. Dentro deles há muitos esporângios que produzem esporos. Quando os esporos amadurecem, os esporângios se rompem, liberando-os para o ambiente. Ao cair no substrato úmido, esses esporos podem germinar, dando origem ao prótalo (gametófito).

2. Fase sexuada: nesse estágio são produzidos os gametas pelos gametófitos. No prótalo há estruturas que produzem os gametas masculinos e femininos que se unem na fecundação. Essa união é dependente da água – gotas de chuva, por exemplo, possibilitam que o gameta masculino se desloque até o feminino. Por isso, as samambaias habitam, preferencialmente, locais úmidos e sombreados.

Com a fecundação, forma-se o zigoto, que pode se desenvolver e constituir o embrião que se transforma em uma nova samambaia (esporófito) com soros.

Observe o esquema a seguir.

Os tons de cores utilizados na ilustração e as dimensões do ser vivo não são os reais.

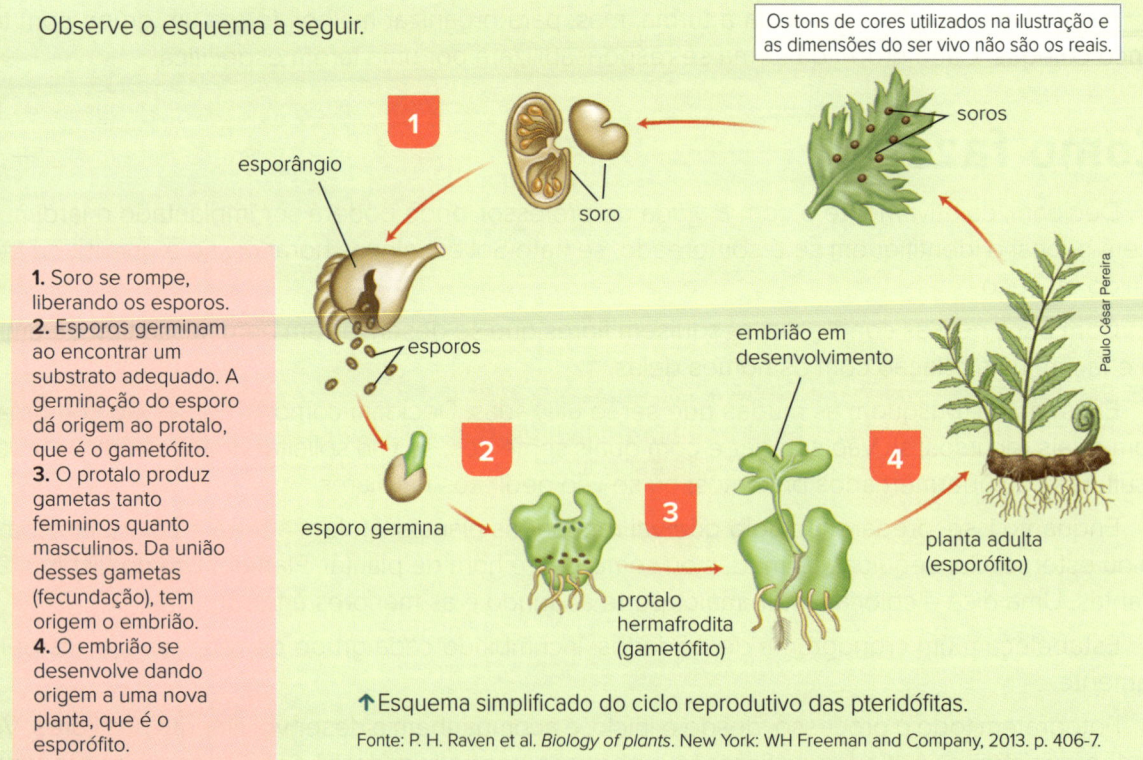

1. Soro se rompe, liberando os esporos.
2. Esporos germinam ao encontrar um substrato adequado. A germinação do esporo dá origem ao protalo, que é o gametófito.
3. O protalo produz gametas tanto femininos quanto masculinos. Da união desses gametas (fecundação), tem origem o embrião.
4. O embrião se desenvolve dando origem a uma nova planta, que é o esporófito.

↑Esquema simplificado do ciclo reprodutivo das pteridófitas.

Fonte: P. H. Raven et al. *Biology of plants*. New York: WH Freeman and Company, 2013. p. 406-7.

1. Pesquise outros exemplos de plantas que não produzem flores e descubra a estratégia de reprodução de cada uma delas.

Nesta prática você observará um jardim e identificará as flores que são preferidas pelos animais. Depois estabelecerá relação entre esse comportamento e as características das flores.

Material:

- papel e lápis para anotação.

Desenhorama

Procedimentos

1. Visite um jardim florido – pode ser o da escola, de sua casa ou de uma praça – observe e anote suas características como quantidade de plantas com flores, quantidade de indivíduos de cada espécie de planta e as características das flores (cor, tamanho, forma ou odor).

2. Repita o procedimento 1 em diferentes horários e estabeleça um mesmo período de observação para cada visita. Por exemplo, 30 minutos de observação por visita e durante uma semana.

3. Em cada visita, observe e anote quais foram as flores visitadas e por quais tipos de animais, a frequência de visitas, se ocorreram comportamentos territoriais como animais tentando espantar outros indivíduos e se eram da mesma espécie.

Reflita e registre

NO CADERNO

1. Quais foram os animais que visitaram as flores do jardim?

2. Foi possível perceber preferências dos grupos de animais (abelhas, besouros, beija-flores) por algumas flores? Quais são as características dessas flores?

3. Dos horários observados, em quais houve mais visitas de cada tipo de animal?

4. Por meio de pesquisas em livros ou na internet, identifique se os animais observados são responsáveis pela polinização dessas flores.

SISTEMATIZAR

1. Nomeie as partes indicadas pelos números e indique as partes femininas e masculinas da flor hermafrodita abaixo.

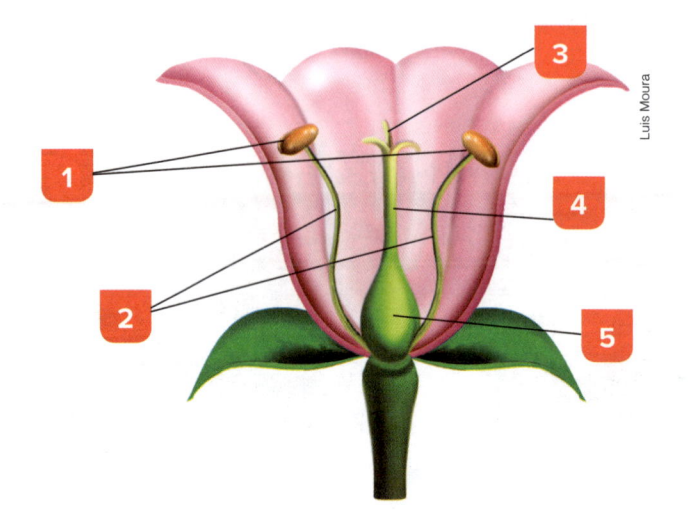

Luis Moura

2. A polinização das flores pode ser feita pelo vento ou por animais, de acordo com as características da flor. Analise as características das flores listadas a seguir e relacione as duas colunas identificando os possíveis agentes polinizadores. Anote a correspondência entre letras e números no caderno.

a) Flor vermelha, que se abre durante o dia, sem perfume, porém com muito néctar.

b) Flor branca, que se abre durante o dia, sem perfume e sem néctar.

c) Flor branca, que se abre durante a noite, perfume desagradável, porém com muito néctar.

d) Flor amarela, que se abre durante o dia, perfume agradável, com néctar.

    I. vento

    II. morcego

    III. beija-flor

    IV. abelha

3. Nem todas as flores são vistosas, coloridas e com perfume atrativo. Algumas, como as flores do milho, desenvolveram outras estratégias, como expor ao ambiente grande quantidade de pólen. Escreva no caderno a alternativa que corresponde ao agente mais adequado para a polinização do milho.

a) vento

b) beija-flor

c) abelha

d) morcego

e) borboleta

4. Há dois tipos de polinização: polinização cruzada e autopolinização. Qual das duas é menos eficiente do ponto de vista da garantia da perpetuação da espécie? Que adaptações algumas espécies desenvolveram para evitá-la?

1. Leia o texto e responda às questões.

Algumas espécies de plantas têm algum atrativo para os animais, porém sem oferecer o recurso. Um exemplo é a *Stapelia*, cuja flor tem odor e aparência de carne em decomposição, por isso atrai insetos que buscam alimento e um lugar para pôr ovos. Há casos até de flores que se parecem fisicamente com insetos fêmeas e atraem machos para copular com a flor.

← Planta *Stapelia* em flor. Seus ramos medem aproximadamente 20 cm de comprimento.

a) Qual é a vantagem biológica dessa estratégia para as plantas?

b) E para os animais atraídos?

DESAFIO

1. Formem um grupo com alguns colegas e pesquisem na internet flores nas quais as estruturas reprodutoras são dispostas de modos diferentes. Visitem um jardim ou uma floricultura e observem as flores identificando com quais modelos se parecem. Desenhem e indiquem as estruturas reprodutoras, de sustentação e protetoras encontradas. Depois organizem uma exposição na escola, para que todos possam apreciar os trabalhos.

2. Leia o texto abaixo faça o que se pede.

Estudos realizados em todos os continentes mostram que abelhas, marimbondos, borboletas, morcegos, formigas, moscas, vespas, além do beija-flor, estão seriamente ameaçados de desaparecer em função do uso indiscriminado de pesticidas e agrotóxicos na agricultura. É claro que o balé harmônico de polinizadores como o beija-flor em volta das flores, à procura do néctar, encanta homens e mulheres de todas as idades. Mas a maioria desconhece como eles são essenciais à existência e manutenção da vida no planeta.

Luciene de Assis. Polinizadores em risco de extinção são ameaça à vida do ser humano. *Ministério do Meio Ambiente*, 28 fev. 2014. <www.mma.gov.br/informma/item/9976-polinizadores-em-risco-de-extincao-e-ameaca-a-vida-do-ser-humano>. Acesso em: 20 maio 2019.

• Em dupla, pesquisem o comprometimento da polinização pelo uso de pesticidas e agrotóxicos e os impactos ambientais da ausência de polinizadores. Elabore um folheto informativo para a comunidade escolar.

4 Fecundação das flores

No capítulo anterior você estudou as flores e as diferentes formas de polinização. Neste capítulo, você vai estudar como ocorre a fecundação e a formação dos frutos e sementes. Também conhecerá os diferentes tipos de frutos, sua importância para a reprodução das plantas e as formas de dispersão de sementes.

EXPLORANDO AS SEMENTES

No ano passado, Amanda e seus irmãos foram passear na casa dos avós, em outra cidade. Para muitas pessoas, é comum uma visita à casa dos avós, mas para Amanda e os irmãos, havia um significado muito especial: foi quando conheceram a casa dos avós maternos.

Amanda e os irmãos cresceram em um orfanato, foram deixados lá quando eram bem pequenos pela mãe, que alegou não ter condição de criá-los.

O orfanato era muito bem cuidado e os meninos se desenvolveram em um ambiente de respeito e amor. Além disso, ficava em um sítio adorável, onde todos cuidavam de animais e praticavam jardinagem.

Certo dia, receberam a visita de um casal de idosos, que se apresentou como avós deles. Eles disseram que há muitos anos os procuravam e queriam conhecê-los para que, futuramente, fossem morar com eles. Nem precisamos dizer como foi feliz aquele reencontro!

No café da tarde, Amanda e os irmãos chuparam laranjas e as sementes ficaram nos pratos. Ao ajudar a tirar a mesa, Amanda pegou as sementes e levou-as ao quintal, enterrando-as em um canteiro próximo à casa. Ela disse à avó que ali iria nascer uma laranjeira, e sempre que a avó a visse se lembraria dos netos.

Quando Amanda e os irmãos voltaram à casa dos avós – desta vez para morar definitivamente com eles! – ela viu que, bem no lugar onde enterrara as sementes, havia uma planta crescendo. Ela olhou para a avó, que deu um grande sorriso e disse:

– Agora você vai me ajudar a transportá-la para o pomar, certo? Eu jamais me esqueceria de vocês!

Agora é sua vez. 🎤

1. Você já viu algo parecido com o que ocorreu com as sementes de Amanda? Em que situação?

2. Há relação entre as sementes que Amanda enterrou e a planta que surgiu?

3. Cite algumas plantas que você conhece que produzem sementes.

Fecundação

Após a polinização das flores ocorre a fecundação, que é a união do gameta masculino, que está no grão de pólen, com o gameta feminino, a oosfera, que está no óvulo.

Observe o esquema simplificado do processo de fecundação das plantas angiospermas, que têm flores, frutos e sementes.

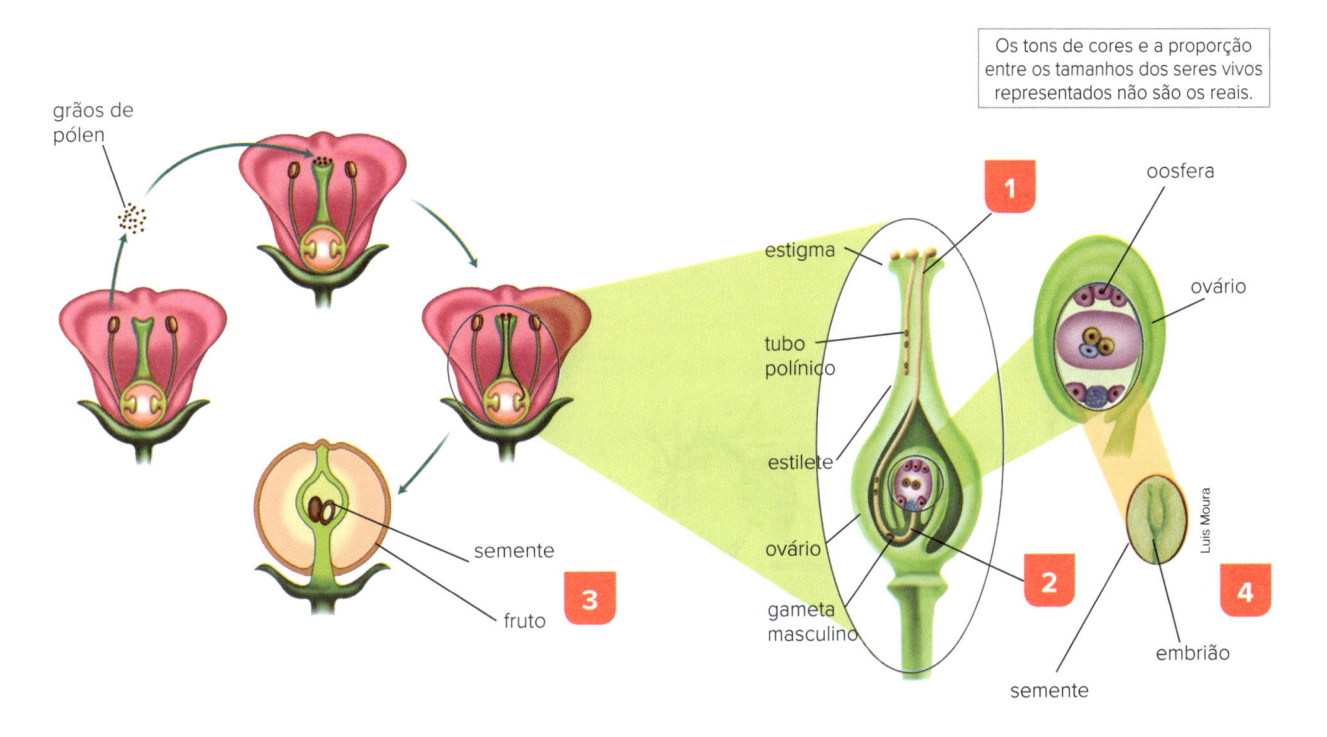

Os tons de cores e a proporção entre os tamanhos dos seres vivos representados não são os reais.

1. Nas angiospermas, quando os **grãos de pólen** chegam ao estigma, forma-se o tubo polínico. Esse tubo alonga-se no interior do estilete até o ovário.
2. O gameta masculino é conduzido pelo tubo polínico. O gameta penetra no estilete e chega ao óvulo, dentro do ovário.
3. No óvulo, o gameta masculino une-se à **oosfera** (célula reprodutora feminina) e ocorre a fecundação. O ovário então se desenvolve, dando origem ao fruto, e o óvulo dá origem à semente.
4. Com a fecundação, forma-se o zigoto, do qual se origina um embrião, que se desenvolverá formando uma nova planta. O embrião fica protegido dentro da semente.

Das flores se originam os frutos e as sementes. As sementes originam-se dos óvulos fecundados. Após a fecundação, o ovário se desenvolve, transformando-se em fruto. As outras partes da flor murcham, secam e se desprendem da planta.

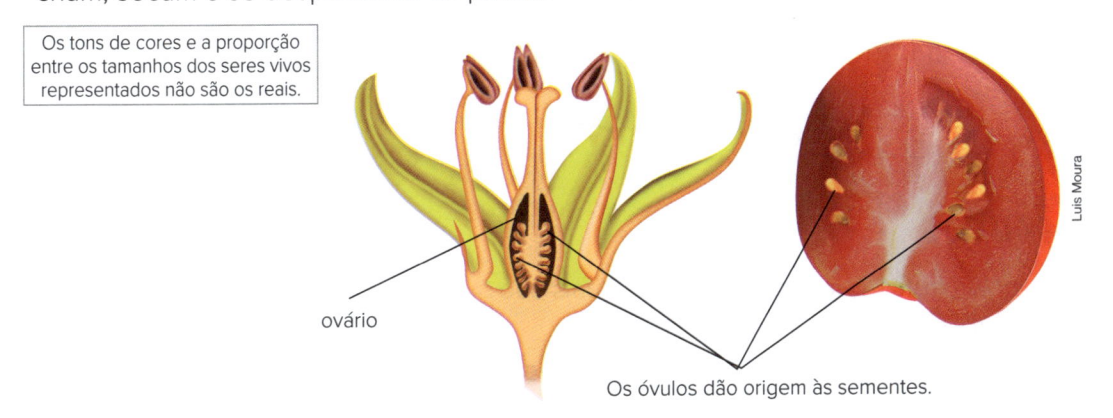

Os tons de cores e a proporção entre os tamanhos dos seres vivos representados não são os reais.

ovário

Os óvulos dão origem às sementes.

Os frutos

O processo de desenvolvimento do fruto é acompanhado de modificações que resultam na estrutura, na consistência, na cor e no sabor.

O fruto desenvolvido abriga as sementes.

A fecundação ocorreu no ovário.

As estruturas da flor se desfazem.

fruto verde

Luis Moura

POSSO PERGUNTAR?

De onde vem o açúcar que deixa alguns frutos tão doces?

← Esquema simplificado das etapas de desenvolvimento do fruto.

Estrutura básica do fruto

O fruto é comumente formado por pericarpo e semente.

O **pericarpo** compreende três partes.

- **Epicarpo:** parte mais externa, a casca do fruto. Ela é impermeável, o que evita a perda de água. Muitas vezes, a casca é fina.
- **Mesocarpo:** é a polpa ou massa nutritiva.
- **Endocarpo:** em geral, é uma camada muito fina que envolve a semente, protegendo-a.

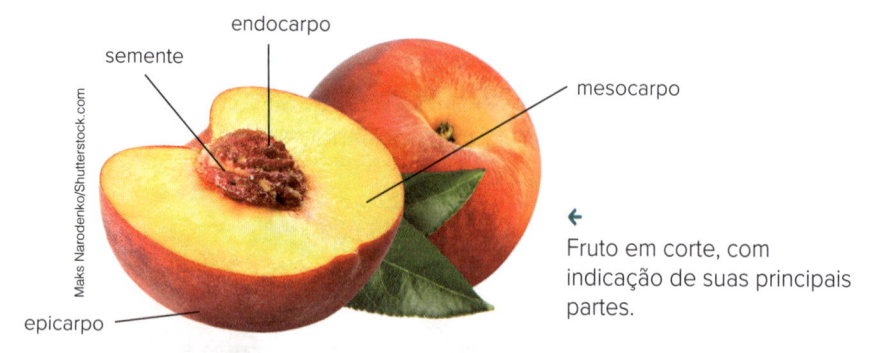

endocarpo

semente

mesocarpo

epicarpo

Maks Narodenko/Shutterstock.com

← Fruto em corte, com indicação de suas principais partes.

Tipos de frutos

Pense nos diferentes frutos que você conhece. Quais são suas características? Há diferenças e semelhanças entre eles? Como você os classificaria?

Os frutos são muitos diferentes uns dos outros, diferenças desenvolvidas no decorrer da evolução. Eles são classificados em carnosos e secos.

Frutos carnosos

Esses frutos têm o pericarpo relativamente macio e suculento e subdividem-se em dois grupos.

- **Bagas**: frutos que têm várias sementes soltas em seu interior. Exemplos: mamão, tomate, caqui, melancia e goiaba.

- **Drupas**: frutos que têm o endocarpo duro, cujo interior contém uma semente, popularmente denominada caroço. Exemplos: azeitona, pêssego, ameixa, coco, entre outros.

Os frutos carnosos, quando amadurecem, tornam-se atraentes e servem de alimento para animais. Depois de comê-los, os animais geralmente defecam em locais distantes da planta-mãe, espalhando pelo ambiente as sementes, que darão origem a novas plantas. Conhecido como dispersão, esse fenômeno favorece a distribuição geográfica de várias espécies.

↑ Goiaba é um fruto do tipo baga. O coco é uma drupa. Observe as imagens e as estruturas básicas de cada tipo de fruto.

Frutos secos

O pericarpo desses frutos tem consistência e aspecto de madeira. Classificam-se em dois tipos.

- **Deiscentes**: são os que se abrem sozinhos, quando maduros, liberando as sementes. Exemplos: as vagens, de modo geral, como feijão, ervilha etc., e o algodão.

- **Indeiscentes**: não se abrem sozinhos quando maduros. Suas sementes só germinam após apodrecimento do fruto ou quando um animal o quebra. Exemplos: o fruto do girassol, do trigo e do arroz.

↑ A vagem de ervilha é um exemplo de fruto deiscente. O fruto do girassol é um exemplo de fruto indeiscente.

Falsos frutos

Os frutos se originam do ovário. Por sua vez, os falsos frutos – ou pseudofrutos – desenvolvem-se de outras partes da flor, e não do ovário. Exemplos de pseudofrutos são a maçã, a pera, o morango e o caju.

Na maçã e na pera, o verdadeiro fruto é a parte interna que envolve as sementes. A parte carnosa é originária do receptáculo floral.

Já no caju, a parte carnosa resulta do desenvolvimento do pedúnculo da flor. O verdadeiro fruto é a castanha, que guarda a semente.

O morango forma-se do receptáculo de uma só flor, com múltiplos ovários. A parte suculenta corresponde ao receptáculo da flor, e os pequenos pontos em sua superfície são os verdadeiros frutos, originários dos múltiplos ovários.

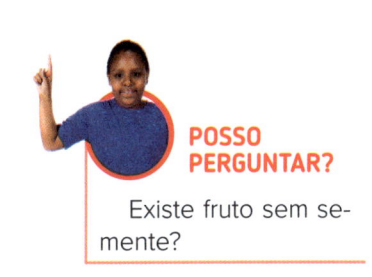

POSSO PERGUNTAR?

Existe fruto sem semente?

↑ Exemplos de pseudofrutos.

DIÁLOGO

Maneirismo

Paralelamente ao Renascimento clássico, desenvolve-se em Roma, por volta de 1520 até meados de 1610, um movimento artístico afastado conscientemente do modelo da Antiguidade Clássica: o Maneirismo (a palavra *maniera*, em italiano, significa maneira). Uma evidente tendência para a estilização exagerada e um capricho nos detalhes começa a ser sua marca, extrapolando assim as rígidas linhas dos cânones clássicos.

Alguns historiadores o consideram uma transição entre o Renascimento e o Barroco, enquanto outros preferem vê-lo como um estilo, propriamente dito. O certo, porém, é que o Maneirismo é uma consequência de um renascimento clássico que entra em decadência. [...]

[...]

Pintores, arquitetos e escultores são impelidos a deixar Roma com destino a outras cidades. Valendo-se dos mesmos elementos do Renascimento, mas agora com um espírito totalmente diferente, criam uma arte de labirintos, espirais e proporções estranhas, que são, sem dúvida, a marca inconfundível do estilo maneirista. Mais adiante, essa arte acabaria cultivada em todas as grandes cidades europeias.

↑ Giuseppe Arcimboldo. *Outono*, 1573. Série "As Quatro Estações". Pintura a óleo sobre tela, 76 cm x 63 cm.

O Maneirismo foi um protesto contra o que era sentido como racionalismo estéril e propriedade conservadora do Classicismo. Os rebeldes maneiristas dobraram, racharam e quase romperam com a mentalidade dirigida por regras. Seus projetos eram excêntricos, complexos, cheios de surpresas e contradições. Para os classicistas, o ritmo regular era Deus. Para um maneirista, divino era o não convencional. De fato, todos os artistas desse período que procuraram deliberadamente criar algo novo e inesperado, mesmo à custa da beleza "natural" estabelecida pelos grandes mestres, talvez tenham sido os primeiros artistas "modernos". Veremos, de fato, que aquilo que é hoje designado por arte "moderna" pode ter tido suas raízes num impulso semelhante para evitar o óbvio e conseguir efeitos que diferem da convencional beleza natural.

[...]

Nesse contexto, as singularidades da arte de Arcimboldo encontraram solo fértil para florescer. Suas obras principais incluem a série "As Quatro Estações", onde usou, pela primeira vez, imagens da natureza, tais como frutas, verduras e flores, para compor fisionomias humanas.

[...]

Maneirismo. *História das Artes*. Disponível em: <www.historiadasartes.com /nomundo/arte-renascentista/maneirismo/>. Acesso em: 20 maio 2019.

1. Observe a imagem que retrata a pintura de Giuseppe Arcimboldo denominada *Outono*. Que relação é possível estabelecer entre a imagem e o título da pintura? 🎤

2. Que elementos naturais o pintor retrata? Liste os frutos encontrados na imagem.

3. Forme um grupo com alguns colegas. Escolham um dos frutos da imagem e identifiquem de que tipo ele é e suas estruturas básicas. Elaborem uma hipótese sobre a possível forma de dispersão da semente e depois verifiquem, por uma pesquisa, se estavam corretos.

A semente

A semente, estrutura que contém o embrião, é responsável pela propagação da planta. Representou um grande passo evolutivo para os grupos de plantas que as contêm, pois significou vantagens para o embrião, que fica protegido e pode se dispersar pelo ambiente com mais eficiência.

Estrutura básica da semente

A semente é formada por três partes.

- **Casca**: revestimento rígido que protege o embrião contra insetos, microrganismos, dessecação etc.
- **Suprimento nutricional**: estrutura que contém substâncias nutritivas de reserva – amido, óleo e proteína –, que nutrem o embrião e sustentam a planta recém-germinada na primeira fase de desenvolvimento.
- **Embrião**: ao se desenvolver, dá origem a uma nova planta.

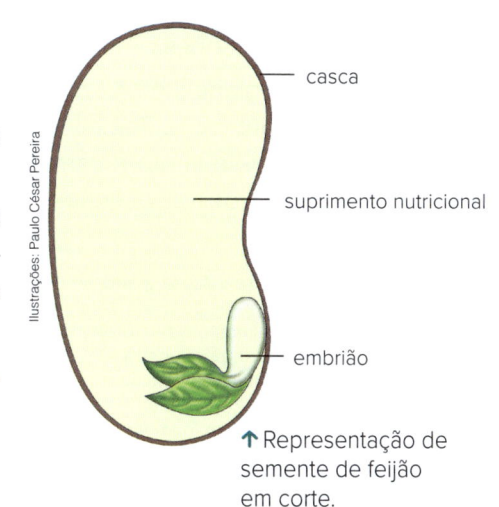

Ilustrações: Paulo César Pereira

↑ Representação de semente de feijão em corte.

Germinação das sementes

Germinação é o conjunto de fenômenos que ocorrem na semente e dão origem a uma nova planta, a partir do desenvolvimento do embrião.

A semente, depois de desenvolvida e com todas as suas partes constituídas, passa por um período chamado dormência, em que fica **inerte**. Ao encontrar condições ambientais apropriadas, ela inicia o processo de germinação. Essas condições incluem umidade do solo, luz solar e temperatura adequadas.

Sob essas condições, a semente absorve água, o que possibilita o rompimento da casca e o desenvolvimento do embrião.

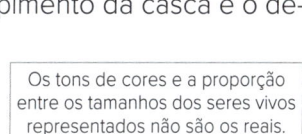

GLOSSÁRIO

Inerte: que não se movimenta, não reage.

Os tons de cores e a proporção entre os tamanhos dos seres vivos representados não são os reais.

← Representação das etapas da germinação e do desenvolvimento da semente do feijoeiro.

A planta que surge do desenvolvimento do embrião é denominada plântula. As substâncias nutritivas da semente garantem a nutrição da plântula até a fase da formação dos órgãos que executam funções vitais: raiz, caule e folhas.

Araucária é uma planta com semente, mas sem fruto

A araucária (*Araucaria angustifolia*) é exemplo de planta que produz semente nua, não há fruto envolvendo-a. Suas estruturas reprodutivas são ramos modificados, chamados de estróbilos ou cones.

Nessas plantas os sexos são separados: alguns indivíduos produzem os estróbilos masculinos, e outros, os femininos. Os estróbilos masculinos produzem grãos de pólen que se dispersam pelo vento e carregam o gameta masculino. Nos estróbilos femininos se desenvolvem os ovócitos, gametas femininos.

As cores, as distâncias e as dimensões utilizadas na ilustração não são as observadas na realidade.

1. Quando maduro, o estróbilo masculino se abre e libera grande quantidade de grãos de pólen com gametas masculinos em seu interior. Quando o grão de pólen entra em contato com o estróbilo feminino, ele se alonga e chega até o ovário, alcançando o ovócito (gameta feminino) e ocorre a fecundação.
2. Com a fecundação, forma-se o ovo, também chamado de zigoto, que, ao se desenvolver, origina o embrião. Este, por sua vez, fica protegido no interior da semente.
3. Ao cair em solo apropriado, a semente germina. Nesse processo, o embrião se desenvolve dando origem a uma nova planta.
4. Ao tornar-se adulta, a nova planta, que no caso da araucária pode ser feminina ou masculina, produz estróbilos, reiniciando o ciclo.

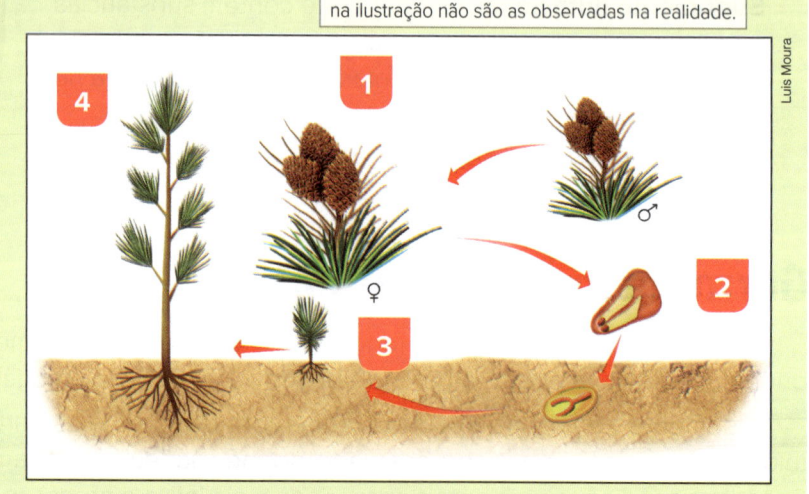

↑ Esquema de reprodução da *Araucaria angustifolia*.

1. Pesquise informações sobre a araucária e descubra: como é chamada sua semente, como ocorre sua dispersão, qual é sua relação com a gralha-azul e como essa semente é utilizada pelo ser humano.

CURIOSO É...

Artesanato indígena

O uso de sementes no artesanato é muito comum, principalmente para a produção de colares, pulseiras e brincos.

Os indígenas brasileiros têm tradição nessa produção. Para que as sementes sejam usadas, é necessário um longo processo de tratamento envolvendo lavagem, secagem, perfuração e, ao final, a montagem da peça. Se no passado eram utilizados somente materiais naturais e outros feitos por eles próprios, como fios de algodão, atualmente são acrescentados outros materiais, além das sementes, por exemplo: miçangas, fios de náilon e algodão.

↑ Adereços e pintura corporal de indígena da etnia pataxó. Santa Cruz Cabrália (BA), 2017.

Dispersão de frutos e sementes

Frutos e sementes são estruturas importantes para a reprodução das angiospermas. Como a planta não se locomove, essas estruturas podem ser espalhadas pelo vento ou por animais, de modo que nasçam novas plantas em vários ambientes, o que amplia sua área de ocorrência. O fruto é um atrativo para os animais e protege a semente que, por sua vez, carrega o embrião da nova planta que surgirá.

O fruto é uma estrutura que surgiu em um grupo de plantas, as angiospermas, ao longo da evolução, e que contribui para a dispersão das sementes. Os agentes de disseminação dos frutos e das sementes podem ser bióticos (diversos tipos de animais) e abióticos (o vento e a água, principalmente).

Quando os pássaros, por exemplo, alimentam-se de um fruto, algumas sementes se espalham no solo e outras são ingeridas por eles. Essas sementes ficam armazenadas no sistema digestório, são carregadas para longe do local de origem e expelidas com as fezes quando, então, germinam.

Alguns frutos, ao atingir a maturação, abrem-se e liberam as sementes. O fruto da mamona, por exemplo, abre-se de forma explosiva e arremessa as sementes para longe da planta de origem. Há sementes que são leves, finas e têm uma estrutura semelhante a uma "asa", que possibilita voos para longas distâncias, ao serem carregadas pelo vento. Assim, atingem o solo longe da planta que os produziu.

Há frutos que são transportados pela correnteza das águas dos rios ou dos mares. Um exemplo são os frutos dos coqueiros que se desenvolvem nas praias, caem e são levados pelas correntes marinhas. Boiando, chegam a praias distantes, onde germinam.

As sementes também são dispersas artificialmente, quando realizada pelos seres humanos, por exemplo, ao transportarem frutos de uma região para outra. A disseminação por diferentes locais reduz a competição entre a planta mãe e a planta filha por espaço, luz e nutrientes do solo. Isso amplia as possibilidades de sobrevivência e de expansão da espécie.

↑ As sementes da planta dente-de-leão (*Taraxacum officinale*) são carregadas pelo vento. Suas estruturas, semelhantes à penugem, favorecem a dispersão.

POSSO PERGUNTAR?

Todas as plantas têm sementes?

→ Coco-da-baía (nome referente ao mar, e não ao estado da Bahia) que germinou numa praia, possivelmente distante da planta de origem.

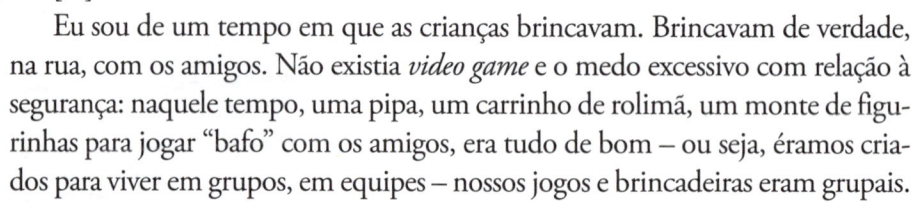

Ferramenta de sucesso: o estalo da criatividade

↑ Planta de carrapicho. Pode atingir 60 cm de altura.

[...]

Eu sou de um tempo em que as crianças brincavam. Brincavam de verdade, na rua, com os amigos. Não existia *video game* e o medo excessivo com relação à segurança: naquele tempo, uma pipa, um carrinho de rolimã, um monte de figurinhas para jogar "bafo" com os amigos, era tudo de bom – ou seja, éramos criados para viver em grupos, em equipes – nossos jogos e brincadeiras eram grupais.

Nas férias então, nem se fala. Eu ia para a fazenda em que uns parentes trabalhavam como colonos (não eram fazendeiros não!!!) e, junto com meu irmão e o "cachorro do meu tio" (só o cachorro – o tio não), sumíamos de manhã até a noite no meio dos pastos e das plantações. Quando voltávamos para a colônia onde moravam os trabalhadores da fazenda, além dos carrapatos grudados ao corpo, trazíamos, grudados nas roupas, um amontoado de carrapichos.

[...] Você tem de arrancar um de cada vez. Dá um trabalhão danado e, obviamente, sobra tempo para pensar: "Meu Deus, para que serve carrapicho?" [...]

Um cientista suíço, após longas horas sobre o microscópio em que estudava arduamente para comprovar e defender a sua tese, resolve descansar um pouco e, para tanto, saiu caminhando por um lindo bosque europeu. O Brasil é o maior produtor mundial de carrapichos, o que não significa que eles não existam em outras partes do mundo. Pois bem, o cientista suíço, após seu merecido descanso, retornou ao laboratório onde realizava suas pesquisas e percebeu que algo estava grudado na manga de seu paletó. Eram dois carrapichos – nem dez, nem cinquenta – apenas dois.

[...] Ele aproveitou o microscópio que estava à sua disposição, colocou os dois sob as lentes e descobriu como eram as garras dos carrapichos.

É importante frisar que isso não tinha nada a ver com a pesquisa original desse cientista – esse é o tal *insight*, o estalo criativo. E sabem o que ele inventou? O velcro. E assim esse homem enriqueceu a partir do acaso. Do acaso, vocês concordam? É óbvio que não: ele aliou seus conhecimentos à oportunidade que se apresentou – ele teve prontidão, motivação e acima de tudo, criatividade para vislumbrar aquilo que eu e meu irmão não havíamos percebido na fazenda em que brincávamos com o cachorro do meu tio. Essa invenção deveria ter sido feita aqui, na terra do carrapicho, mas foi lá, na terra do chocolate.

Antonio Sebastião Galdeano. O estalo da criatividade. *Sebrae*, 15 dez. 2006. Disponível em: <www. sebrae-sc.com.br/newart/default.asp?materia=13167>. Acesso em: 3 maio 2019.

1. Você concorda com a afirmação de que "o carrapicho não serve para nada"? Explique. 🎤

2. De acordo com o texto, qual é a importância do "estalo" da criatividade para a invenção?

3. Faça uma pesquisa e responda: Por que o carrapicho gruda? Para que serve essa adaptação?

ATIVIDADES

SISTEMATIZAR

1. Explique o papel do grão de pólen no processo de formação da semente.

2. Os frutos carnosos dividem-se em bagas e drupas. As sementes dos frutos tipo baga (laranja, mamão, tomate etc.) germinam mais facilmente do que as dos frutos tipo drupa (pêssego, ameixa, coco etc.). Explique por que isso acontece.

3. Na fotografia abaixo vemos a semente (caroço) do fruto do coqueiro.

a) Que partes da semente estão indicadas pelas setas?

b) Quais são as funções dessas partes da semente?

c) Que parte é comestível?

REFLETIR

1. Analise o cardápio de João ao longo do dia e responda às questões.

> **Café da manhã:** suco de pêssego e queijo fresco.
> **Almoço:** salada de alface com tomate, arroz, feijão, bife e purê de batata.
> **Lanche da tarde:** chá de hortelã e bolachas.
> **Jantar:** sopa de ervilha

a) Que frutos ou sementes fizeram parte do cardápio de João?

b) Entre os frutos consumidos por João, identifique quais são classificados como drupa e como baga. Cite suas características.

DESAFIO

1. Forme dupla com um colega. Observem os frutos a seguir e pesquisem as formas de dispersão de suas sementes. Justifiquem as respostas.

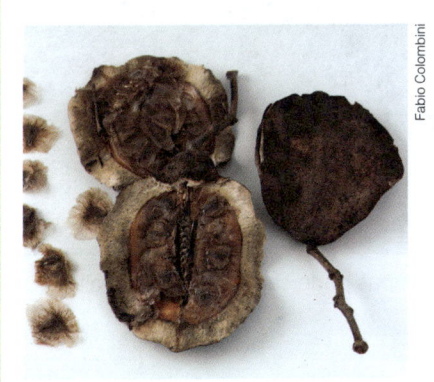

↑ Jacarandá mimoso. As sementes podem ter até 7 cm de diâmetro.

↑ Picão. Pode atingir 10 cm de comprimento.

↑ Pitanga. O tamanho dos frutos é 2,5 cm.

PANORAMA

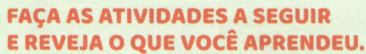 

Neste tema você estudou a importância da reprodução para a manutenção das espécies e conheceu estratégias reprodutivas de animais e plantas.

Viu que a flor e o fruto são órgãos reprodutivos que propiciaram sucesso na perpetuação de muitos grupos de plantas, pois atraem tanto agentes polinizadores quanto dispersores de sementes.

1. Em relação às reproduções sexuada e assexuada, responda às questões.

   a) Qual é a principal diferença entre essas estratégias reprodutivas?

   b) Qual é a importância biológica da reprodução sexuada?

2. Explique no que consiste a fecundação interna e a externa e dê exemplos.

3. Observe as flores a seguir e identifique o tipo de agente polinizador de cada uma.

↑ Margarida-amarela (margaridão) pode chegar a 2 m de altura.

↑ Capim-dos-pampas pode chegar a 2,5 m de altura.

↑ Dama-da-noite. A planta pode chegar a 2 m de altura.

4. Qual é a importância dos polinizadores?

5. Qual é a importância dos frutos?

6. Observe os frutos a seguir e indique se são verdadeiros ou pseudofrutos.

Representação simplificada em cores-fantasia.

7. Quais são as semelhanças entre as sementes das plantas e os ovos de aves e répteis?

8. A reprodução é um processo entre indivíduos da mesma espécie, mas vimos que durante este processo há interações entre organismos de espécies diferentes. Explique como isso ocorre com as plantas.

9. Estratégias como construção de ninhos e cuidados parentais são vantajosos para os animais? Explique.

DICAS

⭷ ACESSE

O que a flor tem a ver com o fruto?: <www.youtube.com/watch?v=UrX4SnjDMJ8>. Acesso em: 20 maio 2019. Tele aula que trata da reprodução das plantas, relacionando as flores e os frutos.

▶ ASSISTA

Bee movie – A história de uma abelha, EUA, 2007. Direção: Steve Hickner e Simon J. Smith, 91 min. O filme aborda o importante papel das abelhas na reprodução das plantas e a interdependência entre as espécies.

📖 LEIA

Namoro complicado. Artigo da revista *Ciência Hoje das Crianças* sobre o acasalamento dos ursos panda. Disponível em: <http://chc.org.br/namoro-complicado/>. Acesso em: 20 maio 2019.

📍 VISITE

Instituto Biológico: Av. Conselheiro Rodrigues Alves, 1252, Vila Mariana, São Paulo. No local há uma seção denominada Planeta insetos. Entre eles há abelhas, você pode conhecer colmeias de diferentes espécies e muitas coisas sobre a vida delas, inclusive seu importante papel polinizador.

TEMA

3

Reprodução humana e sexualidade

1. A reprodução humana é um processo fundamental para nossa espécie. Por quais mudanças biológicas o corpo passa durante a puberdade para ser capaz de se reproduzir?

2. Você e os colegas talvez estejam começando a vivenciar algumas dessas modificações corporais. Há algo que os incomoda nessas mudanças? O quê?

3. Já ouviu falar de infecções sexualmente transmissíveis? Quais? Sabe como podemos preveni-las?

Puberdade – tempo de mudanças

Neste capítulo você vai estudar algumas alterações que ocorrem no corpo humano durante a puberdade. Também conhecerá as mudanças na maneira pela qual os jovens se relacionam com o mundo, as quais envolvem descobertas e incertezas, próprias da adolescência.

EXPLORANDO O SURGIMENTO DE UMA ESPINHA

Rodrigo estava ansioso porque naquele final de semana aconteceria a tão esperada festa de encerramento do ano na escola. Os alunos do oitavo ano estavam organizando-a.

Ele estava feliz não somente pela festa, mas principalmente porque os ex-alunos foram convidados, e Gabriela, a menina de que ele gostava e que tinha saído da escola há dois meses, havia confirmado presença. Ele sabia que aquela seria sua chance. Pretendia sondá-la e, quem sabe, até poderia iniciar um namoro.

Finalmente chegou o sábado, o tão esperado dia da festa e, melhor, do encontro com Gabriela. Rodrigo acordou e foi ao banheiro tomar banho:

– Ah, não! Uma espinha! – pensou logo que se olhou no espelho.

Ele lamentou ter comido batatas fritas e chocolate no dia anterior:

– Não acredito! Traído por minhas próprias glândulas!

Avisou sua mãe que não se preocupasse em levá-lo à festa porque ele não iria mais e explicou a situação. Sua mãe ficou chateada pela situação do menino e disse que ele não deveria se preocupar, pois é normal aparecer espinhas em sua idade. Rodrigo ficou contrariado, mas resolveu ir.

Ilustrações: Claudia Marianno

Na festa, Rodrigo procurou evitar as pessoas, ficou meio fora das rodinhas de amigos, até que ele viu, de longe, Gabriela chegando. O coração dele parecia que ia sair pela boca. Ao vê-la andar em sua direção, ele estremeceu e aquele sentimento de vergonha ficou para trás, porque lá estava ela: uma espinha, bem no meio do queixo de Gabriela, duas vezes o tamanho da sua!

Agora é sua vez. 🎤

1. Você já se sentiu mal, por causa de mudanças em seu corpo, como Rodrigo?

2. Explique a frase: "Traído por minhas próprias glândulas!".

3. Você acha correto deixar de fazer algo de que gosta por causa das mudanças pelas quais seu corpo está passando?

A puberdade

A **puberdade** é uma etapa da vida em que o corpo humano se modifica biologicamente e torna-se capaz de se reproduzir, ou seja, de gerar descendentes. Nesse período, ocorrem transformações que o alteram profundamente, tornando o indivíduo sexualmente maduro para gerar filhos. Entretanto, o início da vida sexual e a gestação exigem mais do que o desenvolvimento fisiológico, é necessário que haja uma estrutura cognitiva e psicológica desenvolvida. A gravidez na adolescência deve ser prevenida, pois muda totalmente as perspectivas e expectativas das meninas e dos meninos.

A hipófise é uma das principais glândulas do corpo humano e está localizada no cérebro. Na puberdade, a produção de **hormônios** é intensificada e manifesta-se com o desenvolvimento de características sexuais secundárias, próprias de cada sexo, como a ovulação, nas mulheres, e a produção de espermatozoides, nos homens.

Não há um calendário rígido na espécie humana para o início dessas alterações, mas geralmente a puberdade inicia-se aos 11 anos para as garotas e um pouco mais tarde, perto dos 13 anos, para os garotos.

A passagem pelas mudanças físicas da puberdade varia muito entre os integrantes de um grupo de amigos. Afinal, os níveis hormonais do organismo de cada indivíduo podem se intensificar em diferentes momentos, adiantando ou retardando o desenvolvimento das características secundárias.

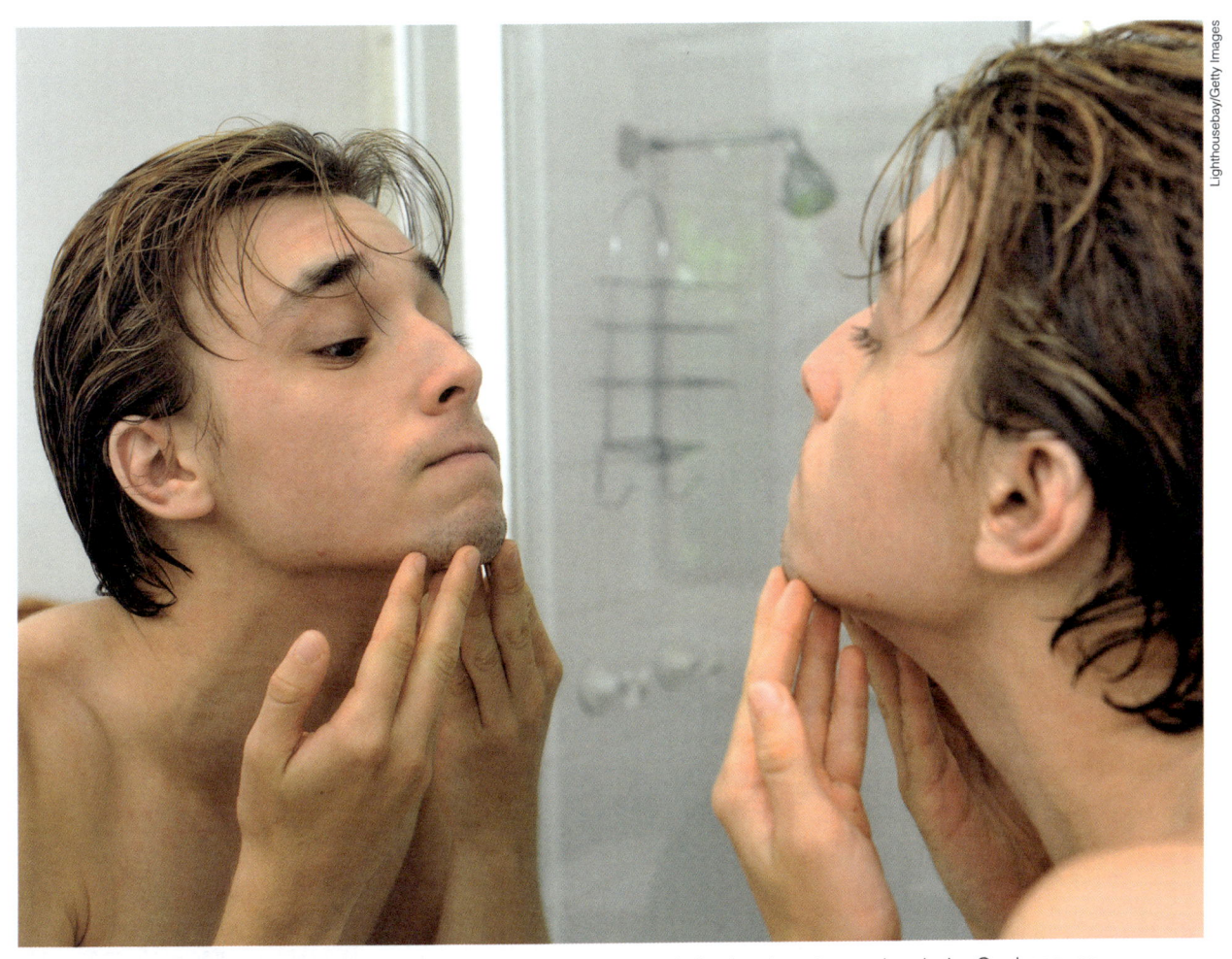

Lighthousebay/Getty Images

↑ Nos meninos, é comum o aparecimento de espinhas no rosto e de barba durante a puberdade. Conhecer as mudanças físicas que ocorrem durante essa fase ajuda a compreendê-las melhor e a enfrentar os desafios da adolescência.

Características sexuais

As crianças, ao nascer, apresentam externamente poucas diferenças entre si. Algumas dessas diferenças são as características sexuais primárias, que se referem aos órgãos sexuais.

Na puberdade, hormônios sexuais liberados no organismo desencadeiam diversas alterações, como aumento rápido da altura (estirão) e mudanças na voz, nos cabelos e na pele, geralmente com o aparecimento de espinhas. Além disso, começam a aparecer as características sexuais secundárias.

A testosterona, hormônio masculino, desenvolve os testículos e o pênis, inicia a produção de espermatozoides e causa o aparecimento de barba, pelos pubianos e pelos em outras partes do corpo.

No corpo feminino, o estrógeno e a progesterona controlam o desenvolvimento das mamas, o alargamento do quadril e o aparecimento de pelos nas axilas e no púbis. Internamente, começa a ovulação, processo que libera um ovócito. Se o ovócito for fecundado por um espermatozoide, inicia-se uma gestação; se não for fecundado, é eliminado do corpo na menstruação.

Assim que surgem as características sexuais secundárias, se houver relações sexuais sem proteção, já é possível gerar um filho. No entanto, a gravidez precoce, na adolescência, traz consequências para a vida da mãe e do feto, além de problemas de ordem familiar e social.

A imagem a seguir mostra algumas características sexuais secundárias.

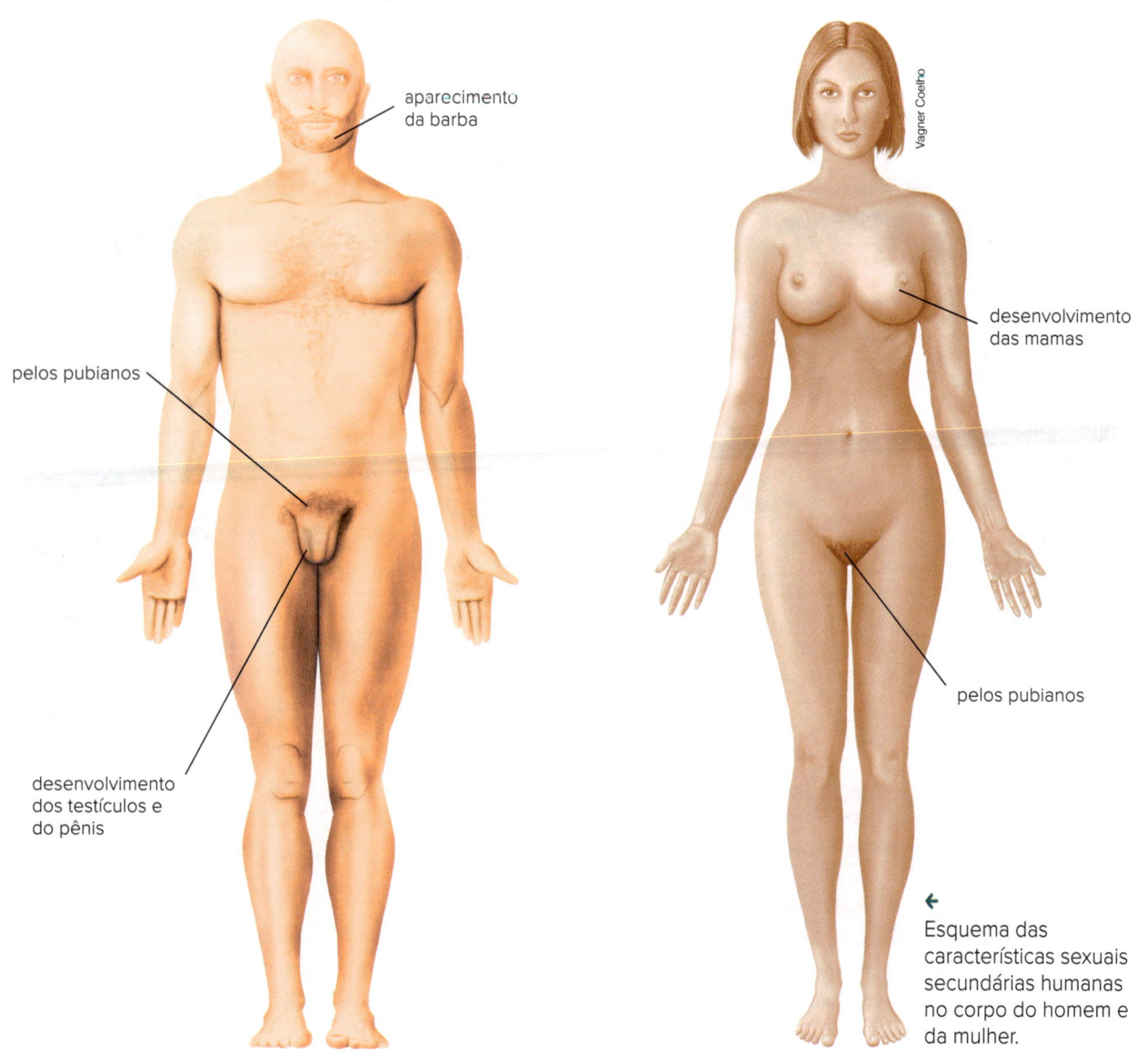

aparecimento da barba

pelos pubianos

desenvolvimento dos testículos e do pênis

desenvolvimento das mamas

pelos pubianos

Vagner Coelho

← Esquema das características sexuais secundárias humanas no corpo do homem e da mulher.

Adolescência

A adolescência é o período que marca a passagem da infância para a fase adulta. Durante essa etapa, podem surgir angústias e inseguranças quanto ao presente e expectativas e incertezas em relação ao futuro.

Apesar de serem importantes durante toda a vida, é geralmente na adolescência que os amigos se tornam mais presentes e, com eles, dividimos muitas situações e experiências.

POSSO PERGUNTAR?

Puberdade é o mesmo que adolescência?

É uma fase de novos relacionamentos, novas afinidades e experiências, que precisa ser estabelecida com base em decisões responsáveis. Para isso, ajuda muito conversar sobre suas dúvidas e anseios com alguém que você respeite e que o respeite, de preferência um adulto, pois provavelmente ele já passou por uma situação semelhante à que você está vivendo. Bons relacionamentos familiares contribuem muito na travessia desse período.

O fundamental é entender que a adolescência é um período cheio de descobertas e desafios. Por isso é importante encará-la com naturalidade, vivendo-a plenamente e cuidando da saúde física, mental e emocional.

A adolescência é considerada uma etapa construída socialmente, ou seja, é diferente em cada jovem, de acordo com a qualidade de suas interações familiares, o local, a cultura e o modo pelo qual a sociedade em que ele vive costuma tratar esse período de transformação.

João Prudente/Pulsar Imagens

← A adolescência é a fase da vida em que acontecem grandes mudanças físicas e comportamentais.

 **CURIOSO É...**

Estatuto da Criança e do Adolescente

No Brasil, o Estatuto da Criança e do Adolescente (ECA), Lei nº 8.069, de 1990, considera criança a pessoa de até 12 anos de idade incompletos e define a adolescência como a faixa etária de 12 a 18 anos de idade. Em casos excepcionais, o estatuto é aplicável até os 21 anos. A partir dos 16 anos, votar é opcional ao adolescente.

Sexualidade e fontes de informação

Nesta prática, você fará uma pesquisa com os adolescentes de sua escola para identificar quais são as principais fontes de informação deles sobre os métodos anticoncepcionais.

Material:

- caderno, papel e lápis para anotação.

Procedimentos

1. O estudo "Informações dos adolescentes sobre métodos anticoncepcionais", realizado em Aracaju (SE), 2003, revelou o seguinte resultado:

Utilização de fontes de informações sobre métodos anticoncepcionais, por sexo

	Masculino	Feminino
Pais	3,6%	3,1%
Meios de comunicação	21,2%	24,8%
Amigos	8,4%	10,4%
Namorado(a)	3,3%	2,9%
Professores	4,4%	4,2%
Profissionais de saúde	6,8%	6,7%
Outros	0,1%	0,1%

Fonte: Alzira M. D. N. Guimarães; Maria J. Vieira; José A. Palmeira. Informações dos adolescentes sobre métodos anticoncepcionais. *Rev Latino--am Enfermagem*, maio-junho, 11(3):293-8, 2003. Disponível em: <http://www.scielo.br/pdf/rlae/v11n3/16537>. Acesso em: 30 abr. 2019.

2. Forme um grupo com seus colegas. Inspirado por esse estudo, elabore um questionário para ser aplicado em sua escola, a fim de responder à pergunta: Quais são as fontes de informação dos adolescentes sobre métodos anticoncepcionais?

- Analise as respostas do estudo (tabela acima) e verifique se há fontes de informação que devem ser acrescentadas ou excluídas para que a pesquisa fique mais condizente com sua realidade local.

- Decidam, com a ajuda do professor, que classes/turmas cada grupo pesquisará. Lembrem-se de que as respostas devem ser anônimas.

Reflita e registre

1. Com os resultados obtidos, calculem a porcentagem das respostas para cada item e elaborem uma tabela conforme o modelo. Compare a tabela construída com os resultados da pesquisa.

2. Qual é a principal fonte de informação dos adolescentes da escola sobre métodos anticoncepcionais?

ATIVIDADES

SISTEMATIZAR

1. Logo ao nascer, o sexo do bebê é identificado: masculino ou feminino. Que características possibilitam essa categorização?

2. Todas as pessoas entram na puberdade com a mesma idade? Explique.

3. Considerando as características sexuais secundárias e outros eventos da puberdade, indique quais ocorrem apenas com indivíduos do sexo feminino, quais somente com do sexo masculino e quais estão relacionados a ambos os sexos. Escreva a resposta no caderno.

a) As mamas se desenvolvem.

b) A voz fica mais grave.

c) Nascem pelos púbicos e nas axilas.

d) Ocorre a primeira menstruação.

e) Nascem pelos no rosto.

f) Possibilidade de gerar filhos.

g) Aparecem espinhas na pele.

h) O pênis se desenvolve.

REFLETIR

1. Leia o texto a seguir e depois responda às questões.

[...]

Possíveis causas da agressividade na adolescência

[...] cada caso de agressividade na adolescência pode ter origem diferente.

"O que podemos apontar aqui é quais são os fatores que podem influenciar ou mesmo agravar o quadro. Entre eles o mais recorrente é mesmo a questão hormonal – própria desta fase, principalmente no caso dos meninos, uma vez que a testosterona por si só já contribui para potencializar a agressividade", destaca Maria Amélia.

Outro fator de influência é a questão do ambiente no qual este adolescente está inserido, tendo em vista que o mais natural é que os filhos reproduzam o que vivenciam no dia a dia.

"[...] Muitas vezes, a agressividade na adolescência é um reflexo da relação entre os familiares no próprio lar", ressalta a psicóloga.

> Etiene Resende. Agressividade na adolescência: entenda as causas e saiba como lidar com o problema. *A Revista da Mulher,* 3 mar. 2017. Disponível em: <http://arevistadamulher.com.br/familia/content/2384798-agressividade-na-adolescencia-entenda-as-causas-e-saiba-como-lidar-com-o-problema>. Acesso em: 10 out. 2018.

a) De acordo com o texto, qual é a relação dos hormônios com a agressividade do adolescente? Que fatores ambientais também são destacados?

b) Em sua opinião, que fatores comportamentais poderiam diminuir a agressividade e violência dos adolescentes?

DESAFIO

1. O Estatuto da Criança e do Adolescente (ECA) é uma norma cujo objetivo é a proteção integral da criança e do adolescente. Para conhecê-lo, você e os colegas devem formar grupos. Cada grupo ficará responsável pela pesquisa e apresentação de um dos capítulos, de I a V, do estatuto à turma, em forma de seminário.

Sistema genital masculino

No capítulo anterior você estudou a puberdade e as principais mudanças ocorridas no corpo de meninos e meninas. Também viu que a adolescência é um período repleto de dúvidas, descobertas e desafios. Neste capítulo você vai estudar quais são os órgãos do sistema genital masculino, suas características e funções.

EXPLORANDO A PRIMEIRA PAIXÃO

Tiago contou à mãe que estava gostando de uma menina da escola e não sabia o que fazer. Ele queria estar perto dela, mas ficava envergonhado e não conseguia dizer nada. Ele já havia escrito um bilhete para a garota, mas não o entregou.

A mãe contou ao filho como foi sua primeira paixão:

Claudia Marianno

– Isso é normal, filho. Eu também me senti assim quando me apaixonei pela primeira vez. Eu era muito jovem; estava no nono ano. Toda vez que eu chegava perto dele, meu coração parecia que ia sair pela boca. Eu também escrevi um bilhete, em que eu perguntava se ele gostava de mim e sabe o que era mais engraçado? No final do meu bilhete tinha duas alternativas para ele assinalar: "sim" e "não"!

E os dois riram muito da história.

Agora é sua vez.

1. Por que na adolescência os jovens começam a se interessar por outras pessoas?

O corpo masculino

Durante a puberdade o cérebro começa a ordenar a produção de testosterona em grande quantidade nos indivíduos do sexo masculino. Esse acontecimento gera mudanças fisiológicas significativas, que, quando bem entendidas, tornam mais saudável e satisfatória a passagem por essa etapa da vida.

Componentes do sistema genital masculino

O sistema genital masculino tem estruturas externas e internas. Na região genital masculina externa, encontram-se o pênis e o escroto.

Localizados dentro do escroto estão os testículos, que são as glândulas sexuais masculinas, responsáveis pela produção do hormônio sexual masculino – a testosterona – e os gametas masculinos, os espermatozoides. Durante a infância, esse hormônio é produzido em pequenas quantidades. Sua produção aumenta na puberdade, quando então surgem as características sexuais secundárias, que se intensificam entre os 13 e os 16 anos.

Na ilustração a seguir, estão representadas a localização no corpo humano e as principais estruturas que compõem o sistema genital masculino.

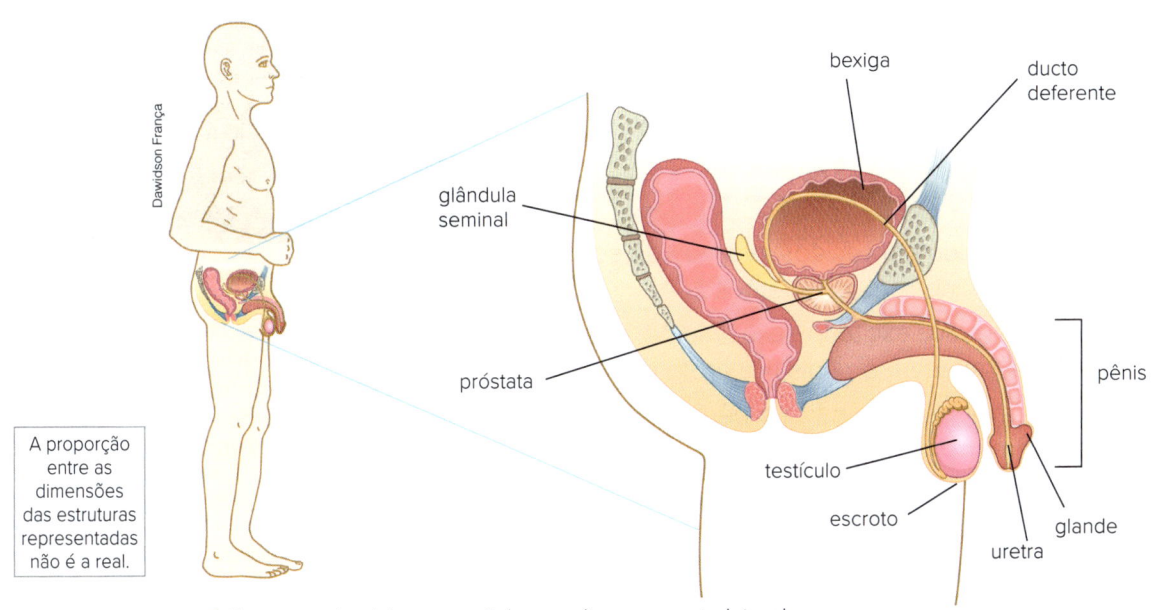

A proporção entre as dimensões das estruturas representadas não é a real.

↑ Esquema do sistema genital masculino, em corte lateral.

- **Pênis**: tem forma cilíndrica e está localizado na região acima dos testículos. O tamanho varia entre os homens e não determina o grau de fertilidade nem de potência sexual. A extremidade do pênis chama-se glande e é coberta por uma pele chamada prepúcio.

- **Uretra**: canal que conduz a urina da bexiga para o meio externo. No corpo masculino, esse tubo se encontra ligado tanto ao sistema genital quanto ao urinário. Durante a ereção, os músculos da entrada da bexiga se contraem, impedindo que a urina se misture ao sêmen.

- **Próstata**: situada sob a bexiga, produz uma secreção viscosa, o líquido prostático, que neutraliza a acidez da urina e protege os espermatozoides.

- **Glândulas seminais**: par de glândulas localizadas atrás da bexiga. Elas produzem o líquido seminal, uma secreção rica em açúcares, sais e hormônios que forma a maior parte do esperma.

- **Ducto deferente**: os espermatozoides maduros seguem por esse ducto até chegar à uretra, esta, por sua vez, passa por dentro do pênis e se estende até o exterior.

Espermatogênese

Nos homens ocorre a produção de espermatozoides, também chamada de **espermatogênese**. Ela só começa na puberdade por causa da liberação de hormônios da hipófise que estimulam a produção de testosterona nos testículos. A testosterona é liberada diretamente na corrente sanguínea, através da qual alcança os túbulos seminíferos e promove a produção dos gametas masculinos.

A espermatogênese continua ao longo da vida, com milhões de espermatozoides produzidos a cada dia: os que não são liberados na ejaculação são absorvidos pelo próprio organismo.

O esperma (do grego *spérma*, que significa "semente") é constituído por espermatozoides e secreções das glândulas seminais, da próstata e de outras glândulas. Ele é lançado na uretra, com função lubrificante. Cada mililitro de esperma contém de 60 milhões a 120 milhões de espermatozoides.

Espermatozoide

O **espermatozoide** é uma célula formada por uma cabeça, que contém o material genético, e uma cauda, que atua na locomoção. Para que a cauda se mova, é necessário o consumo de energia, fornecida por meio da respiração celular pelas mitocôndrias localizadas no início da região que conecta a cabeça à cauda, chamada de porção média ou colo.

Ereção e ejaculação

O pênis é constituído por tecidos capazes de se encher de sangue, chamados de corpos cavernosos.

Quando o homem fica excitado sexualmente, esses tecidos se enchem de sangue e o pênis fica ereto e rígido.

Veja na imagem abaixo como fica o pênis por dentro durante a ereção.

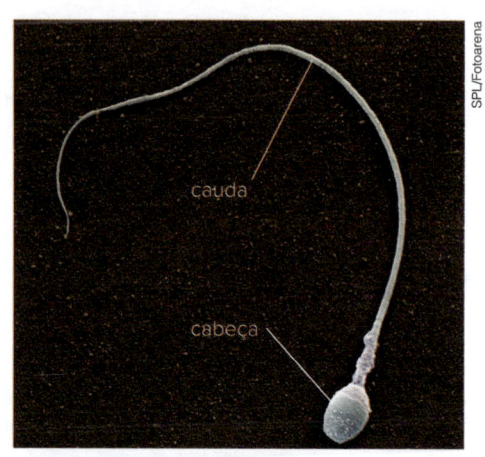

↑ O espermatozoide é formado basicamente por cabeça e cauda. Na cabeça existem estruturas que, ao atingir o ovócito, possibilitam a fecundação; a função da cauda é a locomoção. Fotografia obtida em microscópio eletrônico; ampliação aproximada de 2 440 vezes.

pênis em corte frontal

pênis em corte lateral

1. Os vasos sanguíneos relaxados dos corpos cavernosos começam a se encher de sangue.

2. Os corpos cavernosos cheios de sangue se enrijecem, causando a ereção.

↑ Esquema que mostra o pênis em corte. À esquerda, o pênis flácido e, à direita, durante a ereção.

Durante a relação sexual, quando o pênis está ereto e rígido, pode ocorrer a ejaculação, isto é, a saída do sêmen pela uretra. Momentos depois, o pênis volta a seu estado relaxado. A ejaculação também pode ocorrer espontaneamente durante o sono, fato chamado de polução, que é frequente e muito comum na adolescência.

Bactérias e outros microrganismos podem causar doenças nos órgãos reprodutores, até mesmo em crianças e adolescentes. Em caso de ardência ao urinar ou aparecimento de caroços, secreções diferentes e coceira no escroto ou no pênis, deve-se procurar um médico. Consultas regulares ao médico podem evitar o desenvolvimento de doenças, como o câncer de testículo e o de próstata, que podem ser tratadas se forem diagnosticadas no início.

SISTEMATIZAR

1. Observe a figura abaixo e identifique o nome dos elementos 1, 2 e 3.

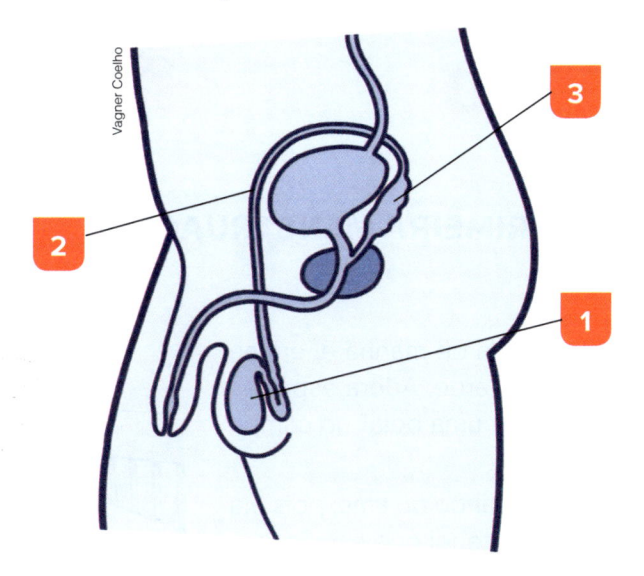

Vagner Coelho

2. Associe corretamente as alternativas com os elementos a seguir. Anote os pares no caderno.

1. Uretra	**a)** local de produção do líquido seminal
2. Ducto deferente	**b)** local de passagem da urina e do sêmen para o meio externo
3. Glândulas seminais	**c)** local de passagem dos espermatozoides maduros para a uretra
4. Próstata	**d)** local de produção do líquido prostático

REFLETIR

1. A finalidade da vasectomia ou deferentectomia é interromper o fluxo de espermatozoides pelos ductos deferentes. Essa interrupção impede que os espermatozoides produzidos nos testículos cheguem à uretra, ou seja, essas células não são mais liberadas durante a ejaculação. Com base nisso, responda: Por que a vasectomia não bloqueia os efeitos da testosterona, já que esse hormônio também é produzido nos testículos?

DESAFIO

1. Ter um filho não é apenas responsabilidade da mãe mas também do pai. Gerar e gestar uma vida deve ser um ato pensado e desejado por ambos. Assim, o fato de ser pai ou mãe antes do tempo ou do momento desejado, ou seja, quando há uma gravidez precoce, afeta profundamente a vida de adolescentes e de seus familiares.

Forme dupla com um colega e, juntos, pesquisem em revistas e na internet uma situação em que a paternidade ocorreu de maneira inesperada, por exemplo, para um jovem menor de idade. Façam um relatório com dados da publicação e do jovem em foco. Acrescentem o relato de como era a vida dele antes e depois da paternidade. Compartilhem as experiências coletadas com os outros grupos.

Com base na conversa entre os grupos, façam uma lista das vantagens de o homem prevenir a ocorrência de uma gravidez. Em seguida, respondam à questão: Qual é a importância de o homem se envolver na prevenção de uma gravidez?

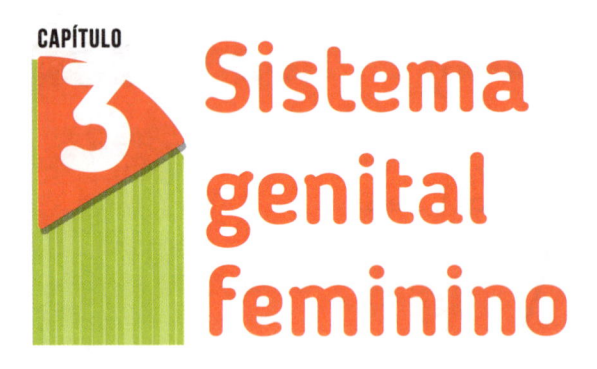

Sistema genital feminino

No capítulo anterior você estudou o sistema genital masculino, sua estrutura e funcionamento. Neste capítulo vai conhecer o sistema genital feminino, o processo de ovulação e o ciclo menstrual.

 **EXPLORANDO** A PRIMEIRA MENSTRUAÇÃO

Catarina tem 12 anos. Ela estuda de manhã e, em alguns dias da semana, joga vôlei à tarde. Adora esportes e não perde uma chance de "bater uma bola" no campinho perto de sua casa.

Todos querem Catarina participando do time, pois ela joga muito bem. Se é a turma do futebol que está jogando, ela também não faz feio. O pessoal da vizinhança sempre monta times mistos, de meninos e meninas.

Os seios de Catarina estão se desenvolvendo, então ela já usa sutiã. No começo sentiu muita vergonha, mas se acostumou e viu que a deixava mais à vontade para praticar esportes.

Natalia Forcat

Entretanto, até aquele dia ela ainda não havia ficado menstruada. Já sabia o que era, mas receava ficar menstruada na escola, por exemplo, e todo mundo perceber. Até que um dia... Ela acordou e viu que havia menstruado.

Era só um pouquinho, mas correu para a mãe e contou. Estava assustada. Sua mãe sorriu e a tranquilizou:

– Está tudo bem, querida!

Foi até o quarto e voltou com um pacote de absorventes. Explicou a Catarina como ela deveria usá-los e disse que, com o tempo, ela se acostumaria. A mãe falou também que estava muito emocionada ao ver que sua menininha estava crescendo.

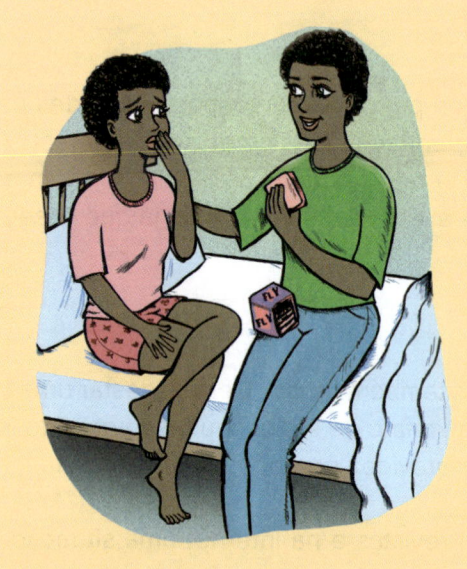

Catarina, então, sorriu. Ufa! Foi um alívio estar com sua mãe naquela hora...

Agora é sua vez.

1. O que você explicaria para Catarina sobre a menstruação?

Maturação do sistema genital feminino

Como vimos, a maioria das mudanças que acontecem na puberdade está relacionada ao amadurecimento dos órgãos reprodutivos, ou seja, os órgãos que possibilitam aos seres humanos gerar filhos, dando, assim, continuidade à espécie.

A característica principal do amadurecimento do sistema genital feminino é a ocorrência da ovulação, seguida ou não da menstruação, situações das quais falaremos adiante. Quando a menstruação ocorre, é necessário procurar um médico especialista na saúde dos órgãos reprodutores femininos chamado ginecologista.

O ginecologista pode orientar a garota sobre os cuidados com a saúde depois da primeira menstruação. Nessa fase, é importante que a jovem tenha o apoio e o incentivo dos pais ou responsáveis para consultar pela primeira vez esse especialista.

Quanto mais informada sobre o funcionamento de seu corpo, mais responsabilidade a adolescente tem nas questões que envolvem a saúde e as mudanças desse período.

Consultas regulares ao ginecologista são importantes ao longo de toda a vida da mulher, tanto para acompanhar sua saúde como para tratar de planejamento familiar.

Fernando Favoretto/Criar imagem

↑ Consulta com médica ginecologista. O acompanhamento ginecológico é fundamental para a manutenção da saúde do sistema genital feminino.

Componentes do sistema genital feminino

Veja a seguir cada órgão que compõe o sistema genital feminino.

Observe nas imagens a representação deles e respectiva localização.

- **Útero**: órgão musculoso composto de três camadas: o perimétrio (camada externa), o miométrio (camada média) e o endométrio (revestimento interno). O útero se conecta às tubas uterinas por duas extremidades laterais. O colo do útero é a porção inferior desse órgão; os espermatozoides devem passar por ele até encontrar um ovócito. O colo do útero está localizado entre a vagina e o útero.

- **Tubas uterinas**: são canais estreitos que se comunicam com o útero e os ovários. Têm estruturas em forma de franja chamadas fímbrias, que envolvem os ovários e captam o ovócito maduro lançado por eles. Posteriormente, os ovócitos são deslocados em direção ao útero.

No caso de ter havido relação sexual, é possível que nesse caminho haja espermatozoides e poderá ocorrer a fecundação ou fertilização do ovócito. As tubas são revestidas internamente de células epiteliais dotadas de cílios, cujo movimento impulsiona em direção ao útero tanto o ovócito (captado do ovário) quanto o zigoto, se houve fecundação.

As tubas uterinas humanas medem entre 7 e 14 cm de comprimento. Após a fecundação, o embrião originado do zigoto se fixa ao útero – fenômeno chamado de **nidação** –, onde se desenvolverá até o parto.

- **Ovários**: estão conectados ao útero por meio das tubas uterinas. São as glândulas sexuais femininas, das quais serão liberados cerca de 500 gametas femininos – os ovócitos – ao longo da vida fértil da mulher. Os ovários são responsáveis pela produção de hormônios sexuais – estrogênio e progesterona –, essenciais para o funcionamento normal do sistema genital feminino.

- **Vagina**: canal que liga os órgãos internos do sistema genital ao pudendo (parte externa). É na vagina que o pênis penetra durante a relação sexual. Também é por onde é liberada a menstruação e por onde o bebê nasce, em parto normal.

- **Pudendo feminino**: região externa, onde ficam os lábios menores e os lábios maiores, dobras de pele bastante sensíveis. Acima do pudendo há uma área chamada monte do púbis, na qual, com o início da puberdade, surgem os pelos púbicos. Entre os lábios menores se localiza o clitóris, estrutura em que se concentram muitas terminações nervosas de grande sensibilidade. Essa estrutura é importante para a excitação sexual feminina e, portanto, o prazer da mulher durante o ato sexual.

Vagner Coelho

↑ Estruturas internas do sistema genital feminino.

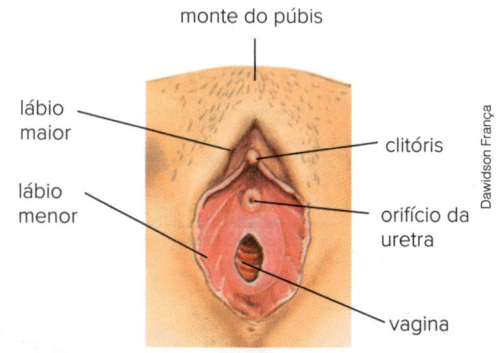

Dawidson França

↑ Esquema do sistema genital feminino em visão externa.

As imagens desta página não estão representadas na mesma proporção.

Ovulação

Na puberdade, inicia-se o amadurecimento dos gametas femininos nos ovários. Isso ocorre por causa de hormônios sexuais, que causam o amadurecimento e a liberação periódica desses ovócitos, em geral, um por mês. O ovócito liberado pelo ovário é captado pelas fímbrias de uma das tubas uterinas e transportado para seu interior com a ajuda do epitélio ciliar. Esse processo de amadurecimento e liberação de ovócitos é a **ovulação**.

Caso tenha havido relação sexual sem uso de **método de barreira** ou outro método anticoncepcional, um espermatozoide pode chegar até o ovócito e seu núcleo penetrar no interior dele. Nesse caso, o ovócito completa o amadurecimento e passa a ser chamado de óvulo. Nesse momento pode haver a fusão dos núcleos do óvulo e do espermatozoide, que constitui a fecundação ou fertilização. Se não ocorrer, o ovócito é eliminado com sangue e uma espessa camada de muco que recobria o interior do endométrio, que se descama progressivamente, caracterizando o fluxo menstrual eliminado pela vagina. A ausência de menstruação é um dos principais sinais de ocorrência de fecundação e, portanto, gravidez.

↑ Representação esquemática de ovócito captado pelas fímbrias ao sair do ovário.

tuba uterina
ovócito captado
fímbrias
ovário

Dawidson França

Menstruação

Menstruação é a descamação do revestimento interno do útero (endométrio) acompanhada de sangramento pela vagina, que dura de três a sete dias.

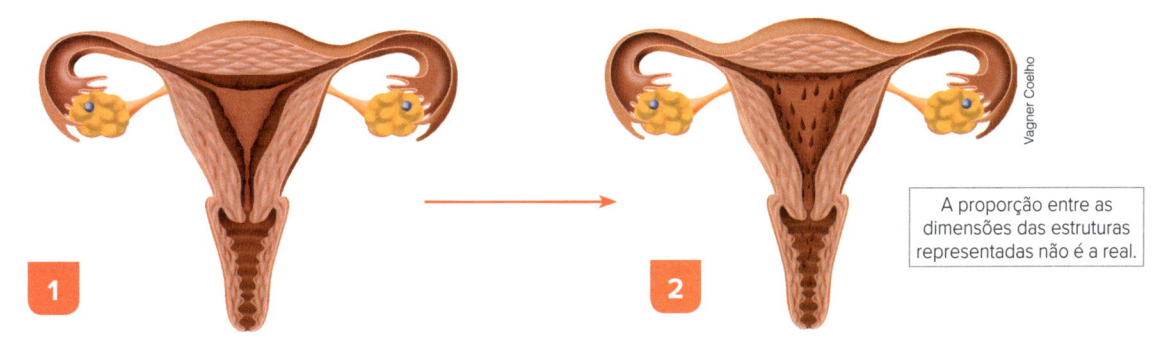

Vagner Coelho

1   **2**

A proporção entre as dimensões das estruturas representadas não é a real.

↑ Sistema genital feminino em dois momentos: antes da menstruação (1) e durante a menstruação (2).

Esse fenômeno ocorre em ciclos aproximadamente mensais ao longo da vida reprodutiva da mulher, exceto durante a gravidez. É importante entender que a menstruação não é uma hemorragia ou um grande sangramento. O sangue no fluxo é originado de pequenos vasos que se rompem quando o endométrio descama, porque a camada mucosa que reveste internamente o endométrio é muito vascularizada. Mas esses vasos também sofrem constrição e coagulação, o que evita perda maior de sangue, que poderia ser contínua e perigosa. O sangue menstrual é composto pela descamação da mucosa uterina associado ao sangue dos vasos uterinos.

Em geral, a menstruação começa na puberdade e cessa definitivamente na **menopausa**, quando a mulher deixa de ovular. A primeira menstruação é chamada de **menarca.** Não há, entretanto, uma idade exata para o início e o fim da menstruação.

Ciclo menstrual

O **ciclo menstrual** começa com o primeiro dia do fluxo, que é o dia 1, e pode durar de 23 a 36 dias, quando outro tem início. Os ciclos menstruais costumam variar mais e ter intervalos maiores logo após a menarca e pouco antes da menopausa, porque são regulados por hormônios e, nesses períodos, a produção de hormônios está alterada. Após a menarca há uma tendência à regulação e durante a menopausa há uma tendência à desregulação, uma vez que os hormônios começam a deixar de ser produzidos.

O período em que ocorre a ovulação é considerado período fértil, é quando a mulher tem mais possibilidade de engravidar, pois o ovócito pode ser encontrado pelos espermatozoides na tuba uterina. Como a duração do ciclo varia de mulher para mulher, a data da ovulação também muda. De modo geral, podemos considerar o meio do ciclo como uma data provável de ovulação, que pode acontecer alguns dias antes ou atrasar. Considera-se, então, período fértil entre 3 a 4 dias antes e após a ovulação. Devemos considerar, porém, que os gametas sobrevivem por tempos diferentes. O ovócito maduro normalmente dura 24 horas e os espermatozoides mantêm-se vivos, no sistema genital feminino, por até 72 horas.

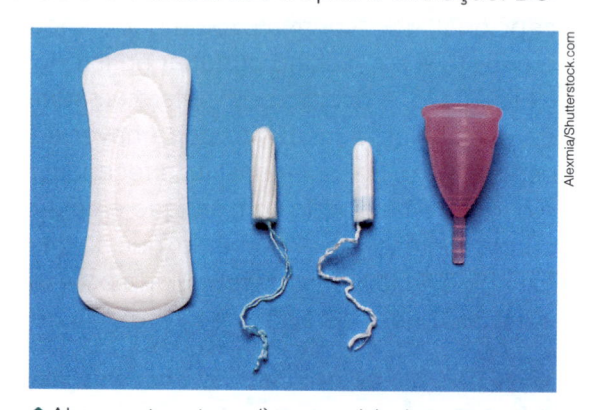

O período de vida dos gametas e fatores como estresse e uso de medicamentos podem alterar a previsão dos dias férteis e a probabilidade de fecundação. Assim, é importante tomar precauções e evitar fecundações não desejadas e gravidez precoce.

↑ Absorvente externo (à esquerda), absorventes internos (centro) e coletor menstrual (à direita). Consulte um ginecologista para conhecer os tipos de absorventes íntimos e descobrir qual é o mais indicado para você.

Ao longo do período de sangramento – que, como vimos, dura cinco dias, em média – podem ocorrer cólicas. A maioria das cólicas é suavizada com bolsas de água quente ou analgésicos comuns. Contudo, em casos de dores intensas, deve-se procurar um ginecologista.

Durante o período menstrual podem ser utilizados absorventes higiênicos externos, internos ou coletores menstruais, que devem ser trocados de acordo com a intensidade do fluxo ou a cada quatro horas para evitar o risco de infecções bacterianas.

POSSO PERGUNTAR?

O que não podemos fazer quando estamos menstruadas?

É importante que as mulheres adquiram o hábito de marcar em um calendário ou agenda a data de sua menstruação. Dessa forma, podem observar se os ciclos são regulares, qual é a duração de cada um, prever os próximos períodos e conhecer o ritmo do próprio corpo.

! CURIOSO É...

A TPM

Quando uma mulher está brava ou irritada é comum dizerem que está de TPM. Você sabe o que é isso? TPM ou tensão pré-menstrual são sintomas físicos e psicológicos que podem acometer as mulheres uma ou duas semanas antes da menstruação. Decorrem do desequilíbrio hormonal causado pelo aumento do estrogênio e pela diminuição da progesterona, e atuam sobre o sistema nervoso provocando sintomas como irritabilidade, mau humor, angústia, vontade de chorar, ansiedade, dor de cabeça, cansaço, insônia, inchaço abdominal, seios inchados e doloridos, acne, entre outros. Estima-se que cerca de 40% das mulheres são afetadas pela TPM e, apesar de não haver um tratamento específico, estudos mostram que dieta saudável e exercícios físicos regulares diminuem os sintomas.

Ecoabsorventes

O ciclo menstrual faz parte da realidade feminina [...] Nesse sentido, a indústria oferta massivamente os absorventes íntimos descartáveis internos e externos, **produtos prejudiciais tanto para o meio ambiente, quanto para o corpo da mulher**.

Segundo a bióloga Viviane Condotta Gabriel, pode-se perceber o **impacto ambiental causado pelo uso dos absorventes descartáveis** desde a fase de produção, já que "as matérias-primas utilizadas para sua fabricação **vêm da exploração do petróleo**, que é um recurso natural não renovável, e da celulose, derivada das árvores, que sem fiscalização, pode ser oriunda de desmatamento".

Além disso, a partir da estimativa de que "uma mulher utiliza, desde a puberdade até a menopausa, **cerca de 10 a 15 mil absorventes**" a bióloga ressalta que no descarte "como na maioria dos países não há reciclagem de absorventes, eles vão diretamente para aterros sanitários ou lixões, onde permanecem, em média, **por 100 anos até sua completa decomposição**".

No que diz respeito ao impacto que os absorventes descartáveis têm no organismo da mulher, pode-se afirmar que seus componentes artificiais configuram a fonte do problema. Viviane destaca que "alguns problemas como **alergias e infecções** podem estar relacionados à adição de fragrâncias, corantes e materiais sintéticos que estão na composição de alguns desses produtos", como exemplo estão "absorventes com camada de plástico que podem prejudicar a ventilação da área e **favorecer o aparecimento ou o agravamento de infecções**", segundo a bióloga.

Tendo em vista os impactos relacionados ao uso dos absorventes descartáveis, surgem alternativas de absorventes íntimos sustentáveis.

[...]

Milena Almeida. Impacto Ambiental, 7 ago. 2018. Disponível em: <www.impactounesp.com.br/2018/08/ecoabsorventes.html>. Acesso em: 3 maio 2019.

1. Em grupo, providenciem diferentes tipos de absorvente descartável e tragam para a sala de aula. Depois, sob a supervisão do professor, abram esses absorventes para observá-los internamente. Verifiquem:
   - as informações da embalagem;
   - os materiais de que são feitos;
   - a quantidade de camadas.

   Com essas informações, elaborem uma tabela comparativa e discutam as vantagens de cada tipo de absorvente.

2. Descubram também quando os absorventes descartáveis começaram a ser usados pelas mulheres e como elas procediam antes deles. Pesquisem, ainda, as alternativas para diminuir o impacto ambiental no uso de absorventes e apresentem seus achados aos colegas. Discuta com eles as dificuldades de acesso a esses produtos.

SISTEMATIZAR

1. Observe o esquema e escreva no caderno o que se pede.

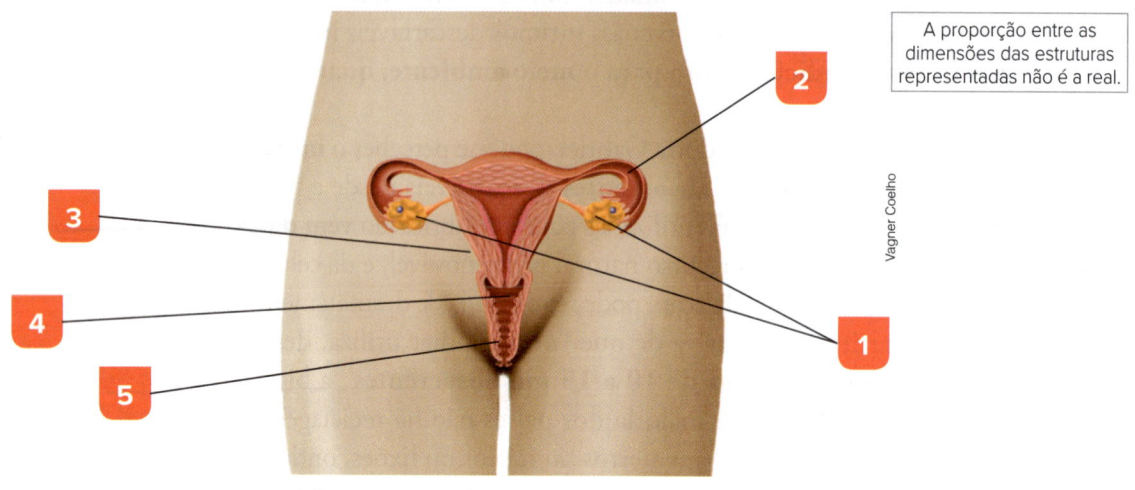

A proporção entre as dimensões das estruturas representadas não é a real.

Vagner Coelho

↑ Sistema genital feminino.

a) Nome dos órgãos produtores de gametas no sistema genital representado.

b) As estruturas indicadas pelas setas 1, 2, 3, 4 e 5.

c) Os órgãos produtores de hormônios.

2. Para onde vai o ovócito liberado pelo ovário na ovulação? O que ocorre com ele se não houver fecundação?

3. Por que a ausência de menstruação é um dos principais sinais de gravidez?

REFLETIR

1. Leia um trecho da carta que dra. Ana recebeu e responda às perguntas.

Meu nome é Cláudia e tenho uma irmã gêmea. Quando eu tinha 11 anos, sofri um acidente e tive de ser operada; foram retirados meus ovários e meu útero. Eu precisaria ter tomado hormônios, mas como eu me sentia muito mal, parei de tomar. Hoje tenho 20 anos e vejo que minha irmã é bem diferente de mim. Por que isso acontece?

a) Que diferenças Cláudia provavelmente apresenta em relação à irmã gêmea?

b) Se a cirurgia de Cláudia tivesse ocorrido aos 20 anos, as diferenças entre ela e a irmã seriam as mesmas que as atuais? Por quê?

2. A menstruação de Marcela começou no dia 3 de setembro e costuma ter ciclos de 28 dias. Observe o calendário e indique as datas corretas para cada item acerca do ciclo menstrual de Marcela.

a) Quando foi o início do ciclo?

b) Quando ela deve ovular?

c) Quais são os dias de maior probabilidade de engravidar, se ela tiver relações sexuais sem proteção?

SETEMBRO 2019

DOM	SEG	TER	QUA	QUI	SEX	SÁB
1	2	3	4	5	6	7
8	9	10	11	12	13	14
15	16	17	18	19	20	21
22	23	24	25	26	27	28
29	30	1	2	3	4	5
6	7	8	9	10	11	12

06 ☽ 14 ○ 21 ☾ 28 ●

Lifestyle Graphic/Shutterstock.com

DESAFIO

1. Em grupo, leia o relato de Kiran Gandhi, maratonista que correu menstruada sem absorvente como forma de protesto à vergonha que as mulheres sentem em relação à própria menstruação. Com base nas questões apresentadas a seguir elaborem um vídeo de conscientização a respeito de que a menstruação deve ser encarada pelas pessoas como um fato natural na vida das mulheres.

Ela correu uma maratona menstruada e sem absorvente como forma de protesto

[...] Enquanto eu corria, eu pensava em como as mulheres e os homens são socializados a fingir que o período menstrual não existe. [...] Ao tornar mais difícil falar sobre isso, nós, mulheres, não conseguimos falar sobre isso no trabalho, e não é possível reconhecer as diferenças sociais entre mulheres e homens que devem ser reconhecidas e estabelecidas como aceitáveis. Por que é que as mulheres não reclamam ou falam sobre suas funções corporais? Por que ninguém pode ver isso acontecendo? E por que isso é uma questão importante? É importante porque acontece com todas e acontece agora.

[...]

Andrea Martinelli. Ela correu uma maratona menstruada e sem absorvente como forma de protesto. M de Mulher, 11 ago. 2015. Disponível em: <https://mdemulher.abril.com.br/estilo-de-vida/ela-correu-uma-maratona-menstruada-e-sem-absorvente-como-forma-de-protesto/>. Acesso em 11 out. 2018.

a) O que vocês acharam da atitude da atleta?

b) Já presenciaram alguma situação em que uma menina manchou a roupa porque a menstruação vazou e os colegas a deixaram constrangida?

c) Por que a menstruação, uma coisa tão natural do corpo da mulher, é até hoje considerada um tabu, ou seja, algo proibido, que não se deve falar?

d) Pensem sobre o assunto e citem profissões em que estar menstruada pode parecer difícil de conciliar.

4 Fecundação e gravidez

Nos capítulos anteriores você estudou os sistemas genitais masculino e feminino. Neste capítulo você vai saber como ocorre a concepção, a geração de uma nova vida e a gravidez, desde o desenvolvimento do embrião até a transformação dele em feto e, depois, em um bebê recém-nascido, além de conhecer diferentes tipos de parto.

EXPLORANDO O BEBÊ DE PROVETA

Os alunos do oitavo ano estavam estudando a fecundação humana quando Márcia relatou ter uma prima "bebê de proveta".

Todos acharam curiosa a história, pois não tinham ouvido falar sobre isso.

– O que eu sei é que a fertilização não é feita naturalmente, como na relação sexual entre um homem e uma mulher, mas fora do corpo, com instrumentos de laboratório, por isso o nome "bebê de proveta" – disse Márcia.

A professora aproveitou a conversa e explicou à turma que inicialmente é feita a coleta dos gametas do homem e da mulher. São colocados em uma cultura com cerca de 100 mil a 200 mil gametas masculinos para cada gameta feminino, e como na fecundação natural, apenas um deles chega ao óvulo. Depois de formado o embrião, ele é colocado no útero da mulher.

– Nossa! Mas porque alguém faz isso? – perguntou Clóvis.

A professora respondeu que normalmente a fertilização *in vitro* é utilizada por casais que têm dificuldade de engravidar, seja porque a mulher tem problemas que dificultam a chegada dos espermatozoides até o óvulo, ou porque o homem tem problemas com a produção de gametas. Essa técnica também é usada por casais em que um dos pares ou ambos não produzem gametas.

Ilustrações: Claudia Marianno

Agora é sua vez. 🎤

1. Você já tinha ouvido falar de fecundação *in vitro*?

2. Por que são necessários tantos espermatozoides para fecundar um único ovócito?

3. É comum ouvirmos notícias de que uma reprodução *in vitro* originou gêmeos ou trigêmeos. Por que você acha que isso ocorre?

Como ocorrem a fecundação e a gravidez

A fecundação e a gravidez são fenômenos que sempre intrigaram a humanidade. Diversas lendas e interpretações místicas foram criadas a esse respeito. Com o desenvolvimento do conhecimento científico, muitas das alterações ocorridas durante esses processos foram esclarecidas, o que reduziu riscos à saúde da gestante e do feto.

Fecundação

Quando há relação sexual entre um homem e uma mulher sem uso de preservativo ou de outro método anticonceptivo de barreira, o homem ejacula e libera o sêmen no canal vaginal da mulher, com centenas de milhões de espermatozoides originados nos testículos.

Desses espermatozoides, apenas algumas centenas chegam às tubas uterinas, onde pode estar o ovócito, dependendo da fase do ciclo menstrual da mulher. Quando chegam ao ovócito, os espermatozoides liberam substâncias enzimáticas que digerem o envoltório sobre sua membrana plasmática. Em condições normais, apenas o núcleo de um espermatozoide consegue atravessar a membrana plasmática do gameta feminino e ocorre, posteriormente, a fecundação.

Quando o núcleo de um espermatozoide entra no ovócito, há um estímulo que deforma a membrana protetora em volta do ovócito, impedindo a entrada de outros espermatozoides.

A união dos núcleos dos gametas, na fecundação, resulta na célula-ovo (ou zigoto), uma célula que inicia um processo de crescimento caracterizado por divisões sucessivas. Enquanto isso acontece, o zigoto vai sendo transportado até o útero pelos cílios do epitélio que revestem internamente a tuba uterina. Nesse ponto, esse conjunto de células recebe o nome de embrião.

POSSO PERGUNTAR?

É possível engravidar na primeira relação sexual?

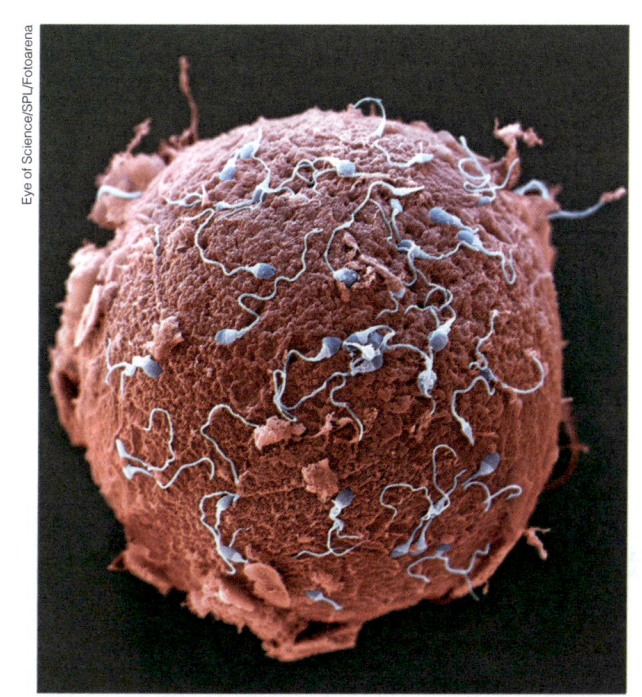

Eye of Science/SPL/Fotoarena

↑ Dos milhões de espermatozoides liberados na ejaculação, apenas algumas centenas chegam ao ovócito para que ocorra a fecundação. Fotografia obtida em microscópio eletrônico; ampliação aproximada de 520 vezes.

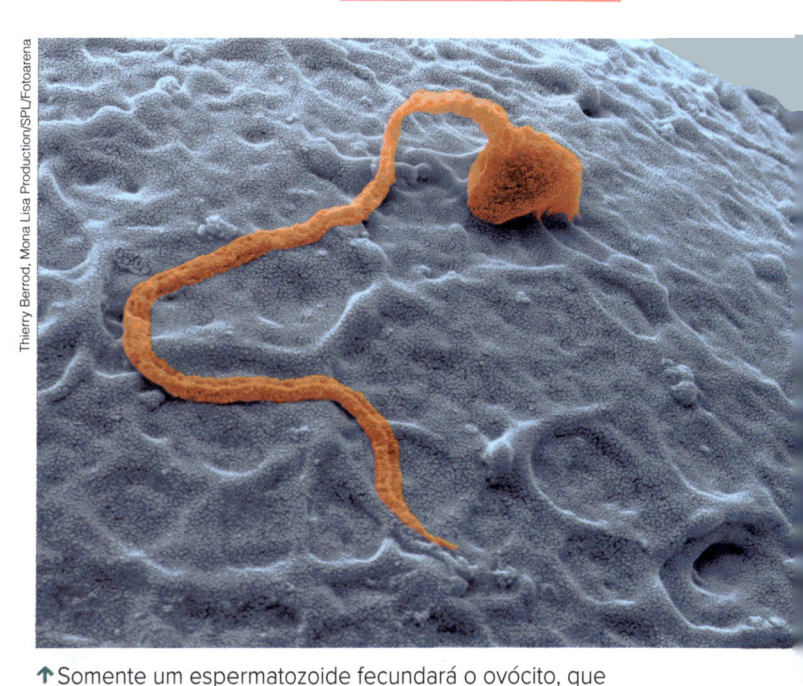

Thierry Berrod, Mona Lisa Production/SPL/Fotoarena

↑ Somente um espermatozoide fecundará o ovócito, que finaliza seu desenvolvimento e passa a ser denominado óvulo. Assim que os núcleos dos dois gametas se fundem, é formada a célula-ovo ou zigoto. Fotografia obtida em microscópio eletrônico; ampliação aproximada de 4100 vezes. Foto colorida artificialmente.

Início da gravidez

Cerca de sete dias após a fecundação, já tendo chegado ao útero, o embrião se fixa no endométrio, que fica mais espesso para proporcionar essa fixação, chamada de nidação ou implantação. É o início da gravidez.

Após oito semanas da fecundação, o embrião passa a ser chamado de feto. Com a nidação, pode ocorrer um leve sangramento, mas não há mais menstruação, que geralmente fica suspensa durante a gravidez e no período de amamentação.

1. ovulação
2. fecundação do ovócito
3. zigoto se divide
4. nidação do embrião

tuba uterina
ovócito
ovário
útero
endométrio

Vagner Coelho

↑ Esquema das etapas da fecundação, que ocorre na tuba uterina, e da nidação, quando o embrião se instala no útero.

Anexos embrionários

Com a implantação do embrião no útero, inicia-se a formação de estruturas chamadas **anexos embrionários**. Eles protegem e nutrem o embrião e o feto em desenvolvimento no útero materno.

Um desses anexos é semelhante a uma bolsa cheia de líquido, denominada âmnio, na qual o embrião fica mergulhado. Esse anexo protege o embrião de choques mecânicos, desidratação, alterações de temperatura e infecções. O líquido em seu interior é chamado de líquido amniótico.

Edelmann/SPL/Fotoarena

↑ Feto humano de 14 semanas no útero materno envolto pelo âmnio.

Um dos sinais de que o parto está próximo é o "estouro da bolsa de água". Isso significa que a membrana do âmnio se rompeu e, assim, o líquido passou pelo colo do útero e saiu pela vagina. Em alguns casos, o bebê nasce ainda envolto nessa bolsa.

Outro anexo importante é a placenta, estrutura exclusiva dos mamíferos placentários, pela qual ocorrem trocas entre mãe e filho. É por meio da placenta que o embrião recebe oxigênio e substâncias nutritivas, elimina gás carbônico, excretas e substâncias tóxicas.

Não há mistura de sangue entre mãe e filho. A circulação fetal é separada da circulação materna por uma fina membrana que possibilita a passagem apenas de água, oxigênio, substâncias nutritivas, hormônios, produtos de excreção etc.

A comunicação entre o embrião e a placenta é feita pelo cordão umbilical, um longo cordão constituído por duas artérias e uma veia. O umbigo é a cicatriz que marca o local do corte do cordão umbilical, no nascimento, que liga o feto à mãe.

Os tons de cores e a proporção entre os tamanhos dos elementos representados nesta página não são os reais.

→ Esquema representativo da posição da placenta e das trocas realizadas entre essa estrutura e o cordão umbilical. O sangue da mãe e do feto não se misturam durante as trocas.

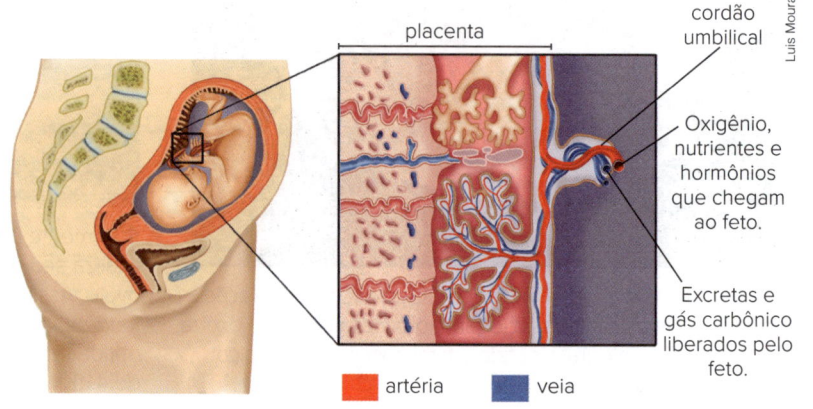

placenta

cordão umbilical
Luis Moura

Oxigênio, nutrientes e hormônios que chegam ao feto.

Excretas e gás carbônico liberados pelo feto.

■ artéria   ■ veia

Gravidez na adolescência

Estudos mostram que os adolescentes começam a vida sexual muito cedo e mesmo conhecendo os métodos contraceptivos, se relacionam sexualmente sem proteção, o que, além de riscos à saúde pode levar a uma gravidez não planejada.

A gravidez precoce acarreta muitas mudanças na vida dos adolescentes – especialmente das meninas –, pois ambos, pai e mãe, se tornarão responsáveis por um novo ser.

Riscos da gravidez na adolescência

A médica obstetra e coordenadora da Maternidade de Alto Risco do Hospital Estadual Dr. Jayme dos Santos Neves, Rosangela Maldonado, explica que uma adolescente que engravida está mais propensa aos riscos da gestação.

"A adolescente não tem maturidade do sistema reprodutor, pois ele ainda não foi totalmente desenvolvido. Em geral, os riscos de uma gravidez na adolescência são o abortamento espontâneo, o parto prematuro e o desenvolvimento de hipertensão arterial. O grupo mais propenso a esse risco está na faixa etária de 11 a 15 anos", explica.

[...]

De acordo com Rosangela, a segunda gravidez na adolescência também é uma situação que merece atenção, pois metade das adolescentes que engravidam são filhas de mães que também foram gestantes adolescentes, o que pode gerar um excesso de cuidado e apoio ofertado pela mãe.

"No entanto, esses excessos que são, principalmente, para que a filha não abandone os estudos, podem ser prejudiciais. Pois, quando a adolescente não assume as responsabilidades com a nova vida, ela pode encontrar facilidade em cuidar de uma criança e acaba engravidando de novo. Porém, vale frisar que é importante a mãe incentivar os estudos sem eximi-las da responsabilidade da maternidade", afirma Rosangela Maldonado.

Saiba quais são os riscos da gravidez na adolescência. *Folha Vitória*, 12 maio 2015. Disponível em: <www.folhavitoria.com. br/geral/noticia/2015/05/conheca-alguns-riscos-da-gravidez-na-adolescencia.html>. Acesso em: 11 out. 2018.

1. Forme um grupo com os colegas e pesquisem o assunto: dados estatísticos sobre gravidez na adolescência, especialmente na localidade em que a escola está inserida, riscos, formas de evitar, sexo e namoro na adolescência, responsabilidade para com a criança que está sendo gerada.

Com base na pesquisa, elaborem ações de sensibilização (vídeos, folhetos informativos, teatro, cartazes, paródias etc.) sobre gravidez na adolescência para serem realizadas na escola com os adolescentes. Cada grupo pode ficar responsável por uma ação.

Os grupos podem apresentar os trabalhos ou realizar a intervenção em dias alternados, ao longo de uma semana, por exemplo. Os materiais produzidos podem ser também divulgados pela internet, no rádio e na televisão local, buscando assim alcançar um maior número de pessoas.

Gravidez

A gravidez humana dura aproximadamente 40 semanas a contar do primeiro dia da última menstruação. Essas semanas são agrupadas em três trimestres, como representado a seguir.

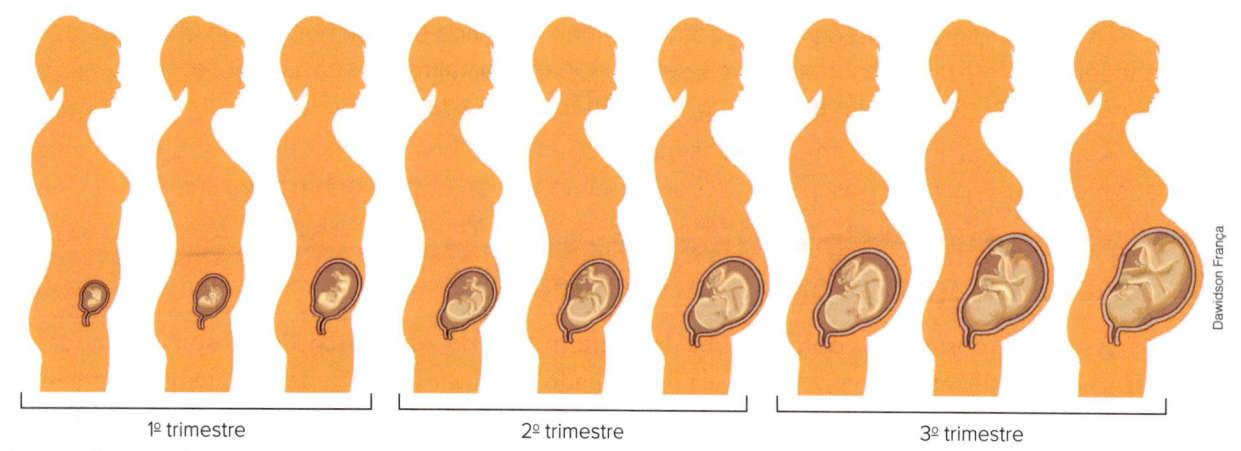

1º trimestre   2º trimestre   3º trimestre

Dawidson França

↑ O feto humano leva três trimestres (aproximadamente 40 semanas) para desenvolver-se até estar pronto para nascer.

Parto

Em cerca de 37 e 42 semanas após a formação do zigoto, o feto já tem condições de viver fora do útero materno. Há casos de bebês prematuros, nascidos com menos de 37 semanas, que precisam de cuidados especiais.

De modo geral, nas últimas semanas de gestação o bebê se posiciona com a cabeça na parte mais larga da pélvis da mãe, próximo ao colo do útero. Essa posição facilita o parto, a saída do útero materno.

Há várias formas de parto. O parto normal é aquele em que o bebê sai pelo canal vaginal impulsionado por contrações musculares do útero. Pode ocorrer na posição em que a mulher se sentir mais confortável – deitada de costas com as pernas abertas ou de cócoras – e também em variados locais: no chão, com a mulher sentada sobre banqueta de parto, em uma cama, uma banheira etc.

A cesariana ou cesárea é uma cirurgia abdominal indicada para retirar o bebê do útero quando o parto vaginal não é possível ou não é seguro. No entanto, como qualquer tipo de cirurgia, apresenta riscos e não deve ser feita sem indicação médica. Durante a cirurgia, é feito um corte no abdômen e no útero da mãe para remover o bebê. Após o parto, o corte é fechado e se inicia a cicatrização.

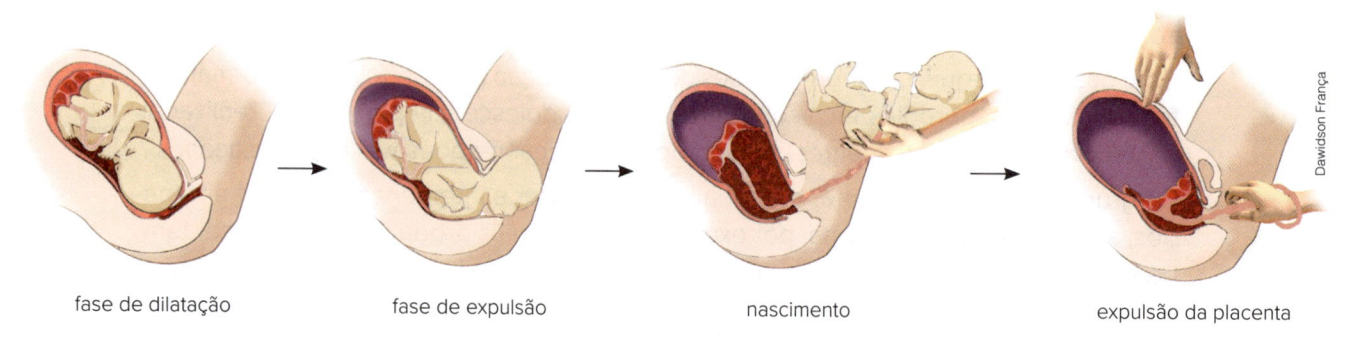

fase de dilatação   fase de expulsão   nascimento   expulsão da placenta

Dawidson França

↑ Esquema do útero durante o trabalho de parto normal, até a completa saída do bebê.

ATIVIDADES

SISTEMATIZAR

1. Observe o esquema abaixo e anote no caderno o que representa cada número.

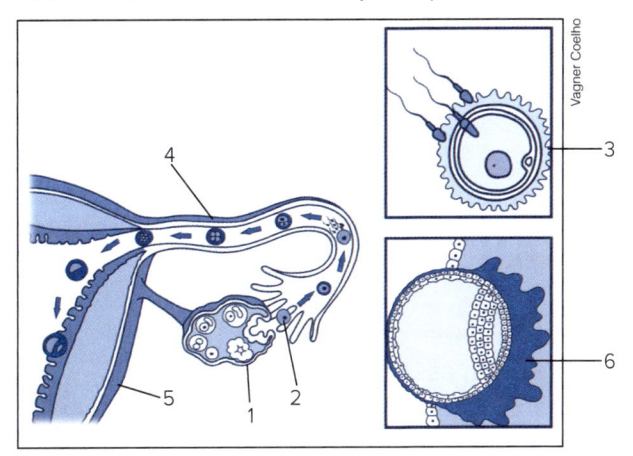

Vagner Coelho

2. O que é nidação? O que acontece se esse processo não ocorrer?

3. Qual é o anexo embrionário exclusivo de alguns mamíferos e pelo qual ocorre interação entre a mãe e o feto? Por que ele é importante?

4. Quantas semanas aproximadamente dura uma gestação humana e em quantos trimestres ela costuma ser dividida?

REFLETIR

1. Leia o texto e faça o que se pede.

[...] A placenta, a conexão do bebê com o exterior, funciona como um filtro. O tecido de 4 centímetros de espessura, colado à parede do útero e repleto de vasos sanguíneos, leva oxigênio e nutrientes para o bebê e manda embora gás carbônico e impurezas. Mas todo esse aparato de segurança provido pela natureza é inócuo [não serve] para proteger o bebê de um perigo prosaico: a alimentação materna. Uma nova safra de estudos, baseados nos avanços da genética, está ajudando os pesquisadores a entender por que aquilo que a mãe come tem o poder de influenciar na saúde do filho até mesmo na vida adulta. As pesquisas sugerem que a alimentação materna pode moldar o funcionamento do organismo do bebê para o resto da vida. [...]

> Marcela Buscato. Seu bebê é o que você come. *Época*, 12 maio 2011. Disponível em: <http://colunas.revistaepoca.globo.com/mulher7por7/2011/05/12/seu-bebe-e-o-que-voce-come/>. Acesso em: 11 out. 2018.

- Diante do que a reportagem afirma, reúna-se com um colega e pesquisem em livros, revistas e na internet itens importantes na alimentação de uma gestante e itens que devem ser evitados na dieta. Complementem a pesquisa com informações sobre os riscos da ingestão de álcool, do uso de cigarros, medicamentos e outros elementos que contenham substâncias psicotrópicas no período de gravidez.

DESAFIO

1. Forme dupla com um colega e com base no que estudaram no capítulo, elaborem uma hipótese que explique a formação de gêmeos. Apresentem aos demais colegas a hipótese de vocês. Depois, pesquisem o assunto e comparem as informações encontradas com o que propuseram.

Sexualidade e saúde

No capítulo anterior você estudou a fecundação, a gravidez e o parto. Neste capítulo você vai estudar a importância da saúde dos sistemas genitais e conhecer os principais métodos contraceptivos.

 **EXPLORANDO** **O TESTE DE GRAVIDEZ**

Vinícius e Lygia eram um jovem casal, ela com 31 e ele com 29 anos. Já eram casados há dois anos. Ambos estavam trabalhando, juntando dinheiro para comprar um apartamento. O sonho deles era formar uma família, e tinham decidido que chegara a hora.

Passaram então a ter relações sexuais sem o uso de preservativo. Mas o que eles não esperavam é que tudo acontecesse tão rápido!

A menstruação dela estava atrasada há uns 10 dias. Os dois compraram um teste de gravidez de farmácia e correram para casa para fazer

Ilustrações: Claudia Marianno

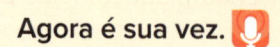

o teste. Enquanto aguardavam o resultado, Vinícius pensava em tudo o que mudaria na vida deles caso ela estivesse mesmo grávida, afinal, a chegada de um filho inclui uma série de responsabilidades.

Apesar de apreensivos, eles estavam na torcida para ser positivo.

Então Lygia conferiu e mostrou o resultado para Vinícius:

– Ai, Lygia, fala logo! O que isso significa? Vou ser pai? – perguntou Vinícius.

Agora é sua vez. 🎤

1. Em sua opinião, o resultado deu positivo? Você sabe como funcionam os testes de farmácia?

2. Você conhece formas de evitar a gravidez e já ouviu falar de planejamento familiar?

A vida sexual

A maturidade sexual traz novos desafios e responsabilidades. As decisões relacionadas à vida sexual devem ser tomadas de forma consciente e ponderada. Essas decisões são importantes, pois envolvem as infecções sexualmente transmissíveis (IST), os métodos para evitá-las e a possibilidade de gravidez não planejada. Afinal, o conhecimento é o melhor caminho para a prevenção.

Contracepção

É importante que os casais conheçam os diferentes métodos contraceptivos para fazer uma escolha consciente do que é melhor e mais adequado a sua situação. As opções são muitas, desde os métodos com barreira, como os preservativos feminino e masculino, e o diafragma; os métodos intrauterinos, como o DIU; os métodos hormonais, como a pílula anticoncepcional, o adesivo transdérmico e o implante subcutâneo; e os métodos cirúrgicos e definitivos, como a laqueadura e a vasectomia.

Muitas pessoas optam por métodos naturais de contracepção, que não usam barreiras (como é o caso da camisinha e do diafragma) nem tratamentos hormonais. São exemplos de métodos naturais a tabelinha e o método Billings. Eles dependem de um profundo conhecimento do próprio corpo e têm alta probabilidade de falhar, pois variações normais do organismo podem influenciar sua eficácia.

Infecções sexualmente transmissíveis (IST)

As **infecções sexualmente transmissíveis** (IST) são aquelas que podem ser transmitidas por contato sexual.

É importante ficar atento aos sintomas que podem aparecer, como lesões, manchas, odores, secreções ou coceira nas regiões sexuais e próximas a elas. Caso essas infecções não sejam diagnosticadas e tratadas no início podem evoluir para complicações graves, como infertilidade, câncer e até a morte. Quanto mais cedo começar o tratamento, melhores são as condições de cura.

Além da via sexual, o contágio das IST também pode ocorrer por meio do compartilhamento de objetos contaminados – como agulhas e seringas – e de transfusões de sangue não testado. A mãe pode transmitir para o feto várias IST, seja na gravidez, durante o parto ou mesmo depois dele, por meio do aleitamento materno.

Algumas IST podem não apresentar sintomas, tanto no homem quanto na mulher, o que aumenta o risco de serem transmitidas sem que o portador saiba. Por isso, para garantir a prevenção, é importante fazer consultas de rotina com um profissional do serviço de saúde e usar preservativo em todas as relações sexuais, mesmo que não haja suspeita de infecção. Além disso, se a pessoa estiver se relacionando com alguém, é fundamental discutir o assunto com o parceiro ou a parceira.

Fernando Favoretto

POSSO PERGUNTAR?

DST e IST são a mesma coisa?

← O ginecologista e o urologista podem tirar dúvidas tanto sobre o estado do sistema genital feminino e masculino, respectivamente, quanto sobre a manutenção da saúde, além de solicitar exames de rotina em caso de alterações.

Infecções causadas por bactérias

- **Gonorreia:** causada pela bactéria *Neisseria gonorrhoeae*, provoca infecção na uretra, seguida de secreção. Pode ser assintomática nas mulheres, ou seja, a mulher pode estar infectada, mas não manifestar sintomas.
- **Clamídia:** causada pela bactéria *Chlamydia trachomatis*, provoca infecção na uretra, causando dor e ardência ao urinar; pode atacar os linfonodos (originando "ínguas").
- **Sífilis:** causada pela bactéria *Treponema pallidum*, provoca, inicialmente, ferida sem dor; entretanto, sem tratamento pode evoluir até atingir órgãos vitais, com risco de morte.

O tratamento dessas infecções é feito com antibióticos.

Infecções causadas por vírus

- **Condiloma acuminado (HPV):** causa verrugas na pele e na região genital que podem evoluir para câncer de colo do útero. Como prevenção, há o exame Papanicolau, cujo material é coletado do colo do útero pelo ginecologista e, depois de analisado, possibilita detectar: lesões que podem indicar câncer, infecções e IST. Atualmente há vacina que previne contra 70% dos casos de câncer de colo do útero e 90% das verrugas genitais em homens e mulheres.

↑ Vírus papilomavírus, causador do HPV. Fotografia obtida em microscópio eletrônico. Ampliação aproximada de 60 mil vezes.

- **Herpes genital:** causado por dois tipos de vírus, provoca pequenas bolhas doloridas nos lábios ou genitais. Os remédios impedem a reprodução do vírus, mas não o eliminam. Assim, os sintomas podem reaparecer em caso de enfraquecimento do sistema imunitário.
- **Hepatite B:** causada por vários tipos de vírus, pode provocar febre, dor de cabeça, cansaço e, em casos mais graves, inflamação no fígado. Se adquirido, o vírus pode continuar no organismo e, por isso, as vacinas devem ser aplicadas logo ao nascer.
- **Aids (síndrome da imunodeficiência adquirida):** causada pelo vírus HIV, afeta o sistema imunitário. Existe tratamento, mas ainda não há cura para a infecção.

Infecções causadas por outros parasitas

- **Tricomoníase:** causada pelo protozoário *Trichomonas vaginalis*, provoca secreção na vagina da mulher e na uretra do homem, podendo ser assintomática. O tratamento é feito com antibióticos e deve-se evitar relações sexuais desprotegidas.
- **Candidíase:** causada pelo fungo *Candida albicans*, causa o chamado "sapinho", quando atinge a boca, e secreção acompanhada de coceira, quando atinge os genitais. O tratamento consiste em medicamentos que combatem o fungo.
- **Pediculose pubiana:** conhecida como "chato", é causada pelo piolho *Phthirus pubis*, que se aloja nos pelos púbicos e provoca coceira. O tratamento consiste em medicamento aplicado nas áreas afetadas.

→

Fungo *Candida albicans*. Fotografia obtida em microscópio eletrônico; ampliação aproximada de 700 vezes.

DIÁLOGO

Prevenindo infecções

A aids (sigla em inglês para síndrome da imunodeficiência adquirida) é causada pelo HIV, um vírus que ataca certos tipos de glóbulos brancos produtores de anticorpos.

Considerada o estágio mais avançado da infecção por HIV, a aids pode levar o paciente à morte. Embora não tenha cura, ela pode ser controlada. Uma pessoa infectada por HIV (soropositiva) pode viver com o vírus por longos períodos, sem apresentar sintomas ou sinais, dependendo do estilo de vida (cuidados com o corpo, medicamentos e alimentação). Quanto antes a infecção for descoberta, melhor.

A transmissão do HIV pode ocorrer pelo contato com sangue contaminado pelo vírus, por meio do contato sexual, transfusão de sangue, reutilização de seringas e agulhas entre os usuários de drogas injetáveis, e de mãe para filho pela placenta, durante o parto ou pelo leite materno.

Não há ainda vacina para prevenir a aids. A prevenção é feita por intermédio de ações coletivas e individuais. É preciso controlar o sangue utilizado em transfusões; usar material perfurante (como agulhas) e seringas descartáveis; usar preservativo (camisinha) nas relações sexuais; e fazer exame pré-natal, pois existem medicamentos que praticamente impedem a transmissão do vírus da gestante soropositiva para o filho.

Não existem grupos de risco para a infecção, e sim comportamentos de risco, em que podem estar envolvidas pessoas de qualquer sexo, idade ou orientação sexual. Preconceito e discriminação só dificultam o controle e a prevenção dessa doença.

De acordo com o Programa Conjunto das Nações Unidas sobre HIV/AIDS (Unaids) em 2017 havia 36,9 milhões de pessoas infectadas no mundo. No Brasil, segundo o Boletim Epidemiológico da Secretaria de Vigilância em Saúde do Ministério da Saúde durante o período entre 2007-2016 cerca de 136 945 foram infectadas por HIV. Nos últimos 5 anos foi registrada uma média de 40 mil novos casos ao ano.

O número de óbitos por aids no Brasil desde o início da epidemia em 1980 até dezembro de 2017 é de 327 655 óbitos, sendo 11 463 apenas em 2017. Esses números poderiam ser maiores se não houvesse a política de tratamento gratuito para todos os infectados adotada pelo Ministério da Saúde.

↑ Cartaz da campanha preventiva contra a aids.

É importante salientar que, embora a aids possa ser controlada com medicamentos, ela compromete muito a qualidade de vida e não tem cura. O melhor caminho ainda é a prevenção.

Texto dos autores

1. Forme um grupo com alguns colegas. Discutam como poderia ser uma campanha de prevenção contra a aids para adolescentes. Pesquisem informações e descubram como ela tem afetado adolescentes. Depois elaborem um vídeo para sensibilizar as pessoas sobre o problema e ensiná-las a se prevenir. Conversem com o professor para decidir como o vídeo será veiculado: em uma apresentação coletiva, em redes sociais ou no *blog* da escola, entre outras opções.

Métodos anticoncepcionais

As relações sexuais garantem a reprodução dos seres humanos e são consideradas parte de uma vida adulta saudável e equilibrada. No entanto, elas requerem responsabilidade e cuidados dos envolvidos.

Os métodos anticoncepcionais – que impedem a fecundação ou a implantação do embrião no útero – são importantes para evitar uma gravidez indesejada. No entanto, nenhum deles é 100% eficaz para evitar a gravidez. Mesmo quando utilizados corretamente existe a chance de falharem, por exemplo, quando o preservativo rasga. Alguns também protegem contra infecções sexualmente transmissíveis (IST). Existem métodos masculinos e femininos. Cada método tem vantagens e desvantagens, e o que pode ser adequado para uma pessoa pode não ser para outra. Portanto, é fundamental estar bem informado e consultar um profissional da saúde antes de escolher qual método adotar.

Veja a seguir alguns desses métodos.

Métodos de barreira

Os métodos de barreira criam obstáculos físicos entre os espermatozoides e o útero, procurando evitar que os gametas masculinos entrem no útero e fecundem o ovócito na tuba uterina.

Preservativo masculino

Também conhecido como camisinha masculina, é uma capa de látex que deve ser colocada no pênis ereto antes do contato sexual, e não somente no momento da ejaculação. É descartável, portanto, depois de usado, deve ser jogado no lixo. O preservativo masculino é distribuído gratuitamente em postos de saúde e pode ser encontrado à venda em farmácias e supermercados.

Oferece proteção contra IST.

Dragan Milovanovic/Shutterstock.com

Preservativo masculino, um método anticoncepcional de barreira.

Preservativo feminino

Também conhecido como camisinha feminina, é um saco de poliuretano macio e transparente, que deve ser colocado antes do contato sexual para revestir a vagina e o pudendo. Assim como o preservativo masculino, é descartável e deve ser jogado no lixo após ser utilizado. Não deve ser usado junto com o preservativo masculino, pois um pode comprometer a eficácia do outro, seja por tirar de posição um dos preservativos ou ainda por rasgá-lo.

Dennis Zimmerman/iStockphoto.com

Oferece proteção contra IST.

Preservativo feminino, método anticoncepcional de barreira.

Diafragma

Não oferece proteção contra IST.

Eduardo Luzzatti Buyé/iStockphoto.com

Diafragma, método anticoncepcional de barreira.

O diafragma é um objeto flexível, de borracha ou silicone, com formato circular. É colocado pela mulher no fundo da vagina, momentos antes do contato sexual, com o objetivo de cobrir o colo do útero e fechar a passagem para os espermatozoides, e deve ser retirado de seis a oito horas após a relação sexual. Como existem diafragmas de diversos tamanhos, recomenda-se que um profissional da saúde faça a medição a fim de determinar o tamanho mais adequado para cada mulher. Deve ser utilizado com um espermicida para aumentar a eficácia do método.

Métodos intrauterinos

Os métodos intrauterinos são objetos introduzidos no interior do útero para evitar o encontro do espermatozoide com o ovócito. Devem ser usados somente com indicação médica.

Dispositivo intrauterino (DIU)

É uma pequena peça de plástico, com uma parte recoberta de cobre, que é colocada pelo médico dentro do útero. O cobre bloqueia a atividade dos espermatozoides, dificultando seu acesso ao ovócito.

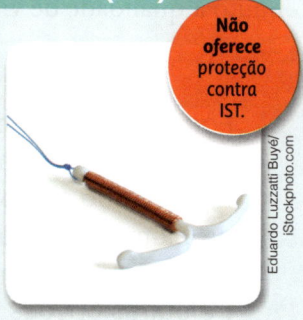

Não oferece proteção contra IST.

Eduardo Luzzatti Buyé/iStockphoto.com

DIU, método anticoncepcional intrauterino.

Fonte: Informe-se sobre como funcionam oito métodos anticoncepcionais. *Portal Brasil*. Disponível em: <www.brasil.gov.br/noticias/saude/2011/09/inform-se-sobre-como-funcionam-oito-metodos-anticoncepcionais>. Acesso em: 3 maio 2019.

Métodos cirúrgicos

Os métodos cirúrgicos são procedimentos de esterilização que impedem a reprodução, geralmente de forma definitiva. Por serem métodos de difícil reversão, também são chamados de métodos definitivos.

Laqueadura

Consiste em um corte e amarração das tubas uterinas. Dessa forma, quando ocorre a relação sexual, o espermatozoide não encontra o ovócito. Apesar de ser uma operação simples, pode apresentar riscos e problemas como qualquer outra cirurgia. Assim, recomendam-se cautela e planejamento antes de optar por esse método.

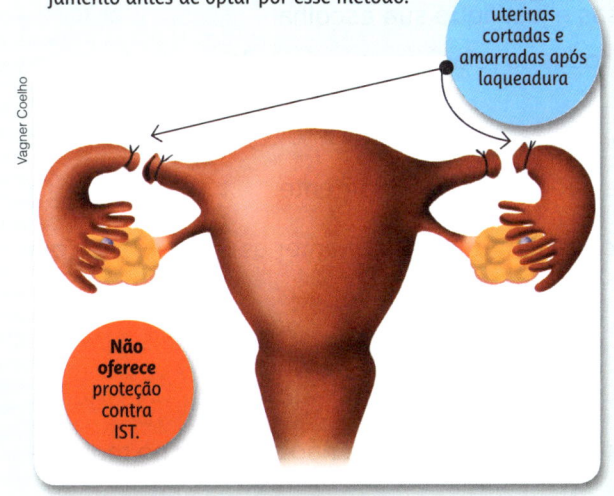

tubas uterinas cortadas e amarradas após laqueadura

Não oferece proteção contra IST.

Esquema de tubas uterinas cortadas na laqueadura.

Vasectomia

Consiste em uma cirurgia na qual é feito um corte e amarração dos ductos deferentes. Dessa forma, os espermatozoides produzidos nos testículos não são expelidos durante a ejaculação. Apesar de ser uma operação simples, pode apresentar riscos e problemas como qualquer outra cirurgia. Assim, recomendam-se cautela e planejamento antes de optar por esse método.

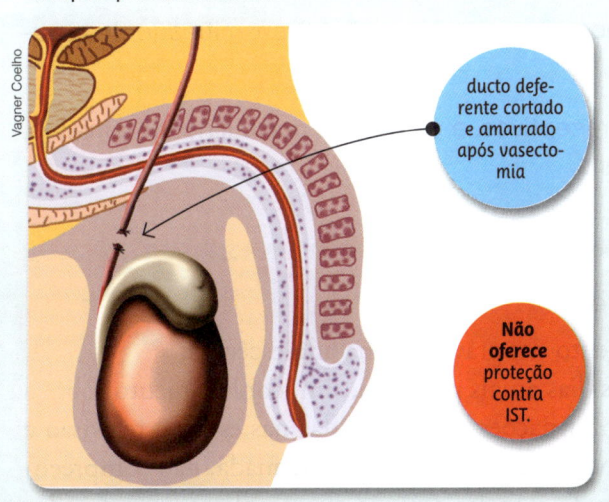

ducto deferente cortado e amarrado após vasectomia

Não oferece proteção contra IST.

Esquema que mostra procedimento realizado na vasectomia, em que os ductos deferentes são cortados e amarrados.

Métodos hormonais

Os métodos hormonais agem por meio de hormônios sintéticos para evitar a gravidez. Eles devem ser usados somente com indicação médica.

Pílula anticoncepcional

Pode apresentar diferentes combinações de hormônios, com dosagens altas ou baixas, que agem inibindo a ovulação. A pílula deve ser indicada por um médico, pois pode ter efeitos colaterais e nem todas as mulheres podem utilizá-la.

Não oferece proteção contra IST.

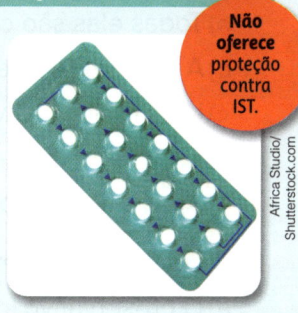

A pílula anticoncepcional é um método hormonal.

Adesivo transdérmico

Não oferece proteção contra IST.

Colado diretamente na pele, contém hormônios que evitam a ovulação. Pode ser colado em locais como braço, barriga e nádegas. Deve ser substituído semanalmente.

Adesivo transdérmico, método anticoncepcional hormonal.

Implante subcutâneo

Também conhecido como implante subdérmico, contém hormônios sintéticos, como os da pílula. É introduzido por um médico sob a pele da mulher e libera doses de hormônios diárias no organismo durante vários anos.

Não oferece proteção contra IST.

Implante subcutâneo, método hormonal.

1. A laqueadura e a vasectomia são consideradas métodos anticoncepcionais definitivos. A Lei do Planejamento Familiar, de 1996, estabelece regras para a realização desse tipo de procedimento. Faça uma pesquisa e responda: De acordo com essa lei, quem pode optar por esse método e sob quais condições?

2. A tabelinha é um método anticoncepcional comportamental que consiste em evitar relações sexuais durante o período fértil do ciclo menstrual. Ela tem baixa eficácia, não sendo recomendada como principal método anticoncepcional. Faça uma pesquisa e responda: Por que esse método apresenta baixa eficácia? Quais são os riscos para aqueles que optam por ele?

ATIVIDADES

SISTEMATIZAR

1. A respeito das infecções sexualmente transmissíveis, assinale a alternativa correta.

   a) Todas elas são caracterizadas pelo aparecimento de lesões.

   b) A camisinha só é eficiente como método para proteger contra a gravidez.

   c) Uma mulher grávida pode transmitir uma infecção sexualmente transmissível ao filho.

   d) Toda IST é transmitida exclusivamente por relação sexual.

   e) Aids, sífilis, gonorreia e anemia são IST.

2. Classifique as afirmativas em verdadeiras ou falsas e justifique sua escolha.

   a) O preservativo (camisinha) deve ser usado em todas as relações sexuais, independentemente de haver suspeita de infecção.

   b) Só se deve procurar um médico quando houver sintomas de IST.

   c) A sífilis é causada por vírus e pode ser fatal se não tratada corretamente.

3. Por que é importante vacinar o recém-nascido contra a hepatite B e manter as outras doses em dia mesmo na fase adulta?

4. Qual é a diferença entre os métodos hormonais e os de barreira?

5. Leia a afirmação:

"O preservativo (camisinha) deve ser colocado antes da penetração, e não somente no momento da ejaculação."

A frase é:

   a) enganosa, porque o método só evita a gravidez e não impede a transmissão de IST.

   b) desnecessária, pois o esperma é a única via de transmissão de vírus e bactérias responsáveis pelas IST.

   c) errada, pois a substância lubrificante dos preservativos mata todos os agentes que causam IST.

   d) errada, pois não é somente a camisinha que pode evitar as IST.

   e) correta, pois não só o esperma, mas outras secreções sexuais podem transmitir agentes causadores de IST.

6. Explique por que, entre os vários métodos contraceptivos, a camisinha masculina ou feminina, quando usada corretamente, apresenta vantagens.

REFLETIR

1. Leia o texto a seguir e depois faça o que se pede.

A falta de informação está relacionada com o aumento das gravidezes na adolescência?

Apesar do que muitos pensam, os adolescentes dos dias atuais possuem, sim, conhecimento sobre a existência de métodos contraceptivos, uma vez que informações são fornecidas nas escolas, televisão e até mesmo pela internet. Entretanto, a maioria não sabe prevenir-se de forma adequada, não compreendendo o funcionamento de cada método, utilizando-o de maneira errônea ou, simplesmente, abandonando seu uso por questões pessoais.

Muitas mulheres afirmam não utilizar a camisinha por objeção do parceiro ou, ainda, por terem um relacionamento estável com um único homem e, por isso, não veem a necessidade do uso de métodos anticoncepcionais. Além disso, entre os adolescentes, é comum o pensamento de que uma gestação nunca aconteceria com eles. Esse pensamento imaturo também contribui para a não adesão a métodos contraceptivos.

Vanessa Sardinha dos Santos. Gravidez na adolescência. *Brasil Escola*. Disponível em: <https://brasilescola.uol.com.br/biologia/gravidez-adolescencia.htm>. Acesso em: 23 out. 2018.

a) Com base no texto, explique a importância de um aconselhamento com ginecologista para evitar a gravidez na adolescência.

b) A responsabilidade pela gravidez não planejada é apenas da adolescente? Qual deve ser a participação do adolescente?

2. Debata com os colegas a afirmação: "Muitas mulheres afirmam não utilizar a camisinha por objeção do parceiro ou, ainda, por terem um relacionamento estável com um único homem e, por isso, não veem a necessidade do uso de métodos anticoncepcionais. Além disso, entre os adolescentes, é comum o pensamento de que uma gestação nunca aconteceria com eles". Então, respondam: Por que os adolescentes são considerados imaturos para ter uma vida sexual ativa?

DESAFIO

1. Leia o texto a seguir e depois faça o que se pede.

A estudante de Design de Interiores, Ana Carolina Lima, é a autora do projeto vencedor do 1º Concurso Cultural para a Seleção da Nova Arte para Embalagem da Camisinha Masculina. A competição foi organizada pelo Ministério da Saúde e pela Unesco no Brasil para mudar o visual das camisinhas distribuídas pelo Sistema Único de Saúde. [...]

A arte ganhadora apresenta o botão de "ligar e desligar" – comum em aparelhos eletrônicos – em verde fosforescente sobre fundo preto, com a camisinha substituindo o traço central do desenho. "A proposta é atrair o público jovem, que está cada vez mais conectado, com a mensagem subliminar 'fique ligado'", explicou a designer, que tem 19 anos e cursa o segundo período de sua graduação [...]

Preservativo do SUS terá embalagem inspirada no uso da tecnologia pelos jovens. *Nações Unidas no Brasil*, 29 set. 2017. Disponível em: <https://nacoesunidas.org/preservativo-do-sus-tera-embalagem-inspirada-no-uso-da-tecnologia-pelos-jovens>. Acesso em: 23 out. 2018.

a) Explique a relação que a *designer* fez entre a camisinha e a mensagem "fique ligado".

b) Você viu neste capítulo alguns exemplos de infecções sexualmente transmissíveis (IST) causadas por bactérias, protozoários, fungos, vírus e outros parasitas, que podem ser evitadas com preservativos, como a camisinha. Reúna-se com outros dois colegas e, com base nas pesquisas sobre as IST, organizem os dados e criem um folheto explicativo. Verifiquem a possibilidade de distribuí-lo para o restante da escola.

2. Pesquisem vídeos de campanhas de sensibilização e prevenção à aids e ao HIV, desde a sua descoberta até os dias atuais. Analisem quais ideias eram apresentadas nos primeiros vídeos e a que público eram destinadas; façam o mesmo para os dias de hoje.

Coletivamente, discutam sobre estes vídeos: Como as ideias sobre a aids mudaram ao longo dos anos? Qual é o foco das campanhas hoje? Elas atingem o público a que se destinam? Elas alcançam os adolescentes?

Neste tema você estudou as alterações que ocorrem no corpo de indivíduos do sexo masculino e feminino durante a puberdade, discutiu as maneiras pelas quais os jovens se relacionam com o mundo, suas descobertas e incertezas, e a importância de desenvolver atitudes conscientes relacionadas à contracepção e à prevenção de IST.

Estudou também os órgãos dos sistemas genitais masculino e feminino, suas características e funções, bem como concepção, geração de uma nova vida, gravidez, parto.

1. Leia a frase a seguir e faça o que se pede.

   Durante o ciclo menstrual, ocorre o espessamento do endométrio, a camada interna do útero.

   Escreva no caderno a alternativa que explica corretamente porque esse espessamento é necessário para a gravidez.

   a) Fornece nutrientes para os espermatozoides.

   b) Aumenta a produção do hormônio ocitocina.

   c) Garante o ambiente adequado para a fecundação.

   d) Proporciona um local para a implantação do embrião.

   e) Nenhuma das alternativas anteriores.

2. Em relação à reprodução humana, leia as seguintes afirmações e escreva no caderno aquela cuja informação está correta.

   a) A obstrução total dos canais deferentes leva à esterilidade masculina.

   b) A pílula anticoncepcional torna os espermatozoides menos capazes de fecundar um óvulo, além de agir na parede do útero, impedindo a fixação do ovo.

   c) Os hormônios que regulam o ciclo menstrual favorecem a ocorrência da ovulação no início do ciclo.

   d) A formação dos gametas femininos inicia-se na puberdade.

   e) Os testículos precisam de uma temperatura maior que a corporal para produzir os espermatozoides.

3. Explique por que, entre os vários métodos anticoncepcionais, o uso da camisinha masculina ou feminina, quando correto, oferece vantagens.

4. A gravidez na adolescência ainda é um problema sério no Brasil. O conhecimento e o uso adequado de métodos contraceptivos podem reverter esse problema. Anote no caderno a opção correta em relação a esses métodos.

   a) O diafragma impede a nidação.

   b) O dispositivo intrauterino (DIU) impede a chegada dos espermatozoides ao útero.

   c) A pílula anticoncepcional, método hormonal feminino, deve ser tomada antes das relações sexuais.

   d) O preservativo masculino, camisinha, impede que os espermatozoides entrem no corpo feminino.

5. Observe o gráfico a seguir e responda às questões.

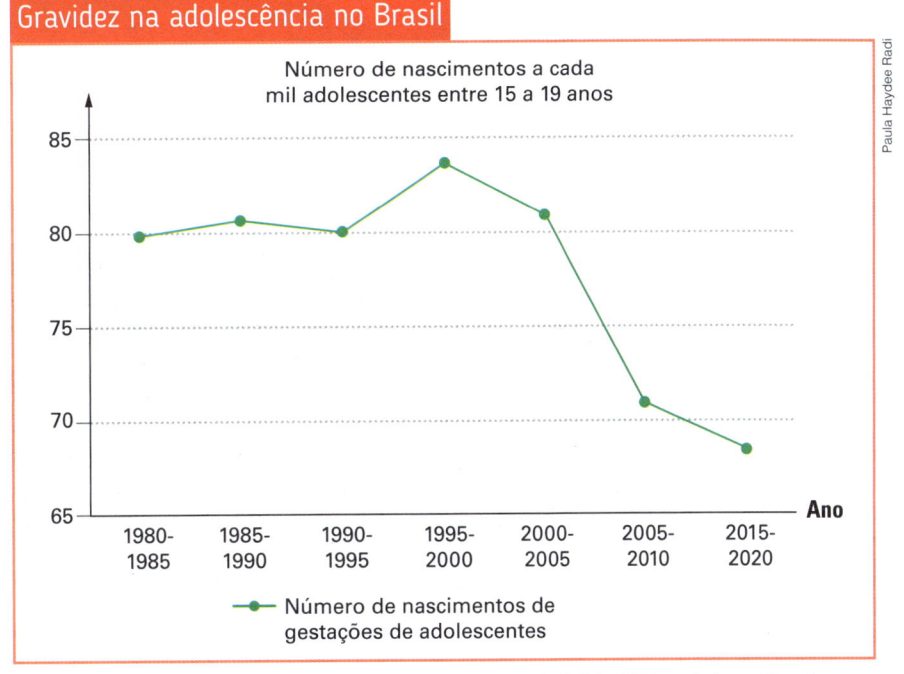

Gravidez na adolescência no Brasil

Número de nascimentos a cada mil adolescentes entre 15 a 19 anos

— Número de nascimentos de gestações de adolescentes

Fonte: Organização Mundial da Saúde/Organização Pan-Americana de Saúde. *G1* Disponível em: <https://g1.globo.com/bemestar/noticia/brasil-tem-gravidez-na-adolescencia-acima-da-media-latino-americana-diz-oms.ghtml>. Acesso em: 3 maio 2019.

a) Como evoluiu o número de nascimentos provenientes de gestações de adolescentes no Brasil de 1980 até o momento?

b) Qual é a importância dos resultados atuais? A que você atribui essa mudança?

c) Como os adolescentes, parceiros dessas meninas, podem contribuir para a diminuição dos casos de adolescentes grávidas?

DICAS

⬉ ACESSE

Bebe.com.br – Acompanhe sua gravidez: <https://bebe.abril.com.br/maternidade/semana-1-planejando-a-gravidez>. *Site* com informações sobre todo o processo de gravidez, desde o planejamento.

Vivendo a adolescência: <www.adolescencia.org.br>.
Site sobre e para adolescentes, com informações referentes a diversos assuntos.

▶ ASSISTA

Hoje eu quero voltar sozinho. Brasil, 2014. Direção: Daniel Ribeiro, 156 min. Filme que trata de questões como desejo e identidade sexual na adolescência. Leonardo é um adolescente cego que busca sua independência. Seu encontro com outro adolescente, Gabriel, fará com que ele descubra mais aspectos sobre si mesmo e sua sexualidade.

Filadélfia. EUA, 1993. Direção: Jonathan Demme, 125 min. Aborda o drama da discriminação e do preconceito causados pelo desconhecimento da aids.

📖 LEIA

As vantagens de ser invisível, de Stephen Chbosky (Rocco). O livro reúne as cartas de um adolescente que vive as dificuldades do ambiente escolar, as descobertas dos primeiros encontros amorosos, os dramas familiares e os vários sentimentos da adolescência.

📍 VISITE

Museu do Parto: localizado na Maternidade Escola Assis Chateaubriand (MEAC/UFC) – Rua Nunes de Melo, s/n. Fortaleza (CE). Aberto de segunda a sexta-feira, das 12h às 14h, e quinta-feira, das 8h às 11h, para visitação pública. O museu contém peças que ilustram o modo pelo qual eram realizados os partos em diferentes regiões do interior do Ceará.

Andre Dib/Pulsar Imagens

↑ Eclipse lunar na Chapada dos Veadeiros. Alto Paraíso de Goiás (GO), 2018.

4

Interação entre Sol, Terra e Lua

NESTE TEMA
VOCÊ VAI ESTUDAR:

- as fases da Lua, como e por que elas acontecem;
- eclipses, os diferentes tipos e quando ocorrem;
- o fenômeno das estações do ano e a influência da inclinação do eixo de rotação da Terra em relação ao seu plano orbital;
- como as estações alteram os dias nas diferentes regiões do planeta.

1. Onde você mora, é possível ver a Lua no céu como nesta imagem?
2. Todas as noites a Lua tem a mesma aparência no céu?
3. Você lembra qual era o formato da Lua da última vez que a observou?

As várias fases da Lua

Neste capítulo, vamos compreender como a Lua se movimenta em relação à Terra, diferenciar suas principais fases e entender como influenciam a dinâmica das marés.

EXPLORANDO O MISTÉRIO DAS FASES DA LUA

Taruê, uma garota do grupo indígena apiaká, que vive no Mato Grosso do Sul, gostava muito da Lua.

Para seu povo, a Lua é Jaci, um ser masculino.

Os pais de Taruê sabiam muito sobre esse astro e explicavam para ela. Eles mostravam, por exemplo, que a parte iluminada da lua crescente indicava a direção oeste, e o lado iluminado da lua minguante apontava para o leste.

Taruê não entendia muito como a Lua era capaz de mudar de formato de uma noite para a outra, mas imaginava que uma onça vinha comê-la até ela sumir e, depois, ela renascia e crescia até ficar inteira – a lua cheia – e então era perseguida de novo.

Seu irmão, Anã, achava que Jaci (Lua) se cobria aos poucos com uma capa de pele de anta para se proteger da chuva e depois se descobria também lentamente.

E assim ficavam os dois discutindo a respeito de quem teria razão no mistério das fases da Lua.

Agora é sua vez. 🎤

1. Dê sua opinião sobre a explicação de cada irmão sobre as fases da Lua. Qual delas você prefere?

2. Como você explica a ocorrência das fases da Lua?

3. Em quais noites haverá lua cheia nos próximos três meses?

Uma Lua no céu

Você já deve ter olhado para o céu à noite e visto a Lua brilhando.

Já reparou que, de vez em quando, o formato da Lua muda progressivamente? Mas será que é mesmo o formato dela que muda ou apenas a porção iluminada dela que conseguimos ver que varia? Você sabe com que frequência essa aparência muda? Será que há uma sequência definida de mudança?

A Lua é o satélite natural da Terra e, assim como os planetas, os satélites naturais não têm luz própria. Quando observamos a Lua no céu, vemos com mais clareza a porção dela que é iluminada pela luz do Sol, ou seja, a Lua não emite luz, a claridade que conseguimos ver é, na verdade, a parte dela que reflete a luz do Sol.

↑ Lua cheia iluminada pela luz do Sol.

De forma esférica e composição rochosa, a Lua tem várias crateras. Nela não há atmosfera nem água líquida. A temperatura em sua superfície varia entre 100 °C positivos e 150 °C negativos, condições essas, entre outras, que impossibilitam a existência de seres vivos como os que conhecemos.

Os tons de cores, as distâncias entre os astros e a proporção entre os seus tamanhos não são as reais. A ilustração está fora de escala.

↑ Representação da Terra, da Lua e do Sol no espaço.

POSSO PERGUNTAR?

Por que a Lua tem tantas crateras, aqueles buracos que vemos em sua superfície?

Movimentos da Lua

A Lua é o satélite natural da Terra, ou seja, ela gira em torno de nosso planeta. Esse movimento, em órbita elíptica, é chamado de movimento de translação.

A Lua também executa o movimento de rotação, ou seja, ela gira em torno do próprio eixo. Seu período de rotação (tempo para executar uma volta completa em relação ao seu eixo) é igual a seu período de translação (tempo para executar uma volta completa em torno da Terra), o que faz com que vejamos sempre o mesmo lado dela. Se a Lua não fizesse movimento de rotação ou tivesse períodos diferentes, veríamos diversas de suas faces.

Imagine uma posição em que a Lua esteja entre o Sol e a Terra, como na imagem abaixo.

Como a Lua gira ao redor da Terra, o planeta também pode ficar posicionado entre o Sol e a Lua. Será que essa diferença de posições entre o Sol, a Terra e a Lua influencia como vemos a luz refletida pela Lua?

→ Esquema que mostra a posição da Lua entre o Sol e a Terra. A posição influencia na formação de eclipses solares, por exemplo.

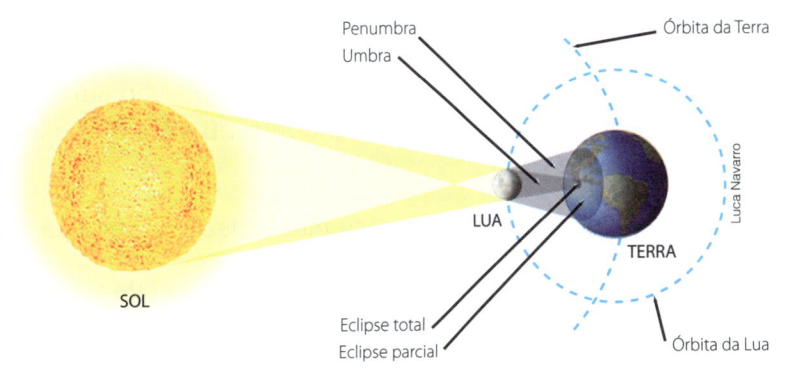

Penumbra
Umbra
Órbita da Terra
LUA
TERRA
SOL
Eclipse total
Eclipse parcial
Órbita da Lua

Observando a Lua

Uma maneira de descobrirmos a aparência da porção iluminada da Lua visível e como ela varia é observar o céu durante algumas noites. Vamos lá?

Material:

- caderno e caneta ou lápis para anotação;
- opcionalmente, celular ou computador com acesso à internet.

Procedimentos

1. Observe o céu à noite, duas vezes por semana, durante quatro semanas.

2. Se você não conseguir ver a Lua na primeira vez, tente observar o céu pelo menos em mais dois horários. A sugestão é fazer isso assim que anoitecer e duas horas depois (ou antes de dormir).

3. Uma dica é utilizar aplicativos para celular ou consultar *sites* que auxiliam a localizar a Lua no céu e indicam o horário em que ela estará visível na sua região. Peça dicas ao professor, pesquise e compartilhe suas descobertas com os colegas. Você também pode utilizar binóculo ou telescópio. Nesse caso, verifique as diferenças nas observações.

4. Faça um quadro no caderno como o mostrado abaixo. Anote o dia de observação, o horário e faça um desenho que represente a Lua como você conseguiu observar. Basta um desenho por noite.

Dia de observação	Horário	Representação da Lua

5. Caso utilize um aplicativo, configure-o com a data atual e a sua localização.

6. Anote como é a aparência da porção iluminada da Lua que está visível. Ainda que observada no mesmo instante, a aparência da Lua varia conforme o local em que observador se encontra.

7. Observe como a imagem da porção iluminada da Lua varia com o passar dos dias.

8. Continue a observação ao longo dos dias até que a porção iluminada da Lua seja igual à primeira imagem que você observou.

Reflita e registre

NO CADERNO

1. Você pôde observar que a imagem da porção iluminada da Lua mudou com o passar dos dias. Quantos dias demorou para que a imagem voltasse a ser igual à vista inicialmente?

2. Houve algum dia em que você não conseguiu ver a parte iluminada da Lua? Por quê?

3. Por que a aparência da porção iluminada da Lua visível variou? Com base nas suas observações, o que se pode concluir no que diz respeito ao movimento da Lua?

As fases da Lua

A porção iluminada da Lua muda com o passar dos dias por causa dos movimentos de translação e rotação da Lua e da Terra, e o ciclo de mudança dura aproximadamente 29,5 dias. A explicação para esse ciclo é que, como a Lua orbita a Terra, posiciona-se em porções diferentes do espaço. E como é o Sol que a torna iluminada, dependendo da posição dela no espaço, sua parte iluminada será vista da Terra de um modo diferente.

Observe a imagem do calendário com fases da Lua no mês de abril de 2020. Podemos observar duas posições bem definidas: a Lua totalmente iluminada, isto é, com um disco circular totalmente visível; e outro momento em que não se vê a Lua. Nomeamos esses dois aspectos como lua cheia e lua nova, respectivamente.

↑ Calendário lunar, que mostra a face visível da Lua no Hemisfério Sul no decorrer do mês de abril de 2020.

Disponível em: <www.moonconnection.com/moon_phases_calendar.phtml>. Acesso em: 3 maio 2019.

Durante a passagem da lua cheia para a lua nova, a parte iluminada dela vai diminuindo progressivamente de tamanho no céu, e passa pela fase que chamamos de quarto minguante. Na mudança da lua nova para a lua cheia, sua parte iluminada vai aumentando de tamanho gradativamente, e passa pela fase que chamamos de quarto crescente.

O tempo que leva para a Lua voltar a apresentar o mesmo aspecto, ou seja, para voltar a estar na fase de lua cheia, por exemplo, é de 29,5 dias.

Note que nesse mês a Lua chega à fase quarto crescente no dia 2 e, nos dias seguintes, a parte que vemos de seu lado (ou face) iluminado pelo Sol vai se ampliando até atingir a fase de lua cheia, no dia 8. Nesse dia, sua face iluminada pelo Sol está inteira voltada para a Terra e, portanto, pode ser vista por nós (é o dia lunar). Em seguida, a parte da face iluminada visível por nós começa a diminuir e chega à fase quarto minguante, no dia 15 (assume a forma da letra D). A partir daí, a parte visível vai ficando cada vez menor e chega à lua nova no dia 23. Nessa fase não vemos a Lua, pois sua face voltada para a Terra está na escuridão (é a noite lunar). Em seguida, a parte visível começa a aumentar gradativamente (parece a letra C), seguindo para o quarto crescente.

Lua cheia

Fase em que a parte iluminada da Lua pode ser totalmente vista da Terra. Isso acontece quando a Lua se posiciona do lado oposto ao Sol (veja a figura no fim da página), o que dura praticamente uma semana e possibilita que sua face iluminada seja visível por toda a noite. Note na figura que, embora a Lua esteja do lado oposto ao Sol, a chegada de luz até ela não é bloqueada pela Terra, pois sua órbita é inclinada. Abordaremos esse ponto mais à frente.

Quarto minguante

Fase em que conseguimos ver apenas um quarto da Lua e a porção visível vai diminuindo ao longo dos dias. Veja na figura ao final da página que metade da Lua é iluminada pelo Sol, mas da Terra só conseguimos ver cerca de um quarto dela, como na figura ao lado.

Lua nova

Conforme a Lua avança na sua órbita, a parte dela visível para nós vai recebendo cada vez menos luz. Chama-se fase de lua nova quando a Lua está entre a Terra e o Sol. Ou seja, nessa fase, a porção iluminada é aquela oposta à Terra (veja imagem).

Em algumas situações, é possível ver a Lua logo ao amanhecer, quando o Sol ainda não está no alto do céu.

Quarto crescente

Dias após a fase de lua nova ter iniciado, já é possível voltar a observar da Terra uma parte da Lua iluminada, que vai se tornando cada vez maior. A fase quarto crescente acontece quando essa parte iluminada aumenta até conseguirmos observar um quarto da Lua, e essa porção iluminada vai "crescendo", ou seja, nos dias seguintes, a parte iluminada visível será maior. Daí o nome quarto crescente.

ECKHARD SLAWIK/SPL/Fotoarena

⬆ Foto da lua cheia, em que a face voltada para a Terra é visível.

ECKHARD SLAWIK/SPL/Fotoarena

⬆ Lua quarto minguante, apenas um quarto da Lua é visível da Terra.

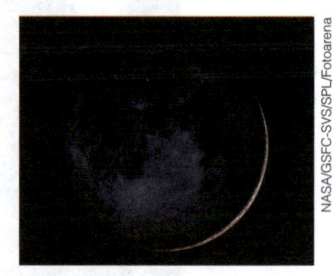

NASA/GSFC-SVS/SPL/Fotoarena

⬆ Lua nova, a posição iluminada da Lua não é visível da Terra.

ECKHARD SLAWIK/SPL/Fotoarena

⬆ Lua quarto crescente, apenas um quarto da Lua é visível da Terra.

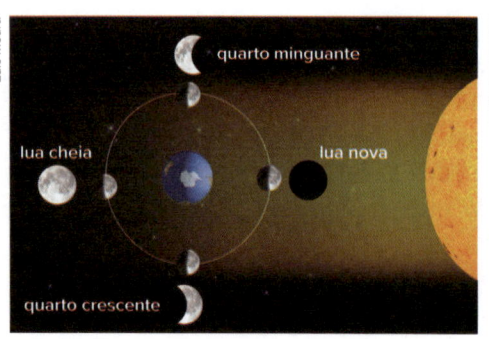

Luis Moura

quarto minguante

lua cheia

lua nova

quarto crescente

← Posição relativa da Lua em relação ao Sol e à Terra. Na porção de cima, a Lua é quarto crescente. Na parte de baixo, é quarto minguante.

Para visualizar melhor as fases da Lua, você construirá um modelo utilizando alguns materiais simples.

Material:

- 1 caixa de papelão (pode ser caixa de sapatos ou maior);
- tinta preta ou cartolina preta;
- 1 bola de pingue-pongue;
- régua;
- fita-crepe;
- palito de churrasco;
- massa de modelar.

Procedimentos

1. Pinte o interior da caixa de papelão com a tinta preta, para que a luz no interior da caixa tenha menos reflexão. Outra opção é forrá-la com a cartolina preta.

2. Coloque a bola na ponta do palito de churrasco e prenda o palito exatamente no centro da caixa com a fita-crepe. Utilize a régua para medir a caixa e identificar seu centro.

3. Faça um furo no centro de cada lateral da caixa, na mesma altura do centro da bola presa com massa de modelar no centro da caixa. Esses furos devem ter aproximadamente metade do diâmetro da bola. Utilize a régua para medir tanto a bola quanto os furos.

4. Por fim, escolha um lado da caixa e faça um furo de aproximadamente o diâmetro da bola. Faça esse furo logo acima do furo menor já feito. É por onde entrará a luz na caixa.

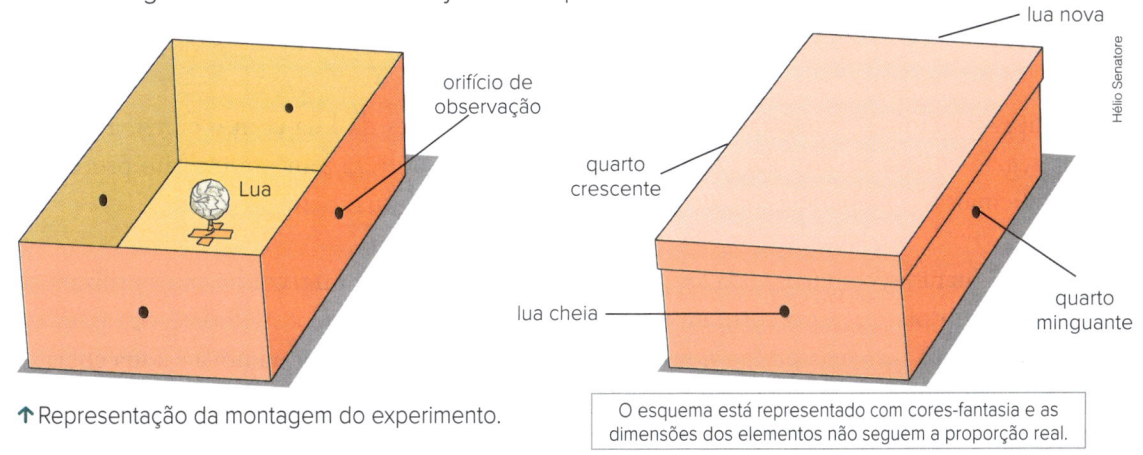

↑ Representação da montagem do experimento.

O esquema está representado com cores-fantasia e as dimensões dos elementos não seguem a proporção real.

Hélio Senatore

5. Com a caixa pronta, vá para um ambiente bem claro e observe o interior da caixa pelos furos menores.

Reflita e registre

1. A imagem que você vê em cada furo é diferente? Enumere-os e desenhe o que vê em cada um deles.

2. Relacione cada furo a uma fase da Lua.

3. Considere cada um dos furos. Faça um desenho que represente a configuração das posições do Sol, da Terra e da Lua em cada caso.

Inclinação da órbita da Lua

Por que conseguimos ver a lua cheia e a Terra não bloqueia a luz do Sol que chega até a Lua nessa fase?

A órbita da Lua ao redor da Terra é elíptica e inclinada em relação à órbita da Terra ao redor do Sol. Por esse motivo, a Lua quase sempre é iluminada pelo Sol sem que a Terra impeça a passagem de luz. Mas existem alguns momentos em que a posição da Lua possibilita que isso ocorra. Nesses casos, acontecem os eclipses. Os eclipses serão abordados com mais detalhes no próximo capítulo.

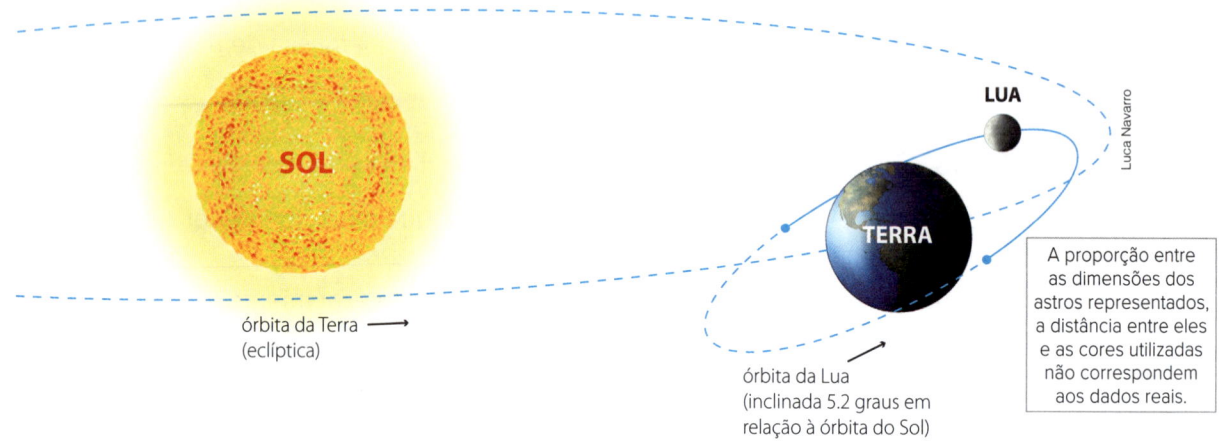

órbita da Terra →
(eclíptica)

LUA

SOL

TERRA

Luca Navarro

A proporção entre as dimensões dos astros representados, a distância entre eles e as cores utilizadas não correspondem aos dados reais.

órbita da Lua
(inclinada 5.2 graus em relação à órbita do Sol)

↑ Imagem que mostra a inclinação da órbita da Lua ao redor da Terra em relação à órbita da Terra ao redor do Sol.

! CURIOSO É...

[...]

Os tupis-guaranis [...] associam as estações do ano e as fases da Lua com o clima, a fauna e a flora da região em que vivem. Para eles, cada elemento da Natureza tem um espírito protetor. As ervas medicinais são preparadas obedecendo a um calendário anual bem rigoroso.

[...]

Os tupis-guaranis, em virtude da longa prática de observação da Lua, conhecem e utilizam suas fases na caça, no plantio e no corte da madeira. Eles consideram que a melhor época para essas atividades é entre a lua cheia e a lua nova (lua minguando), pois entre a lua nova e a lua cheia (lua crescendo) os animais se tornam mais agitados devido ao aumento de luminosidade. Certa noite de lua crescente estava observando as constelações com os guaranis na ilha da Cotinga, Paraná.

[...]

Os guaranis que atualmente habitam o litoral também conhecem a relação das fases da Lua com as marés. Além disso, associam a Lua e as marés às estações do ano (observação dos astros e dos ventos) para a pesca artesanal. Segundo eles, o camarão é mais pescado entre fevereiro e abril, na maré alta de lua cheia, enquanto a época do linguado é no inverno, nas marés de quadratura (lua crescente e lua minguante). Em geral, quando saem para pescar, seja no rio ou no mar, os guaranis já sabem quais as espécies de peixe mais abundantes, em função da época do ano e da fase da Lua.

Até o ritual do "batismo" (nimongarai ou nheemongarai, em guarani), em que as crianças recebem seu nome, depende de um calendário luni-solar e da orientação espacial. [...]

[...]

Germano Afonso. Mitos e estações no céu tupi-guarani. *Scientific American Brasil*. Disponível em: <www2.uol.com.br/sciam/reportagens/mitos_e_estacees_no_ceu_tupi-guarani.html> Acesso em: 3 maio 2019.

A Lua no meio da corrida espacial

Na segunda metade do século XX, a então União Soviética e os Estados Unidos promoveram uma corrida armamentista: as duas nações, adversárias, dedicaram-se a desenvolver uma corrida em busca de superação

científica, tecnológica e, sobretudo, de influência – era a chamada Guerra Fria. Nesse contexto, a busca pela supremacia científica e bélica gerou uma grande corrida espacial. Cada um desses países queria ser o primeiro a conquistar o espaço.

Os soviéticos saíram na frente: lançaram o primeiro satélite artificial, o Sputnik 1, e, depois, o Sputnik 2, ambos em 1957. Também foram eles que conseguiram levar o primeiro ser humano a viajar pelo espaço, em 1961, entre outras conquistas.

↑ O soviético Yuri Gagarin foi o primeiro ser humano a ir para o espaço. De sua espaçonave, ele pôde ver o planeta e afirmou: "A Terra é azul".

↑ O foguete Apollo 11 foi lançado, pelos Estados Unidos, em 16 de julho de 1969; dele se desprendeu, em 20 de julho, o Águia, módulo lunar.

Os Estados Unidos reagiram afirmando que levariam pessoas para a Lua antes do fim da década de 1960. E, realmente, em 1969 pousava na Lua o módulo lunar chamado Águia, levado pela nave Apollo 11. Nessa missão estavam três tripulantes estadunidenses.

Neil Armstrong, um dos tripulantes que pisou na Lua, disse uma frase marcante, que ficou famosa: "Um pequeno passo para um homem, um grande salto para a humanidade".

A busca pela conquista de pisar na Lua impulsionou o desenvolvimento de muitas tecnologias que impactaram a sociedade.

↑ Os astronautas que participaram da Missão Apollo 11, de viagem à Lua, em 1969: da esquerda para a direita, Neil Armstrong, Michael Collins e Edwin Aldrin.

1. A exploração do espaço pelos seres humanos, por meio de missões tripuladas, sondas e telescópios espaciais, passou a ser realizada por vários países. Em sua opinião, qual é a vantagem desse tipo de investigação para a humanidade?

2. Comente a frase dita por Armstrong: "Um pequeno passo para um homem, um grande salto para a humanidade".

As fases da Lua e as marés

Às vezes, pode-se perceber no litoral a mudança do nível de água dos mares e oceanos, que pode aumentar ou diminuir periodicamente em relação a uma altura média. Esse fenômeno de oscilação do nível dos oceanos e mares observado nos litorais é chamado de maré.

As marés ocorrem, principalmente, devido à atração gravitacional que a Lua exerce sobre a Terra – assim como a Terra exerce atração gravitacional sobre a Lua, mas em uma intensidade menor, porque a massa da Lua é bem menor do que a massa da Terra. Essa atração exercida pela Lua é tão sutil que não conseguimos perceber nos continentes, mas é evidente na superfície dos oceanos, devido à fluidez da água.

O Sol também tem um papel importante nas marés e a atração gravitacional que ele exerce sobre a Terra pode intensificar ou diminuir o efeito da atração gravitacional da Lua sobre as marés, dependendo da posição dos astros.

Nas fases de lua cheia e lua nova o Sol, a Terra e a Lua estão alinhados. Nessa condição, a atração exercida pela Lua e a exercida pelo Sol sobre a Terra somam-se e intensificam as marés, gerando maior força de atração na região da Terra em direção aos astros, podendo gerar um aumento da altura dos oceanos nos litorais que estão na mesma direção. A água flui facilmente e não acumula apenas em um lado da Terra, formam-se dois bojos, um em cada lado do planeta, como mostrado na figura ao lado.

As regiões da Terra que estão na direção dos astros têm maré alta, e as demais têm uma diminuição das marés, ou seja, marés baixas.

Com o movimento de rotação da Terra, a direção das marés não se altera, por isso, na mesma região ocorrem duas marés altas e duas marés baixas em um período de 24 horas. Essas marés intensificadas pela combinação da atração da Lua e do Sol são chamadas de marés vivas ou sizígias.

No caso das fases quarto crescente e quarto minguante, a direção da atração da Lua e a direção da atração

Os tons de cores, as distâncias entre os astros e a proporção entre os seus tamanhos não são as reais. A ilustração está fora de escala.

lua nova
maré alta

7 dias depois
quarto crescente
maré baixa

14 dias depois
lua cheia
maré alta

21 dias depois
quarto minguante
maré baixa

Hélio Senatore

↑ Esta ilustração representa os bojos de água formados na direção dos astros devido às atrações gravitacionais. Ilustração exagerada para melhor compreensão.

do Sol sobre as marés formam aproximadamente um ângulo de 90 graus, e uma diminui o efeito da outra, levando, assim, à diminuição da oscilação dos níveis dos oceanos, as chamadas marés mortas ou de quadratura.

Outros fatores também influenciam as marés, como formato da costa, dimensão do fundo dos oceanos, correntes marítimas etc. Por esse motivo, podem haver lugares com oscilações diferentes na mesma época.

SISTEMATIZAR

1. A Lua é o segundo corpo celeste que percebemos mais brilhante no céu. Entretanto, ela não tem luz própria. De onde vem seu brilho?

2. Observando diariamente a Lua, satélite natural da Terra, podemos notar que sua porção iluminada varia ao longo do mês. Esses diversos aspectos são denominados fases da Lua.

   a) Explique por que isso ocorre.

   b) Por que não vemos a Lua na fase de lua nova?

3. O que é o movimento de translação da Lua? Em quanto tempo ela realiza esse movimento completo?

REFLETIR

1. Paulo e Júlia observam o desenho feito por um colega, que mostra algumas pessoas em uma praia, ao meio-dia, observando a Lua na fase cheia e o Sol. Júlia afirma que há um erro na imagem. Paulo diz que não há erro. Na sua opinião, quem está com razão? Explique por quê.

2. Observe a figura abaixo.

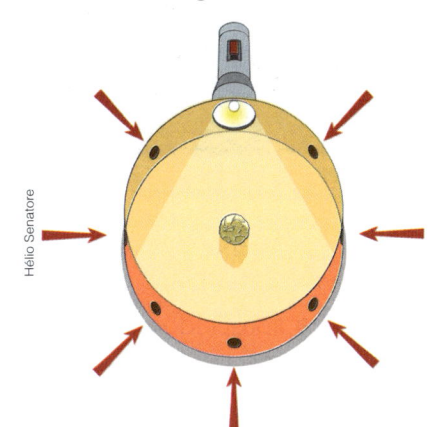

Hélio Senatore

A figura representa uma caixa cilíndrica com uma bola no centro iluminada por uma lanterna acoplada na caixa. As setas indicam os furos na caixa pelos quais é possível ver a bola. Considerando que a caixa esteja fechada e a bola esteja iluminada pela lanterna, desenhe como seria a imagem da bola vista através de cada um dos furos. Compare os desenhos que fizer com as fases da Lua e indique qual furo corresponde a cada uma das quatro fases.

DESAFIO

1. Em dupla, pesquise mais algumas características da Lua, por exemplo: composição do solo e da atmosfera, temperatura, indícios de existência de vida etc. Depois, analise o texto a seguir e responda às questões.

   – Vou comprar um terreno e me mudar pra Lua!

   – Ah, mas é bom comprar um tanque de ar comprimido...

   – Mas, para quê?

   – É... Você já vive no mundo da Lua.

   a) Por que a pessoa decidida a morar na Lua precisaria de um tanque de ar comprimido?

   b) Se essa pessoa pudesse se mudar imediatamente para a Lua, o que mais ela precisaria providenciar?

   c) O que a expressão "vive no mundo da Lua" significa?

Eclipses

Neste capítulo, vamos diferenciar os tipos de eclipse e compreender como ocorrem os eclipses lunares e solares.

EXPLORANDO A LUA VERMELHA

Tamires adora observar a Lua durante a noite. Sempre que possível, gosta de sair no quintal de sua casa e observar a Lua, pensando na vida, nos amigos, nas histórias dos livros que lê...

Ela toca violão e se sente inspirada pelo brilho da Lua para compor suas músicas.

Certa noite, a amiga de Tamires decidiu acompanhá-la. No meio de uma conversa, a amiga dela questionou: "Tamires, semana passada eu observei a Lua e ela parecia diferente.

Ilustrações: Desenhorama

Você, que sempre observa a Lua, sabe por que ela está vermelha hoje?".

Tamires era uma apreciadora da Lua, mas nunca tinha parado para pensar no porquê das mudanças.

Agora é sua vez. 🎤

1. Por que a Lua estava vermelha, como a amiga de Tamires questionou?

2. Você conhece algum outro fenômeno pouco frequente em que a aparência da Lua fique diferente da que normalmente vemos?

3. Você tem o hábito de observar o céu? Se sim, comente com os colegas essa experiência.

E se a Lua entrar na sombra da Terra?

Sabemos que a Lua gira em torno da Terra e que esse movimento define suas fases, que nada mais são do que as formas da porção iluminada da Lua que é possível ver da Terra.

Quando a Lua está alinhada com a Terra e o Sol, sabemos que, para o observador da Terra, a fase é de lua cheia, ou seja, vemos toda a face iluminada da Lua. Isso porque a órbita dela ao redor da Terra não é paralela à órbita da Terra ao redor do Sol. Assim, a Terra não bloqueia a luz do Sol, que ilumina toda a face visível da Lua.

A proporção entre as dimensões dos astros representados, a distância entre eles e as cores utilizadas não correspondem aos dados reais.

Imagem representa a posição possível da Terra e da Lua (de perfil), em que observadores da Terra veriam a lua cheia.

Mas será que é possível um alinhamento tal que a Lua fique atrás da Terra e a Terra não deixe que a luz do Sol chegue à Lua? O que poderia acontecer nesse caso?

Representação da posição da Terra e da Lua (de perfil) na situação de eclipse lunar total.

A situação acima é chamada de eclipse lunar. Trata-se de um fenômeno que pode acontecer eventualmente, quando há um alinhamento entre o Sol, a Terra e a Lua e, nesse caso, a Terra bloqueia parte da luz do Sol que chegaria até a Lua.

Mas então, o que acontece com a Lua?

O que vemos da Lua é a porção iluminada pela luz do Sol. Mas quando a Lua é coberta pela sombra da Terra, mesmo que completamente, ela não desaparece para o observador da Terra. Nesse caso, a Lua não reflete diretamente toda a luz do Sol, mas parte da luz desviada pela atmosfera da Terra, caracterizada por tons avermelhados ou alaranjados. Assim, a Lua refletirá uma cor avermelhada ou alaranjada e será vista dessa cor durante um eclipse lunar.

↑ Lua apresentando cor avermelhada durante eclipse lunar.

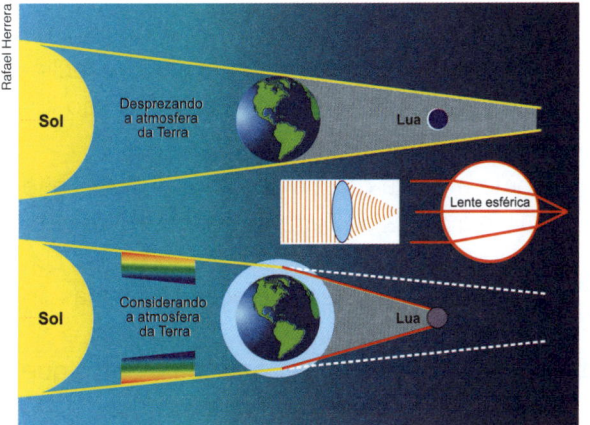

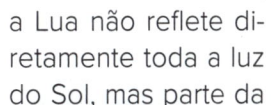

← A atmosfera da Terra desvia parte da luz do Sol, o que corresponde à luz vermelha ou laranja. Durante um eclipse a Lua é atingida apenas por essa luz desviada pela atmosfera da Terra e, por isso, reflete uma cor mais avermelhada, sendo possível vê-la com o aspecto representado na imagem acima.

E se a Terra entrar na sombra da Lua?

E no caso de a Lua bloquear parte da luz do Sol que atingiria a Terra, estando os astros alinhados como na figura abaixo, o que acontece?

> A proporção entre as dimensões dos astros representados, a distância entre eles e as cores utilizadas não correspondem aos dados reais.

luz do Sol

Representação da posição da Terra e da Lua (de perfil) na fase de lua nova.

luz do Sol

eclipse

Alinhamento do Sol, da Lua e da Terra (de perfil). Situação de eclipse solar.

Nesse caso, acontece o que chamamos de eclipse solar. É quando o Sol, a Lua e a Terra estão alinhados e parte da Terra é coberta pela sombra da Lua, não recebendo diretamente luz do Sol (bloqueada pela Lua).

O eclipse solar acontece durante o dia. A Lua vai, aos poucos, entrando na frente do Sol e impede que a luz dele chegue a uma parte da superfície da Terra. Em situações particulares, a luz do Sol pode ser completamente impedida de chegar a alguns lugares. Nesse caso, dizemos que se trata de um eclipse solar total. Se você estiver em um local de eclipse total, poderá ver as estrelas no céu. Isso acontece por poucos minutos, mas a sensação de repentinamente escurecer no meio do dia pode ser bem estranha!

↑ Imagem mostra a Terra vista do espaço durante um eclipse solar. É possível ver a sombra da Lua na superfície da Terra. Foto tirada da Estação Espacial Mir, em agosto de 1999.

↑ Imagem do fenômeno eclipse solar.

Um eclipse, então, acontece quando a Lua entra na sombra da Terra (eclipse lunar) ou quando a Terra entra na sombra da Lua (eclipse solar), isso porque ambos os astros são iluminados pela luz do Sol.

Como a órbita da Lua ao redor da Terra não é paralela à órbita da Terra ao redor do Sol, para acontecerem os eclipses é necessário que a Lua passe por um ponto de intersecção das duas órbitas (órbita da Lua e órbita da Terra) e que o alinhamento desses pontos passe pelo Sol, o que acontece apenas eventualmente.

Os diferentes tipos de eclipse lunar

Os eclipses lunares são classificados em alguns tipos.

Considere a figura abaixo.

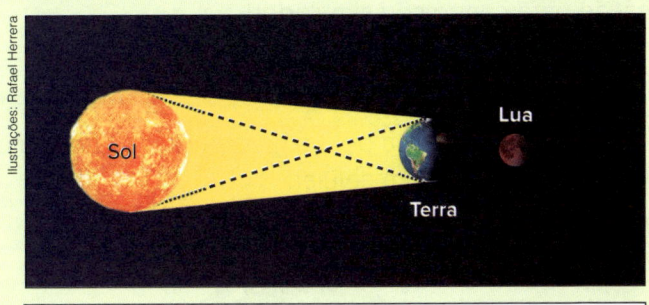

Ilustrações: Rafael Herrera

A proporção entre as dimensões dos astros representados, a distância entre eles e as cores utilizadas não correspondem aos dados reais.

← Esquema que mostra eclipse lunar total.

← Esquema que mostra eclipse lunar penumbral.

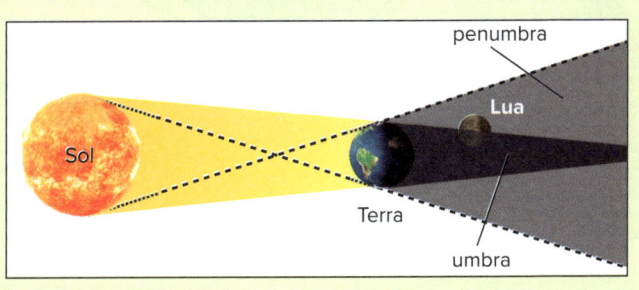

← Esquema que mostra eclipse lunar parcial.

Quando o Sol ilumina a Terra, cria-se a umbra, uma sombra em que não há iluminação direta do Sol, e a penumbra, em que apenas uma parte da iluminação do Sol é bloqueada, ou seja, na penumbra há mais luz do que na umbra.

O eclipse lunar total acontece quando a Lua entra completamente na umbra, não recebendo, assim, luz direta do Sol.

Quando apenas uma parte da Lua entra na umbra, acontece o eclipse lunar parcial. Nesse caso é possível observar parte da Lua iluminada e parte não iluminada.

Há ainda o eclipse lunar penumbral, que ocorre quando a Lua entra na região da penumbra, mas é pouca a diferença que percebemos.

1. Por que acontecem tipos diferentes de eclipse lunar?

2. O eclipse lunar penumbral é perceptível a olho nu? Por quê?

3. Pesquise quando ocorreu o último eclipse lunar que foi possível observar em sua região. Você conseguiu observar esse fenômeno?

NO CADERNO

Simulando a ocorrência de um eclipse

Agora que você sabe o que é um eclipse, que tal montar um modelo para demonstrar os eclipses para outras pessoas? Use a imaginação para criar o seu simulador!

Material:

- reutilize material, como papel usado, para fazer uma bola e representar a Lua. Outras sugestões são utilizar um globo terrestre e uma lanterna ou um celular;
- computador com acesso à internet.

↑Exemplos de materiais que podem ser utilizados.

Hélio Senatore

Procedimentos

1. Como você montaria um modelo para explicar às pessoas o que é um eclipse? Pesquise modelos na internet para usar como base.

2. Lembre-se de demonstrar com seu modelo por que não temos eclipses todos os meses e por que podemos ver a Lua na fase de lua cheia, por exemplo. Discuta diferentes ideias, modelos e explicações com os colegas.

3. Com os modelos prontos, organizem, com a ajuda do professor, a apresentação dos trabalhos para toda a turma.

Reflita e registre

1. Comente quais foram suas principais dificuldades na criação do modelo.

2. Descreva como foi a construção de seu modelo e faça um texto com as principais ideias que você decidiu abordar na sua apresentação.

Lua azul, superlua e lua de sangue. Quais são as diferenças entre elas?

A Lua é a grande protagonista do céu noturno quando visível e, até aqui, você já percebeu que, além de ser visível a olho nu, a imagem dela pode variar de forma e cor.

Às vezes, a Lua recebe nomes que se tornam populares. Alguns deles são lua azul, superlua e lua de sangue. Você sabe com quais fenômenos esses nomes estão associados?

Lua azul

Como você estudou, a fase de lua cheia ocorre normalmente uma vez por mês (ciclo de aproximadamente 29,5 dias). Mas, às vezes, acontece duas vezes no mesmo período. Lua azul é o nome que se dá a essa segunda ocorrência, mas não há nenhuma relação entre o nome e a cor da Lua.

Superlua

A órbita da Lua ao redor da Terra é elíptica, o que faz com que, em alguns momentos, a Lua esteja mais próxima ou mais distante da Terra. Chamamos de perigeu o momento em que a Lua está mais próxima da Terra e de apogeu o momento em que ela está mais distante.

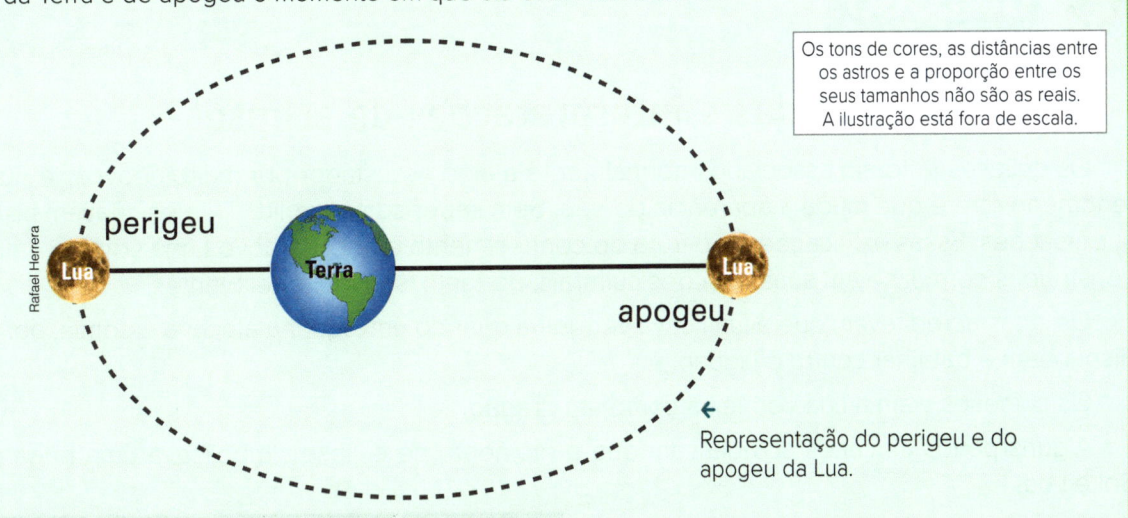

Os tons de cores, as distâncias entre os astros e a proporção entre os seus tamanhos não são as reais. A ilustração está fora de escala.

← Representação do perigeu e do apogeu da Lua.

A fase de lua cheia pode acontecer tanto no apogeu quanto no perigeu. Quando acontece no perigeu, chamamos de superlua. Como nesse período a Lua está mais próxima da Terra, ela parece mais brilhante e maior do que na fase de lua cheia em outros momentos, chegando a 30% a diferença de tamanho em relação à fase de lua cheia no apogeu, momento em que a Lua está mais distante da Terra. Essa situação é diferente de quando observamos a Lua nascendo no horizonte e temos a impressão de que ela está maior e, depois de algumas horas, quando ela está mais no alto do céu, temos a impressão de que ela está menor.

Lua de sangue

Apesar de o nome ser bem dramático, a lua de sangue nada mais é do que o apelido que se dá para a Lua no momento de eclipse lunar total, quando ela entra na umbra projetada pela Terra e os raios solares não a atingem diretamente.

A luz que vem do Sol tem todas as cores e, quando ela atinge a atmosfera terrestre, cada cor se espalha de um jeito. A cor vermelha tende a se propagar menos e acaba sendo desviada para a região da umbra. Assim, a Lua acaba refletindo apenas cores avermelhadas e alaranjadas durante o período em que está nessa região. Pelo fato de a Lua ser vista dessa cor da Terra, esse fenômeno incrível de se observar foi apelidado de lua de sangue.

A lua de sangue fica ainda mais incrível quando coincide com uma superlua, ou seja, quando a fase de lua cheia está no perigeu (mais próxima da Terra) e passa por um eclipse lunar total.

A frequência dos eclipses solares e dos eclipses lunares

A frequência dos eclipses varia muito. Os eclipses solares são mais frequentes do que os lunares, mas temos a sensação de que aqueles são mais raros porque são vistos apenas das poucas regiões próximas da sombra da Lua projetada na superfície da Terra. Já o eclipse lunar acontece menos vezes, mas pode ser visto de quase metade do planeta.

Apesar de, às vezes, serem vistos com diferença de poucos anos no mesmo local, os eclipses solares, em geral, demoram 100 anos ou mais para serem vistos novamente na mesma região. Já os eclipses lunares podem ser vistos três vezes no mesmo ano em uma mesma região e, em alguns anos, não serem vistos nenhuma vez em determinada região.

Os eclipses solares podem ocorrer, no máximo, cinco vezes no mesmo ano, enquanto os lunares podem ocorrer, no máximo, três vezes.

 **DIÁLOGO**

Lendas e interpretações de eclipses

Os eclipses já foram associados normalmente a algo assustador por muitos povos, já que é um fenômeno raro e que muda a aparência do céu. Sem saber como explicá-lo, eles criavam histórias e superstições. Essas explicações são fruto do conhecimento que cada povo tinha sobre a natureza e construídas com base em suas relações culturais, portanto, são muito relevantes.

Os incas acreditavam que a lua ficava vermelha quando um jaguar a atacava e comia, por isso se dispunham a batalhar contra o jaguar.

Os chineses viam a Lua vermelha como um dragão.

Alguns povos africanos acreditavam que o momento de eclipse simbolizava uma briga entre o Sol e Lua.

Os indianos acreditavam que a comida podia estragar durante os eclipses, então evitavam comer e beber.

Havia ainda culturas em que se acreditava que os eclipses podiam amaldiçoar bebês, então, durante esse fenômeno, as grávidas deviam ficar totalmente em repouso.

Mas nem todas culturas encaram os eclipses de uma perspectiva totalmente pessimista. Os budistas acreditam que, durante um eclipse, suas boas ações são multiplicadas.

↑ Montagem com sequência de imagens de eclipse lunar com lua de sangue em Taiwan.

1. Você conhece outras interpretações culturais dos eclipses?

2. Por que você acha que a maioria dos povos criaram interpretações assustadoras para os eclipses?

ATIVIDADES

NO CADERNO

SISTEMATIZAR

1. Por que ocorrem os eclipses?

2. Quais são os tipos de eclipse lunar e quais são as diferenças entre eles?

3. Por que durante o eclipse lunar total a Lua fica com uma aparência avermelhada?

4. Os eclipses podem acontecer em fases específicas da Lua. Explique por que e quais são essas fases.

5. Por que o eclipse solar é visto por uma região menor do que o eclipse lunar?

REFLETIR

1. Quando ocorre um eclipse solar, são indicadas algumas precauções de segurança, por exemplo: não olhar diretamente para o Sol. Pesquise se existem formas seguras de observar um eclipse lunar e quais são os cuidados recomendados.

2. A superlua é um fenômeno que, quando acontece, pode fazer com que vejamos a lua cheia até 30% maior do que a lua cheia em outros momentos.
Sobre a superlua, é correto afirmar que:

a) Como a órbita da Lua é elíptica, em alguns momentos a Lua está mais próxima ou mais distante da Terra. Quando a lua cheia acontece no ponto mais próximo da Terra, o perigeu, a Lua pode ser percebida até 30% maior do que quando a lua cheia acontece no apogeu, ponto mais distante da Terra.

b) Como a órbita da Lua é elíptica, em alguns momentos a Lua está mais próxima ou mais distante da Terra. Quando a lua cheia acontece no ponto mais próximo da Terra, o apogeu, a Lua pode ser percebida até 30% maior do que quando a lua cheia acontece no perigeu, ponto mais distante da Terra.

c) Como a órbita da Lua é circular, em alguns momentos a Lua está mais próxima ou mais distante da Terra. Quando a lua cheia acontece no ponto mais próximo da Terra, o perigeu, a Lua pode ser percebida até 30% maior de quando a lua cheia acontece no apogeu, ponto mais distante da Terra.

d) Como a órbita da Lua é elíptica, a Lua está a todos os momentos a mesma distância da Terra. A superlua acontece quando a Lua está mais próxima do Sol.

3. Leia o texto abaixo atentamente.

Os eclipses solares não são mais frequentes do que os lunares. Temos a sensação de que os eclipses lunares são mais raros porque são vistos apenas das pequenas regiões próximas da sombra da Terra projetada na superfície da Lua. Já o eclipse solar acontece menos vezes, mas pode ser visto de quase metade do Brasil.

O texto tem alguns erros conceituais. Identifique-os e reescreva-o corretamente.

DESAFIO

1. Forme um grupo com alguns colegas e pesquisem quando haverá eclipses visíveis na região de vocês. Escolham um recurso para lembrá-los quando as datas em que o fenômeno vai ocorrer estiverem próximas. Uma sugestão é usar um aplicativo de agenda no celular para anotar as datas e definir lembretes. Compartilhem com a turma os eclipses identificados e o recurso escolhido para marcá-los.

As estações do ano

Neste capítulo, vamos compreender os movimentos da Terra em relação ao Sol e como eles determinam a ocorrência dos dias, das noites e das estações do ano.

EXPLORANDO ESTAÇÕES DO ANO EM DIFERENTES LUGARES

Nathalia ama futebol. Sempre que o clima está bom e ela já acabou as tarefas da escola, convida alguns amigos para brincar na quadra do bairro.

Ela também gosta muito de assistir a jogos de futebol pela TV, tanto para torcer por seu time no Brasil quanto para acompanhar o campeonato europeu.

Certa vez, Nathalia chamou alguns amigos para assistirem a um jogo em sua casa, em Curitiba. Era junho, estava chegando o inverno e ela e os amigos só queriam saber de agasalho e cobertor. O pai de Nathalia preparou pipoca para a ocasião.

O jogo era na cidade de Milão, na Itália. Logo que a partida começou, Nathalia notou que as pessoas na arquibancada estavam usando roupas de verão e se abanavam. Parecia estar calor no estádio. Foi então que ela pensou: Se aqui está esse frio, como pode estar calor lá?

Desenhorama

Agora é sua vez.

1. Você já teve uma percepção parecida com a de Nathalia?

2. Como você explicaria o frio em Curitiba e o calor em Milão?

A Terra e seus movimentos

Apesar de não parecer, a Terra está em constante movimento. Vamos estudar dois movimentos de nosso planeta.

Movimento de rotação

A Terra executa um movimento de rotação, ou seja, ela gira em torno de um eixo, chamado eixo de rotação. O eixo do movimento de rotação é perpendicular ao plano imaginário do Equador.

Esse movimento ocorre da direção oeste para leste e isso provoca em nós a sensação do movimento aparente do Sol, da Lua e dos demais astros, como se estivessem se movendo de leste para oeste. Em todos esses casos, é a Terra que se move continuamente.

Os tons de cores, as distâncias entre os astros e a proporção entre os seus tamanhos não são as reais. A ilustração está fora de escala.

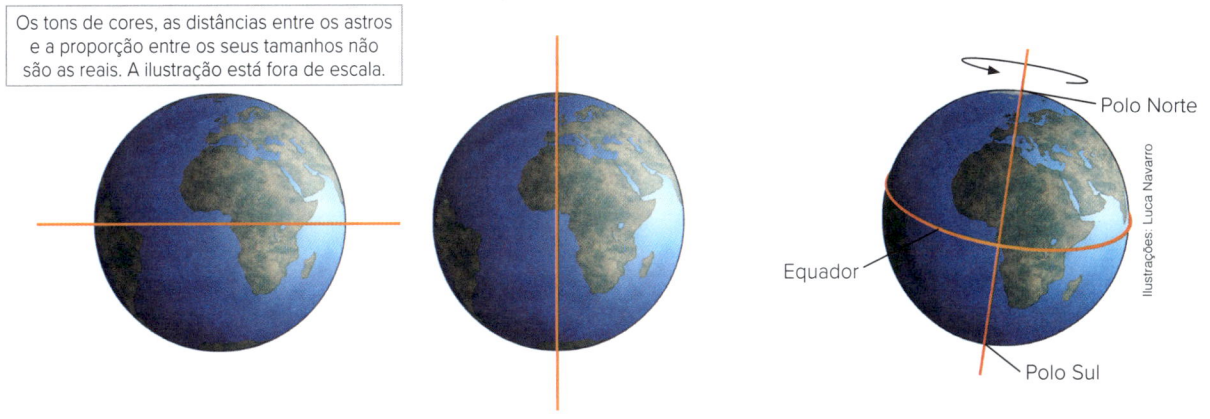

Ilustrações: Luca Navarro

↑ Representação do movimento de rotação da Terra. A seta indica a direção do movimento.

A formação dos dias e das noites

O movimento de rotação, em que a Terra realiza um giro completo sobre o próprio eixo, dura aproximadamente 24 horas – período correspondente ao dia.

Do movimento de rotação resulta o ciclo de dias e noites. Na região do planeta que está voltada para o Sol é dia. Depois de algum tempo, essa mesma região estará na direção oposta a ele, e então será noite.

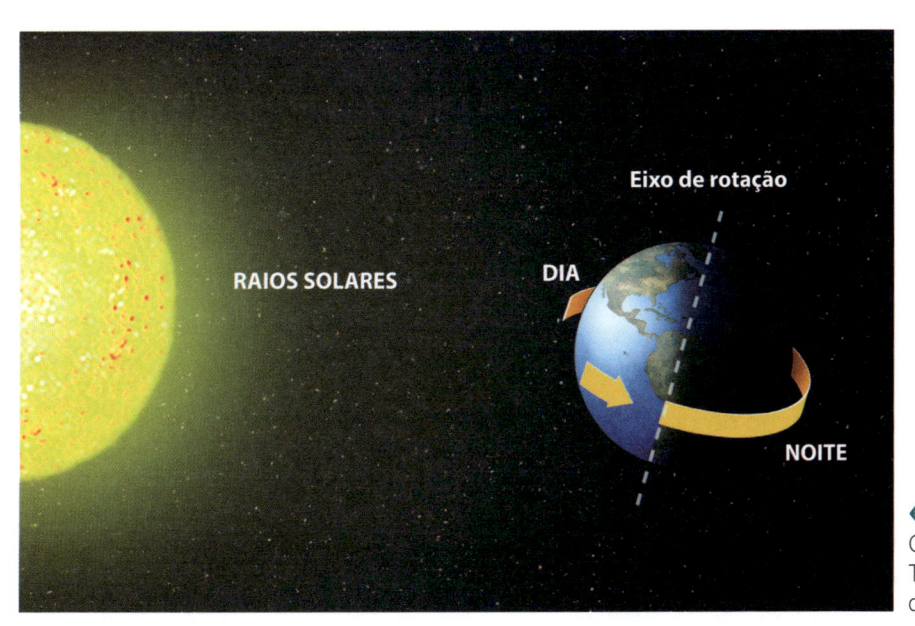

POSSO PERGUNTAR?

Se é a Terra que gira, por que então vemos o movimento do Sol nascendo, cortando o céu e se pondo todos os dias?

←
O movimento de rotação da Terra e a formação do dia e da noite.

Qual é o horário do nascer e do pôr do Sol em diferentes lugares?

A hora do nascer do Sol, assim como do pôr do Sol, varia com a região e a data.

Veja abaixo o horário do nascer e do pôr do Sol em algumas regiões.

Londres

Dia 21/06/2020

Nascer do Sol: 4:43

Pôr do Sol: 21:21

Dia 21/12/2020

Nascer do Sol: 8:04

Pôr do Sol: 15:53

São Paulo

Dia 21/06/2020

Nascer do Sol: 6:48

Pôr do Sol: 17:29

Dia 21/12/2020

Nascer do Sol: 6:17

Pôr do Sol: 19:52

Note que o horário do nascer e do pôr do Sol em algumas cidades pode variar mais do que em outras, consequentemente a quantidade de horas em que é dia nessa cidade pode variar também. Vamos fazer uma pesquisa para compreender melhor essa variação?

Material:

- computador conectado à internet;
- caderno e caneta para anotações.

Procedimentos

1. Pesquise a duração do dia (período entre o nascer e o pôr do Sol) em pelo menos três cidades do Brasil (de preferência, de regiões diferentes, por exemplo: Porto Alegre, São Paulo e Rio Branco), uma cidade da Europa e uma cidade da Ásia.

2. Colete os dados da média de cada mês do ano. Utilize recursos computacionais para gerar um gráfico da duração do dia, em horas, nesses locais conforme os meses do ano.

Reflita e registre

1. Qual é a cidade em que a duração do dia foi mais variável durante o ano?

2. Alguma cidade não variou ou variou pouco?

3. O que você pode concluir ao analisar as cidades em que houve mais variação e a distância delas em relação à Linha do Equador?

O movimento de translação

Além do movimento de rotação, que resulta na sucessão dos dias e das noites, a Terra está em contínuo movimento ao redor do Sol. Este é o movimento de translação, realizado por todos os planetas do Sistema Solar.

Nesse movimento, a Terra faz uma órbita elíptica, que recebe o nome de eclíptica. O tempo de duração de um percurso completo de nosso planeta ao redor do Sol é de, aproximadamente, 365 dias e 6 horas – um ano em nosso calendário.

O Sol não fica exatamente no centro da órbita da Terra, assim o planeta tem o momento de maior afastamento do Sol, chamado de afélio, e o momento de maior proximidade desse astro, o periélio.

O plano da órbita do movimento de translação da Terra, chamado também de eclíptico, não é o mesmo plano da Linha do Equador. O eixo de rotação do planeta está inclinado aproximadamente 23,5° em relação a seu plano da órbita em torno do Sol.

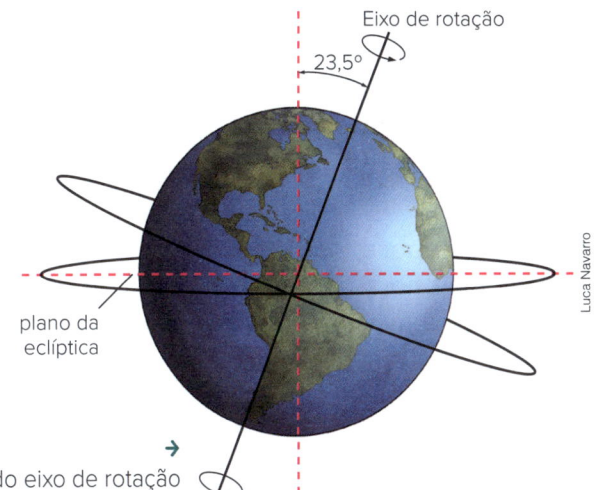

→ Esquema que mostra a inclinação do eixo de rotação da Terra em relação à perpendicular do plano da órbita.

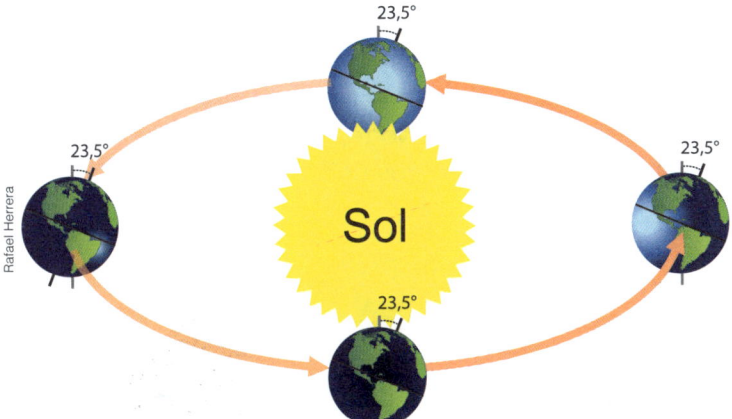

A inclinação do eixo de rotação e o movimento de translação da Terra são os principais responsáveis pelas estações do ano.

O movimento de translação da Terra ao redor do Sol segue uma órbita elíptica, e o eixo de rotação da Terra mantém-se aproximadamente na mesma direção.

↑ Terra em diferentes posições de sua órbita ao redor do Sol com o eixo de rotação apontado para a mesma direção.

A proporção entre as dimensões dos astros representados, a distância entre eles e as cores utilizadas não correspondem aos dados reais.

Translação da Terra em torno do Sol

→ Representação da Terra em diferentes posições no plano de sua órbita ao redor do Sol, com o eixo de rotação apontado para a mesma direção.

As estações do ano: são sempre quatro?

A forma como os raios solares incidem sobre cada região da Terra durante o período de translação do planeta ao redor do Sol determina as estações climáticas. Vamos analisar.

Solstício de junho

Acontece por volta de 21 de junho. No Hemisfério Norte é chamado de solstício de verão e, no Hemisfério Sul, de solstício de inverno. Nessa data, devido à inclinação do eixo de rotação da Terra, o Hemisfério Norte encontra-se mais próximo ao Sol. No Trópico de Câncer, os raios solares incidem a 90° em relação à superfície da Terra. Nessa data começa o verão no Hemisfério Norte e o inverno no Hemisfério Sul.

Nessa época, os dias no Hemisfério Norte duram mais horas, ou seja, a quantidade de horas do dia é maior do que a de horas da noite. No Polo Norte há regiões que recebem luz do Sol durante 24 horas. No Hemisfério Sul acontece o contrário: os dias são mais curtos e no Polo Sul há regiões que podem ficar 24 horas sem receber a luz do Sol.

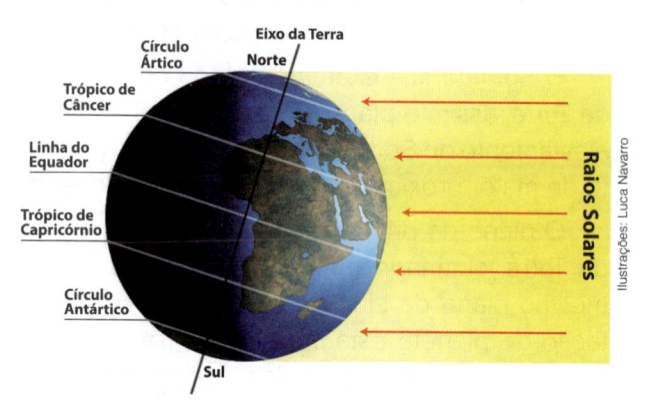

↑ Durante o solstício de verão no Hemisfério Norte, há maior concentração de raios solares, que incidem com menor inclinação em relação à Terra.

O esquema está representado com cores-fantasia e as dimensões dos elementos não seguem a proporção real.

Equinócio de setembro

Acontece por volta de 21 de setembro. As porções iluminadas dos hemisférios Norte e Sul são iguais. Nesse dia, a primavera começa no Hemisfério Sul e, no Hemisfério Norte, tem início o outono. Por isso, também é chamado de equinócio de outono, no Hemisfério Norte, e equinócio de primavera, no Hemisfério Sul. Nessa época, as noites têm a mesma duração nos dois hemisférios.

Solstício de dezembro

Acontece por volta de 21 de dezembro e é o contrário do solstício de junho. É chamado de solstício de inverno no Hemisfério Norte e de solstício de verão no Hemisfério Sul. Nessa data, devido à inclinação do eixo de rotação da Terra, o Hemisfério Sul encontra-se mais próximo ao Sol. No Trópico de Capricórnio, os raios solares incidem a 90° em relação à superfície da Terra.

Nessa época, os dias no Hemisfério Sul duram mais horas. No Polo Sul há regiões que recebem luz do Sol durante 24 horas. No Hemisfério Norte acontece o contrário: os dias são mais curtos e, no Polo Norte, há regiões que podem ficar 24 horas sem receber a luz do Sol.

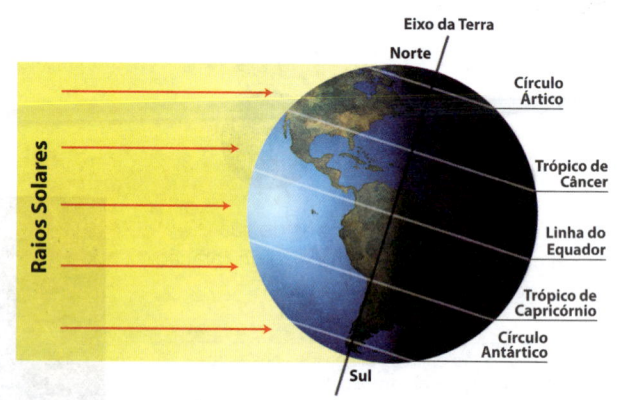

↑ Durante o solstício de verão no Hemisfério Sul, há maior concentração de raios solares, que incidem com menor inclinação em relação à Terra.

Equinócio de março

Acontece por volta de 20 de março. O equinócio de março é igual ao equinócio de setembro, ou seja, os raios solares incidem igualmente em ambos os hemisférios, e os dias e as noites têm a mesma quantidade de horas. Começa a primavera no Hemisfério Norte e o outono no Hemisfério Sul.

O tempo que a Terra demora de um equinócio até um solstício é de aproximadamente três meses.

Como a inclinação do eixo de rotação da Terra determina as estações do ano?

Material:

- 4 esferas de EPS de 6 cm de diâmetro;
- placa de papelão;
- 4 palitos de dentes;
- 4 clipes de papel;
- massa de modelar;
- transferidor;
- caneta hidrocor;
- fonte de luz.

A proporção entre as dimensões das estruturas representadas não é a real.

Procedimentos

1. Com o transferidor, marque um ângulo de 23,5° em relação a um ângulo reto. Desenrole um clipe de papel deixando-o como uma letra "L" e entorte-o até ficar no mesmo ângulo desenhado no papel.

2. Nas esferas de EPS escolha o eixo de rotação e marque um lado da esfera com um palito de dentes. Insira o clipe no lado oposto ao marcado, simbolizando o eixo de rotação da Terra.

3. Desenhe a linha imaginária do Equador paralelamente ao eixo, marque com o número 1 o Hemisfério Norte e com o número 2 o Hemisfério Sul.

4. Fixe a extremidade do clipe preso na bola em uma massinha de modelar mantendo o ângulo de aproximadamente 23°.

5. Faça outros três modelos parecidos com o anterior.

6. Na placa de papelão, faça o desenho da órbita da Terra e marque a posição em que deverá ficar a fonte de luz que representará o Sol.

7. Coloque um modelo em cada ponto da órbita. Lembre-se de manter o eixo de todos os modelos na mesma direção.

8. Em seguida, ligue sua fonte de luz (lâmpada ou lanterna do celular) no local que você marcou e ilumine os modelos.

Fotos: Junior Rozzo/Rozzo Imagens

↑ Esfera com um eixo presa na massinha de modelar.

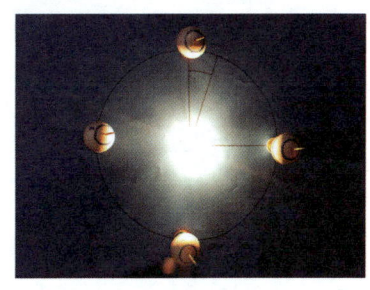

↑ Quatro modelos da Terra em posições diferentes na órbita ao redor do Sol.

Reflita e registre

NO CADERNO

1. O modelo que está em qual posição representa o início do verão no Hemisfério Norte? Por quê?

2. Em alguma posição da Terra é possível que ocorra a mesma estação nos dois hemisférios?

3. Modifique seu modelo para explicar por que no inverno o período iluminado tem menos horas que no verão. De acordo com esse novo modelo, no solstício de verão no Hemisfério Sul, quantas horas é dia e quantas horas é noite em cada hemisfério? Cite as dificuldades e limitações que você encontrou e discuta as opções com os colegas.

4. Pesquise quantas horas duram o dia e a noite nos dois hemisférios no solstício de verão do Hemisfério Sul e compare o dado com sua resposta anterior. Quão próximo está seu modelo da informação que pesquisou?

FIQUE POR DENTRO

A Lua

É o satélite natural de nosso planeta. Sua composição é similar à da Terra, porém sua superfície tem uma infinidade de crateras devido ao impacto de meteoritos.

SOL

MERCÚRIO

VÊNUS

MARTE
LUA
TERRA

JÚPITER

SATURNO

GEOGRAFIA

O impacto de inúmeros meteoritos deixou suas marcas na geografia da Lua. Por não haver ventos nem chuvas, cada marca permanece por milhões de anos, como as pegadas dos astronautas que pisaram em sua superfície.

MARES

São enormes planícies de lava vulcânica, que se espalhou pela superfície e esfriou, solidificando-se.

TERRAS ALTAS

Altiplanos de cor mais clara, são muito mais antigas que os mares. Formaram-se lentamente, com o resfriamento do satélite.

ARISTARCHUS
Cratera branca e brilhante.

APOLLO 15

APOLLO 17

MARE CRISIUM
"Mar da Crise"

COPERNICUS
Grande cratera de 92 km de largura, visível a olho nu.

APOLLO 11

APOLLO 14

MARE TRANQUILLITATIS
"Mar da Tranquilidade"

KEPLER
Cratera.

APOLLO 12

APOLLO 16

GRIMALDI
Cratera que é um dos pontos mais escuros visíveis da Terra.

TYCHO
Cratera formada há 109 milhões de anos, é visível da Terra a olho nu durante a lua cheia.

O LADO ESCURO

O lado da Lua que não é visto da Terra, chamado de lado escuro, é, na verdade, seu lado mais claro, pois não tem mares, que são as porções escuras.

LADO VISÍVEL

LADO ESCURO
Ausência de mares.

A Lua gira em torno da Terra ao mesmo tempo em que gira em torno de si mesma.

Isso faz com que sua face visível da Terra seja sempre a mesma.

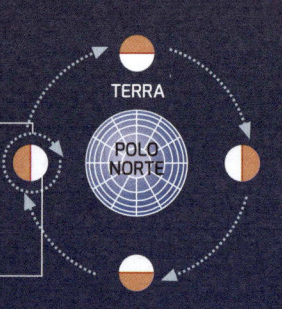

TERRA

POLO NORTE

Símbolo astronômico convencional

Sol 90 Images

PROGRAMA APOLLO

Seu objetivo era levar humanos à Lua e trazê-los a salvo. As primeiras dez missões foram de estudo.

URANO	NETUNO

Diâmetro equatorial (km)	3,476
Diâmetro polar (km)	3,472
Massa (Terra = 1)	0,0123
Período de rotação	27,3 dias terrestres
Período de revolução em torno da Terra	27,3 dias terrestres
Inclinação do eixo	5,145°
Gravidade na altura do Equador (Terra = 1)	0,165

ATMOSFERA

Atmosfera rarefeita, quase inexistente, que não possibilita a respiração de humanos. Não há regulação térmica, e as temperaturas de sua superfície podem variar de 140 graus positivos a 150 graus negativos. Não existem fenômenos atmosféricos, como vento ou chuva.

SUPERFÍCIE

Formada completamente por rochas vulcânicas, sua camada mais superficial é coberta pelo pó lunar, que se formou devido ao impacto de meteoritos, asteroides e cometas ao longo de milhões de anos. Suas rochas se dividem em dois grupos:

TERRAS – altas e ricas em cálcio e alumínio;

MARES – abundantes em titânio, ferro e magnésio.

FORMA

A Lua não é perfeitamente esférica. Tem uma forma irregular que, exagerada, seria similar a um ovo, com sua face mais pontiaguda apontada para a Terra.

1. Qual a causa das inúmeras crateras que podemos observar na superfície lunar?

2. Explique por que uma pegada de astronauta pode ficar intacta por milhões de anos no solo da Lua e não na Terra.

3. Por que há um lado da Lua que nunca é visível para os que estão na Terra?

1969

APOLLO 11
Levou seres humanos pela primeira vez à superfície lunar.

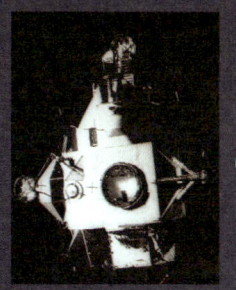

1970

APOLLO 13
Um acidente levou ao cancelamento da alunissagem. Os tripulantes conseguiram voltar à Terra com vida.

1971

APOLLO 15
Expedição em que os astronautas ficaram três dias em solo lunar. Fizeram diversos experimentos e tiraram numerosas fotografias.

1972

APOLLO 17
Última expedição tripulada à Lua, trouxe para a Terra mais de 100 kg de solo para ser estudado.

O que *As quatro estações*, composição de Vivaldi, têm a ver com as quatro estações do ano?

Antonio Lucio Vivaldi (1678-1741), um compositor italiano de música barroca, conectava-se com a natureza por meio de sua música. Vivaldi compôs, em 1723, *As quatro estações*, um conjunto de concertos que busca transmitir ao ouvinte os sentimentos das estações. Cada concerto é acompanhado de um **soneto** sobre o tema de cada estação para ajudar a guiar o ouvinte pela experiência.

O primeiro concerto intitula-se "A primavera". O soneto que o acompanha fala sobre a chegada da primavera e a saudação dos pássaros com o cantar alegre.

O segundo é "O verão". O soneto começa falando sobre o Sol da estação, mas logo passa a citar chuvas e trovões que podem estragar plantações.

Em seguida, há o concerto "O outono". O soneto começa com canções e danças para celebrar a colheita e um convite para um sono tranquilo.

↑ Retrato de Antonio Vivaldi, século XVIII. Artista desconhecido. Pintura a óleo sobre tela. 91 cm × 74 cm.

Por último, o concerto "O inverno". O soneto declara o frio rigoroso, seguido por momentos de calma junto ao fogo e, por último, o encontro com a alegria do inverno.

As quatro estações é uma obra muito conhecida. Mesmo sem o acompanhamento dos sonetos, que ajudam a enriquecer a experiência, a música propõe-se a transmitir as sensações de cada estação.

GLOSSÁRIO

Soneto: composição poética com dois conjuntos de quatro versos e dois conjuntos de três versos, somando 14 versos no total.

"Vivaldi foi muito mais do que um compositor barroco. Compôs cerca de 770 obras, entre as quais 477 concertos e 46 óperas. Gostava de criar músicas com efeitos brilhantes: saltos largos de um registro para o outro, tentativas de descrever os fenômenos naturais como tempestades, vento e chuva e contrastes nos instrumentos como uma montanha russa." – Divulgação Sinfônica da Unicamp.

Maria Cláudia Miguel. Sinfônica da Unicamp apresenta "As Quatro Estações", de Vivaldi, nos dias 7, 8 e 9 de junho. CIDDIC Concerto. Disponível em: <www.unicamp.br/unicamp/noticias/2017/05/30/sinfonica-da-unicamp-apresenta-quatro-estacoes-de-vivaldi-nos-dias-7-8-e-9-de>. Acesso em: 21 maio 2019.

1. Ouça os concertos de *As quatro estações* e tente perceber quais sentimentos Vivaldi quis demonstrar em cada um. Anote suas impressões no caderno. Depois, reúna-se com os colegas e compartilhem suas anotações. Veja se vocês concordam e discutam os diferentes sentimentos transmitidos pelos concertos. Depois, respondam às questões a seguir.

   a) Você consegue identificar a estação do ano relacionada com as partes musicais somente ouvindo o concerto?

   b) Quais sentimentos você consegue identificar em cada estação por meio da música?

   c) Você conhece outras produções artísticas (músicas, filmes, poemas etc.) que são inspiradas nas estações do ano?

ATIVIDADES

SISTEMATIZAR

1. O que são equinócios e solstícios?

2. Qual é a influência da inclinação do eixo de rotação da Terra na ocorrência das estações do ano?

3. Por que nos solstícios um hemisfério tem temperaturas mais altas do que outro?

4. Qual movimento da Terra é responsável pela formação dos dias?

5. Qual estação do ano é caracterizada por ter os dias mais longos do que as noites?

6. Quantas estações do ano você acha que existem na Antártida?

REFLETIR

1. Por que o Papai Noel sempre é representado na neve se em dezembro é verão?

2. A palavra **primavera** é derivada do latim, assim como o nome das outras estações do ano. Primavera vem de *primo vere*. Pesquise o que significa essa expressão.

3. Leia o texto abaixo:

Existe uma estação do ano em que as noites são mais longas que o dia. Nesta estação são comuns as mudanças de temperatura durante o dia. As folhas de algumas espécies de árvores tornam-se amareladas. Ocorre também, como característica desta estação, a redução da umidade do ar, ou seja, ele torna-se mais seco. Além disso, há maior incidência de doenças respiratórias na população.

Texto produzido especialmente para essa obra.

Você sabe qual é a estação a que o texto se refere?

4. Considere a afirmação a seguir.

As estações do ano são bem definidas em todas as regiões da Terra.

Essa afirmação é correta? Explique.

5. No horário de verão, altera-se o horário adiantando uma hora no fuso horário local. Ele não é implementado em todas as regiões, mas as regiões que o adotam sempre o fazem na estação mais quente. Por quê?

6. Considere as seguintes afirmações:

a) O inverno é a estação que registra as menores temperaturas.

b) O inverno é a estação do ano que antecede a primavera.

c) As noites são mais longas que os dias durante o inverno.

d) O inverno tem início com o término do verão.

Qual alternativa não corresponde ao inverno? Escreva-a no caderno.

DESAFIO

1. Em grupo, observe a posição em que o Sol nasce durante alguns dias. Juntos, investiguem por que essa posição não é sempre a mesma.

Neste tema, você aprendeu que a Lua é um satélite natural da Terra, ou seja, um astro que orbita nosso planeta, e que as fases da Lua estão relacionadas com a porção iluminada da Lua que é visível para nós. Você estudou também que o período de rotação da Lua (tempo para executar uma volta completa em relação ao seu eixo) é igual ao seu período de translação (tempo para executar uma volta completa em torno da Terra), o que faz com que vejamos sempre o mesmo lado dela.

Você também conheceu os fenômenos de alinhamento entre o Sol, a Terra e a Lua, chamados eclipses, e entendeu as diferenças entre os eclipses lunares e solares.

Estudou também as estações do ano e como a inclinação do eixo imaginário de rotação da Terra influencia diretamente na definição das estações, além das consequências das estações do ano na duração dos dias e na variação da temperatura nas diferentes regiões do planeta.

Todos os fenômenos abordados podem ser observados, estão relacionados com a interação entre o Sol, a Terra e a Lua, e são possíveis graças aos movimentos que esses astros executam. Aproveite para observar os fenômenos sempre que puder. Agora que você os conhece, entenderá cada vez melhor o que observar.

1. Desenhe as seguintes fases da Lua:

   a) lua cheia;   **b)** quarto crescente;   **c)** quarto minguante.

2. Considere as afirmações abaixo.

I. Os eclipses solares podem ter igual ou maior frequência do que os eclipses lunares.

II. Os eclipses lunares podem ser totais, parciais ou penumbrais.

III. O eclipse solar só pode acontecer na fase de lua cheia.

Escreva no caderno a resposta correta.

a) As afirmações I e II são falsas.   **d)** Somente a afirmação III é verdadeira.

b) As afirmações I e III são verdadeiras.   **e)** Todas as afirmações são falsas.

c) As afirmações I e II são verdadeiras.

3. No caderno, associe cada eclipse a sua definição.

I. eclipse lunar total   **A.** Quando a Terra entra na sombra da Lua.

II. eclipse lunar parcial   **B.** Quando apenas uma parte da Lua entra na umbra projetada pela Terra.

III. eclipse solar   **C.** Quando a Lua entra completamente na umbra projetada pela Terra, não recebendo assim luz direta do Sol.

4. As mudanças das estações do ano são pouco percebidas em algumas regiões do Brasil. Por que não percebemos tanta variação nas estações do ano nas regiões Norte e Nordeste quanto percebemos na Região Sul?

5. Verifica-se, no Brasil, que na fase de lua cheia a Lua nasce por volta das 18 horas e se põe por volta das 6 horas. Já na lua nova, ela nasce por volta das 6 horas da manhã e se põe por volta das 18 horas. Considerando essas informações e que a Lua nas fases quarto crescente e quarto minguante nasce e se põe em horários intermediários, por volta de qual horário ela estará no ponto mais alto da sua trajetória em cada fase?

6. Mateus quer fazer uma viagem, mas não sabe muito bem que tipo de roupa deve levar. Como o conhecimento sobre as estações do ano podem auxiliá-lo na decisão?

7. As estações do ano são muito diferentes entre si e essa diferença pode ser observada em todas as regiões do planeta.

a) Você concorda com a afirmação? Por quê?

b) Quais são as estações do ano e as diferenças entre elas?

8. Considere uma situação em que o Sol sumisse, ou seja, sua luz deixasse de ser emitida. Depois de 24 horas, o que um sobrevivente, olhando para o céu sem nuvens, veria?

9. Escreva no caderno. O menor tempo possível entre um eclipse solar e um eclipse lunar é de aproximadamente:

a) 12 horas.

b) 24 horas.

c) 1 semana.

d) 2 semanas.

e) 1 mês.

10. Leia o texto abaixo.

Os dias são mais longos que as noites e as temperaturas são elevadas e é comum a ocorrência de chuvas, pois a evaporação das águas se intensifica em razão do calor. Normalmente, as férias escolares ocorrem nessa estação, que é propícia à realização de viagens, sobretudo para cidades litorâneas.

A qual estação o texto se refere?

Estrela cadente vista na região de Annapurna, Nepal.

♂ Gravidade

Yongyut Kumsri/Shutterstock.com

NESTE TEMA
VOCÊ VAI ESTUDAR:

- atração gravitacional nos fenômenos de interação Sol – Terra – Lua;
- atuação da gravidade sobre os corpos.

1. Por que será que a Lua permanece em nossa órbita? Algum dia ela poderá seguir em outra direção e desaparecer no espaço?

2. Será que o movimento orbital da Lua em torno da Terra está relacionado ao movimento dos planetas ao redor do Sol?

CAPÍTULO

Gravitação e movimento dos astros

Neste capítulo, você vai estudar o papel da gravidade no movimento dos planetas e satélites no espaço, a atuação da gravidade sobre os corpos e a atração gravitacional.

 **EXPLORANDO** **LUGARES FORA DA TERRA**

Murilo gosta muito de ler. O último livro que comprou foi *O Pequeno Príncipe* e já leu duas vezes.

O Pequeno Príncipe é uma obra literária do escritor francês Antoine de Saint-Exupéry, que conta a história de um menino que vem do asteroide 325, conhecido na Terra como B-612. Ele deixa a sua casa e sua querida rosa para viajar pelo Universo: conhece vários planetas e, pela primeira vez, se encontra com um adulto. O Pequeno Príncipe se espanta com o comportamento dos adultos e suas incoerências.

Murilo é apaixonado pela história do livro e pela possibilidade de viajar pelo Universo. Sentado em seu quarto, pensativo, ele divaga e reflete consigo mesmo: "Teria o Pequeno Príncipe conhecido também a Lua? Será um dia possível viajar pelo Universo? O Pequeno Príncipe acredito que consiga, mas, e na vida real? O único modo que eu vi até agora de alguém conseguir sair do planeta Terra foi viajando num foguete...".

Ilustrações: Claudia Marianno

Agora é sua vez.

1. Você acredita que seria possível viver em outro planeta, assim como o Pequeno Príncipe? Seria possível andar de cabeça para baixo como ele anda em seu asteroide?

2. E na Lua, você acha que é possível viver?

3. Quais as condições que você acha que a Lua deveria apresentar para abrigar vida como a conhecemos atualmente?

4. Por que você acha que é necessário um foguete para ir para o espaço?

Lua, nossa companheira

A **Lua** é um satélite natural e está a uma distância de cerca de 384 400 km da Terra. Ela tem uma massa de $7,3 \cdot 10^{22}$ kg, e se desloca a uma velocidade média de 3 700 km/h em seu movimento de translação, muito mais rápido que os meios de transporte por aqui. Mas o que a impede de sair vagando por aí? Por que ela continua girando em torno da Terra? Existe algum elo entre a Terra e a Lua?

Para ajudar a responder a essas questões, vamos pensar no gira-gira dos parques de diversões; nesse brinquedo, sentamos em bancos em formato circular. Podemos pensar também em quando amarramos uma pedra e fazemos movimentos circulares com ela. Sentimos algo em comum nessas brincadeiras. Você sabe descrever o que é? Em todas essas brincadeiras, sentimos que algo nos puxa para fora do movimento circular que estamos fazendo. Quanto mais rápido giramos, mais forte se torna essa sensação. Mas por que então não saímos voando? Por que existe algo que nos segura?

No caso da Lua orbitando em torno da Terra, podemos pensar que, se não houvesse algo obrigando-a a transladar em torno desse planeta, ela se perderia no espaço. Mas o que a mantém conectada ao nosso planeta?

Apesar de não conseguirmos ver, existe algo que prende a Lua à Terra: a gravidade. Essa força atua sobre todos os corpos e, quanto maior for sua massa, maiores serão seus efeitos. Se retomarmos o exemplo da pedra que gira amarrada à corda, a gravidade exerce a função da corda. A gravidade é aquilo que faz com que Terra e Lua se atraiam mutuamente.

Graças à força gravitacional exercida pela Terra sobre a Lua, torna-se possível que esta orbite o planeta sem se perder no espaço. Mas você ainda poderia se perguntar por que essa força de atração da Terra não faz com que a Lua venha em direção ao nosso planeta. Isso não acontece porque existe um equilíbrio entre a tendência de a Lua "escapar" da órbita e de ser puxada ao encontro da Terra. Esse equilíbrio tornou a Lua nossa companheira há milhões de anos.

Movimento orbital da Lua

A trajetória que a Lua faz ao redor da Terra é quase circular, demorando aproximadamente 27 dias para completá-la. A Terra possui uma massa quase 82 vezes maior que a da Lua; por isso, a atração gravitacional da Terra é maior, fazendo com que a Lua a orbite, e não o contrário.

Curiosamente, o tempo que a Lua demora para dar uma volta sobre seu próprio eixo é o mesmo tempo que ela demora para dar uma volta ao redor da Terra, ou seja, os períodos de rotação e translação são iguais. Por esse motivo, vemos apenas uma face da Lua.

A posição e a velocidade da Lua em relação à Terra a colocam em posição de equilíbrio gravitacional, ou seja, se estivesse mais próxima da Terra ou em velocidade mais baixa, poderia ser atraída em direção ao nosso planeta e, inevitavelmente, colidir. Caso estivesse mais afastada ou em velocidade maior, a gravidade não teria força suficiente para mantê-la em nossa órbita, e ela sairia vagando pelo espaço até se colidir ou ser atraída por outro astro de massa superior a ela.

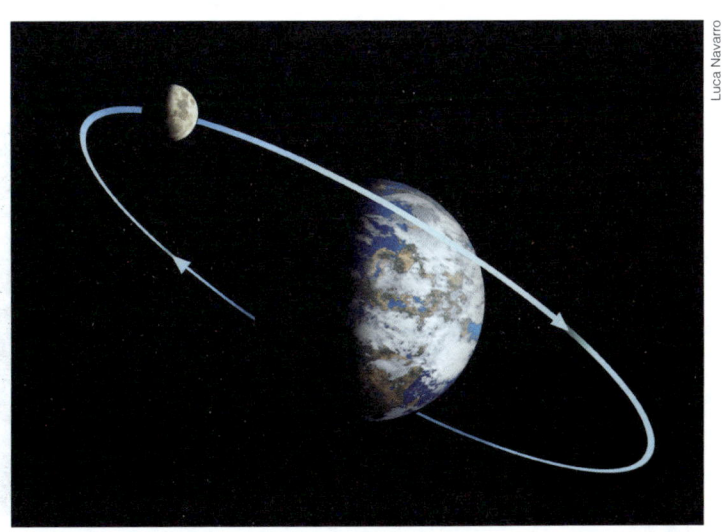

↑ Trajetória orbital da Lua ao redor da Terra.

Representação simplificada sem escala e em cores-fantasia.

Luca Navarro

Gravidade

Quando seguramos um copo e, por algum motivo, o soltamos, ele cai e, dependendo do material, quebra. Já quando chutamos uma bola bem forte para o alto, depois de um certo tempo ela deixa de subir e começa a cair. Parece que tudo que deixamos cair tem um destino certo, não? O chão.

O fato de todos os corpos que têm massa caírem sempre em direção à Terra chamou a atenção de pesquisadores, entre eles, Isaac Newton.

POSSO PERGUNTAR?

Por que, quando ando na rua, não sinto que estou atraindo os objetos para mim devido à gravidade?

Newton estudou o comportamento e o movimento dos corpos e formulou uma lei denominada lei da gravitação universal. Ele concluiu que toda matéria atrai outra matéria no Universo. Esse fenômeno de atração entre a massa dos corpos, que chamamos de gravidade, faz surgir uma força de interação chamada de força gravitacional; por exemplo, a gravidade entre a Terra e a Lua faz surgir uma força de atração da Lua em direção à Terra e outra força igual da Terra em direção à Lua.

Pela gravidade, todos os corpos que têm massa podem se atrair mutuamente sem a necessidade de contato entre eles.

Força gravitacional

Quanto maior for a massa de um corpo, maior será sua influência gravitacional sobre os demais corpos. No entanto, corpos com massas pequenas, como os seres humanos, não conseguem exercer influência gravitacional muito grande à sua volta.

O mesmo acontece com a capacidade de ser influenciado pela gravidade: quanto menor a massa do corpo, maior sua capacidade de ser influenciado gravitacionalmente. Todos nós que vivemos na Terra sentimos sua atração gravitacional, pois o planeta tem uma grande massa, mas não sentimos a influência gravitacional das pessoas à nossa volta.

A massa da Terra é de aproximadamente $5,973 \cdot 10^{24}$ kg: quão grande é esse número? Vamos comparar com a massa média de dois animais:

Terra	$= 5,973 \cdot 10^{24}$ kg	$\rightarrow$	5 973 000 000 000 000 000 000 000 kg
Baleia azul	$= 1,2 \quad \cdot 10^{5}$ kg	$\rightarrow$	120 000 kg
Ser humano	$= 7 \quad \cdot 10^{1}$ kg	$\rightarrow$	70 kg

Quando comparamos a massa desses animais com a da Terra, vemos que são extremamente menores. É a superioridade da massa dos astros (estrelas, planetas e luas) que nos leva a discutir os efeitos gravitacionais que eles podem ter sobre outros corpos no espaço.

A distância é outro fator importante. Quanto mais distantes dois corpos estão entre si, menor é **a força gravitacional**. Quando a distância diminui, a força aumenta.

Como os objetos de maior massa exercem uma força gravitacional maior, podemos compreender por que um astronauta que esteja parado a meio caminho entre a Terra e a Lua será atraído com maior intensidade para a Terra, visto que a massa do nosso planeta é bem superior que a da Lua.

Representação simplificada sem escala e em cores-fantasia.

Luca Navarro

↑ Um astronauta no espaço sente a força gravitacional da Terra e da Lua. Nesse caso, a maior massa da Terra e as distâncias equivalentes fazem com a que força resultante puxe o astronauta em direção à Terra.

A descoberta dos planetas Urano e Netuno

Os planetas Mercúrio, Vênus, Marte, Júpiter e Saturno são visíveis sem ajuda de equipamentos ópticos e, por isso, são conhecidos desde os tempos pré-históricos. Já Urano e Netuno precisaram da evolução tecnológica, de muito tempo de investigação e da física newtoniana para serem encontrados. O músico e astrônomo alemão William Frederick Herschel (1738-1822) passou boa parte da vida observando os céus da Inglaterra com sua irmã Caroline. Ambos construíam seus instrumentos de observação e passavam as noites catalogando estrelas, cometas e nebulosas. Certo dia, no ano de 1781, Herschel notou no céu um novo objeto borrado e de brilho fraco. Após alguns dias de observações sequenciais, percebeu que o astro se movia e acreditou ser um novo cometa. Então, divulgou sua descoberta, e outros astrônomos, com equipamentos mais sofisticados, puderam constatar que na verdade se tratava do sétimo planeta orbitando o nosso Sol. O astro foi batizado de Urano. Vários astrônomos do fim do século XVIII e início do século XIX começaram a estudar esse novo planeta e, após várias décadas de investigações, perceberam que as posições observadas no céu não concordavam com os dados teóricos calculados para a trajetória orbital, cujo período equivale a 84 anos terrestres. Isso levou alguns deles a acreditar que as leis de Newton estavam erradas ou então que não eram válidas para astros muito distantes. Porém, outros desconfiaram que um oitavo planeta poderia ser o responsável pelos desvios. Apontar o telescópio para o céu e investigar cada pedacinho dele em busca de um minúsculo pontinho errante não era uma tarefa razoável; por isso, usando os dados observacionais de Urano e a física newtoniana, os cientistas começaram sua caçada ao novo astro por meio da Matemática. Só que naquela época tudo tinha de ser "feito à mão"; portanto, a investigação era lenta e complexa. Depois de muito trabalho, dois cientistas, de maneira independente, puderam prever a massa e a posição aproximada do outro planeta. Foram eles o inglês John Adams (1819-1892) e o francês Urbain Le Verrier (1811-1877). Em 1846, o astrônomo alemão Johann Galle (1812-1910) apontou o telescópio do observatório de Berlim para o local do céu previsto pelos cálculos e lá estava o oitavo planeta, batizado de Netuno. A descoberta de Netuno fortaleceu enormemente a teoria newtoniana da gravitação universal. Afinal, a lei foi capaz de explicar o que já se conhecia do Sistema Solar e também permitiu prever o que ainda estava por ser observado.

↑ William F. Herschel.

Fonte: Maurício Pietrocola, Alexandre Pogibin, Renata de Andrade e Talita Raquel Romero. *Física: conceitos & contextos*. São Paulo: Editora do Brasil, p. 305. v. 1.

1. As primeiras observações feitas pelos astrônomos buscavam determinar as órbitas dos planetas e outros astros. Essa é a principal característica para descrever os planetas. Algumas órbitas planetárias podem durar dias ou até mesmo anos para completarem seu movimento ao redor do Sol. Pesquise qual é a duração da órbita de cada um dos planetas do nosso Sistema Solar e como seus efeitos gravitacionais influenciam corpos celestes menores próximo a eles.

DIÁLOGO

A conquista do espaço

O primeiro ser vivo da Terra a ser lançado ao espaço, a bordo do satélite artificial Sputnik, foi a cachorra vira-lata Laika, retirada das ruas e preparada para orbitar o planeta. Em 3 de novembro de 1957, ela decolou a bordo do Sputnik 2 e morreu uma semana depois no espaço. O satélite permaneceu em órbita, realizando 2 570 voltas ao redor da Terra. Meses depois, em 4 de abril de 1958, queimou ao entrar na atmosfera.

Leia o texto com mais informações sobre essa cachorrinha.

Passagem só de ida para Laika

[...] Laika partiu a bordo do Sputnik 2 no dia 3 de novembro de 1957.

Os técnicos previram "adormecer" a pequena passageira com uma injeção letal automática antes que o oxigênio a bordo da cápsula se esgotasse. Mas o que muita gente não sabe é que o sistema de controle térmico do compartimento onde Laika estava não funcionou como devia, e a cadela acabou morrendo no dia 7 de novembro por causa das altas temperaturas.

↑ Laika, o primeiro ser vivo enviado ao espaço.

Passagem só de ida para Laika. *Scientific American Brasil*. Disponível em: <www2.uol.com.br/sciam/noticias/passagem_so_de_ida_para_laika.html>. Acesso em: 6 maio 2019.

Humanos no espaço

Na segunda metade do século XX, a então União Soviética e os Estados Unidos promoveram uma corrida armamentista: as duas nações, adversárias, dedicaram-se a desenvolver uma busca de superação científica, tecnológica e sobretudo de influência – era a chamada Guerra Fria. Nesse contexto, a busca pela supremacia científica e bélica gerou uma grande corrida espacial: esses países queriam, cada um, ser o primeiro a conquistar o espaço.

Os russos saíram na frente: lançaram o primeiro satélite artificial, o Sputnik 1, e depois, o Sputnik 2, ambos em 1957. Também foram eles que conseguiram levar o primeiro ser humano a viajar pelo espaço, em 1961. Os Estados Unidos reagiram afirmando que levariam pessoas para a Lua antes do fim da década de 1960. E, realmente, em 1969 pousava na Lua o módulo lunar chamado Águia, levado pela nave Apollo 11. Nessa missão, estavam três tripulantes estadunidenses, Neil Armstrong, Michael Collins e Edwin Aldrin.

↑ O russo Yuri Gagarin foi o primeiro ser humano a ir para o espaço em 1961. De sua espaçonave, ele pôde ver o planeta e afirmou: "A Terra é azul".

1. A exploração do espaço pelos seres humanos, por meio de missões tripuladas, sondas e telescópios espaciais, passou a ser desenvolvida por vários países, entre eles, o Brasil. Em sua opinião, qual é a vantagem desse tipo de investigação para a humanidade? 🎤

SISTEMATIZAR

1. A gravidade é um fenômeno físico em que os corpos se atraem. Pode alcançar objetos a longas distâncias, como é o caso da atração gravitacional entre a Terra e o Sol. Verifique quais são os demais corpos celestes, além dos planetas, que orbitam o Sol.

2. Pesquise por que nos filmes os astronautas parecem caminhar e saltar de uma maneira mais leve na superfície da Lua do que na Terra. A gravidade é a mesma em diferentes locais do nosso Sistema Solar?

3. Na imagem ao lado vemos uma estação espacial. Pesquise e descreva quais são as condições para que ela permaneça na órbita terrestre sem apresentar risco de cair na Terra.

→ Estação Espacial Internacional, 2011.

4. Observando o movimento dos corpos celestes quando estão em órbita, percebemos que suas trajetórias são elípticas – em alguns poucos casos quase que circulares, como é o caso da Terra ao redor do Sol. Verifique o porquê do formato dessas órbitas, e se é possível que existam outras trajetórias diferentes.

REFLETIR

1. Imagine se fosse possível colocarmos um planeta exatamente com a mesma massa da Terra e à mesma distância da Lua, de tal forma que nosso satélite ficasse exatamente no meio do caminho entre esses dois planetas. Qual seria a nova trajetória da Lua? Ela iria orbitar os dois planetas? Seria possível esses dois planetas se chocarem?

2. Com base em seus conhecimentos sobre gravidade, indique a alternativa incorreta:

a) Um dos efeitos da força gravitacional entre a Terra e a Lua é o que chamamos de força das marés.

b) Quanto mais distante um corpo estiver de outro, menor será a força gravitacional entre eles.

c) Para que dois corpos possam se atrair mutuamente é necessário que haja contato entre eles.

d) A influência gravitacional de um corpo sobre outros corpos depende de sua massa.

DESAFIO

1. Com base nos conceitos de gravidade apresentados neste capítulo, pesquise e encontre argumentos que expliquem por que os planetas mais distantes do Sol completam uma volta em tempos maiores que os mais próximos.

2 A gravitação em torno da Terra

Neste capítulo, você estudará a gravidade, sua relação com os movimentos realizados pelos corpos celestes e o funcionamento dos foguetes.

EXPLORANDO A ESTRELA CADENTE

Camila estava com o grupo de alunos da sua escola em uma atividade de acampamento no parque da cidade. Estavam aprendendo algumas práticas sobre orientação noturna utilizando as estrelas. Com o céu bem estrelado, era possível visualizar uma bela Lua do lugar onde estavam. Um dos alunos avistou uma luz e gritou:

– Uma estrela cadente! Olhem rápido!

Camila preparou sua máquina fotográfica para registrar o evento, mas não encontrou o objeto no céu:

– Onde está? – perguntou Camila.

– Você demorou tanto que a estrela cadente já desapareceu – disse o professor.

Camila ficou curiosa pelo fato de esse corpo celeste ter sumido tão repentinamente:

– Professor, por que a estrela cadente veio em direção à Terra?

– Foi por conta da gravidade – respondeu o professor.

– As estrelas cadentes são estrelas de verdade?

– Não, elas são mais parecidas com rochas – respondeu ele.

Camila pareceu confusa com a resposta, coçou a cabeça e perguntou ao colega ao lado:

– Se não são estrelas, por que elas brilham? Afinal, rochas não são corpos luminosos.

Ilustrações: Claudia Marianno

Agora é sua vez. 🎤

1. Você já viu uma estrela cadente? Por que elas brilham?

2. Por que nem todas as estrelas cadentes vêm em direção à Terra?

Corpos celestes e a gravidade

Algumas pessoas, assim como a personagem Camila, já viram traços brilhantes cortando o céu à noite, as estrelas cadentes. Esses corpos celestes que cruzam o céu não são estrelas, mas fragmentos sólidos de asteroides ou cometas que entraram em nossa atmosfera. Do ponto de vista da ciência, as estrelas cadentes são, na verdade, meteoros.

Quando esses fragmentos passam próximo à Terra, a gravidade terrestre os atrai. Ao entrar na atmosfera, eles começam a se incendiar devido ao atrito com o ar. Muitos desses corpos se desintegram antes mesmo de atingir a superfície do planeta. Os poucos que atingem o solo ou a água passam a ser chamados de **meteoritos**.

↑ Chuva de meteoros Perseidas, observada em 2015.

Muitos meteoros invadem nossa atmosfera por ano, mas a maioria deles não possui tamanho suficiente para atingir a superfície. Em algumas situações, é possível observar vários fragmentos atingindo a atmosfera e garantindo um belo espetáculo: uma chuva de meteoros.

DIÁLOGO

Quando, em 1967, os Panará viram pela primeira vez um avião sobrevoando a aldeia Sonkènasá, nos arredores da serra do Cachimbo, logo o apelidaram de *pakyã akriti*, isto é, falsa estrela cadente. E, munidos de arcos e flechas, investiram contra o invasor, decididos a imobilizá-lo. Nenhum projétil atingiu, todavia, o avião que levava a bordo o sertanista Cláudio Villas-Bôas [...].

Carlos Alberto Ricardo (Ed.). *Povos indígenas no Brasil 1991/1995*. São Paulo: Instituto Socioambiental, 1996. p. 601.

→ Os irmãos Cláudio (à esquerda) e Orlando Villas-Bôas no posto avançado de Serra do Cachimbo (PA), 1951.

1. O texto extraído relata o primeiro contato que os indígenas panarás tiveram ao avistar um avião. Cláudio Villas-Bôas, junto com seus irmãos Orlando e Leonardo, são reconhecidos pelo seu trabalho no Parque Nacional do Xingu. Pesquise sobre a criação desse parque, sobre os povos indígenas que ali residem e sobre os embates que surgiram ali. Escreva um pequeno texto resumindo as principais informações coletadas e compartilhe com seus colegas.

O funcionamento dos foguetes

Os foguetes são estruturas enormes e com propulsores que os fazem levantar voos. Mas você sabia que mais da metade da estrutura dos foguetes serve somente para armazenar combustível?

Quando acionados para a decolagem, os propulsores consomem uma grande quantidade de combustível para fazer o foguete vencer os efeitos da gravidade, que o atrai em direção ao centro da Terra. Assim, eles precisam gerar uma força de impulsão muito grande para atingir velocidade suficiente a fim de alcançar grandes altitudes e até mesmo escapar da órbita terrestre.

Boa parte do combustível é consumido durante a subida. Conforme atingem determinadas altitudes, partes do foguete que serviam de tanque de combustível, peças de manutenção e de apoio para a decolagem se desconectam. Além de ficarem mais leves e ganharem altitude, os foguetes ganham mais estabilidade, pois ficam menos sujeitos aos efeitos gravitacionais.

E como o foguete que saiu da Terra consegue retornar tendo somente uma parte da estrutura original e uma parte do combustível?

Como os efeitos gravitacionais no espaço são menores que na Terra, quando uma missão espacial tem de retornar ao planeta, ela precisa de menos combustível. Para fazer a reentrada, o veículo espacial utiliza a atração gravitacional da Terra a seu favor para voltar à superfície do planeta.

Os foguetes são os únicos veículos espaciais criados pelo ser humano capazes de viajar para o espaço transportando uma tripulação. Como só poderiam ser utilizados em apenas uma missão, já que as peças usadas durante a decolagem retornam para a Terra e não podem ser reutilizadas, acabando em museus e exposições, surgiu a necessidade de reaproveitar os veículos para mais missões e, por isso, foram criados os ônibus espaciais.

Em analogia aos ônibus que transportam pessoas dentro das cidades, esses veículos foram criados com a intenção de transportar os tripulantes em muitas missões. Diferente dos foguetes que utilizam vários módulos que se separam ao longo da decolagem e voltam para a Terra, esses utilizavam um par de foguetes e um tanque de combustível externo que servem para a propulsão necessária para colocá-los em órbita. O ônibus espaciais foram aposentados em 2011 e, em seu lugar, atualmente são utilizadas as cápsulas Soyuz, mais modernas.

→ Lançamento do foguete Antares, na placa "Estação Espacial Internacional". Nasa (EUA), 2013.

Como é o lançamento de um foguete?

Quatro estágios propulsores fazem o foguete vencer a gravidade

[...]

1. O primeiro passo do lançamento [...] impulsiona o foguete. Isso é feito com a ajuda de um ignitor, disparado por um sinal elétrico a partir do centro de controle. O ignitor funciona como um pavio que percorre o interior do tanque e inicia a queima do combustível.

2. O primeiro estágio propulsor do foguete funciona durante os 60 segundos iniciais de voo. [...] Quando ele se esvazia, um sistema eletrônico solta os quatro motores do estágio, que caem no mar reduzindo o peso do conjunto.

3. O segundo estágio começa a funcionar nos últimos cinco segundos de ação do primeiro e também queima por 60 segundos. Dois minutos após o lançamento, o VLS (Veículo lançador de satélites) já está a 100 km de altitude, a quase 10 mil km/h. A essa altura, o 2º estágio é solto e cai.

4. O terceiro estágio queima por mais 60 segundos e se apaga, com três minutos de operação, a 230 km de altitude

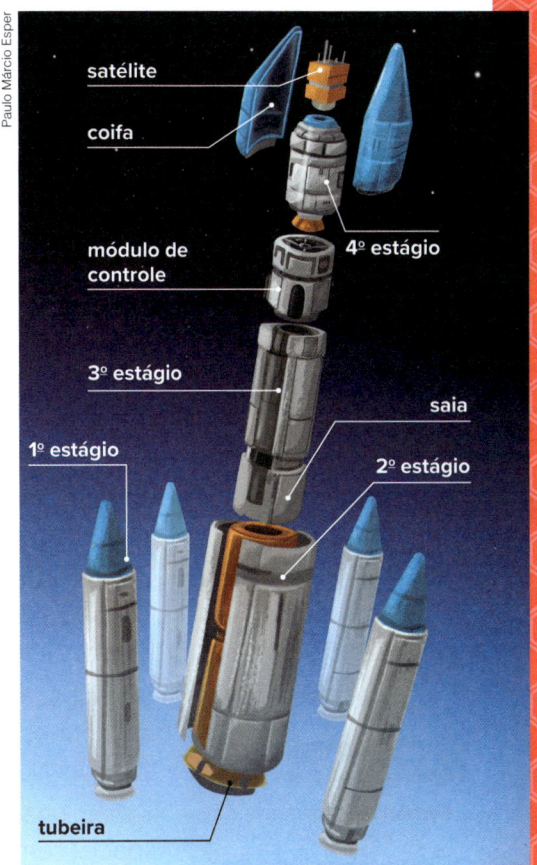

↑ Esquema representativo de partes de um foguete.

[...]. Sem motores, a velocidade do foguete diminui por causa da gravidade. Mas ele continua subindo, porque a resistência do ar já é pequena para freá-lo.

5. O foguete fica apagado por seis a dez minutos, tempo necessário para o computador de bordo do módulo de controle fazer o basculamento. Essa manobra, feita com ajuda de minipropulsores de gás comprimido, libera o satélite e deixa o foguete de lado em relação à Terra, ideal para entrar em órbita.

6. O quarto estágio é ligado quando o foguete está perto dos 750 km de altitude, área em que o satélite vai funcionar. O motor queima por 60 segundos e acelera até 27 mil km/h, velocidade necessária para entrar em órbita nessa altitude.

7. Se a carga do VLS for uma sonda de pesquisa em vez de um satélite, ela fica um tempo em órbita e cai no momento e local programados, boiando e soltando uma tinta laranja. A queda é amortecida por um paraquedas e o resgate é facilitado por um aparelho de GPS.

Tarso Araújo. Como é o lançamento de um foguete? *Superinteressante*, 4 jul. 2018. Disponível em: <https://super.abril.com.br/mundo-estranho/como-e-o-lancamento-de-um-foguete/>. Acesso em: 6 maio 2019.

1. O ser humano desenvolveu máquinas e ferramentas que conseguem vencer a gravidade terrestre e alcançar os limites espaciais. Convide seus amigos para assistir o filme *Interestelar*; montem um relatório para apresentar em sala de aula com relatos de como os personagens apresentaram ferramentas, interpretações e tecnologias para superar os desafios impostos pela gravidade. Relatem quais foram os efeitos gravitacionais que mais lhe chamaram a atenção, e de que forma essa representação do filme poderia ser retratada ou implementada na vida real.

Satélites artificiais

O lançamento de foguetes e veículos espaciais é fundamental para colocar em órbita os **satélites artificiais**.

Você sabe para que os satélites artificiais são utilizados?

É por meio desses equipamentos que funcionam alguns tipos de telefonia celular, a transmissão de canais de televisão, rádio e internet e a navegação por GPS.

↑ Satélite artificial SES-6 em sala de testes em Toulouse, na França, 2013.

Programa espacial brasileiro

Devido à localização geográfica, a Barreira do Inferno, no município de Parnamirim, a 12 quilômetros de Natal, no Rio Grande do Norte, foi escolhida, em 1965, para a instalação de uma base espacial brasileira. De lá, foram lançados centenas de foguetes de sondagem meteorológica e outros tipos de veículos espaciais.

O Brasil desenvolve projetos em cooperação com a Agência Espacial Europeia (ESA, sigla em inglês) e experimentos em parceria com o Instituto Nacional de Pesquisas Espaciais (Inpe) e a Agência Espacial Americana (Nasa). O país tem, ainda, acordos com outros países, por exemplo, a China, a fim de desenvolver novos programas espaciais e a fabricação de satélites de **sensoriamento**.

O Brasil detém 6% de participação nas observações dos telescópios Gemini: dois supertelescópios com espelhos de até 8,2 metros de diâmetro e tecnologia de ponta. O Gemini Norte localiza-se no Havaí, e o Gemini Sul, nos Andes chilenos.

Caminhamos a passos curtos quando comparamos os avanços na área espacial com superpotências como Estados Unidos, China, Rússia. Ainda faltam mais investimentos e pesquisadores para elevar o grau de competência brasileira nessa área. Já pensou em atuar nela?

> **GLOSSÁRIO**
>
> **Sensoriamento:** detecção das condições climáticas e geológicas da Terra por meio de sensores.

↑ Barreira do Inferno. Parnamirim (RN), 2012.

ATIVIDADES

NO CADERNO

SISTEMATIZAR

1. Existe alguma maneira de escapar da gravidade?

2. Ordene os corpos celestes e objetos a seguir, do maior para o menor, quanto à atração gravitacional que podem exercer sobre os nossos corpos. Nessa simulação, considere a distância real e possível que cada objeto pode estar de nós neste exato momento:

a) bola de boliche;

b) carro;

c) avião de passageiros;

d) planeta Terra;

e) planeta Marte;

f) Sol.

REFLETIR

1. Vários países investem vultosos recursos em projetos de exploração do espaço por meio de missões tripuladas, sondas e telescópios espaciais. Que vantagens você vê para a humanidade nesse tipo de investigação?

2. Os satélites artificiais, atualmente, são usados em grande número de atividades. Para quais das atividades a seguir podem-se usar satélites artificiais?

a) Fazer uma pesquisa pela internet sobre os avanços tecnológicos nos instrumentos usados na Astronomia.

b) Usar Sistema Global de Navegação (GPS) e ter informações sobre a localização enquanto dirige o carro.

c) Fazer observações meteorológicas, ou seja, das condições do tempo, nas diversas regiões do Brasil.

3. "Quanto maior o objeto, maior será a força gravitacional que ele exerce."

Analise a afirmação acima e dê sua interpretação sobre o conceito discutido.

4. Analise o texto a seguir:

"Não consigo me mover, parece que meu peso me segura exatamente onde estou. Posso rodar pelo mundo todo, mas o céu sempre será o mesmo. Só tem um jeito de vencer esse sentimento: vencendo a gravidade."

Qual sua interpretação sobre a forma com que a gravidade foi descrita nesse pequeno texto?

DESAFIO

1. Faça uma pesquisa para saber o motivo de a Barreira do Inferno ter sido escolhida para a instalação de uma base espacial brasileira.

2. Os avanços científicos e tecnológicos requerem a discussão do código de ética das relações entre os povos e da sociedade com o planeta.

Um dos fatos que mostram essa necessidade é o grande volume de "lixo tecnológico" orbitando nosso planeta. Partes de naves espaciais, foguetes e satélites que já encerraram a vida útil continuam em movimento em torno da Terra, tornando-se uma espécie de lixo espacial. As nações "produtoras" desse lixo não desejam normas internacionais rígidas que regulem a questão do lixo espacial. Por quê?

Faça uma pesquisa sobre essa questão. Depois, produza uma frase com sua opinião sobre esse assunto e leve-a à sala de aula, para um debate com os colegas.

História da conquista do espaço

Ao longo da história da exploração espacial, o ser humano tem desenvolvido e aprimorado tecnologias para ir cada vez mais longe e para tentar desvendar os mistérios do Universo. Veja, na linha do tempo, alguns acontecimentos importantes referentes à exploração espacial.

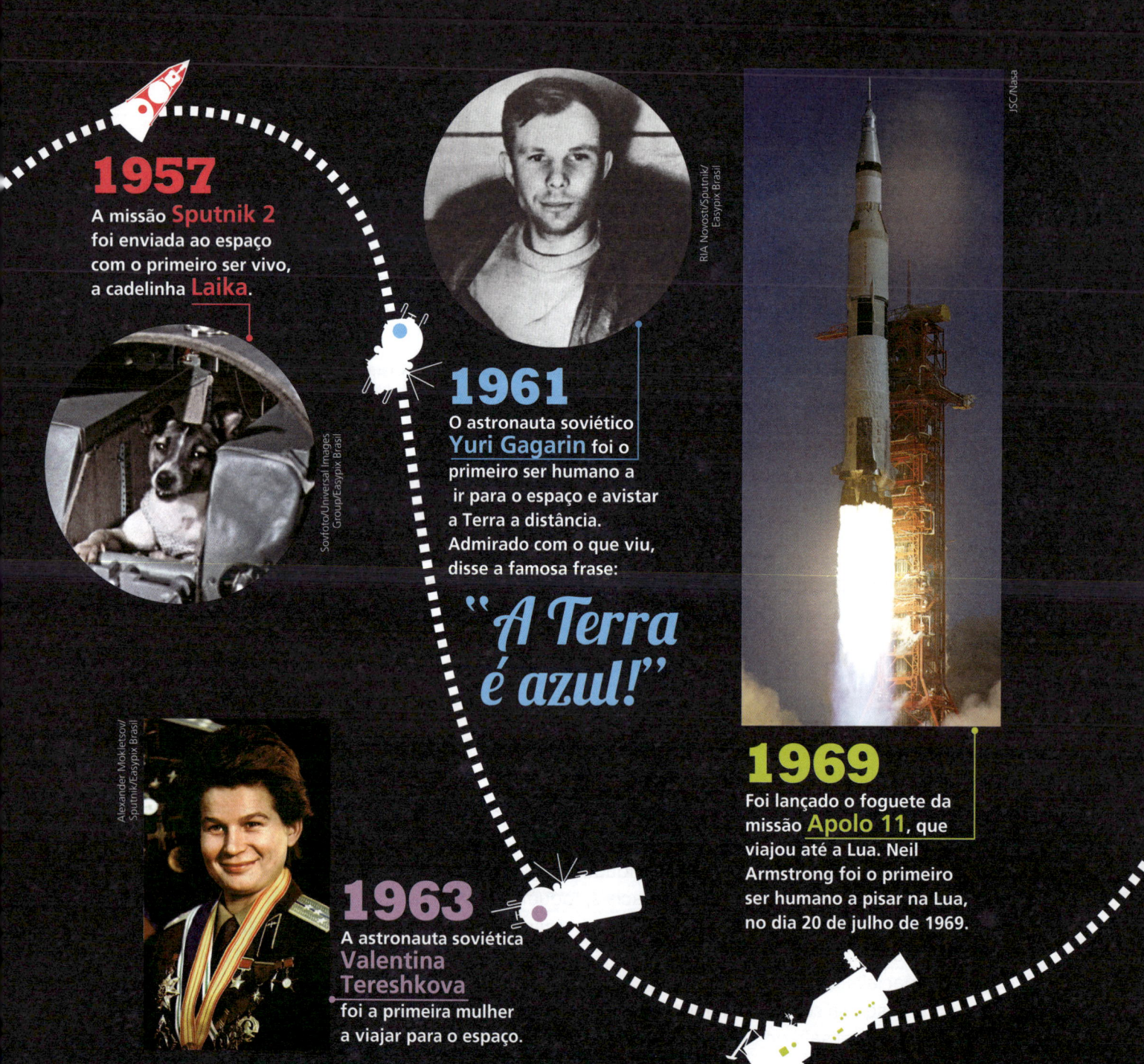

1957

A missão **Sputnik 2** foi enviada ao espaço com o primeiro ser vivo, a cadelinha **Laika**.

Sovfoto/Universal Images Group/Easypix Brasil

RIA Novosti/Sputnik/ Easypix Brasil

JSC/Nasa

1961

O astronauta soviético **Yuri Gagarin** foi o primeiro ser humano a ir para o espaço e avistar a Terra a distância. Admirado com o que viu, disse a famosa frase:

"A Terra é azul!"

1969

Foi lançado o foguete da missão **Apolo 11**, que viajou até a Lua. Neil Armstrong foi o primeiro ser humano a pisar na Lua, no dia 20 de julho de 1969.

Alexander Mokletsov/ Sputnik/Easypix Brasil

1963

A astronauta soviética **Valentina Tereshkova** foi a primeira mulher a viajar para o espaço.

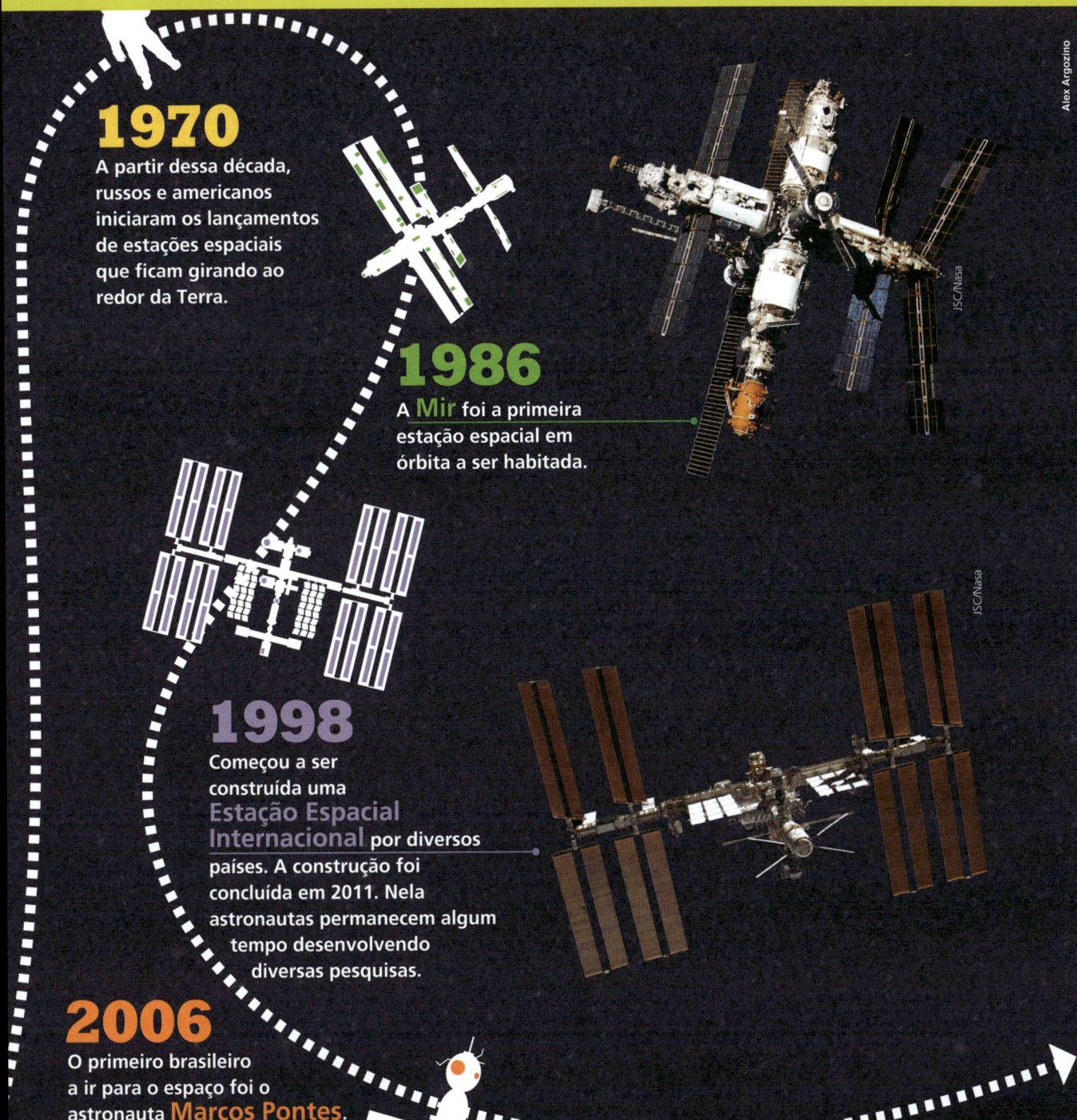

1970

A partir dessa década, russos e americanos iniciaram os lançamentos de estações espaciais que ficam girando ao redor da Terra.

1986

A **Mir** foi a primeira estação espacial em órbita a ser habitada.

Alex Argozino

JSC/Nasa

JSC/Nasa

1998

Começou a ser construída uma **Estação Espacial Internacional** por diversos países. A construção foi concluída em 2011. Nela astronautas permanecem algum tempo desenvolvendo diversas pesquisas.

2006

O primeiro brasileiro a ir para o espaço foi o astronauta **Marcos Pontes**. Ele permaneceu oito dias a bordo da Estação Espacial Internacional.

1. O envio de equipamentos ao espaço envolve muito trabalho e alto custo financeiro. Em sua opinião, esse dinheiro é bem investido? Por quê?

2. Como a exploração espacial pode nos trazer benefícios?

Você aprendeu que a gravidade atua sobre os corpos atraindo-os mutuamente; isso possibilita que a Lua esteja em órbita ao redor da Terra. Assim como a Lua, outros planetas possuem corpos celestes que os circundam.

Viu também que a massa dos objetos influencia na intensidade da atração gravitacional entre os corpos. Corpos com maior massa tendem a exercer mais influência do que os de menor massa, quando estão à mesma distância de um objeto. Estudou que a distância entre os corpos tem relação direta com a força gravitacional, ou seja, quanto mais distantes os objetos, menores serão os efeitos gravitacionais.

Devido à atração gravitacional da Terra, corpos celestes, como meteoroides, são atraídos em direção à nossa superfície. Ao ultrapassarem o limite da atmosfera terrestre, entram em atrito com o ar, que os faz desintegrar antes de tocar o solo, gerando um rastro luminoso no céu. É por isso que esses astros são popularmente conhecidos como estrelas cadentes.

Compreendeu que a gravidade pode atrair os corpos celestes, mudando a curvatura de suas trajetórias até o ponto em que podem começar a orbitar outros corpos, como os planetas ao redor do Sol.

Aprendeu que, para superar a força de atração gravitacional, um objeto deve exercer uma força superior a ela em direção contrária. Esse é o caso dos foguetes, que utilizam muito combustível para conseguirem alcançar grandes altitudes ou até mesmo o espaço.

1. Descrevam algumas situações do cotidiano em que podemos evidenciar a presença da gravidade ao nosso redor.

2. Foguetes foram projetados para vencerem a força gravitacional da Terra e alcançarem grandes altitudes ou o espaço. Para transportar suas cargas ou passageiros, eles precisam atingir velocidades que lhes possibilitem avançar rumo ao exterior do planeta. Pesquise as dificuldades enfrentadas pelos foguetes em cada camada atmosférica e tente propor um modelo de foguete que considere ideal tanto para sair como para retornar à Terra.

3. As práticas esportivas nos fascinam devido às várias habilidades que os atletas exibem e dominam. Você consegue mencionar ao menos três exemplos de esportes em que os atletas dominam os conceitos de gravidade de maneira instintiva para atingir seus objetivos?

4. Alguns filmes de ficção científica mostram o fenômeno físico da gravidade para representar cenas espaciais. Pesquise exemplos e responda por que eles são caracterizados como filmes de ficção científica.

5. Pesquise algumas formas de utilizar os efeitos gravitacionais a nosso favor e como essas práticas podem contribuir para melhorar nossas condições de vida.

6. Caso as estrelas cadentes fossem realmente estrelas, elas cairiam na Terra? Quais seriam as consequências se uma estrela se aproximasse da Terra? A estrela atrairia a Terra ou a Terra atrairia a estrela?

7. Como a gravidade possibilita que os planetas continuem orbitando o Sol? Em relação à Terra, essa distância orbital favorece o processo de vida. Como a alteração da trajetória ou da distância orbital da Terra poderia influenciar diretamente a vida nesse planeta?

8. Compare as duas imagens a seguir e apresente seus argumentos para descrever como a gravidade atua em cada uma das situações.

↑ Balões flutuando.

↑ Decolagem de um ônibus espacial.

9. Pesquise e aponte qual é a importância da gravidade para a manutenção de nossa biosfera.

DICAS

↘ ACESSE

Balança Tríplice Escala virtual – simulador: <www.stefanelli.eng.br/balanca-triplice-escala-virtual-simulador/> (acesso em: 6 maio 2019). Aprenda a utilizar uma balança de um braço para medir a massa de alguns objetos.

Gravity Simulator: <www.schoolsobservatory.org/discover/sims-cals/gravsim> (acesso em: 6 maio 2019). Nesse *site*, você pode simular a queda livre de um corpo em todos os planetas do nosso Sistema Solar, observando os diferentes comportamentos que a gravidade local causa.

Uma questão de gravidade: <http://objetoseducacionais2.mec.gov.br/bitstream/handle/mec/4858/sim_fis_questaogravidade. htm?sequence=4> (acesso em: 6 maio 2019). Simulador que aborda os conceitos gravitacionais e por que os pesos dos objetos podem variar em cada planeta.

▶ ASSISTA

Isaac Newton – O último mágico. Reino Unido, 2013. Direção: Jonathan Hyde, 59 min. Apresenta a vida de um dos maiores cientistas do mundo, que estabeleceu as três leis da dinâmica que estudamos até hoje, bem como a lei da gravidade.

Interestelar. Reino Unido e Estados Unidos, 2014. Direção: Christopher Nolan, 169 min. Com os recursos da Terra se esgotando, a humanidade precisa buscar novos caminhos para a sobrevivência. Inicia-se assim uma exploração a outros planetas e locais no Universo. Apresenta os conceitos de forças gravitacionais, buracos negros, tempo e espaço.

Gravidade. Reino Unido e Estados Unidos, 2013. Direção: Alfonso Cuarón, 91 min. O filme mostra como os efeitos da gravidade atuam sobre as estações espaciais e os objetos que orbitam a Terra.

Cosmo – Uma odisseia do espaço-tempo. Série que aborda diversos assuntos físicos, como forças, gravidade, Astronomia e fenômenos que ocorrem dentro ou fora da Terra.

📖 LEIA

A gravidade: esta grande escultora, de Thais Russomano e Joan Vernikos. O livro mostra como usar a gravidade terrestre a seu favor.

Astronauta – Singularidade: 6, de Danilo Beyruth. O astronauta investiga um buraco negro; mas, o que era para ser uma pesquisa científica, acaba virando uma aventura perigosa.

Isaac Newton e sua maçã, de Kjartan Poskitt. Biografia ilustrada do grande cientista que deu um novo rumo ao que conhecemos sobre a dinâmica dos corpos.

Por que as coisas caem?, de Alexandre Cherman e Bruno Rainho Mendonça. Uma história sobre a gravidade.

Funcionário realizando a leitura de relógio de luz. Macaé (RJ), 2018.

6

Equipamentos e consumo de energia

NESTE TEMA

VOCÊ VAI ESTUDAR:

- o uso do termo energia e como ele se aplica em várias situações do dia a dia;
- os tipos de aparelhos elétricos e as transformações de energia que realizam;
- como é calculado o valor da energia elétrica;
- elementos de um circuito elétrico e tipos de ligação;
- funcionamento de pilhas e baterias;
- como a eletricidade chega às residências;
- circuitos elétricos nas residências;
- sistemas de proteção para as instalações elétricas residenciais.

1. Como é calculado o consumo de energia elétrica?
2. Quais características dos aparelhos elétricos influenciam no seu consumo?
3. Dê exemplos de situações onde há desperdício de energia elétrica.
4. Como a eletricidade chega a nossa casa?
5. Por que, ao ligar o interruptor de luz da sala, ou mesmo de uma lanterna, a lâmpada começa a brilhar? O que a faz acender?

Equipamentos elétricos

Neste capítulo, você estudará os aparelhos elétricos, desmontando alguns eletrodomésticos e observando suas peças. Irá classificá-los de acordo com suas funções e entender as transformações de energia que realizam.

EXPLORANDO O CONSUMO DE ENERGIA E SEUS IMPACTOS

João gostava muito de tomar banho.

Para ele, era um momento de relaxamento. Ele entrava embaixo do chuveiro e ficava às vezes quase 10 minutos! Seus pais sempre implicavam com os banhos demorados de João, mas ele não mudava essa atitude.

Ele pensava: "Eu não dou muitos gastos para minha família. Não deixo a torneira aberta ao escovar os dentes, não deixo a luz acesa quando não estou mais no cômodo e não abro a geladeira sem necessidade. Por isso, posso gastar um pouco mais de energia elétrica no banho".

Mas será que o pensamento de João está correto? Será que, ao tomar um banho demorado, ele gasta apenas um pouco mais do dinheiro reservado ao pagamento da conta de luz ou algo mais é perdido com esse ato?

Natalia Forcat

Agora é sua vez. 🎤

1. Quando desperdiçamos energia elétrica, além de dinheiro, o que estamos gastando?

2. Você já reparou o quanto sua família consome de energia todo mês?

3. Quais aparelhos elétricos consomem mais energia?

4. Pense sobre o seu cotidiano e o de sua família. Quais atitudes você pode tomar para economizar energia?

A energia em nosso cotidiano

Logo que acordamos, estamos cheios de energia para enfrentar mais um dia com muitas atividades. No mesmo instante, o noticiário da TV ou do rádio pode estar tratando das fontes renováveis de energia e comentando que devemos economizar energia, pois assim estaremos também poupando o meio ambiente.

Como a noção de **energia** está presente em situações tão diferentes como essas?

A importância da energia provém justamente da possibilidade de ser empregada em diversas situações. Podemos ainda falar da energia dos músculos, da energia contida numa pilha, da energia presente no vento, nos alimentos, da energia solar, da energia elétrica ou da energia nuclear.

↑ A energia elétrica possibilita a utilização de diversos aparelhos.

Atualmente, o uso da energia em nossas vidas é muito presente, com quase todas as nossas atividades envolvendo, de uma maneira ou outra, aparelhos que funcionam usando algum tipo de energia. Mas você sabe qual é a utilidade e quais são as características desses aparelhos?

PENSAMENTO EM AÇÃO) PESQUISA

Classificando os equipamentos elétricos

Vamos classificar os aparelhos normalmente utilizados em uma residência?

Material:

- folha de papel ou caderno;
- lápis ou caneta.

Procedimento

1. Reúnam-se em grupo e façam uma lista dos equipamentos, aparelhos ou utensílios elétricos usados diariamente em residências.

Reflita e registre

NO CADERNO

1. Separem os aparelhos da lista em grupos (categorias) que tenham características semelhantes. Organizem a lista em um quadro. Justifiquem a classificação que vocês fizeram.

2. Cada grupo de equipamentos criado no quadro anterior virará um novo quadro, em que serão inseridos dados sobre cada aparelho. Listem os equipamentos e preencham o restante das colunas, discutindo as escolhas com seus colegas.

Aparelhos eletrodomésticos

Com a atividade da página anterior, você pôde prestar bastante atenção nos **aparelhos eletrodomésticos**. O seu agrupamento pode ter sido feito de diversas formas. Vamos apresentar agora uma maneira de agrupar; mais à frente, você vai entender por que a escolhemos.

Começaremos pelos ventiladores, liquidificadores e furadeiras. Você deve ter listado alguns desses equipamentos no levantamento inicial. Todos eles funcionam ligados à rede elétrica e seu funcionamento está baseado em algum tipo de movimento. Os chuveiros elétricos, torradeiras, aquecedores são aparelhos que emitem calor. Já equipamentos como campainhas, alarmes, alto-falantes, toca-discos e CD-players emitem som. As lanternas, lâmpadas e holofotes iluminam. Em todos esses exemplos, os equipamentos podem estar ligados à rede elétrica ou funcionarem por pilhas ou baterias.

Os agrupamentos ficariam como no quadro abaixo:

A proporção entre as dimensões das estruturas representadas não é a real.

Classificação	Exemplos	
movimentadores	liquidificador, furadeira, ventilador	Mizkit/Shutterstock.com
aquecedores	chuveiro elétrico, torradeira, aquecedor elétrico	gresei/Shutterstock.com
iluminadores	lâmpadas, lanternas, holofotes	Viktor Kunz/Shutterstock.com
sonorizadores	rádio, caixa acústica, campainhas	Klanarong Chitmung/ Shutterstock.com
iluminadores-sonorizadores	televisão, computador	UmbertoPantalone/iStockphoto.com

Transformação da energia elétrica

Apesar das peculiaridades de cada aparelho elétrico, todos eles precisam de alguma fonte de eletricidade (rede elétrica, pilhas ou baterias) e usam essa eletricidade para produzir movimento, aquecimento, som, iluminação.

Podemos entender melhor o funcionamento desses aparelhos usando o conceito de energia. O caso mais simples é o das torradeiras e o dos aquecedores. Esses aparelhos **transformam a energia** proveniente das redes elétricas em calor. Note que eles, assim como todas as máquinas, não produzem energia, apenas a transformam em outro tipo de energia. Por exemplo, o chuveiro elétrico transforma a energia elétrica em energia térmica, que depois é utilizada para aquecer a água.

Veja, no quadro, alguns tipos de energia.

Energia cinética	Energia associada ao movimento.
Energia térmica	Energia associada ao calor.
Energia elétrica	Energia associada às pilhas e às redes elétricas.
Energia luminosa	Energia associada à luz.
Energia sonora	Energia associada ao som.

Nas imagens abaixo, são apresentados alguns aparelhos que transformam a energia elétrica em outra.

energia elétrica → energia térmica

energia elétrica → energia cinética

Desse modo, os equipamentos eletrônicos convertem a energia elétrica, vinda da tomada ou de pilhas e baterias, em movimento, calor, som e luz.

O quadro a seguir apresenta alguns exemplos de aparelhos e informações sobre seu funcionamento e suas formas de transformação de energia.

Aparelho	O que ele faz?	Como funciona?	O que precisa para funcionar?	Energia de entrada	Energia em que a elétrica é transformada
liquidificador	Mistura e bate alimentos.	Movimento de pás.	Rede elétrica.	elétrica	cinética
chuveiro elétrico	Esquenta água.	Resistor elétrico.	Rede elétrica.	elétrica	térmica
rádio	Reproduz som.	Vibração nos alto-falantes.	Rede elétrica, baterias e pilhas.	elétrica	sonora

Conhecendo os eletrodomésticos

Qual caminho a energia elétrica percorre até ser transformada na energia final do próprio aparelho?

Cada grupo deve propor uma hipótese para a pergunta inicial antes de realizar a atividade investigativa.

Material:

- aparelhos eletroeletrônicos quebrados;
- chaves de fenda de vários tamanhos e com pontas em diversos formatos;
- alicates pequenos (de bico, de corte etc).

Procedimento

1. Sob a supervisão do professor, desmonte os equipamentos separando os componentes na ordem do caminho de transformação de energia.

Estúdio Chanceler

! ATENÇÃO!

Importante: não inclua pilhas e baterias na sua lista de equipamentos. Elas precisam de cuidados especiais para serem desmontadas, pois podem ser perigosas.

Nunca conecte os equipamentos na tomada durante essa investigação!

Não abra aparelhos elétricos sem a supervisão do professor! Não deve tentar fazer isso em casa! Risco de choque elétrico caso entre em contato com algum dispositivo de alta tensão.

Reflita e registre

NO CADERNO

1. Identifique qual é a parte do aparelho responsável pela transformação da energia.

2. Descreva como essa parte do equipamento realiza essa transformação.

3. Compare a estrutura da parte que transforma energia com a de outros aparelhos do mesmo grupo.

4. Como os equipamentos estão quebrados, esboce um diagnóstico do motivo de terem parado de funcionar.

5. Depois de realizar essa investigação, compare entre os grupos:

   a) as hipóteses para o caminho da transformação de energia;

   b) as partes responsáveis pelo funcionamento dos aparelhos;

   c) outras características que os grupos julgarem relevantes.

SISTEMATIZAR

1. O secador de cabelos e a chapinha são elementos utilizados para realizar diversos penteados. Além disso, eles têm outra coisa em comum, pois ambos transformam energia ░░░░ em energia ░░░░. Escreva no caderno a alternativa que preenche corretamente as lacunas.

a) elétrica – calorífica.

c) térmica – elétrica.

b) elétrica – térmica.

d) elétrica – mecânica.

2. Alguns aparelhos transformam energia elétrica em mais de um tipo de energia. Dê um exemplo de aparelho que transforma energia elétrica na maior variedade que você conhece.

REFLETIR

1. Leia o texto a seguir e responda às questões:

Seriam todos os aparelhos capazes de transformar energia elétrica em energia térmica?

Quando analisamos a transformação de energia dos aparelhos, é comum classificarmos de acordo com suas transformações de energia. Aparelhos como furadeiras, lâmpadas ou computadores aquecem enquanto estão sendo utilizados, mas esta não é sua principal função. Nesses casos, damos o nome de receptores, pois transformam energia elétrica em energia térmica, mas a maior parte da energia é transformada em energia mecânica, luminosa ou qualquer outro tipo. Já os aparelhos cuja principal função é transformar energia elétrica em energia térmica são chamados de resistivos.

Texto dos autores desta obra.

a) Responda à pergunta do título do texto e justifique sua resposta.

b) Compare as características dos aparelhos receptores e resistivos. Em que são semelhantes? E diferentes?

DESAFIO

1. Nos aparelhos elétricos, há transformação de energia elétrica em outros tipos de energia. De acordo com o princípio da conservação de energia, a ideia de transformação de energia pode ser aplicada em outras situações.
Junte-se em grupo com colegas e analisem os três casos a seguir. Depois, classifiquem-nos de acordo com a transformação de energia realizada, relacionando as letras e os algarismos romanos.

a) Em uma usina térmica, o carvão é queimado para aquecer a água depositada em uma caldeira, gerando vapor. O vapor é gerado em alta pressão e faz com que turbinas sejam giradas. As turbinas são ligadas a geradores elétricos.

b) Em uma usina hidrelétrica, a água represada cai de certa altura, fazendo com que as turbinas sejam giradas. As turbinas são ligadas a geradores elétricos.

c) Em um tobogã, as pessoas sobem a certa altura e escorregam até o chão.

I) energia potencial gravitacional ⟶ energia cinética

II) energia potencial gravitacional (relacionada à altura) ⟶ energia cinética ⟶ energia elétrica

III) energia química ⟶ energia térmica ⟶ energia cinética ⟶ energia elétrica

CAPÍTULO 2

Ficha técnica dos aparelhos elétricos

Neste capítulo, você vai estudar como é possível calcular o consumo de energia elétrica dos aparelhos e quais as variáveis relevantes para seu cálculo. Você também entenderá como é o valor atribuído ao consumo em uma conta de energia.

EXPLORANDO A VOLTAGEM DAS RESIDÊNCIAS

Erika, a mãe de Hugo, precisava de um novo forno de micro-ondas. Encontrou uma boa oferta numa loja no centro comercial perto de sua casa e comprou um aparelho. Chegou super feliz em casa com o bom negócio que tinha feito e foi ligá-lo.

Vendo a empolgação da mãe, Hugo foi ajudá-la a tirar o forno da caixa.

Erika colocou o novo forno no lugar do liquidificador e conectou o plugue na tomada. Depois, Hugo fez o seu prato de almoço com a comida que estava na geladeira. Ele colocou o prato no micro-ondas, mas, quando apertou o botão, o forno não funcionou.

Erika verificou se o plugue estava bem conectado na tomada, ligou novamente, e nada! Hugo perguntou se a tomada estava funcionando e a mãe disse que o liquidificador estava funcionando normalmente. O que seria então?

A mãe retirou o forno do lugar e foi verificar a etiqueta com a ficha técnica do aparelho. Leu: "220 V". "Ai, ai, ai..." disse ela. "Comprei um forno 220 V e nossa rede é de 110 V. Por isso ele não está funcionando... A loja me entregou o forno com a voltagem errada! Vou ter de trocar."

Hugo ficou pensativo. Ele sabia que em outras cidades a rede elétrica era de 220 V. Mas o que diferenciava 110 V de 220 V?

Natalia Forcat

Agora é sua vez. 🎤

1. Por que é importante checar as etiquetas dos aparelhos novos antes de ligá-los na tomada?

2. Você já viu algum aparelho "queimar" logo que foi ligado na tomada? Por que isso acontece?

Especificando aparelhos elétricos

No capítulo anterior, estudamos sobre as transformações de energia realizadas pelos aparelhos elétricos. Dessa forma, observamos que cada aparelho têm características específicas de funcionamento. Como forma de exibir as informações dos aparelhos elétricos aos consumidores, eles trazem um manual de instrução, fichas técnicas e etiquetas. A seguir, iremos estudar um pouco mais sobre a forma como essas informações são apresentadas.

Ficha técnica de aparelhos

É possível conhecer mais os aparelhos que utilizamos cotidianamente com base nas informações fornecidas pelos fabricantes, no manual do consumidor ou na etiqueta de especificações desses equipamentos. Para sabermos como ligar um aparelho ou quanto cada um consome de energia, precisamos aprender a interpretar as especificações contidas em sua **ficha técnica**.

Os equipamentos eletrodomésticos que você classificou no capítulo anterior provavelmente têm uma etiqueta ou placa como a que aparece na figura ao lado.

Essa placa refere-se a um forno de micro-ondas e nela existem várias informações. Vamos analisá-las.

Léo Burgos

Tensão elétrica

A seta vermelha mostra o valor 127 V~, e veja que logo acima está escrito "tensão nominal". Este valor indica o tipo de rede elétrica na qual o aparelho pode ser ligado. Você deve saber que no Brasil temos a rede 110 V e a 220 V. O valor 127 V indica a tensão máxima na qual o aparelho pode ser ligado. Então, este forno de micro-ondas é para uma rede 110 V.

A **tensão** é um dado importante, pois nos equipamentos ela indica a característica elétrica para seu bom funcionamento. Nas tomadas e geradores em geral (pilhas e baterias), ela indica a eletricidade que a fonte fornece. É importante que a tensão do equipamento e do gerador sejam iguais. Se o gerador fornecer tensão elétrica superior à que o aparelho foi designado, ele queima.

Potência elétrica

Na etiqueta apresentada na página anterior, no meio da elipse vermelha, aparece a indicação da grandeza **Potência (W)** e, logo ao lado, o valor 1150. Esse valor indica o quanto o aparelho consome de energia, e W (abreviação de **watts**) é a unidade de medida para a potência. Então, potência é a grandeza que indica o quanto um aparelho consome de energia.

Assim, para obter boa iluminação, preferimos uma lâmpada de 100 W a uma de 40 W, pois a primeira transforma a energia elétrica em luz mais rapidamente. O mesmo ocorre com um aspirador de pó, com o som de um carro, e outros.

O aparelho doméstico com maior potência entre os relacionados na tabela abaixo é o chuveiro. Na posição inverno, ele consome muito, quase cinco vezes o que consome o micro-ondas.

Potência aproximada de alguns aparelhos elétricos		
Aparelho	**Tipo de energia**	**Potência (W)**
chuveiro	térmica	2400 (verão) 6800 (inverno)
ar condicionado	térmica	810
lâmpadas	luminosa	40
micro-ondas	térmica	1150
TV	luminosa/sonora	90

Tabela de consumo e eficiência energética. Disponível em: <www.inmetro.gov.br/consumidor/tabelas.asp>. Acesso em: 3 maio 2019.

Então, vamos deixar claro a seguir algumas informações ligadas ao consumo dos aparelhos:

- Potência é a rapidez com que o aparelho utiliza a energia da rede elétrica.
- A energia é medida em joule (J).
- A potência é medida em watts (W), que é o joule por segundo.
- Variação da energia é a grandeza que mede a possibilidade de algum tipo de tarefa/trabalho ser feito.

Na maioria das situações práticas, o que interessa é quanto o equipamento usa de energia ao longo do tempo para produzir algum tipo de tarefa. Isso pode ser pensado para o caso do chuveiro elétrico, cuja tarefa básica é transferir calor para a água e esquentá-la. Ele faz isso transformando energia elétrica em energia térmica.

Assim, o que diferencia um chuveiro na posição verão da posição inverno é a rapidez com que ele faz isso. Veja na tabela acima: 2400 W para 6800 W. Na posição verão, o chuveiro transforma 2400 joules de energia elétrica em energia térmica em cada segundo. Na posição inverno, ele faz a mesma transformação, mas de forma mais rápida: 6800 joules em cada segundo.

Potência (P_{ot}) é uma grandeza relacionada à quantidade de Energia potencial elétrica (E_{pel}) que um aparelho precisa para funcionar em determinado intervalo de tempo, e é medida em watt (W). A equação de potência é:

$$P_{ot} = \frac{E_{pel}}{\Delta t}$$

Nessa equação, E_{pel} é medida em joule (J) e Δt é o intervalo de tempo de uso, medido em segundos (s). A potência e o tempo de uso são grandezas relevantes no consumo de energia, pois a E_{pel} é o resultado da multiplicação do tempo de uso pela potência do aparelho, ou seja,

$$E_{pel} = P_{ot} \cdot \Delta t$$

Outra medida muito comum de consumo de energia elétrica é o quilowatt-hora (kWh). Para calcular o consumo de energia de um aparelho, basta multiplicar o valor de sua potência pelo tempo de uso, em horas.

Exemplo:

O uso por 15 minutos de um chuveiro no verão (potência aproximada de 2 400 W) e de outro no inverno (potência aproximada de 6 800 W) podem ser indicados em quilowatt-hora:

$$\frac{2\,400\ W}{1000} = 2,4\ kW\ (verão) \qquad \frac{6\,800\ W}{1000} = 6,8\ kW\ (inverno)$$

Agora devemos converter os minutos em horas:

$$\frac{60\ minutos}{15\ minutos} = \frac{1\ hora}{x}$$

$60\ minutos \cdot x = 15\ minutos \cdot 1\ hora$

Dessa forma, obtemos o resultado obtido em fração de hora, como mostrado abaixo.

$$x = \frac{15}{60}\ hora \qquad logo, \qquad x = \frac{1}{4}\ hora$$

Portanto, no verão temos

$$E_{pel} = (2,4\ kW) \cdot \left(\frac{1}{4}\ hora\right) = 0,6\ kWh$$

No inverno,

$$E_{Pel} = (6,8\ kW) \cdot \left(\frac{1}{4}\ hora\right) = 1,7\ kWh$$

Veja que os valores das potências são muito altos, por isso é comum expressar tanto a potência como a energia consumida em unidades mais adequadas a esses valores; nesse caso, pela unidade kWh (quilowatt-hora), que você pode encontrar nas contas de consumo de energia elétrica enviadas para sua residência todo mês.

CURIOSO É...

Cálculo da energia gasta por um aparelho elétrico

O consumo mensal de um aparelho pode ser calculado da seguinte forma:

Potência do aparelho (kW)	·	Tempo que o aparelho fica ligado durante o mês (horas)	=	Energia consumida pelo aparelho (kWh)

O valor da potência do aparelho pode ser encontrado em sua etiqueta ou pesquisado na internet, utilizando-se como referência a marca e o modelo.

Explorando a conta de luz e o consumo de energia

Vamos investigar o consumo de energia elétrica das residências?

Material:

- cópia de uma conta de luz.

Procedimentos

Parte I – Análise da conta de luz

1. Em grupo, analise e busque informações contidas na conta de energia elétrica.

Reflita e registre

1. Com base na conta de energia elétrica, identifique:

a) o consumo de energia elétrica da residência;

b) o valor total cobrado na fatura pelo fornecimento da energia elétrica.

2. Agora, vamos refletir sobre como é calculado o custo.

a) Qual é o valor cobrado pela energia consumida? Esse valor é maior ou menor que aquele indicado no total da fatura? Explique o que você encontrou.

b) Analise o gráfico do histórico de consumo. Em quais meses ocorreram o maior e o menor consumo de energia elétrica? Quais fatores podem ter influenciado essa variação?

Parte II – Cálculo do consumo de energia

1. Faça uma pesquisa em casa e construa um quadro como o do modelo a seguir.

Aparelho	Tipo de energia	Potência (W)	Tempo mensal de uso (h)	Quantidade
chuveiro	térmica	2 400 (verão) 6 800 (inverno)	30	1
geladeira	térmica	500	720	1
lâmpadas	luminosa	100	120	10

Fonte: Tabela elaborada para fins didáticos.

2. Utilizem uma conta de luz para obter o valor cobrado pelo kWh no último mês.

Reflita e registre

1. Qual aparelho mais impacta a conta de energia elétrica da residência?

2. Proponha ações para reduzir o consumo de energia elétrica em sua casa.

Eficiência

Ao adquirir um aparelho eletrônico ou um eletrodoméstico, você e sua família devem ficar atentos à etiqueta nacional de conservação de energia e ao selo Procel de economia de energia.

As certificações de **eficiência energética**, instituídas em 1993, refletem uma preocupação com a redução do consumo e, consequentemente, com a preservação do ambiente. Então: Como saber qual aparelho é mais eficiente? Como calcular o consumo de energia elétrica de cada um deles?

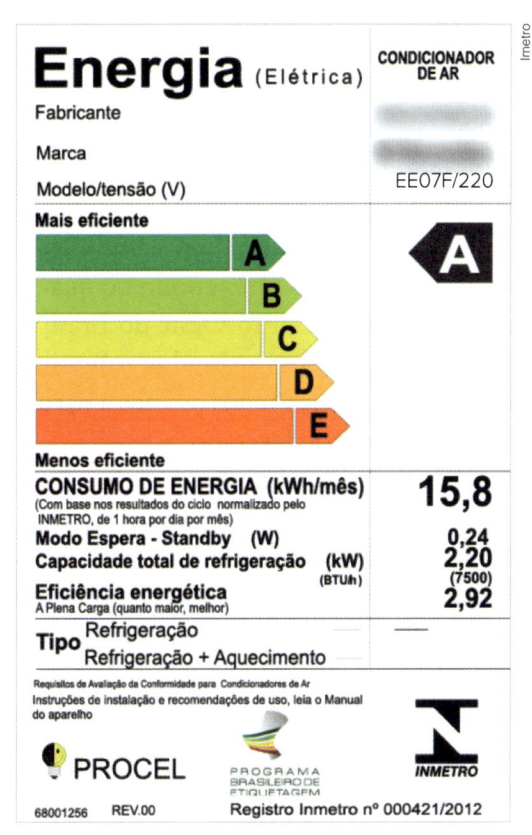

↑ No selo, quanto mais próximo da faixa verde (A), mais econômico o aparelho é. Aparelhos que estão na faixa E consomem mais energia elétrica e, por isso, são considerados os menos econômicos.

Nas transformações, a energia total é conservada, porém apenas uma parte é efetivamente utilizada, enquanto a outra é dissipada principalmente em forma de calor.

Isso acontece porque equipamentos reais (em contraposição a modelos ideais) possuem uma resistividade elétrica que pode ser considerada uma resistência interna, intrínseca dos aparelhos. Por isso, o rendimento desses aparelhos elétricos é sempre inferior a 100%.

Sendo assim, é possível apenas nos aproximar do rendimento ideal. Uma forma de fazer isso é utilizar aparelhos com eficiência melhor que outros. Em outras palavras, um aparelho com maior rendimento é aquele que realiza a mesma tarefa que outro usando menos energia, considerando o mesmo intervalo de tempo ou intervalo menor.

Nós também podemos tornar os aparelhos mais eficientes com atitudes de redução de consumo, como diminuir o consumo de energia quando os aparelhos não estão sendo utilizados. Alguns exemplos: não deixar a TV no *stand by*, não deixar a porta da geladeira aberta por muito tempo, manter portas e janelas fechadas em ambientes com ar-condicionado, retirar da tomada aparelhos que não estão sendo utilizados, mudar a estação do chuveiro no verão, entre outros.

Economizando energia elétrica

Na busca por construir uma vida e um mundo mais sustentáveis, é essencial refletirmos e avaliarmos nossos hábitos de consumo. Devemos tomar consciência dos desperdícios e buscar formas de reciclagem e reaproveitamento dos materiais e utensílios. Nesse contexto, é muito importante combatermos o desperdício de energia.

Além da conscientização sobre mudanças de hábitos, o governo também utiliza uma estratégia para que o consumo de energia seja reduzido, o horário de verão.

[...] No [...] dia 20 de outubro teve início mais um período no qual, a partir de um decreto federal, as pessoas que vivem nas regiões Sul, Sudeste e Centro-Oeste do Brasil tiveram que adiantar seus relógios em uma hora. É o horário de verão, há tempos instituído no Brasil com o objetivo de se aproveitar melhor os períodos de luminosidade solar. Começa todos os anos a partir do terceiro final de semana de outubro e vigora até o terceiro final de semana de fevereiro.

A ideia de fazer a mudança nos relógios é que nessa época os dias são mais longos. Para os estados do Norte e Nordeste a medida não se aplica, pois, como estão próximos da linha do Equador, não há diferenças consideráveis do período de luminosidade ao longo do ano.

Com o adiantamento dos relógios, levantamos uma hora mais cedo (quando o dia já está claro) e também dormimos uma hora antes, diminuindo o consumo de energia elétrica. As estimativas são de que a medida leve a uma economia da ordem de 0,5% ao longo do período de vigência do horário.

Uma economia de 0,5% parece pequena, mas a energia elétrica (assim como as demais formas de energia) é um insumo essencial – e caro – em nossa sociedade. Dependemos dela o tempo todo, e sua produção e distribuição são grandes desafios para o século 21, principalmente se levarmos em conta que a geração de energia tem um custo que vai além do financeiro. O desafio é gerar energia com um mínimo de impactos ambientais.

[...] a energia não é criada nem destruída, mas transformada, e parte dela se modifica em energia que não pode ser utilizada. Assim, dada a crescente demanda de energia, é necessário buscar sempre processos nos quais esses efeitos possam ser minimizados, embora saibamos que é impossível transformar energia com 100% de eficiência. A energia é essencial para nossas vidas, devendo, portanto, o seu uso ser bem empregado e valorizado, buscando-se sempre evitar desperdícios.

Adilson de Oliveira. Energia essencial. *Ciência Hoje*, 15 nov. 2013. Disponível em: <http://cienciahoje.org.br/coluna/energia-essencial/>. Acesso em: 3 maio 2019.

O que fazer

Nessa empreitada, convidamos você para um desafio!

Você deverá fazer um levantamento de quais são os seus hábitos e também os das pessoas que vivem com você, quanto ao uso consciente da energia elétrica.

Com quem fazer

Pesquise junto às pessoas que moram com você. Peça-lhes que respondam ao questionário.

Como fazer

Para anotar suas informações de consumo e as das pessoas que moram com você, elabore um quadro como o do exemplo abaixo.

Hábitos	Sempre fazemos	Fazemos às vezes	Nunca fazemos
Apagamos a luz ao sairmos dos cômodos.			
Acendemos a luz mesmo quando ainda há sol.			
Abrimos a geladeira várias vezes por dia.			
Deixamos a porta da geladeira aberta muito tempo.			
Deixamos o ventilador ou o ar-condicionado ligado dia e noite durante o verão.			
Guardamos alimentos ainda quentes na geladeira.			
Deixamos a televisão ligada mesmo sem ninguém assistindo.			
Nossa TV está sempre no modo *stand by*.			
Utilizamos vários aparelhos ligados na mesma tomada.			
Deixamos o computador ligado mesmo sem ninguém utilizando.			
Utilizamos a máquina de lavar mesmo quando há pouca roupa.			
Tomamos banhos quentes por mais de 10 minutos.			
Lavamos nosso carro com água potável.			
Lavamos o quintal com água potável.			
Demoramos para consertar vazamentos de água.			
Total			

No "Total", você deverá somar as quantidades de cada item.

Para complementar os dados obtidos anteriormente, monte um quadro semelhante ao apresentado abaixo. Ele deve conter todas as horas do dia e apresentar as informações sobre quais aparelhos elétricos estão sendo utilizados ao mesmo tempo.

Horário	Aparelhos ligados	Quanto tempo ficaram ligados
0h		
1h		
2h		
3h		

Apresentando o que foi feito

Após preencher os dois quadros, crie um mural com um resumo dos dados que você obteve e deixe-o em um local de maior acesso, seja na escola ou em sua casa. Busque sensibilizar as pessoas que moram com você a também estarem mais atentas aos seus próprios hábitos para evitar desperdício de água e energia.

Após um mês, preencha novamente o quadro e verifique quais hábitos você conseguiu mudar e quais ainda persistem.

A maioria dos aparelhos eletrônicos possui um modo de repouso chamado *stand by*, em que uma luz fica acesa mesmo com o aparelho desligado.

Nesse modo, o aparelho não se encontra completamente desligado, mas em estado de repouso para ser inicializado rapidamente. Em *Smart* TVs, por exemplo, essa função mantém o *software* pronto para ser reiniciado e conecta-se à internet rapidamente.

Se a TV for deixada desligada por muito tempo, o que se recomenda é retirar da tomada, pois estará economizando energia, uma vez que o aparelho desliga completamente e a luz se apaga.

↑ Alguns aparelhos em *stand by* ficam com uma luz vermelha acesa.

 **AQUI TEM MAIS**

A potência não é medida apenas em aparelhos elétricos mas também pode ser medida em nosso corpo, quando realizamos uma ação específica.

Pesquise também sobre a potência de diversos aparelhos elétricos, como torradeiras, fornos elétricos, fontes de celular, fontes de *tablet*, entre outros. Utilize *sites* confiáveis, revistas de divulgação científica e livros da biblioteca da sua escola.

Com os dados obtidos, elabore um quadro comparativo das potências e produza um pequeno texto em que seja discutido como seria a nossa vida sem máquinas para realizar trabalho e os benefícios e malefícios da evolução tecnológica relacionada a esse tema.

Apresentamos a seguir algumas questões para orientar a discussão.

Itens	Potência
Torradeira	
Forno elétrico	
Fonte de celular	
Fonte de *tablet*	
Carro	

1. Compare as potências típicas dos itens que você encontrou. Por exemplo, compare quantos carregadores de celular são necessários para produzir a mesma potência de um carro.

2. Comente sobre os fatores ambientais que são afetados pela utilização de máquinas e produção de energia elétrica.

3. O seu estilo de vida atual seria possível sem a evolução das máquinas e o aumento da produção de energia?

ATIVIDADES

SISTEMATIZAR

1. Alguns aparelhos elétricos podem ser responsáveis por boa parte do consumo de energia da casa. Quais informações são importantes para que possamos utilizar os aparelhos de modo a economizar energia elétrica?

2. Pedro costuma levar 20 minutos em seus banhos com o chuveiro regulado no modo verão, cuja potência é 2 500 W. Depois de suas aulas de Ciências, ele decidiu que agora irá tomar banhos mais rápidos, de 10 minutos, para economizar energia. Se Pedro toma um banho por dia, quanta energia ele irá economizar? E se ele tomasse dois banhos por dia?

REFLETIR

1. Leia o texto a seguir e depois faça o que se pede.

Lei de Lavoisier

Em 1785, o químico francês Antoine Laurent Lavoisier postulou sua lei conhecida como a "lei da conservação das massas". Lavoisier estava interessado em descobrir se as massas das substâncias antes de reações químicas e seus produtos. O que ele fez foi pesar as substâncias antes e depois da reação, verificando que a massa total do sistema permanecia a mesma. Dessa forma, pôde concluir que a massa total de reagente é a mesma que a dos produtos da reação. Uma forma conhecida de sua lei é a frase em que diz: "Na Natureza, nada se cria e nada se perde, tudo se transforma".

a) Escreva com suas palavras o que entendeu sobre o texto.

b) Você acha que a ideia de Lavoisier pode ser utilizada para a energia?

c) Dê exemplos de situações que apresentam transformações de energia em formas diferentes.

DESAFIO

1. Faça uma pesquisa sobre os eletrodomésticos que têm em sua casa e complete o quadro, seguindo o exemplo:

Aparelho	Tipo de energia	Potência (W)	Tempo mensal de uso (h)
ferro de passar	térmica	1000	10

Na primeira coluna, anote o tipo de aparelho; na segunda, qual a transformação principal de energia que ele realiza; na terceira, anote a potência do aparelho; e, na quarta, o tempo de uso mensal, em horas.

Com o quadro completo, responda às questões.

2. Qual tipo de energia utiliza maior potência?

3. Quais maneiras de economizar energia elétrica você poderia sugerir, com base nos dados coletados?

Economia de energia elétrica

Produzir 1 kW de eletricidade por meio de uma turbina que se aquece com a queima de carvão gera a emissão de 750 gramas de dióxido de carbono (CO_2) na atmosfera. Além disso, grande parte da eletricidade utilizada nas casas é desperdiçada. Eletrodomésticos que permanecem ligados sem uso, a utilização errada de sistemas de resfriamento ou aquecimento e a utilização de lâmpadas ultrapassadas... tudo isso contribui para um impacto negativo no meio ambiente.

O chuveiro elétrico é um dos eletrodomésticos que mais gasta energia. Procure reduzir o tempo dos banhos e, na medida do possível, use o chuveiro sempre na posição verão.

O aparelho de ar-condicionado também é um grande consumidor de energia em uma casa. Quando ele estiver ligado, deixe as portas e janelas do ambiente bem fechadas e evite manter aparelhos eletrônicos que podem aquecer o ambiente ligados desnecessariamente. Não durma com o ar-condicionado ligado, deixando-o programado para desligar por meio do *timer*.

Desligue ventiladores quando não houver ninguém no ambiente.

Desligue aparelhos de som e TV se não houver ninguém no ambiente.

Aquecedores, assim como o chuveiro elétrico e o aparelho de ar-condicionado, são vilões das contas de energia. Utilize-o para aquecer o ambiente mantendo sempre portas e janelas fechadas, para conservar a temperatura.

SELO DE CONSUMO ENERGÉTICO

Obrigatório em muitos países, informa sobre a eficiência energética dos aparelhos elétricos. A etiqueta se divide em sete níveis, de A a G, tomando como referência o ponto médio. Assim, um eletrodoméstico da classe A consome 55% do que consome um da classe D. Um da classe B consome entre 55% e 75% e um da classe C consome entre 75% e 90% do que consome um da classe D.

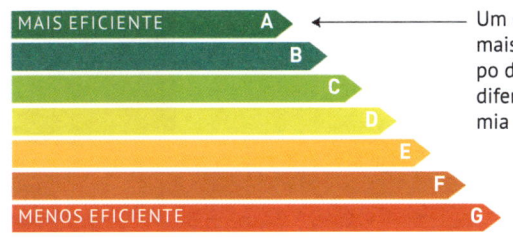

MAIS EFICIENTE — A
B
C
D
E
F
MENOS EFICIENTE — G

Um eletrodoméstico da classe A pode ser mais caro que um da classe G, mas um tempo depois de colocá-lo em uso se recupera a diferença em dinheiro, por conta da economia nas contas de energia elétrica.

45 kg

de CO_2 são emitidos a cada ano para gerar a eletricidade necessária ao funcionamento de uma única lâmpada incandescente. As lâmpadas desse tipo deixaram de ser comercializadas no Brasil em meados de 2016.

Evite ficar muito tempo com a geladeira aberta. Haja com objetividade e não deixe para pensar no que vai querer comer depois de abri-la.

Utilize a máquina de lavar roupa sempre em sua capacidade máxima. Espere a roupa suja se acumular, assim o uso de energia para fazer a máquina funcionar será otimizado.

O ferro de passar roupa utiliza mais energia para elevar sua temperatura do que para mantê-la. Por isso, acumule as roupas, deixando para passá-las todas de uma vez.

LÂMPADAS DE BAIXO CONSUMO

As lâmpadas mais econômicas atualmente são as de LED. Com tecnologia avançada, apresentam boa eficiência, gastando quantidades muito pequenas de energia. Elas chegam a ser 60% mais econômicas que as lâmpadas fluorescentes compactas e 90% mais econômicas que as lâmpadas incandescentes.

1. Por que economizar energia elétrica significa também poupar os recursos naturais?

2. Que eletrodomésticos apresentam maior consumo de energia elétrica? O que eles têm em comum?

3. Faça uma lista do uso de eletrodomésticos que você e as pessoas com quem você mora fazem durante um dia. Depois compare com as dicas apresentadas nesta seção e, em seguida, reflita se há atitudes que podem ser mudadas visando economizar energia.

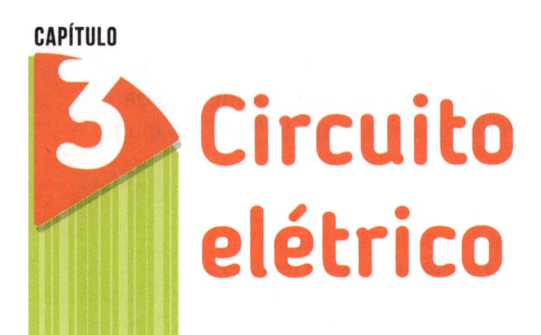
Neste capítulo, você vai estudar: elementos de um circuito elétrico; corrente elétrica num circuito; funcionamento de pilhas e baterias; ligações nos circuitos elétricos.

EXPLORANDO O FUNCIONAMENTO DOS ELETRODOMÉSTICOS

Desde pequena, Andressa gostava de ver os aparelhos domésticos de sua casa funcionando, como o ventilador em dias quentes e a torradeira que sua mãe usava no café da manhã para preparar torradas. Além disso, ela sempre ficava impressionada quando acionava o interruptor e duas lâmpadas da sua casa acendiam ao mesmo tempo.

– Como pode, ao mesmo tempo, esse interruptor ligar duas lâmpadas quando se aperta um simples botão? – perguntou Andressa a sua mãe, que lhe respondeu:

– Filha, é a eletricidade que faz todos os aparelhos domésticos de nossa casa funcionar, as lâmpadas acenderem e até seu celular carregar!

A resposta da mãe não foi suficiente para convencer Andressa, que pensou: Como será que a eletricidade pode carregar o celular e os diversos aparelhos de casa?".

Até que um dia a professora de Ciências abordou o tema "Eletricidade" na escola! A garota ficou feliz porque pôde tirar todas as suas dúvidas. Após a aula, Andressa saiu contente e foi conversar com sua mãe sobre eletricidade:

– Mãe, aprendi bastante sobre eletricidade! Compreendi porque colocar o dedo na tomada ou em um fio elétrico desencapado pode ser perigoso e podemos tomar um choque!

Sua mãe lhe disse:

– Filha, agora você irá me ensinar. Também quero aprender mais sobre eletricidade!

Elas caíram na gargalhada!

Claudia Marianno

Agora é sua vez. 🎤

1. Já parou para pensar o que acontece quando ligamos ou desligamos o interruptor de uma lâmpada? Passa alguma coisa pelos fios? O que poderia ser essa coisa?

2. Você já observou que são necessários ao menos dois pedaços de fios para ligar uma lâmpada ou outro aparelho elétrico nas extremidades de uma pilha ou mesmo no plugue que encaixamos nos buracos de uma tomada? Por que isso é necessário? Qual é a função das pilhas?

Circuito elétrico

Os dispositivos elétricos que geralmente usamos funcionam graças à passagem de energia elétrica por um circuito. O **circuito elétrico** é formado por um gerador, um condutor e um receptor de energia.

O gerador de energia transforma qualquer tipo de energia em energia elétrica. São exemplos de geradores as pilhas, as baterias e as usinas, como as hidrelétricas. A energia do gerador é transferida ao receptor por fios elétricos (condutores de energia). O receptor é qualquer dispositivo capaz de transformar a energia elétrica recebida em outro tipo de energia, como o liquidificador, que transforma energia elétrica em mecânica.

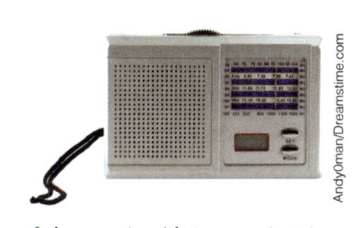

↑ A energia elétrica produzida pela pilha é transferida para o rádio, que a transforma em energia sonora.

Todos os aparelhos elétricos precisam ser conectados a um gerador para poder funcionar. Para que seja possível utilizar a energia elétrica fazemos uso da tomada elétrica, que é um ponto de conexão entre o gerador de energia e o receptor elétrico.

A figura abaixo mostra um rádio ligado a uma pilha. Quando um gerador (no caso, a pilha) se conecta a um receptor (no caso, o rádio), dizemos que se formou um circuito elétrico.

O esquema está representado com cores-fantasia e as dimensões dos elementos não seguem a proporção real.

Situação real	Situação física
pilha	fonte de tensão
fios	condutor
rádio	receptor

↑ Três representações do circuito formado pela pilha, fios e rádio. A primeira é um desenho da situação real (A). A segunda é um esquema, com os símbolos que representam cada um dos três elementos do circuito (B). A terceira é uma analogia (C).

Veja que os fios são os objetos usados para conectar o gerador ou fonte de eletricidade aos receptores. Os fios usados para esse fim são, em geral, feitos de cobre. O cobre é um material que conduz muito bem a eletricidade.

Além disso, na imagem acima, o rádio foi representado no esquema da esquerda como um zigue-zague: ─WW─. Este é o símbolo genérico para qualquer receptor.

O gerador, no caso a pilha, é representado pelas duas barras paralelas, uma menor que a outra: ─┤├─. A barra menor é o polo negativo da pilha, e a barra maior é o polo positivo. No caso das pilhas reais, aparece o sinal + e o sinal −.

Na figura C, a reação dentro da pilha é a esteira que pega as bolinhas embaixo (polo negativo da pilha) e as eleva para a parte de cima (polo positivo da pilha). Os dois trechos retos são os fios, e a parte em forma de zigue-zague é o interior do rádio, onde a eletricidade é transformada em som.

Corrente elétrica

A **corrente elétrica** é responsável pela eletricidade que tanto usamos em nosso dia a dia. Ela corresponde ao fluxo ordenado, no mesmo sentido e direção da carga elétrica, pelo condutor de energia assim que conectamos um fio elétrico às extremidades de um gerador de energia, como pilhas ou baterias.

Podemos descrever o circuito elétrico de outro modo, usando uma nova ideia ligada à eletricidade. Vamos chamar de corrente elétrica a maneira como, nesse caso, a pilha fornece energia para o rádio. A corrente elétrica é a eletricidade percorrendo os fios, saindo pelo polo positivo da pilha, passando pelo rádio e chegando ao polo negativo da pilha.

Dentro da pilha, a reação química empurra a corrente elétrica para o polo positivo e tudo recomeça. Para facilitar o entendimento, veja a ilustração da página anterior, que tem uma analogia da corrente elétrica circulando dentro do circuito.

Mas, afinal, se o rádio precisasse de duas pilhas para funcionar, uma depois da outra, o que mudaria na analogia?

> O esquema está representado com cores-fantasia e as dimensões dos elementos não seguem a proporção real.

A Situação real

B Situação física

C Situação análoga

Ilustrações: Paulo Márcio Esper

↑ Três representações do circuito formado por duas pilhas, fios e rádio.

A corrente elétrica é medida em ampere (A). Se você voltar ao tema anterior e verificar as placas dos equipamentos elétricos, vai perceber que as informações técnicas apresentam o valor máximo da corrente elétrica que pode circular no aparelho.

CURIOSO É...

A palavra circuito

A palavra circuito é usada para designar um trajeto que se fecha (o fim encontra o começo).

Chamamos circuito o percurso de uma pista de corridas de carros ou um roteiro turístico. Nesses casos, ao começar por um ponto, percorre-se determinado trajeto e volta-se ao ponto de início.

CARACTERÍSTICAS TÉCNICAS				
Especificação				
Modelo			A	B
Tensão (V ~)			127	220
Potência (Watt)	Seletor de Temperatura Multitemperaturas	○	0	0
		●	2 440	2 540
		●●	4 400	4 400
		●●●	5 500	6 000
Disjuntor ou Fusível (Ampère)			50	30
Seção dos condutores (mm²)			10	4

ENEM 2011

↑ Exemplo de ficha de informações técnicas de eletrodoméstico.

Construa sua própria pilha

Será possível construir uma pilha usando pedaços de fios e limões?

Material:

- 4 limões;
- fios do tipo cabinho, com prendedor na ponta;
- 4 pedaços de fio de cobre de aproximadamente 15 cm, sem a cobertura plástica nas duas extremidades;
- 4 pregos ou clipes de metal;
- 4 rolos internos do papel higiênico (para servir de suporte) ou copos descartáveis já utilizados;
- 1 lâmpada pequena de lanterna ou LED, ou uma calculadora;
- multímetro.

Procedimentos

1. Espete dois metais diferentes (o pedaço de fio de cobre e o prego ou clipe) em cada um dos limões, como mostrado nas imagens à direita.

2. Conforme a orientação do professor, selecione a função correspondente à tensão contínua no multímetro, encoste as pontas do equipamento nos terminais da pilha caseira (ou seja, no prego e nos fios de cobre) e faça a leitura da tensão, ou seja, dos volts que ela pode gerar.

3. Para produzir uma bateria, use quatro limões, espetando uma ponta do fio de cobre em um limão e ligando a outra ponta do fio ao prego ou clipe do limão seguinte, conforme mostrado na figura ao lado.

4. Depois de realizar a montagem, ligue sua bateria caseira à lâmpada pequena de lanterna ou LED, ou mesmo na calculadora, e verifique se ela funciona.

5. Agora, ligue as pontas que foram usadas para ligar a lâmpada no multímetro. Verifique quantos volts sua bateria pode gerar e compare com a medida feita pelos colegas. Discuta as possíveis diferenças de medidas.

↑ Medição em volts da pilha.

↑ Montagem do experimento.

Reflita e registre

1. A medida em volts que você registrou, tanto com os limões individuais como com a bateria formada pelos limões associados, foi igual às obtidas pelos colegas? Explique.

2. Se você utilizasse apenas dois limões (em vez de quatro) para sua bateria, a lâmpada acenderia? Justifique.

Pilha de Volta

As pilhas e as baterias produzem as cargas elétricas efetivas, que permitem formar a corrente elétrica por meio da reação química entre diferentes substâncias. Na pilha de Alessandro Volta elaborada em 1800, placas de prata e zinco, intercaladas por papel embebido em água salgada ou ácido fraco, formavam uma pilha (daí o nome). Nesse conjunto acontecia uma reação química chamada oxirredução. Nela, o zinco e a prata reagiam com a água salgada e, no final, o zinco acumulava uma certa quantidade de eletricidade, enquanto a prata perdia essa mesma quantidade. Assim era possível gerar uma corrente elétrica. Com 20 conjuntos como esse empilhados, Volta relatou que sentia choques leves; já com o dobro de pilhas eram produzidos choques dolorosos e até insuportáveis.

Leia uma carta escrita por Volta em março de 1880, em que ele descreve sua descoberta à Royal Society, em Londres:

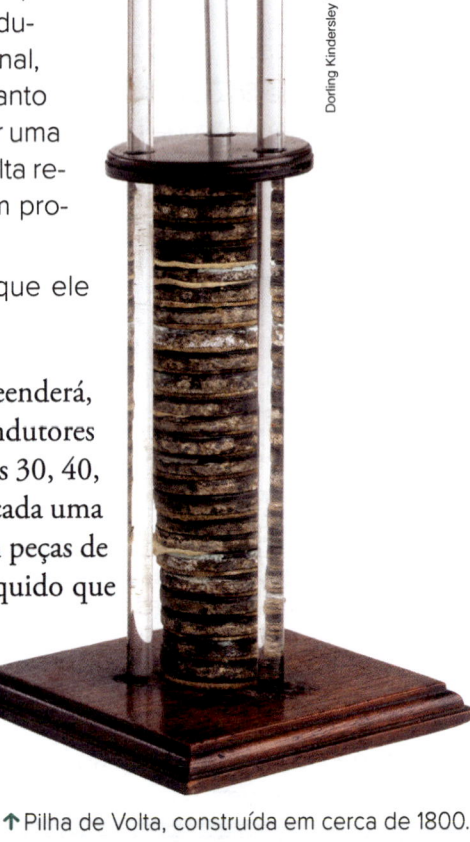

Dorling Kindersley ltd/Alamy/Fotoarena

↑ Pilha de Volta, construída em cerca de 1800.

[...] Sim, o aparelho de que falo e que, sem dúvida, vos surpreenderá, consiste apenas na montagem de um certo número de bons condutores de diferentes tipos, dispostos de determinado modo. São precisas 30, 40, 60 ou mais peças de cobre, ou, melhor ainda, de prata, ficando cada uma delas em contato com uma peça de latão ou, melhor ainda, com peças de zinco e um igual número de camadas de água pura ou outro líquido que seja melhor condutor que a água pura, nomeadamente a água salgada ou uma solução alcalina, ou então camadas de cartão ou couro, bem impregnadas de um destes líquidos...

Coloco horizontalmente sobre a mesa ou sobre uma base um dos pratos metálicos - um dos de prata, por exemplo. Por cima dele, coloco um segundo disco de zinco; sobre este disco, coloco um dos discos umedecidos; depois um novo disco de prata, seguido de outro de zinco, sobre o qual coloco um novo disco umedecido. Continuo sempre do mesmo modo a emparelhar um disco de prata com um de zinco, pela mesma ordem, ou seja, com o de prata sempre por baixo e o de zinco por cima, ou vice-versa, conforme o que fiz no princípio e inserindo entre estes pares um disco umedecido. Continuo, dizia, a formar, seguindo este processo, uma pilha tão alta quanto possível, desde que consiga aguentar-se sozinha sem cair.

Fonte: Maria Odete Valente (Coord.). *Projecto Física*. Unidade 4: luz e electromagnetismo. Lisboa: Fundação Calouste Gulbenkian, 1980. p. 55.

1. A pilha de Volta precisa de três elementos para funcionar. Quais são eles? 🎤

2. A pilha de Volta era realmente algo empilhado? Explique sua resposta.

3. As pilhas de hoje se parecem de alguma maneira com as pilhas de Volta? Reúna-se com os colegas e, juntos, pesquisem em *sites* informações sobre as pilhas atuais. Depois, discutam e cheguem a um consenso para justificar a resposta.

Circuito em série

Se você gosta de enfeitar a árvore de Natal, já deve ter pego um pisca-pisca que não funcionava. Muitas vezes, basta que apenas uma lâmpada queime para que todo um ramo do enfeite se apague. Você sabe por que isso acontece?

A lâmpada queimada funciona como um interruptor desligado. Nas lâmpadas de filamento, que ainda são usadas em alguns tipos de lanterna, é fácil ver que a eletricidade não passa por elas quando estão queimadas.

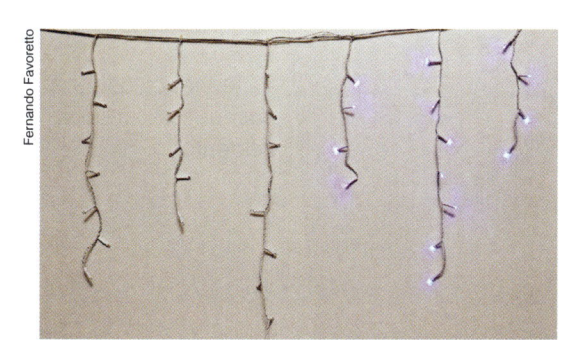

↑ Pisca-pisca ligado à tomada.

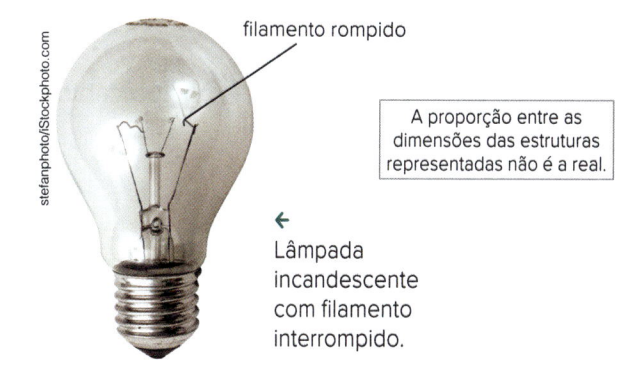

filamento rompido

A proporção entre as dimensões das estruturas representadas não é a real.

← Lâmpada incandescente com filamento interrompido.

Então, se tivermos várias lâmpadas, uma seguida da outra, e uma delas estiver queimada, a eletricidade não passará.

Os esquemas de circuitos elétricos que serão representados neste tema seguirão as definições de acordo com as figuras a seguir, em que as lâmpadas são representadas por um círculo com um X no meio, o interruptor por dois pontos, e os dois traços (um curto e outro mais longo) indicam um gerador, como, por exemplo, uma pilha.

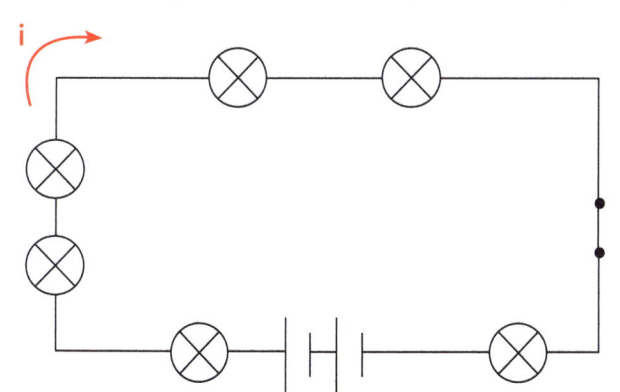

↑ Circuito com várias lâmpadas uma na sequência da outra. O circuito está fechado e a eletricidade circula e percorre todas as lâmpadas.

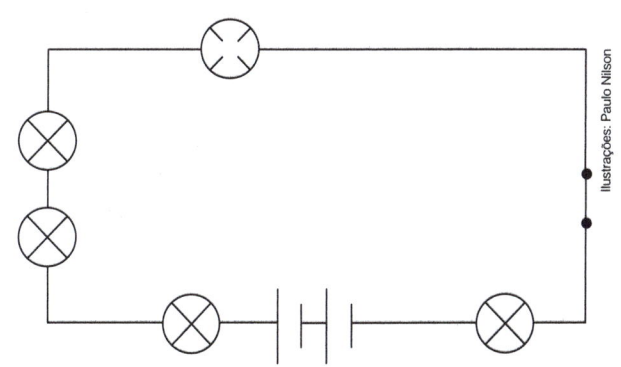

↑ Circuito com várias lâmpadas uma na sequência da outra. Uma delas está queimada. O circuito está aberto e a eletricidade não circula; as lâmpadas ficam apagadas.

O circuito em que os receptores são colocados um seguido do outro é chamado de **circuito em série**. No caso de um pisca-pisca, em que as lâmpadas estão ligadas em série, todas elas têm o mesmo brilho, pois a corrente elétrica que passa por um dos receptores passa pelos outros. Em outras palavras, a corrente elétrica é a mesma em todo o circuito.

→ A corrente que percorre o circuito é a mesma.

Estudando circuitos com lâmpadas

Vamos construir alguns circuitos elétricos usando lâmpadas e pilhas?

Material:

- 2 lâmpadas de 3 V;
- fios condutores de cobre (fio do tipo cabinho);
- alicate;
- suporte para pilha;
- 2 soquetes para lâmpada;
- 2 pilhas de 1,5 V (de preferência, pilhas grandes);
- 3 interruptores.

> **! ATENÇÃO!**
>
> Tenha cuidado ao manusear o alicate para evitar acidentes.

Procedimentos

1. Monte um circuito simples usando as duas pilhas, a lâmpada, os fios e o interruptor. Use o interruptor para ver se o circuito está bem montado. Ele deve fazer a lâmpada acender e apagar. Esse circuito será a base para todas as demais situações que serão investigadas nesta atividade.

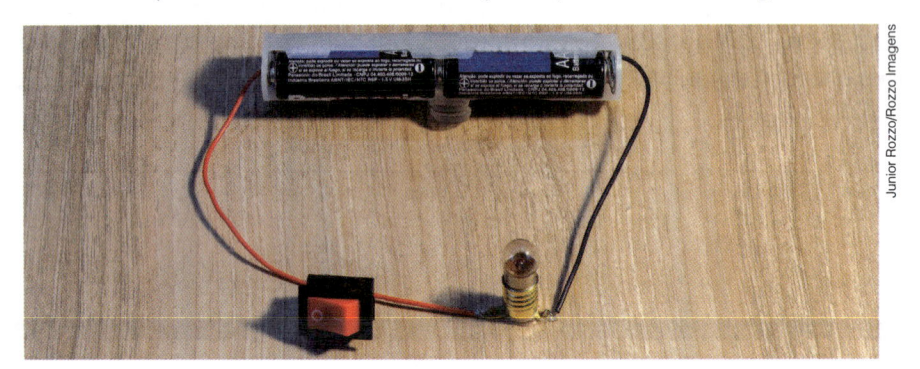

↑ Montagem do circuito.

Agora seu circuito para estudo está montado, faremos variações utilizando-o.

Reflita e registre

1. Desenhe um esquema do circuito que você acabou de montar. Lembre-se de representar as duas situações, com a chave aberta e com a chave fechada, ou seja, com o interruptor desligado e ligado.

2. O que aconteceu quando o interruptor foi desligado? Represente isso no esquema proposto.

3. Retire uma das pilhas do suporte e use um pedaço de fio para fechar o circuito. Anote o que você observou no funcionamento dele. Compare sua observação com a situação original (com duas pilhas) e levante uma hipótese para explicar o que aconteceu quando uma pilha foi retirada.

4. Agora monte o circuito ao lado, com duas pilhas e duas lâmpadas. Veja que colocamos duas lâmpadas, uma seguida da outra. Depois, faça o que se pede.

   a) Como seria o esquema do circuito nessa situação?

   b) Compare o brilho das lâmpadas. Uma delas brilha mais que a outra? Explique o que você observou.

5. Agora tire uma das lâmpadas. Registre e explique o que aconteceu.

6. Monte um circuito, agora com duas lâmpadas. O circuito divide-se em dois ramos, cada um com um interruptor. Veja a figura abaixo, em que os três interruptores estão desligados.

   a) Ligue todos os interruptores e veja o que acontece.

7. Desenhe um esquema do circuito que você acabou de montar.

   a) Indique o caminho que a eletricidade percorre nesse circuito.

   b) Compare o brilho das duas lâmpadas. Uma delas brilha mais que a outra? Explique.

   c) Agora inverta as lâmpadas, ou seja, troque-as de soquete. Veja se algo mudou. Dê uma explicação para o que observou.

   d) Compare o brilho das lâmpadas dessa montagem com o da montagem anterior e elabore uma explicação.

8. Agora, usando a montagem anterior, faça o que se pede.

   a) Desligue o interruptor de uma das lâmpadas. Registre o que aconteceu.

   b) Volte o interruptor à posição de ligado e desligue o outro interruptor. Registre o que aconteceu.

   c) Volte o interruptor à posição de ligado. Agora desligue o interruptor que está próximo da pilha (no ramo central). Registre o que aconteceu.

   d) Faça um esquema para cada uma das três situações e proponha uma explicação do que aconteceu cada vez que um interruptor era desligado.

9. Levante uma hipótese para explicar como a energia elétrica se deslocou no circuito em cada uma das situações propostas nas atividades. Considere que a eletricidade sai do polo positivo da pilha. Argumente com base nos resultados dos experimentos.

Circuito paralelo

Circuito paralelo é aquele que montamos na atividade 6 da página anterior. Veja que, no fio que sai do polo positivo da pilha (fio vermelho), temos uma bifurcação, de onde saem dois outros fios (chamamos de "ramos"). Em cada um deles há uma lâmpada. Depois os fios se juntam de novo, e um outro fio, que também possui um interruptor, conecta-se com o polo negativo.

O esquema abaixo representa o circuito com as duas lâmpadas num circuito paralelo.

↑ Circuito paralelo.

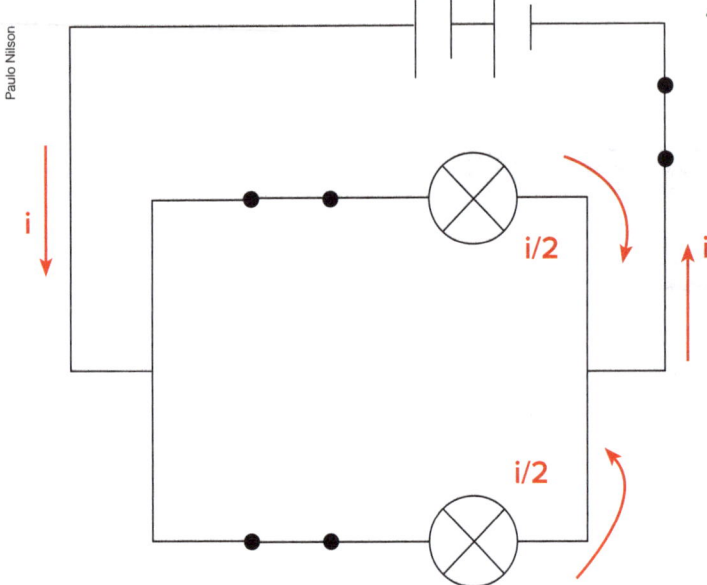

As imagens desta página não estão representadas na mesma proporção.

POSSO PERGUNTAR?

Quando se desliga o interruptor de um dos ramos, a corrente que passa na outra lâmpada se modifica?

Com os interruptores ligados, a corrente elétrica sai do polo positivo da pilha e divide-se na bifurcação. Cada ramo do circuito recebe metade da corrente, que passa então a cada lâmpada. A corrente dos dois ramos junta-se novamente e vai para o polo negativo da bateria. As duas lâmpadas, cada uma em um ramo, funcionam como se fossem uma só lâmpada ligada.

Se desligarmos um dos interruptores, uma das lâmpadas se apagará, mas a outra continuará funcionando. O mesmo ocorrerá se removermos uma das lâmpadas.

Em um circuito paralelo, a corrente que passa em cada um dos ramos não é influenciada pelo que acontece no outro ramo. Dessa forma, se a lâmpada de um dos ramos queimar, a outra segue funcionando normalmente, como mostra a montagem ao lado.

↑ Circuito com ligação em série e paralelo.

ATIVIDADES

SISTEMATIZAR

1. Relacione os elementos das duas colunas, associando as letras aos algarismos. Note que pode haver mais de uma associação.

Coluna I

a) circuito elétrico

b) tensão elétrica

c) corrente elétrica

d) resistor elétrico

e) multímetro

f) pilhas e baterias

Coluna II

I) Grandeza elétrica que "passa" pela lâmpada e é responsável por ligá-la.

II) Grandeza associada à energia fornecida diretamente pela pilha ou bateria.

III) Filamento de uma pequena lâmpada de lanterna.

IV) Pode ser obtido ligando-se limões com dois pedaços de metais diferentes.

V) Medido em volts.

VI) Constituído por uma bateria, uma lâmpada, um interruptor e fios de ligação.

VII) Pode medir tensão, corrente elétrica e resistência elétrica.

VIII) Possui polo positivo e polo negativo.

IX) Trajeto que se fecha para ligar um rádio.

X) Eletricidade que percorre o fio.

XI) Energia fornecida à lâmpada via corrente elétrica num circuito.

2. A figura abaixo mostra um pequeno circuito elétrico. Ao apertar o interruptor, a lâmpada ligada à bateria vai acender.

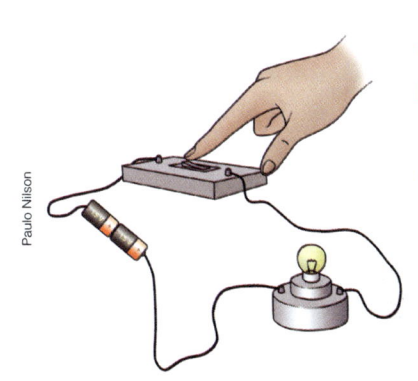

a) Faça uma figura esquemática que represente esse circuito.

b) Qual(is) é(são) a(s) principal(is) grandeza(s) elétrica(s) envolvida(s) na ligação da lâmpada?

c) Com base nas grandezas envolvidas na ligação da lâmpada, explique o funcionamento do circuito capaz de ligá-la.

3. Observe os circuitos das figuras abaixo e responda às questões.

O esquema está representado com cores-fantasia e as dimensões dos elementos não seguem a proporção real.

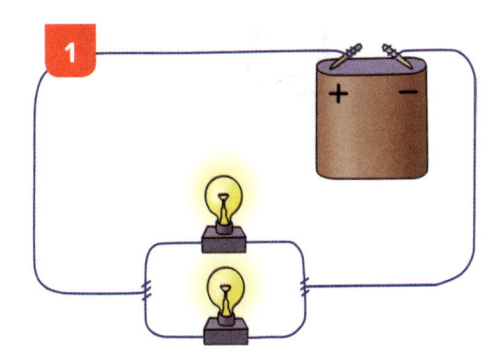

1

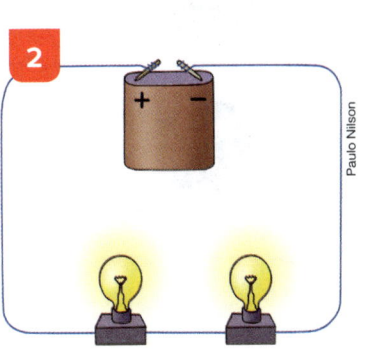

2

a) A que tipo de ligação as lâmpadas estão submetidas nas figuras 1 e 2?

b) Em qual figura as lâmpadas vão brilhar com menor intensidade? Justifique.

4. Considere que nos dois circuitos abaixo todas as lâmpadas e baterias são idênticas. Transcreva no caderno as afirmações a seguir que são corretas.

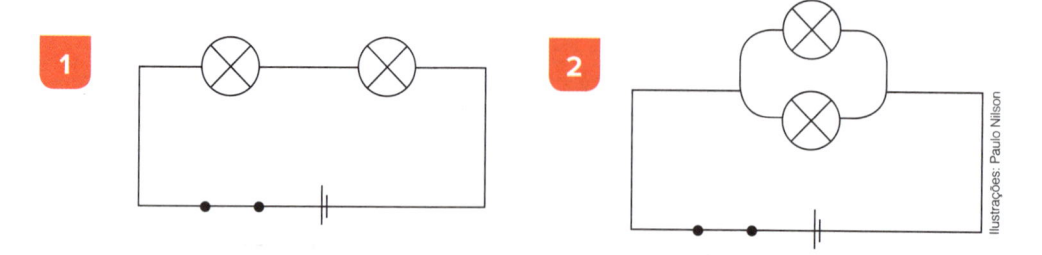

a) Ao ligar o circuito da figura 1, as lâmpadas brilham igual.

b) Ao ligar o circuito da figura 2, as lâmpadas brilham igual, mas com menor intensidade do que as lâmpadas do circuito da figura 1.

c) Considerando os circuitos das figuras 1 e 2, ao ligar os interruptores simultaneamente, todas as lâmpadas brilham igual.

d) Com o interruptor ligado, se retirarmos qualquer uma das lâmpadas dos circuitos das figuras 1 e 2, a outra lâmpada não vai acender.

e) A corrente elétrica que passa nas lâmpadas do circuito da figura 1 é a mesma.

f) A corrente elétrica que passa nas lâmpadas do circuito da figura 2 é a mesma.

g) No circuito da figura 2, se ligarmos mais lâmpadas iguais ao lado das duas já existentes, ou seja, em paralelo, elas passarão a brilhar de forma diferente.

h) Se ligarmos mais lâmpadas iguais, uma seguida da outra, ou seja, em série, no circuito da figura 1, todas as lâmpadas vão brilhar de forma idêntica.

REFLETIR

1. Observe o circuito da figura abaixo e responda às questões.

a) A corrente que sai das pilhas é a mesma quando um dos interruptores dos ramos é desligado? Justifique.

b) Se desligarmos o interruptor do ramo de uma das lâmpadas, a outra lâmpada vai brilhar de forma igual, como se ele não estivesse desligado? Explique.

2. Num circuito em paralelo, a corrente que sai do polo positivo da pilha é igual à soma das correntes em cada um dos ramos em que estão ligadas as lâmpadas? Justifique. Considere que as duas lâmpadas são idênticas.

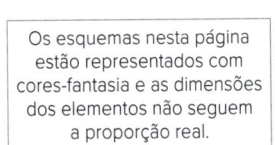

Os esquemas nesta página estão representados com cores-fantasia e as dimensões dos elementos não seguem a proporção real.

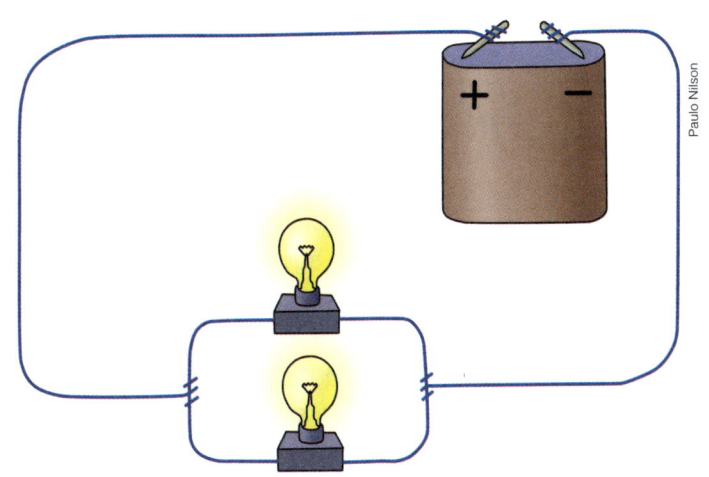

Paulo Nilson

DESAFIO

1. Você tem na bancada do laboratório de eletricidade três lâmpadas idênticas, fios de ligação, dois interruptores e uma bateria capaz de alimentar adequadamente essas lâmpadas.

Faça o desenho esquemático de um circuito que satisfaça às três condições a seguir.

a) Um dos interruptores possa ligar e desligar todas as lâmpadas simultaneamente.

b) Ao menos duas dessas lâmpadas sempre brilhem de forma idêntica e independente no circuito ao ligar o interruptor.

c) O outro interruptor somente poderá ligar ou desligar uma das lâmpadas e, caso ele seja desligado, não afetará o brilho das demais lâmpadas.

2. No circuito da figura abaixo, as lâmpadas são idênticas e as pilhas também. Se aumentarmos a quantidade de pilhas no circuito, o que poderá acontecer com o brilho das lâmpadas? Poderá haver uma situação em que o brilho delas fique diferente? Explique.

Paulo Nilson

Circuitos elétricos residenciais

Neste capítulo, você estudará os circuitos elétricos residenciais, elaborando um esquema de planta elétrica de uma casa. Você verá que componentes são necessários para as instalações elétricas residenciais ficarem protegidas e quais são suas funções.

EXPLORANDO INSTALAÇÃO ELÉTRICA

Ilustrações: Claudia Marianno

Num desses dias frios, Bianca estava tomando um banho bem quentinho. De repente, o chuveiro deixou de funcionar, e a água ficou gelada. Bianca gritou do banheiro, pedindo a seu pai que verificasse o que havia acontecido.

O pai, que era eletricista, ao verificar o quadro de distribuição de energia da casa, viu que o disjuntor havia desarmado e estava muito quente, chegando quase a derreter. Bianca saiu do banho e se trocou rapidinho, para também ver o que tinha acontecido com o quadro de energia da casa. O pai pediu que ela ficasse a uma distância segura, para poder observar sem correr riscos.

Quando o pai abriu o quadro de energia, Bianca ficou impressionada com a quantidade de fios vermelhos e pretos. Curiosa, ela queria entender qual é a finalidade daquela quantidade de fios ligados a vários disjuntores. Ela não sabia que existiam tantos disjuntores no quadro da sua casa, e muito menos qual é a necessidade deles.

A partir desse dia, Bianca passou a se interessar por compreender um pouco melhor o circuito elétrico da sua casa. Afinal, não era a primeira vez que o disjuntor do chuveiro desarmava quando alguém estava tomando banho.

Agora é sua vez. 🎤

1. Por que o disjuntor desligou bem na hora em que Bianca estava tomando banho? O que o fez desligar?

2. Por que o fio esquentou tanto, chegando inclusive a iniciar um processo de derretimento do plástico?

3. Por que será que há tantos disjuntores ligados no quadro de distribuição, além do chuveiro?

Como a eletricidade chega a nossa casa

A energia que usamos em casa vem de fora, dos fios que passam nas ruas e avenidas. Nas casas há, em geral, um sistema chamado de "caixa de entrada". Como o próprio nome diz, é por lá que a energia entra em nossas casas. Na caixa de entrada fica o relógio de luz, que é um medidor usado pelas companhias elétricas para indicar o consumo de eletricidade das famílias.

Dentro da casa está a caixa ou quadro de distribuição de luz, onde ficam localizados os disjuntores de proteção e os fios que partem em direção aos vários cômodos da casa.

É importante notar que a eletricidade que chega a nossa residência é diferente daquela fornecida pelas pilhas. Nas pilhas, a tensão é continua, isto é, seu valor não varia (ou varia muito pouco) ao longo do tempo. Já na eletricidade fornecida às casas, o valor da tensão elétrica varia ao longo do tempo. Então, diferenciamos a pilha dos geradores que fornecem energia para as casas, comércios e indústrias dizendo tensão **contínua** ou tensão **alternada**.

Além disso, nas pilhas usamos as indicações + e − para indicar os polos positivo e negativo da pilha. Nas residências usamos as indicações fase e neutro, para nos referirmos aos fios dos postes que entram na caixa de entrada.

Nas duas figuras abaixo mostramos esquemas elétricos para acender uma lâmpada usando pilha (tensão contínua) ou eletricidade da caixa de entrada (tensão alternada).

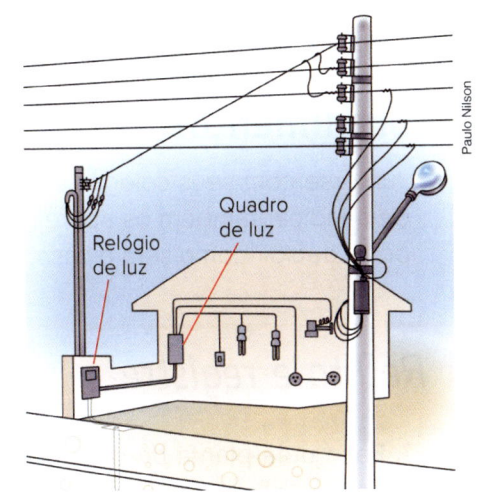

Esquema de ligação elétrica de uma residência.

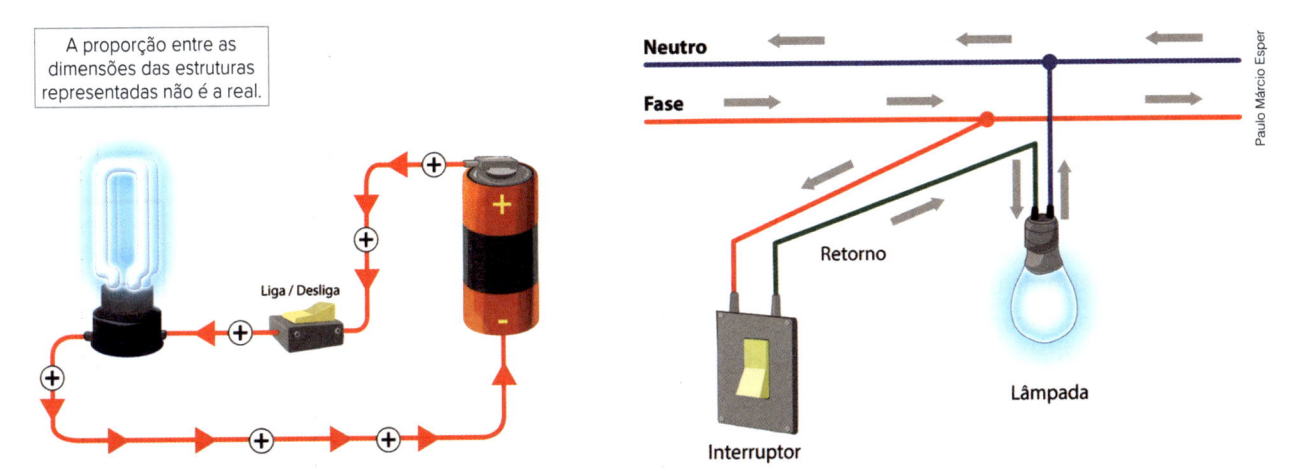

↑ Esquema de ligação de uma pilha e de uma lâmpada no interior de uma residência.
O esquema à esquerda mostra um fio saindo do polo positivo da pilha e indo para a lâmpada. Outro sai da lâmpada e vai para o polo negativo da pilha. No esquema à direita, o fio vermelho é fase e o fio azul é neutro. Cada um deles é ligado aos terminais da lâmpada. O fio verde, chamado de retorno, é a continuaçao do fio fase (vermelho), que chega à lâmpada.

Circuitos elétricos nas residências

Numa residência, temos várias tomadas, nas quais podemos ligar diversos tipos de aparelho elétrico. Esses aparelhos funcionam todos ao mesmo tempo e podem estar ligados na tomada ou nos soquetes no teto. Lâmpadas, televisão, aparelhos de som geralmente são ligados na sala. Liquidificadores e batedeiras costumam ser ligados nas tomadas da cozinha. Como todos eles funcionam ao mesmo tempo? O que acontece quando um deles queima? Vamos iniciar esses conteúdos com a atividade da seção **Pensamento em ação** da página seguinte.

Planta elétrica de uma casa

Você sabe montar uma planta elétrica?

Material:

- caderno;
- lápis ou caneta.

Procedimentos

1. Junte-se com seus colegas e listem os aparelhos que há nos cômodos de uma casa. Vocês podem indicar também os aparelhos da casa dos colegas. Separem a casa em cômodos. O grupo pode decidir como será a casa, mas é importante que haja pelo menos a cozinha e um banheiro.

Reflita e registre

NO CADERNO

1. Faça uma planta da casa e desenhe os aparelhos e como estão conectados na rede elétrica (tomadas, soquetes etc). Quanto mais informações sobre os aparelhos elétricos, melhor! A figura ao lado é um exemplo de planta residencial.

Para poder instalar a rede elétrica, tarefa que um eletricista realiza, é preciso elaborar a planta elétrica. Você deve elaborar uma planta desse tipo para a casa acima. A planta elétrica vai ser do tipo esquema, como aquele da figura da página 202. O gerador, nesse caso, é a caixa de entrada. É por lá que a energia elétrica é fornecida para a casa.

Para ajudá-lo na tarefa, o quadro a seguir traz os símbolos usados pelos engenheiros e eletricistas na elaboração das plantas elétricas. As lâmpadas têm seu símbolo. Os demais aparelhos serão receptores, e usaremos os símbolos a seguir na elaboração da planta.

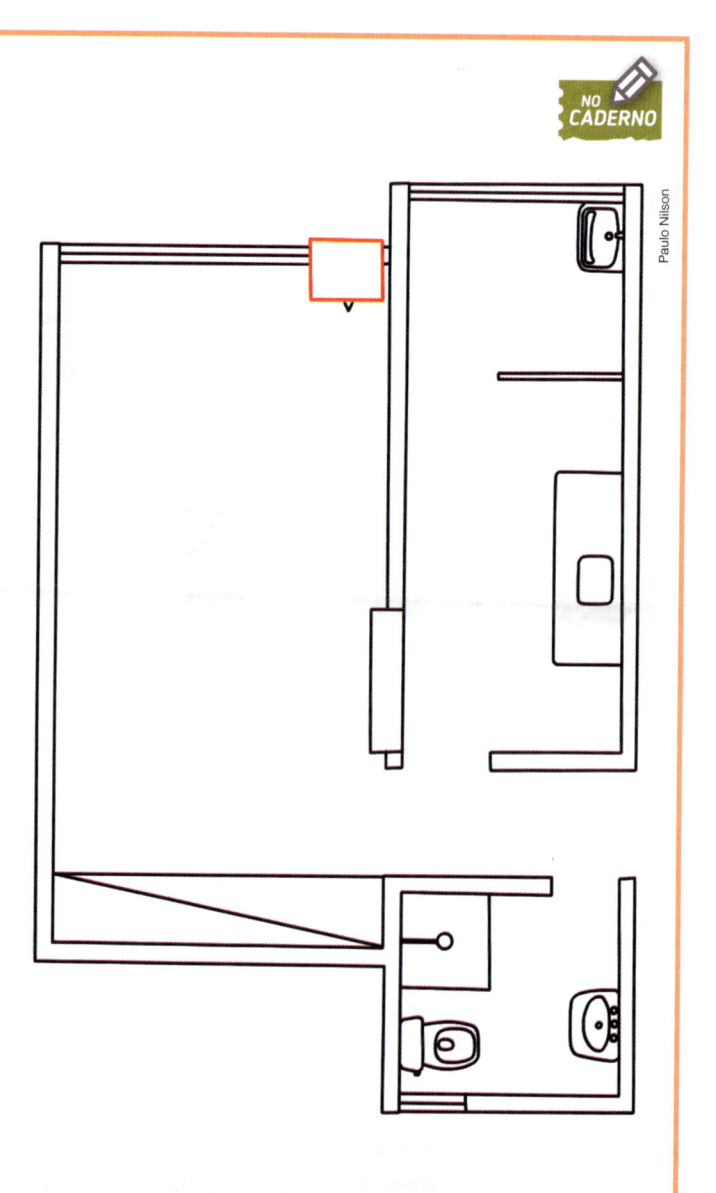

Paulo Nilson

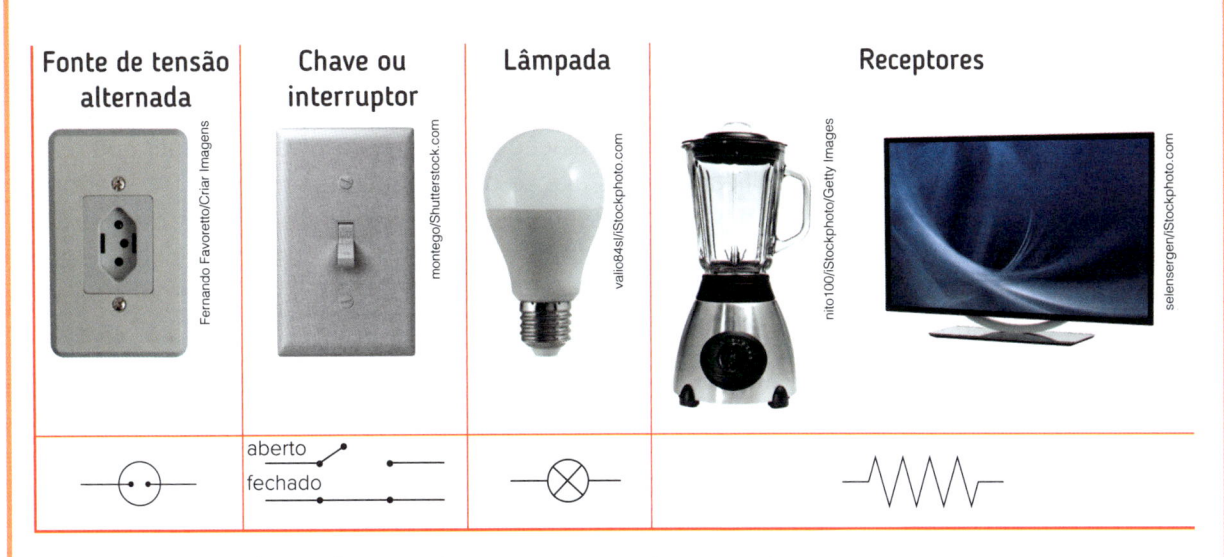

Fonte de tensão alternada	Chave ou interruptor	Lâmpada	Receptores
	aberto / fechado		

2. De posse da planta da casa, faça o que se pede a seguir.

a) Se uma das tomadas estiver livre, isto é, desconectada, os demais aparelhos do cômodo continuarão funcionando. Justifique esse fato usando sua planta e mostrando como a corrente elétrica consegue passar pelos aparelhos ligados à tomada mesmo com uma tomada livre.

b) Faça o mesmo para o caso de uma lâmpada queimar na sala.

c) O esquema que você elaborou se parece com algum dos circuitos já estudados (circuito série ou paralelo)? Justifique a resposta.

3. Se você realizou a atividade acima, deve ter entendido que os circuitos de uma residência são do tipo paralelo. Por isso, os aparelhos funcionam de modo quase independente uns dos outros. Ou seja, mesmo que um deles queime ou uma tomada não esteja sendo usada, os demais aparelhos não serão afetados.

Na figura abaixo mostramos parte de uma planta elétrica de uma casa.

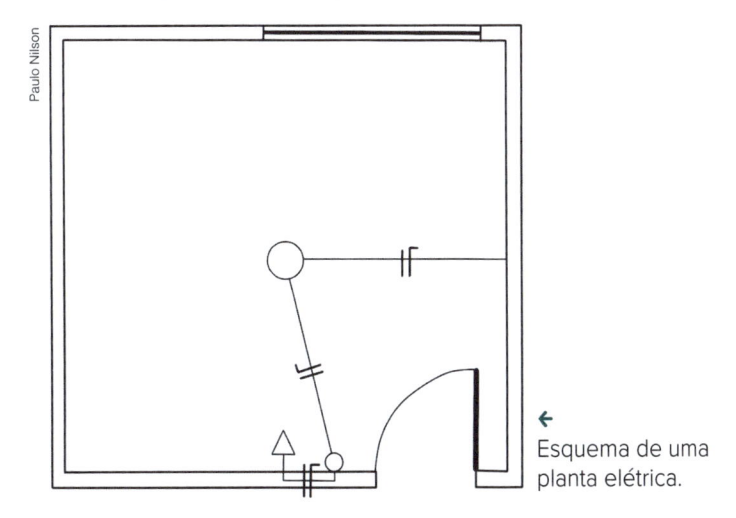

← Esquema de uma planta elétrica.

O símbolo ⟶▷ indica uma tomada e ○ uma lâmpada no teto, nas normas usadas pelos eletricistas (normas da ABNT). A partir da figura acima, faça em seu caderno um esquema de planta elétrica, substituindo os símbolos da ABNT pelos símbolos estudados ao longo deste capítulo.

Sistemas de proteção para as instalações elétricas residenciais

A passagem da corrente elétrica provoca o aquecimento dos fios. Um dos principais cuidados no dimensionamento dos equipamentos de uma instalação elétrica residencial é garantir que os fios não esquentem demais e acabem danificando a instalação ou mesmo pegando fogo. Ao elaborar o projeto da rede elétrica de uma residência, é necessário estimar o número e os tipos de aparelhos que devem integrar cada circuito. Isso é o que vai determinar a espessura dos fios (conhecido como "bitola do fio" e dado em milímetros quadrados) a serem utilizados. Esse cuidado evita principalmente que os fios superaqueçam.

Hoje, existem vários dispositivos que garantem maior segurança nas instalações elétricas residenciais. Além da proteção dos fios para evitar um sobreaquecimento, há dispositivos que protegem também contra choques elétricos e oscilações de corrente ou tensão elétrica, por exemplo, quando ocorrem descargas elétricas e as lâmpadas ficam oscilando e os aparelhos da residência ficam ligando e desligando. Essa oscilação é perigosa, podendo danificar ou queimar os aparelhos.

Disjuntor termomagnético (DTM)

A proporção entre as dimensões das estruturas representadas não é real.

↑ Conjunto de disjuntores termomagnéticos.

Quando um aparelho é submetido a uma corrente elétrica de grande intensidade por um período prolongado, ocorre um sobreaquecimento dos fios, podendo inclusive se propagar para fios próximos. Dessa maneira, o **disjuntor termomagnético** é fundamental numa instalação elétrica. É ele o responsável por interromper a passagem da corrente elétrica quando determinado valor é ultrapassado. Os disjuntores termomagnéticos funcionam como uma espécie de "guarda-costas" da rede elétrica da nossa casa. Provavelmente você ou alguém da sua família já presenciou um repentino apagão em casa, quando vários aparelhos estavam ligados ao mesmo tempo e, portanto, exigindo alta corrente elétrica do quadro de distribuição. Em situações como essa, há uma sobrecarga da rede e, por segurança, o disjuntor geral, ou de determinado circuito da residência, desliga antes que aconteça um superaquecimento.

Interruptor diferencial residual (IDR)

Atualmente, em instalações modernas corretamente dimensionadas e instaladas, não existe mais risco de choque elétrico. Para isso, é necessário que se utilize, além do DTM, um **interruptor diferencial residual (IDR)**, que é capaz de detectar a fuga de correntes elétricas, que é o que acontece quando alguém leva um choque. Esse dispositivo é capaz de detectar quando uma parte da corrente elétrica que deveria estar passando pelo circuito para ligar um aparelho é desviada de sua real trajetória em função de alguma falha na conexão dos fios (dizemos que o fio foi mal isolado) ou mesmo devido a um choque elétrico. Esse dispositivo deve ser instalado no quadro geral da residência para proteger a instalação elétrica. Dessa forma, a instalação é desligada antes que alguém toque o aparelho com esse problema, tomando um choque.

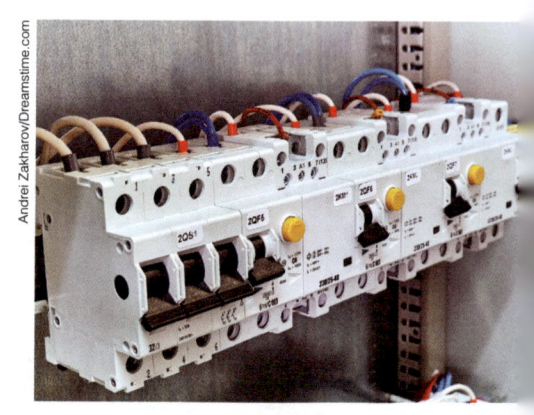

↑ Interruptor diferencial residual

Dispositivos de proteção contra surtos (DPS)

Além da proteção contra excesso ou falta de corrente elétrica para o correto funcionamento dos equipamentos, há dispositivos que são capazes de detectar variações bruscas da tensão elétrica na rede.

Essas variações podem acontecer geralmente quando ocorre uma forte descarga atmosférica durante chuva muito forte. Nesse caso, uma maior corrente elétrica poderá vir a circular na rede elétrica, causando problemas ou queimando os equipamentos.

Mesmo quando um raio cai a muitos quilômetros de distância da sua residência, é possível que uma corrente em excesso se disperse e parte dela venha a entrar em contato com outros condutores elétricos, podendo vir a danificar os aparelhos da sua residência.

Para que você não tenha prejuízo, é aconselhável que tenha um **DPS** instalado, pois ele é capaz de limitar o excesso de tensão elétrica e de corrente na rede elétrica em caso de descargas elétricas intensas.

↑ Dispositivo de proteção contra surtos.

Fusíveis

Nos circuitos menores, como os de equipamentos eletrônicos, usa-se um dispositivo que contém um componente que entra em fusão quando a corrente elétrica no circuito excede um determinado valor durante um intervalo de tempo. Nesse caso, o filamento do **fusível** derrete, abrindo o circuito e evitando danos a outros componentes da instalação.

Quando um eletricista troca o chuveiro de sua casa por outro capaz de esquentar mais a água, é comum que o disjuntor desligue. Por que isso ocorre?

Ao trocar o chuveiro por outro capaz de esquentar mais a água, mais corrente elétrica vai passar pela fiação do circuito do chuveiro. Esse maior valor de corrente elétrica poderá ultrapassar o limite do disjuntor, desligando o circuito.

A proporção entre as dimensões das estruturas representadas não é real.

↑ Quadro de luz com diversos terminais elétricos, fios, trilhos, disjuntores, medidores de baixa tensão e transformadores, entre outros equipamentos.

POSSO PERGUNTAR?

Quais cuidados devem ser tomados antes de trocar um chuveiro?

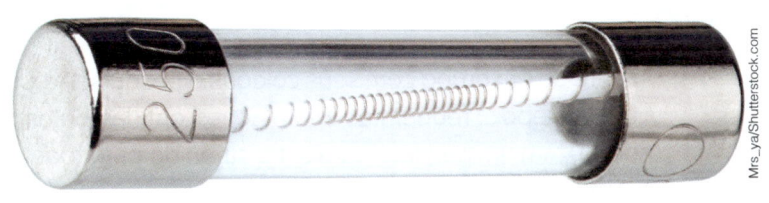

↑ Fusível utilizado em componentes eletrônicos.

AQUI TEM MAIS

Choques elétricos

Apesar de todo o conforto que o uso da energia elétrica nos proporciona, existe um fator perigoso: os choques elétricos. Eles ocorrem quando se toca nos polos de um gerador ou fonte e/ou se fecha um circuito, o que faz uma corrente elétrica circular pelo corpo. Os danos dependem da intensidade e da duração da corrente elétrica, bem como da região do organismo que é atravessada por ela.

Efeitos da corrente elétrica no corpo humano		
Corrente elétrica (60 Hz)	Duração	Efeitos mais graves*
0 a 0,5 mA	qualquer	nenhum
0,5 a 2 mA	qualquer	limiar de percepção
2 a 10 mA	qualquer	dor, contração muscular, descontrole muscular
10 a 25 mA	minutos	contração muscular, dificuldade respiratória, aumento da pressão arterial
25 a 50 mA	segundos	paralisia respiratória, **fibrilação** ventricular, inconsciência
50 a 200 mA	mais de um ciclo cardíaco	fibrilação ventricular, inconsciência, paralisia respiratória, marcas visíveis
acima de 200 mA	menos de um ciclo cardíaco	fibrilação ventricular, inconsciência, marcas visíveis
acima de 200 mA	mais de um ciclo cardíaco	parada cardíaca reversível, inconsciência, queimaduras
* Grande probabilidade de ocorrência.		

Fonte: *Física 3: eletromagnetismo*. 3. ed. São Paulo: Edusp, 1998. p. 348.

Segurando os polos de uma pilha, por exemplo, você não sente nada, pois a corrente é contínua e de baixa intensidade. Mas, em se tratando de corrente alternada, não é preciso tocar os dois polos de uma tomada para levar um choque. Quando tocamos apenas o polo fase com uma das mãos e estamos com os pés descalços no chão, o circuito se forma. Nesse tipo de choque, a corrente passa pelo nosso corpo e, se passar pelo coração, pode gerar consequências graves. Se estivermos usando calçados adequados, ou seja, com os pés bem isolados, o choque pode não acontecer, pois a borracha, que é um isolante, impede a formação do circuito elétrico.

1. Junte-se em grupo com seus colegas e pesquisem sobre a prevenção de choques. Depois, reúnam as informações obtidas pelos grupos, organizem-se e produzam um panfleto para ser distribuído para toda a comunidade escolar.

NO CADERNO

Instalação elétrica residencial

Observe os materiais mostrados na fotografia.

Reúna-se em grupo com alguns colegas e montem uma maquete de residência com dois cômodos: sala e cozinha integradas e um banheiro. Façam a instalação elétrica de uma lâmpada no banheiro e duas na sala/cozinha.

Material:

- caixa de papelão em tamanho médio;
- fios de ligação do tipo cabinho ou de cobre;
- 1 suporte para duas pilhas de 1,5 V;
- 3 lâmpadas de lanterna de 3 V ou de LED;
- 3 mini-interruptores do tipo SPST (de 2 pinos);
- 2 pilhas de 1,5 V cada;
- fita adesiva.

Procedimentos

1. Inicialmente, desenhem os cômodos na caixa.
2. Em seguida, façam a instalação elétrica da sala, conectando duas lâmpadas a um interruptor, de forma que possam ser ligadas e desligadas simultaneamente.
3. O banheiro deve ter apenas uma lâmpada conectada a seu interruptor.
4. Construam uma chave geral, localizada em um local que simule o quadro de distribuição de energia elétrica, pela qual seja possível ligar e desligar todo o conjunto.
5. Se quiserem ampliar a "casa" de vocês, usem a imaginação e providenciem os materiais necessários, com a ajuda do professor.

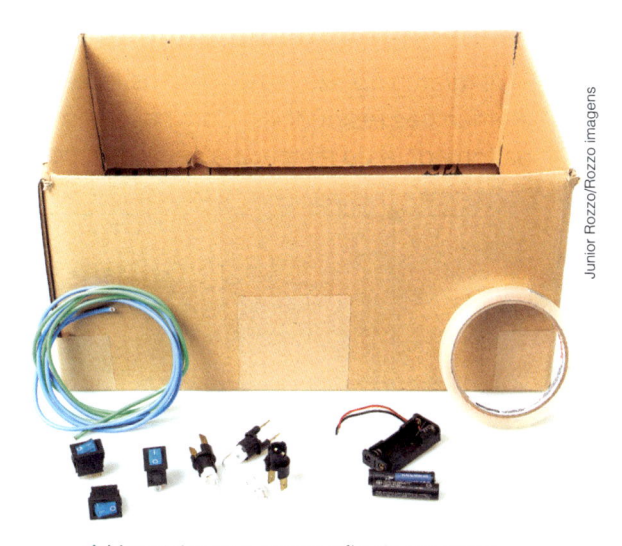

Junior Rozzo/Rozzo imagens

↑ Material para a construção da maquete.

Reflita e registre

NO CADERNO

1. Ligue apenas uma das lâmpadas da maquete, observe e descreva seu brilho.
2. Ligue todos os interruptores da casa, veja o que acontece com o brilho das lâmpadas e anote.
3. Se a casa fosse maior, com mais cômodos, o que deveria ser feito para que tudo funcionasse corretamente?

ATIVIDADES

SISTEMATIZAR

1. Explique, com suas palavras, como a eletricidade chega a nossa casa. Quais são os principais elementos do circuito de distribuição de energia, que vai do fio da rua até os eletrodomésticos de nossa casa?

2. Qual é a diferença entre a eletricidade fornecida pelas pilhas e baterias e a fornecida pelo gerador?

3. Como ocorre um choque elétrico? O que determina os danos possíveis no corpo humano ao receber um choque elétrico?

4. De que maneira os dispositivos de proteção da rede elétrica, como os disjuntores termomagnéticos (DTM) ou os fusíveis, podem proteger os equipamentos ligados a ela?

5. Nas instalações elétricas residenciais, tanto os dispositivos ligados às tomadas quanto às lâmpadas funcionam de maneira independente. Como isso é possível, ou seja, como eles são ligados na rede elétrica? Faça uma figura que represente essa ligação elétrica.

6. Nas pilhas, as indicações + e − aparecem nas suas extremidades e são informações da tensão elétrica. Como esse tipo de informação aparece na instalação elétrica de uma casa?

7. Como funciona um fusível?

REFLETIR

1. O diagrama abaixo mostra os fios fase e neutro da rede elétrica. São eles que chegam ao quadro elétrico das residências. Com base nesse diagrama, represente as ligações dos fios fase e neutro, da tomada e da lâmpada a ser ligada por meio do interruptor para que funcionem corretamente.

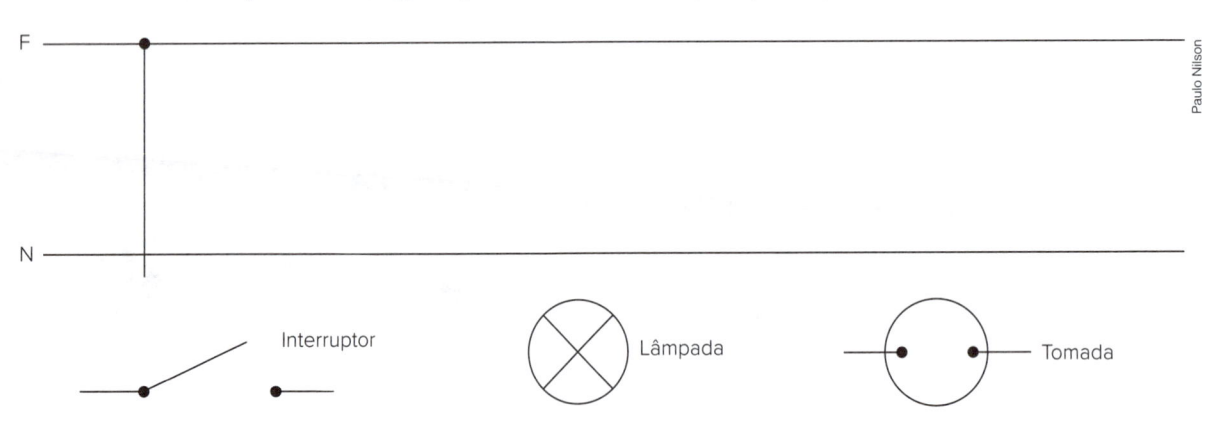

2. Por que pode ser perigoso encostar em fios ou cabos rompidos encontrados nas ruas quando estivermos caminhando por elas?

3. Se uma pessoa estiver em cima de uma plataforma de material isolante, ela tem pouca chance de tomar um choque. Já se estiver pisando no chão com os pés descalços, é alta a chance de tomar um choque se segurar um fio desencapado em que passe corrente elétrica.

   a) Explique essa diferença, considerando que o fio que a pessoa segura é o fio fase.

4. Explique o que é a fibrilação e como ela acontece quando causada por choques elétricos. Qual a função do desfibrilador nesses casos? Se necessário, complemente sua resposta com uma pesquisa.

5. Uma pessoa tem um disjuntor que desarma várias vezes. Ao consultar um vendedor de uma loja de equipamentos elétricos, recebe a sugestão de trocar esse disjuntor por um outro com maior tolerância, que permite a passagem de uma corrente elétrica maior. Explique por que a pessoa em questão não deve seguir a sugestão do vendedor.

DESAFIO

1. A planta elétrica abaixo é de parte de uma casa feita por um eletricista ou engenheiro. A legenda permite decifrar os códigos usados no desenho. Usando a legenda, elabore um esquema elétrico de pelo menos um dos cômodos desta planta, como feito na página anterior.

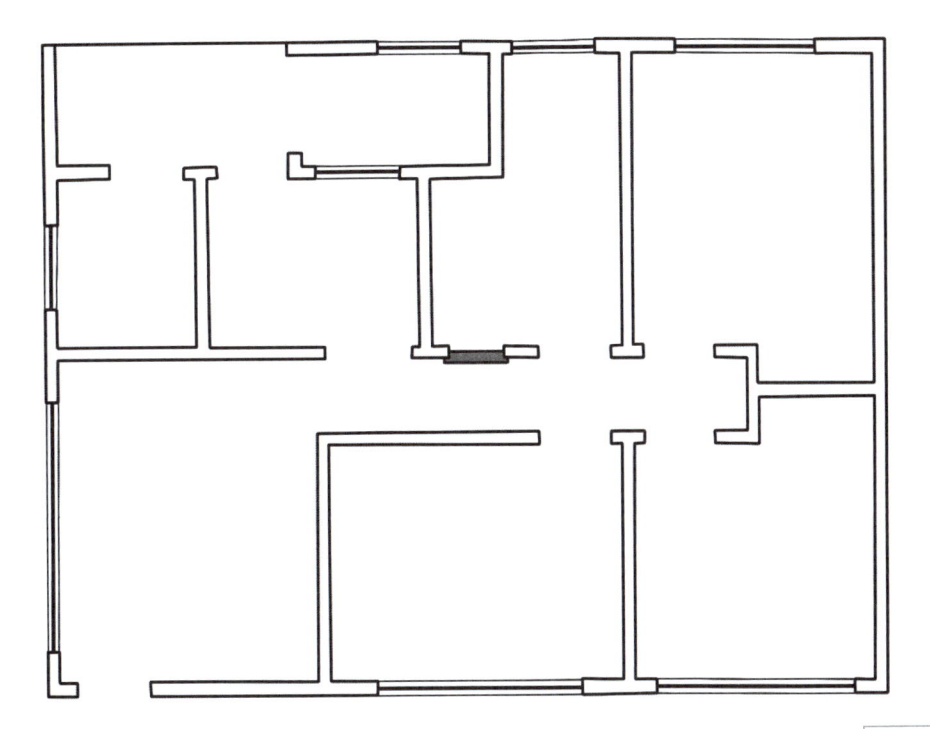

As imagens desta página não estão representadas na mesma proporção.

ABNT	Representa
→▷	Tomada baixa
⊙	Ponto de luz lâmpada
⊄	Interruptor simples (uma seção)
⫢	Condutores retorno, fase, neutro

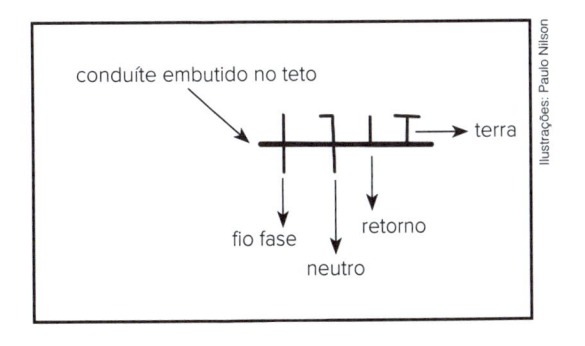

conduíte embutido no teto

terra

fio fase

retorno

neutro

Ilustrações: Paulo Nilson

213

Neste tema, você aprendeu que os aparelhos elétricos funcionam movidos a eletricidade. Eles são capazes de transformar energia elétrica em energia térmica, sonora, luminosa e até em movimento. Todos os aparelhos transformam uma parte de sua energia em energia térmica, o que causa aquecimento dos aparelhos enquanto funcionam.

Você viu que os aparelhos têm tensões diferentes, como 110 V e 220 V, e que devem ser tomados os devidos cuidados para que não sejam ligados na tomada errada, pois podem "queimar".

Você aprendeu o que significa a potência do aparelho, e que utilizando a potência e o tempo que ele fica ligado por mês, é possível calcular o consumo de energia elétrica do aparelho.

Viu que, nos circuitos elétricos, para que um aparelho elétrico funcione é necessário que passe por ele uma corrente elétrica quando o ligamos a pilha ou bateria.

Conheceu também os tipos de ligação que podem ser feitos num circuito elétrico: em série ou em paralelo.

Viu ainda como a eletricidade chega a nossa casa e que dispositivos como disjuntores, fusíveis, entre outros, exercem a função de proteção elétrica das instalações residenciais.

1. Calcule o consumo de energia dos aparelhos a seguir, em kWh, e aponte qual o aparelho com maior consumo mensal.

a) Chuveiro com potência de 2 500 W que fica ligado 30 horas por mês.

b) TV com potência de 90 W que fica ligada 20 horas por mês.

c) Congelador com potência de 650 W que fica ligado 720 horas por mês.

2. Classifique os aparelhos a seguir de acordo com a transformação de energia que realizam. Anote em seu caderno todas as transformações que o aparelho realiza.

a) TV

b) celular

c) chapinha

d) lanterna

3. 110 V ou 127 V? Explique por que há confusão entre esses dois valores e qual deles é fornecido pela rede.

4. É possível que um aparelho tenha 100% de rendimento? Justifique sua resposta.

5. Explique o que significa kWh e o que ele mede. Converta 3 600 kWs em kWh.

6. Quando deixamos lâmpadas acesas em locais em que não há ninguém ou em períodos com luz natural no ambiente, não representa apenas desperdício mas também trata-se de não exercer o consumo consciente de energia, utilizando apenas o necessário. Pensando nisso, imagine que em determinado bairro existem 20 000 casas que deixam uma lâmpada de 40 W acesa sem necessidade durante 8 horas por noite.

a) Quanta energia elétrica seria desperdiçada por dia?

b) Qual seria o valor gasto desnecessariamente por mês pelos moradores, se o custo do kWh fosse R$ 0,10 (considere um mês de 30 dias)?

7. O que é um circuito elétrico? Quais são os principais elementos que definem um circuito elétrico?

8. O que possibilita que uma lâmpada acenda quando ligada numa bateria?

9. Qual é a diferença entre ligar duas lâmpadas idênticas em série e em paralelo num circuito elétrico?

10. Como os dispositivos de proteção dos circuitos das instalações elétricas residenciais atuam para exercer essa proteção?

11. Observe o esquema abaixo, que mostra um circuito elétrico com quatro lâmpadas idênticas. Depois responda:

a) Que lâmpadas estão ligadas em série? E em paralelo?

b) Se o interruptor estiver ligado e a lâmpada 1 for retirada do soquete, o que acontecerá com as outras lâmpadas?

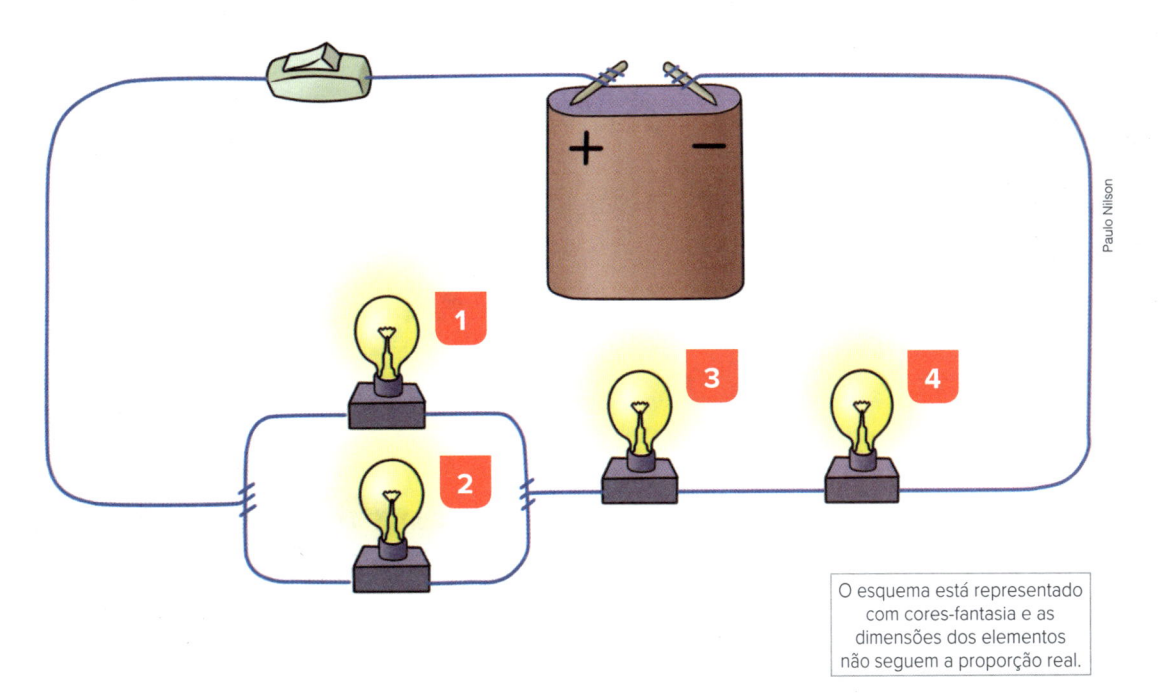

Paulo Nilson

O esquema está representado com cores-fantasia e as dimensões dos elementos não seguem a proporção real.

DICAS

⚓ ACESSE

Laboratório virtual do Instituto Federal Santa Catarina. *Site* que permite simular experimentos com instalações elétricas de casas e prédios. Disponível em: <http://eptvirtual.florianopolis.ifsc.edu.br/>. Acesso em: 3 maio 2019.

▶ ASSISTA

De onde vem? "De onde vem a energia elétrica." Disponível em: <www.tvescola.org.br/tve/video/de-onde-vem-de-onde-vem-a-energia-eletrica>. Acesso em: 3 maio 2019.

📖 LEIA

Cartilha de utilização consciente da energia elétrica (CPFL). Disponível em: <www.cpfl.com.br/energias-sustentaveis/eficiencia-energetica/uso-consciente/calculo-de-consumo/Documents/cartilha-da-utilizacao-consciente-de-energia-eletrica.pdf> . Acesso em: 3 maio 2019.

📍 VISITE

Museu da Energia de São Paulo: Alameda Cleveland, 601. Campos Elísios, São Paulo - SP. Telefone: (11) 3224-1499. Para mais informações: <www.museudaenergia.org.br/unidades/rede-museu-da-energia/museu-da-energia-de-s%C3%A3o-paulo.aspx>. Acesso em: 3 maio 2019.

Gerard Sioen/Only World/Only France/AFP

TEMA
7

Preservação da energia

↑ Usina de Itaipu, Paraná (PR), 2017.

NESTE TEMA
VOCÊ VAI ESTUDAR:

- principais fontes de energia elétrica;
- como a energia elétrica é distribuída no Brasil;
- como a energia que chega à Terra é transformada.

1. De onde provém a eletricidade que abastece não somente a nossa casa, mas toda uma cidade?

2. Como a energia chega até nossas casas?

3. Qual é o modelo de produção de energia elétrica capaz de alimentar tantas cidades ao mesmo tempo?

4. Há risco de parar o fornecimento de energia?

5. Que impacto a produção de energia pode provocar no meio ambiente?

Rede de distribuição de energia elétrica

Neste capítulo, você estudará os principais centros e redes de distribuição de energia elétrica e verá quais redes de distribuição utilizam fontes naturais e renováveis de energia.

EXPLORANDO A ENERGIA QUE CHEGA ÀS CIDADES

Aninha, ao passear com seus pais no centro da cidade, passou por uma loja que vendia várias bugigangas. Entre elas, uma chamou sua atenção. Era uma lanterna sem pilhas. Havia dois modelos sendo vendidos. Em um, as lâmpadas de LED eram acesas ao movimentar uma espécie de gatilho que fazia girar um tambor no interior da lanterna para acendê-las. Já no outro modelo, as lâmpadas podiam ser acesas ao agitar a lanterna.

Nesse momento, Aninha ficou pensando: como as lâmpadas podiam ser acesas se não estavam ligadas em nenhuma fonte de energia elétrica, como uma pilha, bateria ou tomada? Ela ficou imaginando como seria a relação entre a energia elétrica produzida ao ligar uma lâmpada na tomada ou numa pilha e aquela lanterna sem pilha. Ficou curiosa e intrigada.

Aninha queria entender, afinal, quais são os mecanismos e meios para produzir energia elétrica. Como é possível gerar energia elétrica simplesmente ao agitar ou colocar algo para girar? E a eletricidade que chega às nossas casas, de onde ela vem? Como é produzida?

A empolgação de Aninha foi tão grande que ela resolveu elaborar um projeto para apresentar na feira de Ciências da sua escola.

Ilustrações: Estúdio Chanceler

Agora é sua vez.

1. Você já viu ou conhece algum equipamento ou dispositivo que funcione de forma semelhante à lanterna sem pilha? Como é esse equipamento?

2. Qual é a relação entre a energia elétrica produzida nas usinas e aquela produzida pela lanterna?

3. Se você fosse convocado a elaborar um projeto para a feira de ciências na sua escola, tal como fez Aninha, que ideia(s) você poderia propor para tentar aproveitar o movimento ou agito de algum dispositivo ou fenômeno da natureza para transformá-lo em energia elétrica?

Eletricidade que vem do movimento das águas

Ao acender a luz em casa, temos a certeza de que a eletricidade está chegando a ela. Mas, se pararmos para pensar, de onde vem a eletricidade que abastece não somente nossa casa, mas toda uma cidade? Como vimos no capítulo anterior, a eletricidade vem pelos fios presos aos postes de rua, mas de onde esses fios partem?

Para responder a essas perguntas, é preciso saber que a eletricidade fornecida às cidades provém, na grande maioria, de usinas elétricas localizadas a milhares de quilômetros. Nessas usinas, a produção da energia elétrica é obtida basicamente pela conversão da energia de movimento em energia elétrica.

No Brasil e em outros países que dispõem de grandes bacias hidrográficas, o meio mais comum de produzir eletricidade é usando o movimento das águas de rios e lagos. Essas usinas são chamadas de **hidrelétricas**. Uma usina geradora de energia elétrica funciona essencialmente devido à pressão da água ao chegar às turbinas, que se assemelham a cataventos, e as fazem se mover, gerando, assim, energia elétrica.

A complexidade de uma usina hidrelétrica é muito maior do que a da lanterna vista anteriormente, mas o princípio é o mesmo: fazer com que o movimento gere eletricidade.

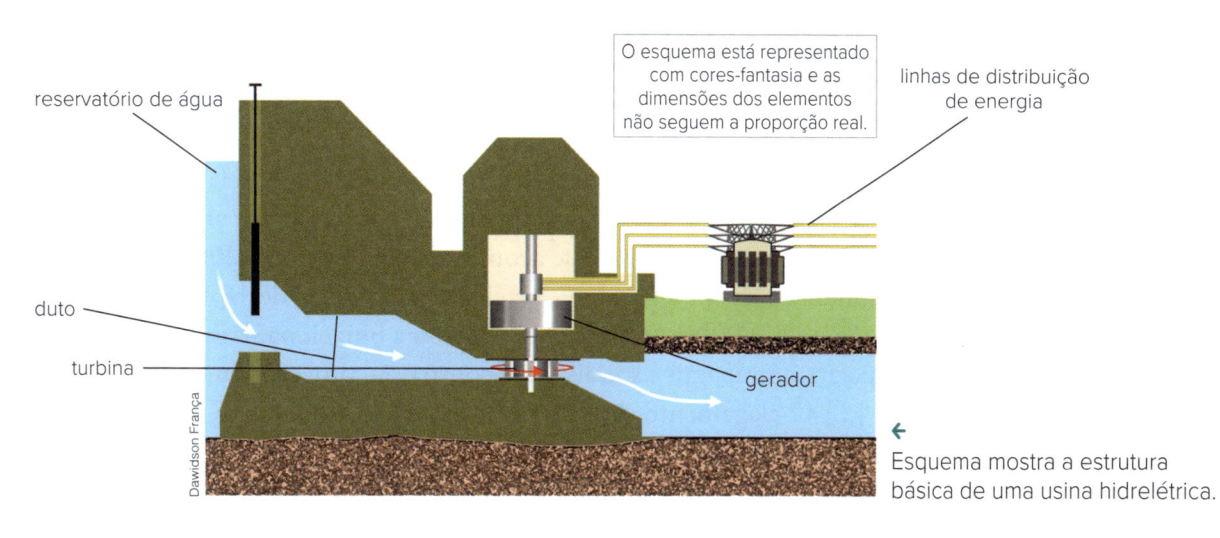

reservatório de água

O esquema está representado com cores-fantasia e as dimensões dos elementos não seguem a proporção real.

linhas de distribuição de energia

duto

turbina

gerador

Dawidson França

← Esquema mostra a estrutura básica de uma usina hidrelétrica.

Nos geradores de uma usina hidrelétrica, a água é acumulada em grandes reservatórios, geralmente barragens. Da barragem ela passa por dutos que a levam até turbinas localizadas abaixo da altura da barragem. Essa diferença na altura faz com que a água passe pelos dutos com bastante força, e é essa força que gira as turbinas. Os eixos dessas turbinas estão ligados a grandes alternadores elétricos, que são responsáveis por transformar a energia de movimento em energia elétrica.

Um exemplo de usina geradora é a hidrelétrica de Xingó, na Bacia do Rio São Francisco, localizada entre os estados de Alagoas e Sergipe. A barragem dessa usina tem cerca de 140 metros de altura. Ela é responsável por 25% de toda a energia consumida nos estados do Nordeste brasileiro. Cada uma de suas 12 comportas permite vazão de 33 000 m³/s de água e alimenta seis geradores. E cada um dos geradores tem potência nominal de 527 000 kW, totalizando 3 162 000 kW de potência possível de ser fornecida.

Andre Dib/Pulsar Imagens

↑ Usina Hidrelétrica de Xingó, localizada no município de Piranhas (AL), 2016.

A construção de usinas hidrelétricas e seus impactos socioambientais

[...] o Brasil é tido como um dos países que possui a matriz energética mais limpa do mundo do ponto de vista ambiental. Por outro lado, ela não é isenta completamente de impactos ambientais. A construção e utilização de usinas hidrelétricas apresentam uma série de consequências negativas. Essas consequências abrangem desde alterações nas características climáticas e hidrológicas locais, como também na fauna e na flora da região.

[...] alterações hidrológicas afetam a biodiversidade do local [...]. Isso afeta as populações que vivem à beira dos rios e dependem da pesca. Além disso, o represamento do rio e a formação do reservatório [...] provocam o desequilíbrio do ecossistema e favorecem a propagação de doenças como malária e esquistossomose.

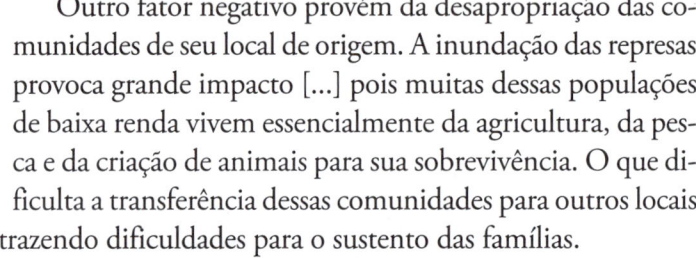

Evaristo Sa/AFP

↑ Usina Hidrelétrica de Balbina, localizada no município de Presidente Figueiredo (AM), 2016.

Outro fator negativo provém da desapropriação das comunidades de seu local de origem. A inundação das represas provoca grande impacto [...] pois muitas dessas populações de baixa renda vivem essencialmente da agricultura, da pesca e da criação de animais para sua sobrevivência. O que dificulta a transferência dessas comunidades para outros locais trazendo dificuldades para o sustento das famílias.

Para se ter uma noção dos impactos ambientais que as usinas hidrelétricas podem trazer, podemos destacar o que aconteceu na China. Em 2006 a China concluiu a maior hidrelétrica do mundo no rio Yangtzé com capacidade de geração de 18,5 GW e um vertedouro projetado para uma vazão de $111\,000\text{m}^3$/s. Essa obra superou a binacional Itaipu no rio Paraná com 14 GW. Entretanto, os impactos ambientais e sociais dessa construção provocaram críticas no mundo inteiro e na própria China. [...] O alagamento deve cobrir o habitat natural de 57 tipos de plantas perigosamente em risco de extinção e ameaça pelo menos mais de 400 espécies.

No Brasil, temos como exemplo marcante de impacto ambiental o ocorrido com a hidrelétrica de Balbina, localizada no rio Uatumã, nas proximidades de Manaus. A obra é considerada um desastre do ponto de vista técnico, financeiro, social e ecológico. A área inundada foi de $2\,360\text{km}^2$ para gerar apenas 250 W de energia. Comparando com Itaipu, esta tem um reservatório de $1\,350\text{km}^2$ e produz 14 000 MW.

[...] Especialistas apontam como providências imprescindíveis para minimizar alguns dos efeitos adversos da construção e uso de centrais hidrelétricas o reflorestamento das margens dos reservatórios e de seus afluentes; os programas de conservação da flora e da fauna e implantação de áreas protegidas; o inventário, resgate, relocação e monitoramento de espécies ameaçadas de extinção que ocorriam na área atingida; a avaliação dos efeitos do enchimento dos reservatórios sobre as águas subterrâneas, e a construção de pequenas centrais hidrelétricas (PCHs) podendo fornecer até 30 MW de potência instalada.

Gilberto Coimbra. *Revista Techoje*. Vantagens e desvantagens da construção de usinas hidrelétricas. Disponível em: <www.techoje.com.br/site/techoje/categoria/detalhe_artigo/1786>. Acesso em: 6 maio 2019.

1. Formem grupos e pesquisem sobre a Usina de Belo Monte. Pesquisem informações como: localização; rio represado; espécies animais e vegetais que vivem na área inundada e o risco de extinção de alguma delas; populações ribeirinhas retiradas da área inundada; problemas sociais provenientes da remoção dessas populações, entre outros. Produza um relatório com as informações obtidas por meio da pesquisa.

NO CADERNO

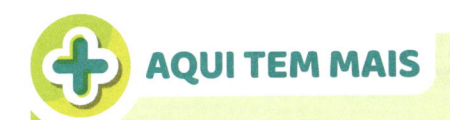

Como o movimento é capaz de gerar eletricidade?

Esta pergunta foi feita pelos cientistas ao longo da primeira metade século XIX. Em 1832, Michael Faraday e Joseph Henri, quase ao mesmo tempo, desenvolveram o dínamo. O princípio era fazer um pedaço de metal movimentar-se próximo a um forte ímã. Um exemplo do aparelho é mostrado abaixo.

↑ Dínamo para bicicletas.

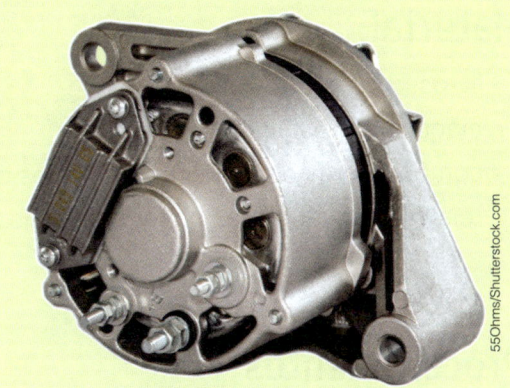

↑ Alternador de automóvel.

Um dínamo moderno segue o mesmo esquema de funcionamento, mas nesse caso é o ímã que roda (veja a figura ao lado). O movimento da roda põe o dínamo em movimento, e a eletricidade gerada pode acender lâmpadas.

O mesmo princípio do dínamo é usado em alguns modelos de carros híbridos para o carregamento das baterias. Ao frear, o carro aproveita o movimento das rodas para acionar um dínamo que gera eletricidade. Essa eletricidade é acumulada nas baterias do carro e pode ser reaproveitada em seguida.

Esquema de funcionamento do freio regenerativo eletromagnético de um carro híbrido.

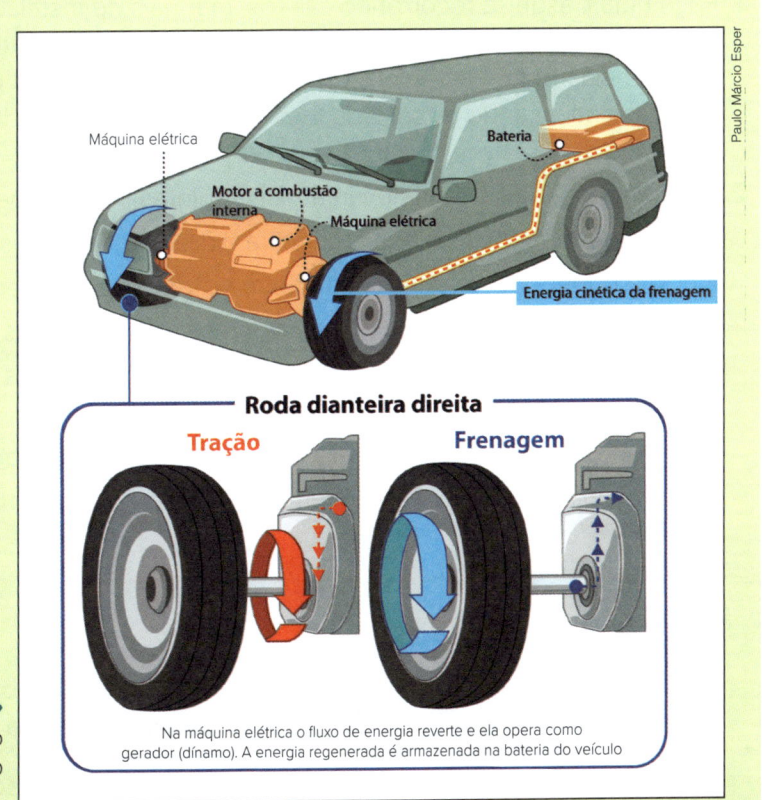

Roda dianteira direita

Tração   Frenagem

Na máquina elétrica o fluxo de energia reverte e ela opera como gerador (dínamo). A energia regenerada é armazenada na bateria do veículo

1. Qual é a grande vantagem do freio regenerativo?

2. Você conseguiria imaginar situações em que um dínamo ajudaria a produzir eletricidade?

NO CADERNO

História do uso da energia elétrica no Brasil

Todas as regiões do Brasil dispõem de energia elétrica? Será que teremos energia elétrica no futuro? Como é feita sua distribuição no Brasil?

Material:

- livros;
- manuais de instalação elétrica;
- computadores para pesquisa em *sites* da internet;
- relatórios de agências governamentais.

Coleção Particular. Fotografia: Christie's Images / Bridgeman Images/Fotoarena

↑ *O moinho gigante*. Claude Monet, 1887. Pintura a óleo sobre tela, 48,3 cm × 73,7 cm.

Procedimentos

1. Faça uma pesquisa recorrendo a livros, manuais de instalação elétrica e *sites* da internet ou procure algum profissional que trabalhe na área e possa ajudá-lo a obter as informações. Relatórios de agências governamentais, disponíveis na internet, são muito úteis. Você pode aprimorar sua pesquisa acessando os *sites* da Eletrobras, do Ministério de Minas e Energia (MMEN), da Empresa de Pesquisa Energética (EPE) ou da Aneel.

2. Durante a pesquisa, tente levantar as seguintes informações:

- Onde e quando foi instalada a primeira hidrelétrica no Brasil? E a primeira termelétrica?
- Onde e quando foi instalado o primeiro sistema de iluminação pública?
- Quais foram as primeiras usinas geradoras e distribuidoras de energia elétrica de nosso país?
- Que tipos de usina de produção de energia elétrica temos em nosso país?
- Quais são as atuais usinas geradoras e distribuidoras de energia elétrica de nosso país? Faça um mapa do Brasil indicando a localização e a data de início de funcionamento de cada uma delas.
- Que parcela da população não tem acesso à energia elétrica?

Reflita e registre

NO CADERNO

1. Qual é a usina geradora que abastece sua cidade? Elabore um mapa indicando o caminho da energia elétrica desde essa usina até sua escola.

2. Em grupo, analisem o material obtido e, com as informações, organizem:

   a) Uma linha do tempo. Associem a ela fatos que possibilitem localizar historicamente a produção e o uso da energia elétrica no Brasil. Procurem associar os hábitos e os acontecimentos de cada época com a disponibilidade de energia elétrica – por exemplo, a Independência do Brasil, a Proclamação da República, a Primeira Guerra Mundial, entre outros.

   b) Avaliem o acesso da população à energia elétrica em nosso país destacando as regiões que têm maior e menor oferta.

Outros modos de produção de energia em grande escala

Outras usinas elétricas têm o mesmo princípio de funcionamento, mas o movimento é obtido por outros meios. O alternador elétrico é posto em movimento tanto por jatos de vapor de água como pelo vento e pelas marés. Talvez o ser humano ainda não tenha explorado todas as possibilidades de produção de eletricidade com os movimentos na natureza. A seguir, listamos os tipos mais comuns de usinas elétricas.

Usinas nucleares

O termo "energia nuclear" costuma nos assustar. Logo nos lembramos de guerras ou catástrofes que envolveram bombas de radiação, usinas vazando, entre outros fatos negativos. O caso mais emblemático foram as bombas atômicas que caíram em Hiroshima e Nagasaki, no Japão, durante a Segunda Guerra Mundial, em 1945. Filmes exploram muito o fim da civilização por conta de uma possível guerra nuclear.

Embora a obtenção de energia por meio dos núcleos dos átomos seja realmente uma forma perigosa, na década de 1940 os cientistas foram capazes de produzir reações controladas dentro de grandes usinas produtoras de eletricidade.

Nesse tipo de usina, é o vapor de água gerado no interior da central nuclear que coloca em movimento uma turbina que, por sua vez, faz girar o alternador elétrico.

Dessa forma, temos o seguinte processo de transformação de energia:

Energia nuclear ⟶ energia térmica ⟶ energia cinética ⟶ energia elétrica.

Atualmente, há duas **usinas nucleares** em funcionamento no Brasil, Angra I e Angra II, ambas no estado do Rio de Janeiro, que geram, respectivamente, 657 MW e 1350 MW de potência elétrica. A usina de Angra I entrou em funcionamento em 1985. A usina de Angra II foi concluída no ano 2000, e começou a funcionar comercialmente em 2001. Uma terceira usina, Angra III, cuja obra está parada desde 2015 por questões financeiras, deverá gerar 1405 MW. Com as três em funcionamento, será gerado um total de 26 milhões de MWh por ano, o equivalente para abastecer cerca de 58% do estado do Rio de Janeiro.

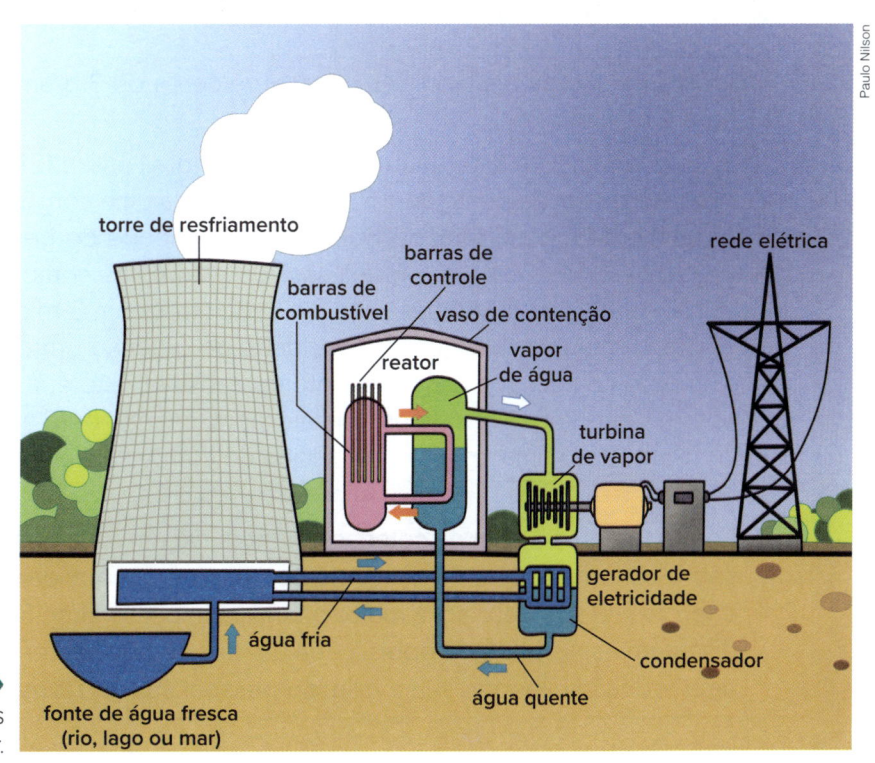

→ Esquema que mostra as partes internas de uma usina nuclear.

AQUI TEM MAIS

Pastilhas nucleares

O combustível das usinas nucleares são pequenas pastilhas de urânio enriquecido, cujos núcleos desintegram-se e liberam energia. Na usina, essas pastilhas empilhadas são colocadas dentro de uma câmara com água. Nela ocorrem as reações nucleares que geram a energia que ferve e evapora a água, produzindo uma grande pressão.

↑ Pastilhas de urânio, que ao ser enriquecido, alimentam usinas nucleares.

← Usinas nucleares como Angra I e Angra II utilizam pastilhas de urânio como combustível.

Cada uma dessas pastilhas tem massa de cerca de 3 gramas e aproximadamente 1 cm de altura e diâmetro.

Para se ter uma ideia, o reator da usina de Angra I utiliza 121 elementos combustíveis, ou seja, trata-se de um conjunto com 235 varetas, cada uma com 369 pastilhas, totalizando 4 m de comprimento e peso total de 600 kg. A capacidade de geração bruta de energia é de cerca de 23 318 mWh. Já em Angra II são 193 elementos combustíveis, cada um deles contendo 236 varetas com 384 pastilhas em cada uma, com 5 m de comprimento e peso total de 840 kg, o que possibilita uma capacidade de geração bruta de 52 609 mWh de energia por elemento combustível. Um elemento combustível, isto é, o conjunto de varetas, permanece no reator durante três ciclos, ou seja, aproximadamente três anos. Após esse período, são armazenados numa espécie de piscina de combustíveis usados.

1. Forme um grupo com os colegas e, juntos, façam uma pesquisa em *sites* da internet sobre os benefícios e os riscos do uso da energia nuclear em usinas de geração de energia elétrica. Reúnam a maior quantidade possível de informações e, em seguida, discutam esses dados. Depois, cada um dos componentes do grupo deverá escrever uma redação expondo sua avaliação pessoal sobre o tema.

Usinas termelétricas

Nesse tipo de usina (também conhecida como usina térmica), a queima de combustíveis fósseis – carvão mineral, gás, derivados de petróleo ou biomassa – aquece a água de uma caldeira, produzindo vapor. O vapor movimenta as turbinas do gerador elétrico. O esquema de uma **usina termelétrica** é muito semelhante ao das máquinas térmicas. A base de uma usina termelétrica é uma máquina térmica movida, na grande maioria, por combustíveis fósseis, que acionam um gerador elétrico.

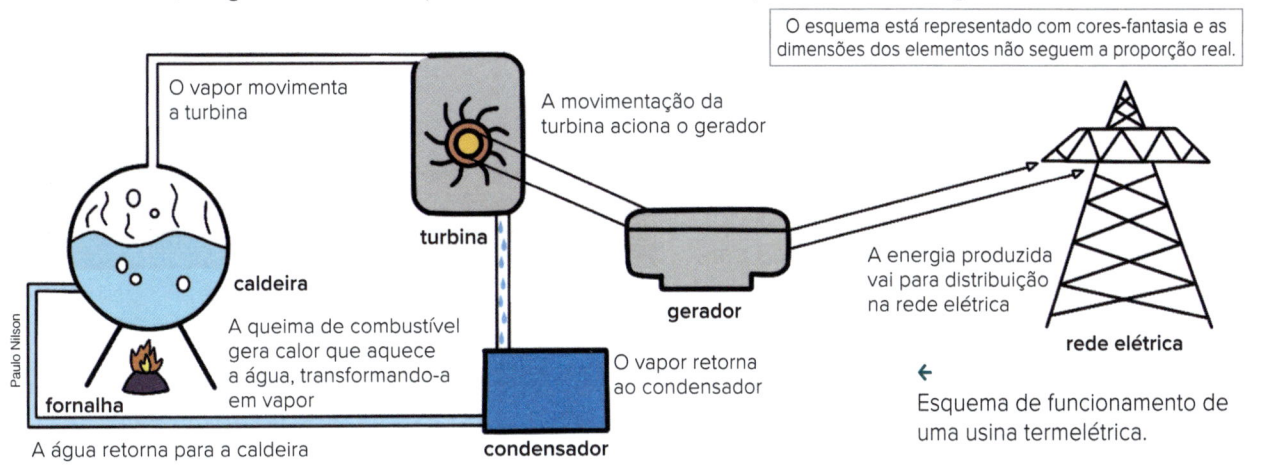

O esquema está representado com cores-fantasia e as dimensões dos elementos não seguem a proporção real.

O vapor movimenta a turbina

A movimentação da turbina aciona o gerador

turbina

caldeira

A queima de combustível gera calor que aquece a água, transformando-a em vapor

fornalha

A água retorna para a caldeira

O vapor retorna ao condensador

condensador

gerador

A energia produzida vai para distribuição na rede elétrica

rede elétrica

←
Esquema de funcionamento de uma usina termelétrica.

Paulo Nilson

Alguns combustíveis que podem mover as usinas termelétricas são bagaços de cana, madeira, óleo combustível, óleo diesel, gás natural, carvão natural, entre outros tipos, renováveis ou não renováveis. As usinas termelétricas no Brasil têm sido utilizadas principalmente como fonte alternativa – por exemplo, em casos de crise energética ou como forma de complementar a geração das usinas hidrelétricas, a fim de suprir a demanda energética do país.

Uma das desvantagens desse tipo de usina é a emissão dos gases residuais do processo de queima na atmosfera, o que libera grande quantidade de poluentes (como o dióxido de carbono) que contribuem para o agravamento do aquecimento global por meio do efeito estufa, além da possibilidade de gerar chuvas ácidas.

Outra desvantagem é o alto consumo de água utilizada tanto para geração de vapor quanto para alimentação do sistema de refrigeração das turbinas. O alto custo de manutenção, por necessitar constantemente de combustível para ser queimado, é outro fator considerado desvantajoso desse tipo de geração elétrica.

Uma das vantagens desse tipo de usina é o fato de que ela pode ser construída praticamente em qualquer lugar e ocupa uma área pequena, o que propicia instalação próximo às regiões de consumo, e isso reduz os custos com linhas de transmissão. No entanto, o preço final para os consumidores é maior quando comparado ao de outras fontes de geração elétrica – as hidrelétricas, por exemplo.

Ernesto Reghran/Pulsar Imagens

↑ Fornalha de usina termelétrica em Maringá (PR), 2013.

Outro aspecto importante é o fato de o carvão mineral ser abundante e de baixo custo, em comparação com outros combustíveis, além de possuir grande quantidade calorífica, o que possibilita um nível de produtividade quase duas vezes maior do que o das usinas hidrelétricas.

Resumidamente, temos o seguinte processo de transformação de energia:

Energia química ⟶ energia térmica ⟶ energia cinética ⟶ energia elétrica.

Aerogeradores

Os **aerogeradores** são mais conhecidos como geradores eólicos. Sua vantagem é que, por serem movidos pelo vento, o impacto no meio ambiente é pequeno quando comparado ao dos outros tipos de usinas.

Eles são constituídos de grandes pás, semelhantes a hélices de aviões, que se movimentam com o vento. No interior deles há geradores que transformam a energia dos ventos em energia elétrica.

Os aerogeradores devem ser instalados em áreas onde há ventos fortes em boa parte do ano. No Brasil, as melhores localidades são o Sul e o litoral do Nordeste.

↑ Aerogeradores em Gouveia (MG), 2016.

Resumidamente, temos o seguinte processo de transformação de energia:

Energia cinética dos ventos ⟶ energia cinética das pás do gerador ⟶ energia elétrica.

! CURIOSO É...

Energia cada vez mais renovável

Veja como as fontes renováveis são utilizadas para gerar energia limpa sem esgotar os recursos para o futuro.

Entre as fontes renováveis, a energia solar vem ganhando cada vez mais destaque por meio do sistema de micro e minigeração distribuída. Em outubro de 2016, o Brasil chegou ao total de 6 017 conexões (98,5% de fonte solar fotovoltaica), sendo 94% em residências e comércios.

Com 395 usinas em operação e potência total de 9,6 GW, o Brasil já é o 8º maior país do mundo em geração eólica, e o 4º maior em expansão dessa fonte. Cerca de 350 novos empreendimentos foram outorgados e devem agregar mais de 8 GW de potência no sistema elétrico brasileiro.

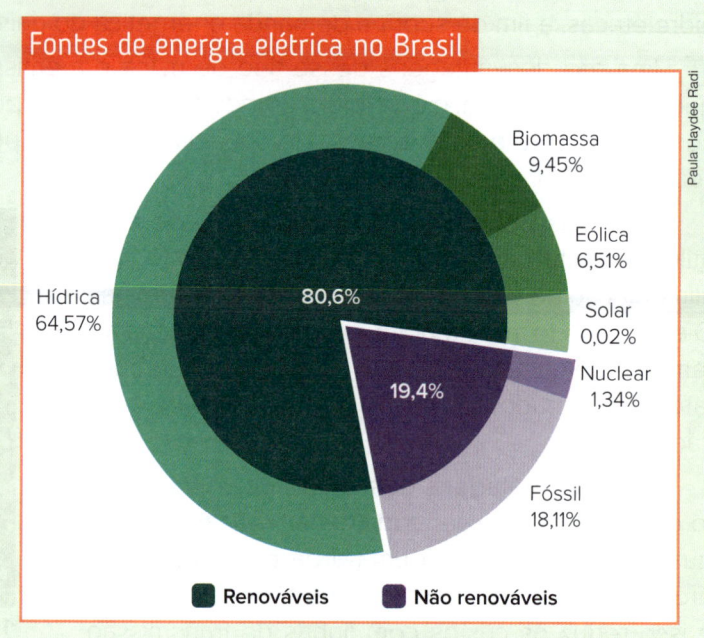

Fontes de energia elétrica no Brasil

Biomassa 9,45%
Eólica 6,51%
Solar 0,02%
Nuclear 1,34%
Fóssil 18,11%
Hídrica 64,57%
80,6%
19,4%

■ Renováveis ■ Não renováveis

Fonte: Banco de informações da Geração (out./2016); *Atlas de energia elétrica* (Aneel); Ministério de Minas e Energia.

Entre as termelétricas, o Brasil conta com 531 usinas que utilizam a biomassa como fonte renovável de energia. Com 14 GW de potência instalada, representa 9,4% do total.

Aneel 2017. Energia cada vez mais renovável. Disponível em: <www.aneel.gov.br/documents/656877/15142444/Renov%C3%A1veis+e+N%C3%A3o+Renov%C3%A1veis/aba3cfc6-a27f-a7af-6cac-1d859a2f0d1d?version=1.1>. Acesso em: 6 maio 2019.

As máquinas térmicas naturais e as fontes de energia renovável

Há mais de um milênio, os seres humanos descobriram meios de utilizar as forças naturais para realizar trabalhos, como os moinhos de vento e as rodas d'água medievais presentes em monjolos e embarcações à vela.

Todas essas máquinas usam energia disponível na natureza nos chamados ciclos naturais do ar e da água. As fontes atuais de produção de energia menos destrutivas e poluentes fazem uso de fontes naturais.

As usinas hidrelétricas utilizam a água que corre nos rios, que, por sua vez, são alimentados pelas chuvas. Os aerogeradores usam a energia dos ventos, também produzida em função das diferenças de temperatura na Terra. Usinas termelétricas movidas com biomassa também entram nessa lista. Embora gerem mais poluição que as hidrelétricas e as eólicas, o combustível que aquece suas caldeiras é de origem vegetal.

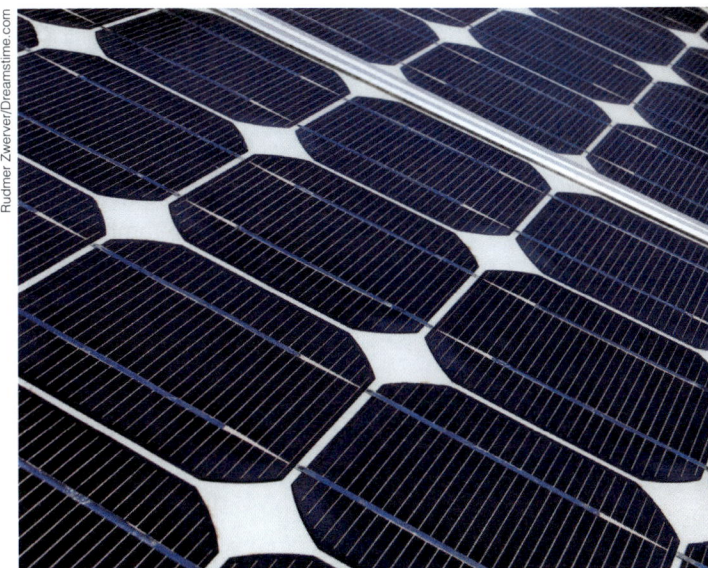

↑ O painel solar capta energia da luz do Sol.

Existem ainda meios de produzir energia diretamente do Sol, como as células fotoelétricas. Elas são os instrumentos de geração de energia que menor impacto causam ao meio ambiente. Porém, têm a desvantagem de produzir energia em pequena escala.

Os meios de produção de energia que fazem uso das máquinas térmicas naturais, ou seja, que utilizam diretamente a energia do Sol, e ainda aqueles abastecidos por combustíveis de origem vegetal são considerados **fontes renováveis**. Todas elas permitem um processo de produção de energia a longo prazo e são praticamente inesgotáveis.

↑ A energia da movimentação das ondas do mar e das marés pode ser captada pelas usinas maremotrizes. São Gonçalo do Amarante (CE), 2012.

Contrariamente, os combustíveis fósseis, como o carvão mineral, o gás natural e o óleo diesel, são **fontes não renováveis**. Todos provêm do petróleo, que se formou em um longo processo de milhões de anos. Quando o petróleo se esgotar não haverá como repor as jazidas. O mesmo caso se aplica à energia nuclear, também considerada fonte não renovável.

Todo meio que produza energia elétrica com o uso da energia dos fluxos de matéria gerados pelas máquinas naturais, como os ventos, as correntes marítimas, as corredeiras dos rios e as cachoeiras, são fontes renováveis. Combustíveis de origem vegetal, como etanol, biodiesel e biomassa, entre outros, também são fontes renováveis. Neste último caso, a energia está ligada à capacidade que os vegetais têm de utilizar a energia do Sol para crescer e estocar energia química – que pode ser usada como combustível.

As fontes de energia renováveis têm a grande vantagem de ser praticamente inesgotáveis. Já as não renováveis, como o carvão mineral, o petróleo e a energia nuclear, inevitavelmente acabarão um dia.

Segurança contra a contaminação radioativa

O uso de materiais radioativos não ocorre somente em usinas nucleares. Ele é também muito comum na agricultura e na medicina.

Independentemente da finalidade do uso, é necessário que os procedimentos de produção, transporte, utilização, armazenagem e descarte sigam rigorosamente os protocolos e normas governamentais e que a fiscalização seja eficiente para que o uso seja adequado e não comprometa a segurança da população.

Leia a matéria a seguir, que relata um acidente envolvendo material radioativo no Brasil.

Acidente em Goiânia

Na rua 57, região central de Goiânia, o terreno vazio com solo concretado destoa das muitas casas em reforma. Os moradores mais novos não sabem explicar por que não há construção naquele espaço, que abriga apenas uma estrutura metálica enferrujada e grafites no muro do fundo.

A única identificação do local aparece no mundo digital: ao localizar a rua 57 [...] exibe a inscrição "Césio 137", marcando o ponto zero onde o elemento radioativo foi liberado no ambiente e iniciou uma cadeia de contaminação.

O mapa mostra o endereço de um antigo ferro-velho onde, em 13 de setembro de 1987, começou o maior acidente radioativo do Brasil. Naquele domingo, sob a sombra de uma mangueira, funcionários do ferro velho partiram, a marretadas, o cabeçote de um equipamento usado em radioterapia. A peça havia sido encontrada por dois catadores num prédio em ruínas do antigo Instituto Goiano de Radioterapia (IGR), estava abandonada ali desde meados de 1985.

Durante a desmontagem, os catadores chegaram até a cápsula que armazenava 19 gramas de césio-137, que, administrado dentro da máquina, emitia radiação controlada para matar células cancerosas. Fora do recipiente de chumbo, o pó altamente solúvel e de fácil dispersão é letal.

À medida em que os pedaços da máquina eram vendidos para outros ferros-velhos, aumentava o número de pessoas que reclamam de náuseas, vômito e diarreia. Esses sintomas iniciais, causados pela exposição à radiação, foram tratados pelos médicos como intoxicação alimentar.

Cinco dias depois, a cápsula com césio-137 chegou ao ferro-velho de Devair [...]. Fascinado pelo brilho intenso emitido pelo pó no escuro, ele e a esposa logo adoeceram. Quando recebia visita dos familiares, Devair distribuía pequenas amostras do material que acreditava ser muito valioso. E, assim, os focos de contaminação se espalharam.

Foi Maria Gabriela, esposa de Devair, que desconfiou [...] daquele brilho. Em 28 de setembro, ela colocou a cápsula dentro de um saco de estopa, pegou o ônibus na companhia de um funcionário do ferro-velho e entregou a peça na Vigilância Sanitária. A essa altura, já corria em toda a cidade o boato de que muitos membros de uma mesma família tinham adoecido.

No dia seguinte, um físico que visitava a cidade desconfiou dos relatos e visitou os pacientes com um medidor de radiação. Foi só então que Goiânia descobriu que a cidade estava há 16 dias exposta ao césio-137.

[...]

Vida reclusa

Trinta anos após o episódio que contabilizou 6 500 pessoas com algum grau de irradiação, 249 casos com significativa contaminação e quatro mortes quase imediatas, a memória do acidente traz incômodo e desconforto em todas as esferas que tiveram algum envolvimento com o caso.

[...]

A poucas quadras do foco inicial de contaminação, dona Lourdes agora vive reclusa e não quer mais falar com a imprensa. Ela perdeu uma filha de seis anos e o marido depois do acidente.

[...]

O tratamento pós-acidente

Em 1988, foi criado um serviço de saúde especialmente para o atendimento às vítimas, a Fundação Leide das Neves. Em 2011, uma mudança na lei levou o órgão no Centro de Assistência aos Radioacidentados (CARA) a funcionar segundo as normas do Sistema Único de Saúde (SUS).

[...]

Traumas não superados

Trinta anos após o acidente, o trauma das vítimas ainda é evidente. [...]

Dos 92 pacientes vivos acompanhados pelo CARA desde 1988, 48 aceitaram participar. A maior parte (85%) ainda se considera vítima do acidente em Goiânia, devido à discriminação que sofreram ou acreditam ainda sofrer por parte da população. "As pessoas ainda têm medo da gente", respondeu um entrevistado. "Isso não passa nunca."

[...]

O impacto mais marcante, no entanto, foi nas pessoas que eram crianças e adolescentes à época. "Eles sofreram interrupções bruscas, sentiram abandono, amigos se afastaram, planos foram interrompidos", afirma a psicóloga. [...]

[...]

↑ Depósito de rejeitos radioativos da Comissão Nacional de Energia Nuclear (CNEM), onde está o césio-137 que provocou o acidente. Abadia de Goiás (GO), 2015.

Deutsche Welle. Pior acidente radioativo da história completa 30 anos. *Carta Capital*. 13 set. 2017. Disponível em: <www.cartacapital.com.br/sociedade/trinta-anos-apos-o-pior-acidente-radiologico-da-historia>. Acesso em: 6 maio 2019.

1. De acordo com o texto, quais foram as causas do acidente?

2. O que pode ser feito para evitar acidentes iguais aos de Goiânia?

3. Em grupos, pesquisem sobre os efeitos da radioatividade no corpo humano.

NO CADERNO

Usinas produtoras de energia elétrica

Uma usina demora para ser construída? Quanto de energia ela consegue produzir? Qual é o custo do quilowatt produzido em uma usina?

Material:

- livros e revistas científicas;
- computadores para acesso a *sites* confiáveis da internet, como os de universidades e das agências de produção e distribuição de energia elétrica;
- relatórios de agências governamentais.

Claudia Marianno

Procedimentos

1. Usando as fontes de consulta acima, busque informações sobre as principais usinas produtoras de energia elétrica em funcionamento no Brasil. Os dados importantes a serem obtidos são:
   - que potência elétrica, em quilowatt (kW), as usinas podem fornecer (essa informação pode ser obtida na forma de um valor por usina, um valor médio ou um intervalo de valores, como de 7 000 kW a 20 000 kW, por exemplo);
   - tempo necessário para a construção dessas usinas (cite uma média de tempo ou um intervalo);
   - custo de cada kW de energia elétrica produzido pela usina;
   - vida útil, ou seja, por quanto tempo uma usina desse tipo pode funcionar.

Reflita e registre

NO CADERNO

1. Em grupo, analisem o material obtido e organizem um quadro com as características das usinas que vocês encontraram. Utilizem o modelo proposto abaixo.

Tipo de usina	Potência elétrica	Tempo de construção	Custo do kW	Vida útil
Usina hidrelétrica				
Usina termelétrica				
Usina eólica				
Usina nuclear				
Usina solar				
Usina maremotriz				

2. Com base nos dados levantados na pesquisa e organizados no quadro, discutam quais usinas seriam mais adequadas para a expansão da oferta de energia no país. Usem argumentos e informações para defender essa listagem.

ATIVIDADES

SISTEMATIZAR

1. Como funciona uma usina hidrelétrica?

2. O que é um dínamo e qual é o princípio básico de seu funcionamento?

3. Quais combustíveis fazem funcionar as turbinas de uma usina nuclear e de uma usina termelétrica?

4. Quais transformações de energia estão envolvidas numa usina nuclear?

5. Quais transformações de energia estão envolvidas numa usina termelétrica? Como ela funciona?

6. Cite ao menos uma vantagem da usina termelétrica em relação à hidrelétrica.

7. O que são aerogeradores e como funcionam? Cite ao menos uma de suas vantagens.

8. Por que a queda de uma linha de transmissão de energia não interrompe a distribuição da energia elétrica numa região?

REFLETIR

1. Qual é o perigo decorrente de uma falha ou acidente numa usina nuclear?

2. A energia solar pode ser transformada em energia elétrica por meio de painéis fotovoltaicos. A energia dos ventos pode ser convertida em energia elétrica por meio de hélices que acionam um gerador. Já nas usinas hidrelétricas, a eletricidade é produzida por meio da queda de água ao mover uma turbina que aciona um gerador. Além de produzir eletricidade, o que esses processos têm em comum? Qual é sua principal vantagem em relação às outras formas de obtenção de energia elétrica?

3. Suponha que você necessite instalar uma estação de energia elétrica num pequeno município com as seguintes características:

O município fica localizado em um pequeno vale cercado por altas montanhas e de difícil acesso. Sua extensão territorial é pequena. Pela cidade passa um rio, que é fonte de água para consumo, irrigação das lavouras de subsistência e pesca. A incidência solar é alta praticamente o ano todo. Com base nessas informações, que forma de obtenção de energia você indicaria para ser implantada nesse município a fim de causar o menor impacto ambiental possível? Justifique.

DESAFIO

1. Os números e valores envolvidos na produção e no consumo de energia em nosso país são sempre muito grandes. Apenas no setor residencial, em um único dia, o consumo de energia elétrica é da ordem de 200 mil MWh (megawatt hora), equivalente a 200 milhões de kWh.

Para ter uma ideia desse consumo, imagine uma situação em que o Brasil não dispusesse de hidrelétricas e tivesse de depender somente de termelétricas, nas quais cada quilo de carvão queimado possibilitaria obter 10 kWh de energia. Considerando que um caminhão transporta, em média, 10 toneladas de carvão (10 mil kg), quantos caminhões seriam necessários para abastecer as termelétricas a cada dia?

CAPÍTULO 2

Matriz energética

Neste capítulo, você estudará como a energia é distribuída no Brasil. Você verá qual é a composição da matriz energética nacional, verificando as fontes renováveis e não renováveis.

EXPLORANDO UM APAGÃO

Naquele dia, Deborah navegava e conversava com suas amigas nas redes sociais usando seu computador, como era de costume. Repentinamente, o computador apagou, assim como todas as luzes da sua casa, das ruas e de todo o bairro.

Deborah ficou assustada. Depois de cerca de três horas, tudo voltou ao normal. Ela ligou do seu celular para as amigas que moravam distante e até em outras cidades. Tudo havia desligado, várias cidades de diferentes estados estavam sem energia. Foi um susto e tanto.

Ilustrações: Claudia Marianno

Deborah ficou perplexa com toda a confusão e problemas que o apagão provocou na vida das pessoas. Afinal, trens, metrôs, hospitais, bancos, aulas, bombeamento de água, entre vários outros serviços básicos, foram interrompidos.

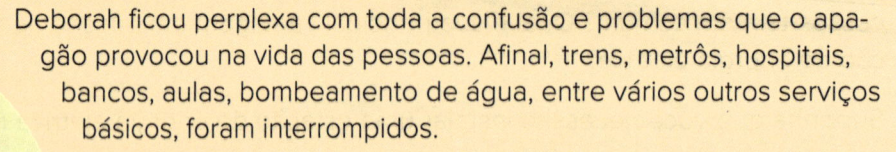

Ao ler notícias na internet sobre o apagão e conversar com seus colegas na escola, Deborah percebeu o quanto a origem desse incidente era complexa e como ele afetou a vida das pessoas.

Foi aí que Deborah se deu conta de que não queria mais ficar alheia a essas questões. Ela passou a se interessar pelas questões que envolvem a matriz energética do país.

Agora é sua vez. 🎤

1. Por que podem ocorrer falhas e problemas no setor elétrico que levam a um apagão?

2. Quais setores do país mais consomem energia elétrica?

3. Que iniciativas podem ser tomadas para evitar apagões?

4. Como você acredita que o desenvolvimento do setor elétrico influencia a economia do país e a vida das pessoas?

Como a energia elétrica é distribuída no país?

Nas sociedades modernas, a energia elétrica está presente do início ao fim do dia. E se faz cada vez mais necessária para satisfazer nossos hábitos de comunicação, conforto e qualidade de vida, seja diretamente (em casa, na escola e no trabalho), seja indiretamente (nas fábricas e empresas que produzem as coisas que compramos ou os serviços que usamos).

Para isso, o país precisa produzir energia suficiente para atender a todas as demandas. Se você mora em uma cidade que já teve um "apagão", saiba que eles acontecem por três motivos principais.

- Estrangulamento nas linhas de alimentação: ocorre quando a energia que precisa passar pela rede de alta tensão é muito acima da capacidade da linha. Nesse caso, o sistema de proteção interrompe a passagem da corrente elétrica.

- As usinas geradoras de eletricidade não conseguem abastecer toda a demanda, deixando faltar energia em algumas cidades e até mesmo estados.

- A interligação nacional do sistema elétrico, que conecta as usinas hidrelétricas e termelétricas em uma grande rede de transmissão, ao mesmo tempo em que possibilita que a energia produzida no Sul do país, por exemplo, seja conduzida e utilizada no Nordeste em épocas de seca, faz com que todo o sistema seja desligado quando ocorre algum tipo de problema ou falha na transmissão, causando um apagão de maior extensão e prejuízo que afeta diversos estados do país.

↑ Estados do Norte e Nordeste ficaram sem energia elétrica no dia 21 de março de 2018. Salvador (BA), 2018.

Como a construção de uma usina leva algum tempo, é importante que os governos planejem o crescimento do país para que possam saber se haverá ou não necessidade de construir novas usinas e mais linhas de transmissão.

❗ CURIOSO É...

O esquema está representado com cores-fantasia e as dimensões dos elementos não seguem a proporção real.

Como a energia pode ser transportada de tão longe?

A energia elétrica usada em sua casa é trazida por meio de fios e cabos condutores de uma rede elétrica pública, distribuídos por ruas, estradas e rodovias. Essa transmissão tem início nas usinas geradoras de energia elétrica, onde a tensão gerada é alta, de aproximadamente 10 000 V. Depois, segue para uma subestação, que eleva a tensão mais ainda, até cerca de 700 000 V, e, em seguida, é distribuída por cabos de alta tensão que percorrem milhares de quilômetros. Perto dos locais de uso da energia elétrica, outra subestação baixa a tensão para cerca de 14 000 V.

Na sequência, passa por linhas de média tensão até chegar aos transformadores localizados nos postes dos bairros. Como o nome já indica, os transformadores alteram a tensão da rede pública para os valores típicos das residências: 110 V e 220 V. Na maioria das instalações elétricas das cidades, a energia chega, enfim, às casas e aos prédios por meio de três fios, dois deles denominados fase e outro chamado neutro.

↑ Esquema de transporte de energia desde sua produção na usina hidrelétrica até as residências.

A rede de transmissão local

Você sabe como a energia elétrica gerada pelas usinas chega à sua escola?

Material:

- livros;
- manuais de instalação elétrica;
- computadores com acesso à internet para pesquisa em *sites* confiáveis;
- relatórios de agências governamentais.

Procedimentos

1. Para investigar o trajeto que a energia elétrica percorre até chegar à sua escola, procure uma agência da companhia de energia elétrica em sua cidade e entreviste um funcionário que trabalhe na manutenção da rede elétrica, ou acesse o *site* dessa companhia para buscar as seguintes informações:

- a tensão da fiação da rede elétrica da rua de sua escola;
- a localização da subestação elétrica da região de sua escola;
- a tensão elétrica que chega a essa subestação e a que sai dela;
- a usina elétrica que alimenta essa subestação e sua potência instalada.

Claudia Marianno

Reflita e registre

NO CADERNO

1. Em grupo, analisem o material obtido e, com essas informações, façam um desenho destacando o caminho que a energia elétrica percorre até chegar à sua escola. Indiquem os valores da tensão elétrica em cada trecho da fiação, como antes da subestação, na rua e dentro da escola.

Matriz energética do país

A maneira pela qual a energia elétrica é produzida e distribuída num país é algo muito importante. Como cada usina tem uma característica, é importante haver diversidade nos meios de produção para que as fragilidades de uma sejam compensadas pela existência das outras.

O gráfico abaixo apresenta as diferentes fontes que compõem a matriz energética nacional. Perceba que menos de 20% da energia consumida é obtida de fontes não renováveis, como petróleo, gás natural, carvão mineral e urânio. As outras fontes, como a hidráulica, a de biomassa (lenha, bagaço de cana, carvão vegetal), a solar e a eólica, são denominadas renováveis, pois sua reposição pode ser feita com relativa facilidade ou em uma escala de tempo da ordem de anos.

Matriz energética brasileira em 2017

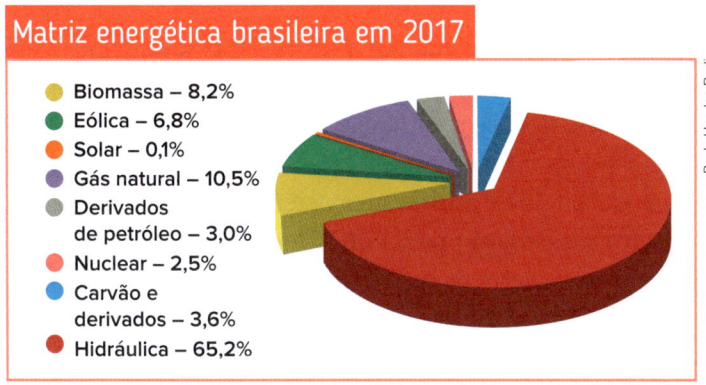

- Biomassa – 8,2%
- Eólica – 6,8%
- Solar – 0,1%
- Gás natural – 10,5%
- Derivados de petróleo – 3,0%
- Nuclear – 2,5%
- Carvão e derivados – 3,6%
- Hidráulica – 65,2%

Fonte: Empresa de Pesquisa Energética. Balanço Energético Nacional: 2018. Disponível em: <www.epe.gov.br/sites-pt/publicacoes-dados-abertos/publicacoes/PublicacoesArquivos/publicacao-303/topico-397/Relat%C3%B3rio%20S%C3%ADntese%202018-ab%202017vff.pdf>. Acesso em: 7 maio 2019.

↑ Porcentagem aproximada de cada fonte na produção de energia elétrica no Brasil.

No gráfico acima, pode-se constatar que a maior parte, quase dois terços, é obtida por fonte hidráulica; o restante é adquirido por fontes diversas, como combustíveis fósseis, biomassa e isótopos radioativos (utilizados, principalmente, em termelétricas e termonucleares). Note também uma pequena fração de origem eólica. Esta última, no entanto, é a que mais cresce no país.

No contexto mundial, o uso das fontes não renováveis é ainda maior. Os combustíveis fósseis e a energia nuclear compõem a quase totalidade da oferta de energia. Nesse cenário, a participação das fontes renováveis foi de apenas 14,2% em 2015, diferentemente do Brasil, com 41,3% no mesmo período.

Quais são as vantagens e as desvantagens das várias fontes de energia? Como elas são obtidas? Em que são usadas? O gráfico abaixo apresenta informações que podem servir de fundamento para uma discussão sobre essas questões. Debata com os colegas a relação custo-benefício das fontes renováveis e não renováveis e decidam qual é a mais adequada para nosso país.

Utilização de energia no Brasil em 2017

indústrias 33% — transportes 32% — residências 10% — setor energético 10%

agropecuária 4% — serviços 5% — uso não energético 6% — uso energético 94%

Fonte: Empresa de Pesquisa Energética. Balanço Energético Nacional: 2018. Disponível em: <www.epe.gov.br/sites-pt/publicacoes-dados-abertos/publicacoes/PublicacoesArquivos/publicacao-303/topico-397/Relat%C3%B3rio%20S%C3%ADntese%202018-ab%202017vff.pdf>. Acesso em: 6 maio 2019.

↑ Porcentagem aproximada por setor da economia.

Energia solar: lapso do laboratório para a fábrica

O Brasil enfrenta uma crise energética de grande e ainda incalculável proporção. A grande imprensa tem noticiado dificuldades na importação de equipamentos para instalações de energia solar, uma das possíveis tecnologias para enfrentar a crise. Nesse cenário, a questão que se deve colocar é: por que, com as condições ambientais e com a comunidade científica de que dispõe, o Brasil precisa importar esse tipo de tecnologia?

[...]

O termo energia solar engloba muitas áreas científicas e tecnológicas, desde um simples coletor de radiação para aquecimento de água, até estudos de efeitos de tempestades solares na distribuição de energia na superfície terrestre. Considerarei apenas as células solares, dispositivos semicondutores com imensos interesses científicos, tecnológicos e comerciais, que têm o mesmo princípio de funcionamento do diodo e do transistor e foram inventados para uso comercial no final dos anos 1940, logo após as descobertas desses seus famosos congêneres.

Esse foi o período em que a pesquisa em Física estava se institucionalizando no Brasil, nas universidades de São Paulo (USP) e do Rio de Janeiro, a antecessora da UFRJ [...].

A pesquisa na área de semicondutores passava longe dos objetivos científicos dos líderes nacionais, e não surpreende o pouco interesse despertado pelo Simpósio sobre Energia Solar, realizado em novembro de 1958 pelo Instituto Nacional de Tecnologia (RJ), sob os auspícios do CNPq.

SSPL/Getty Images

↑ Primeiro transistor, produzido nos Laboratórios Bell (Estados Unidos) em 23 de dezembro de 1947. Esse dispositivo tem o mesmo princípio de funcionamento que as células solares.

[...]

Da infância à idade adulta

A física de semicondutores encontrava-se na sua primeira infância. O primeiro artigo sobre o tema, [...], é de 1947, ano de fabricação do primeiro transistor. [...]

Considerando a literatura internacional, dá para dizer que, no final dos anos 1960, os dispositivos fotovoltaicos poderiam ter merecido mais atenção por parte de nossos cientistas. Não se pode alegar que se tratava de um assunto pouco instigante. E já era, naquela época, um tema voltado para aplicações industriais.

A fotocondutividade vinha desafiando a inteligência humana desde os anos 1830. Em 1883, foi construída a primeira célula solar, à base de selênio, com eficiência inferior a 1%. Ninguém entendia seu funcionamento, até que, nos anos 1940, se descobriu que ela funcionava como um transistor.

William Shockley, um dos pais do transistor e Nobel de Física de 1956, publicou um artigo seminal em 1961 sobre o limite teórico da eficiência de células...

No entanto, nossas principais lideranças científicas voltadas para a física de semicondutores estavam interessadas em outras questões teóricas e na também nascente ciência e tecnologia do laser. O grupo que surgiu na Universidade Estadual de Campinas (Unicamp) no início dos 1970 teve amplo sucesso na criação de uma escola nacional, espalhando pesquisadores para várias partes do país, e contribuiu decisivamente para a instalação da indústria brasileira de laser.

[...]

O grupo produziu muitos trabalhos científicos, adquiriu *expertise* para o aproveitamento tecnológico das células solares, mas a indústria jamais se sentiu à vontade para investir nessa tecnologia, sobretudo pela falta de uma política de incentivo por parte de agentes estatais.

Então, o cenário atual em que dependemos em grande escala da importação de tecnologia fotovoltaica não vem da falta de *expertise* nacional na ciência básica correlata. Vem de uma complexa conjugação de fatores, entre os quais a falta de empreendedorismo da indústria nacional e o limitado compromisso dos agentes estatais.

Em tempo: Depois que publiquei a coluna, lembrei de uma história que ouvi nos anos 1980, mas não lembro quem me contou. Em algum momento daquele período, a Alemanha ofereceu a construção de uma "vila solar" no Brasil. Consultores brasileiros e alemães visitaram o Nordeste em busca do melhor local, mas, ao final, as autoridades brasileiras não aceitaram a oferta. Na época, se falava que ela seria construída na Arábia Saudita. Fazendo uma busca na internet, encontrei um relatório e um artigo que talvez exibam a digital da desistência brasileira.

Carlos Alberto dos Santos. *Ciência Hoje*. Energia solar: lapso do laboratório para a fábrica. Disponível em: <http://cienciahoje.org.br/coluna/energia-solar-lapso-do-laboratorio-para-a-fabrica/>. Acesso em: 6 maio 2019.

> **GLOSSÁRIO**
>
> **Expertise:** especialização, experiência, prática, conhecimento.

1. Por que o artigo afirma que "... grande escala da importação de tecnologia fotovoltaica não vem da falta de *expertise* nacional na ciência básica..."?

2. Por que você acha que os alemães teriam escolhido o Nordeste brasileiro para a construção de uma vila solar?

3. Faça uma pesquisa e explique por que o Brasil recusou a oferta dos alemães.

ATIVIDADES

NO CADERNO

SISTEMATIZAR

1. Em sua opinião, quais são os principais motivos que podem causar um "apagão" nas cidades, independentemente do tamanho delas?

2. Que procedimentos você poderia sugerir para evitar um "apagão"?

3. Por que é importante para um país diversificar sua matriz energética?

4. Responda:

a) Qual é a natureza da fonte energética mais utilizada na produção de energia elétrica no Brasil? Qual é sua porcentagem na matriz energética?

b) Como você justificaria o fato de essa fonte ter maior participação na matriz energética nacional?

5. Cite ao menos duas vantagens e desvantagens da utilização de fontes de energia não renováveis.

6. Cite ao menos duas vantagens e desvantagens da utilização de fontes de energia renováveis.

7. Quais são os maiores problemas associados ao investimento em fontes nucleares como opção para diversificação da matriz energética?

REFLETIR

1. Por que podemos afirmar que o consumo de energia no Brasil e no mundo pode ser considerado insustentável?

2. Com base nos dados da tabela abaixo, responda às questões a seguir:

Geração de energia elétrica no Brasil (GWh)			
Fonte	2016	2017	Diferença entre 2017 e 2016 (%)
Hidrelétrica	380 911	370 906	- 2,6
Gás natural	56 485	65 593	16,1
Biomassa	49 236	49 385	0,3
Derivados do petróleo	12 103	12 733	5,2
Nuclear	15 864	15 739	- 0,8
Carvão	17 001	16 257	- 4,4
Eólica	33 489	42 373	26,5
Solar fotovoltaica	85	832	875,6
Outras	13 723	14 144	3,1
Geração total	578 898	587 962	1,6

Empresa de Pesquisa Energética. Balanço Energético Nacional: 2018. Disponível em: <www.epe.gov.br/sites-pt/publicacoes-dados-abertos/publicacoes/PublicacoesArquivos/publicacao-303/topico-397/Relat%C3%B3rio%20S%C3%ADntese%202018-ab%202017vff.pdf>. Acesso em: 6 maio 2019.

a) Qual é a natureza da fonte energética cuja participação na geração de energia elétrica no Brasil registrou a maior queda? Essa fonte é renovável ou não renovável? Quais são as suas desvantagens?

b) Qual é a fonte cuja participação na geração de energia elétrica no Brasil registrou aumento? Que fatores você acredita que estejam ligados a esse aumento?

c) Levante hipóteses para explicar por que a parcela de energia de origem solar na matriz energética brasileira é a menor de todas.

d) A partir das informações fornecidas no capítulo, liste os desafios a serem superados para que sua participação da energia solar aumente na matriz energética brasileira.

DESAFIO

1. Forme um grupo com alguns colegas e, juntos, pesquisem as características climáticas e a localização geográfica das cidades de Natal (RN), Manaus (AM) e Criciúma (SC). Com base nessas informações, discutam qual ou quais fontes de energia seriam mais adequadas para gerar eletricidade nessas cidades.

2. Faça uma pesquisa sobre o Sistema Interligado Nacional (SNI) e o Operador Nacional do Sistema Elétrico (ONS) e escreva um pequeno texto, na forma de resumo, explicando-os.

3. Analise as tabelas abaixo, que informam a matriz energética mundial e a do Brasil, e responda às questões que seguem.

Matriz energética mundial (2015)	
Petróleo e derivados	31,7%
Carvão	28,1%
Gás natural	21,6%
Biomassa	9,7%
Nuclear	4,9%
Hidráulica	2,5%

Matriz energética brasileira (2015)	
Petróleo e derivados	36,5%
Derivados da cana	17,5%
Hidráulica	12,6%
Gás natural	12,3%
Carvão	5,5%
Outras renováveis	5,4%
Nuclear	1,5%
Outras não renováveis	0,7%

a) O consumo de energia de fontes não renováveis no Brasil é maior em comparação à matriz energética mundial? Justifique sua resposta.

b) A matriz energética brasileira está baseada mais em fontes renováveis ou não renováveis? Justifique.

Fontes das tabelas: Empresa de Pesquisa Energética (EPE). Disponível em: <http://www.epe.gov.br/pt/abcdenergia/matriz-energetica-e-eletrica>. Acesso em: 3 maio 2019.

CAPÍTULO

3 Transformação e conservação de energia

Neste capítulo, você estudará a transformação e conservação da energia. Verá ainda por quais séries a energia passa ao se transformar, bem como suas diferentes classificações; associadas aos fenômenos e entes físicos.

EXPLORANDO A ENERGIA DOS ALIMENTOS

Paloma adora esportes. Faz parte do time de handebol de sua escola. É obstinada, treina duro e sempre diz que será uma atleta profissional.

Ela segue sempre os conselhos de sua treinadora, dorme cedo para poder ter as horas necessárias de sono, se alimenta corretamente. A treinadora sempre fala para as meninas se alimentarem bem para terem energia para os treinos e partidas. Paloma segue tudo com muita disciplina. Prepara saladas, come muitas frutas, e também carboidratos e proteínas.

Um dia ela estava em sua cozinha e começou a refletir... Afinal, há uma relação entre a energia dos alimentos e a energia utilizada para fazer funcionar os eletrodomésticos de sua casa? Será que tudo está conectado?

MJTH/Shutterstock.com

Agora é sua vez. 🎤

1. Qual é o papel do Sol como agente responsável pelas transformações de energia que ocorrem quando comemos?

2. As diversas formas de energias podem ser transformadas de um tipo em outro? Cite um fenômeno qualquer que você observa em seu cotidiano e diga quantas transformações de energia você acredita que acontecem nele.

Balanço da energia na Terra

De onde vem a energia na Terra? Se pararmos para pensar, qual é a fonte de tanta energia que movimenta as indústrias, transporta as pessoas, ilumina a noite? Pode parecer estranho, mas quase toda a energia disponível na Terra tem origem nas radiações solares. Além de garantir a manutenção da vida e da biodiversidade no planeta, o Sol proporciona bem-estar e conforto às pessoas.

A cada segundo, o Sol produz $3,5 \times 10^{27}$ J de energia na forma térmica e luminosa, por meio de reações de fusão nuclear que ocorrem no seu interior. Uma parcela bem pequena dessa energia chega à Terra: aproximadamente 50 trilionésimos ($1,7 \times 10^{17}$ J) atingem o topo da atmosfera de nosso planeta.

> 10^{27} é uma notação científica que indica o número de zeros. Nesse caso, 1 seguido de 27 zeros. O mesmo vale para os demais números.

Dessa quantidade, cerca de 5×10^{16} J são refletidos pelas nuvens e oceanos e voltam para o espaço. O restante, $16,5 \times 10^{16}$ J, chega à superfície terrestre e é distribuído da seguinte forma: 5×10^{16} J aquecem o solo; 3×10^{16} J, o ar; 4×10^{16} J, a água; e aproximadamente $6,5 \times 10^{13}$ J são absorvidos pelas plantas aquáticas e terrestres.

O esquema está representado com cores-fantasia e as dimensões dos elementos não seguem a proporção real.

↑ Balanço da energia que chega à Terra a cada segundo.

Entretanto, as transformações continuam. O aquecimento da água provoca a evaporação, dando início ao ciclo da água. Parte da energia é dissipada no ambiente durante a condensação, mas 1×10^{15} J são armazenados na forma de potencial gravitacional e usados em usinas hidrelétricas para produção de 1×10^{11} W de potência elétrica. O aquecimento do solo e do ar produz os ventos e, consequentemente, as ondas do mar. Ambos são fontes renováveis para produção de energia elétrica, porém são responsáveis por uma parcela ainda pouco significativa do total consumido.

Temos também a energia solar que foi absorvida por vegetais e algas de 500 milhões de anos atrás e produziu uma reserva de $2,2 \times 10^{23}$ J de energia química, ainda armazenada nos combustíveis fósseis (petróleo, carvão mineral e gás natural).

Série de transformação da energia

Uma mangueira, como todo ser vivo, segue seu ciclo de vida. Ao chegar à etapa de reprodução, ela dá frutos – as mangas. Para isso, ela precisa de luz.

Ao serem iluminadas pelo Sol, as mangueiras fazem a fotossíntese e, assim, obtêm energia para seu desenvolvimento. Vejamos essa cadeia de relações usando a noção de energia: mangas contêm energia, o que é comprovado pelo fato de que os seres vivos alimentam-se delas para obter energia para realizar as atividades necessárias à sua sobrevivência.

A mangueira produz mangas captando e fixando a energia do Sol, que provém de reações nucleares de fusão no seu interior. Essas reações só podem ocorrer em elevadas temperaturas, da ordem de 15 milhões de graus Celsius.

O esquema está representado com cores-fantasia e as dimensões dos elementos não seguem a proporção real.

Esquema de transferência de diversos "tipos" de energia.

Esse ciclo só é possível porque a energia pode ser transformada e sempre conservada. Quando sabemos que existe determinada forma de energia em algo, podemos nos perguntar de onde ela veio ou para onde ela vai. Foi isso que fizemos no exemplo da manga.

A energia pode apresentar-se de diversas formas. É comum dividirmos a energia em diferentes "tipos", com relação ao fenômeno e aos entes físicos aos quais está associada. São eles:

- **Energia mecânica:** está relacionada aos corpos. É classificada em cinética, quando se relaciona ao movimento; potencial gravitacional, quando se relaciona à possibilidade de os corpos caírem e produzirem movimento; e potencial elástica, quando relacionada à compressão ou distensão de materiais flexíveis.

Energia mecânica do tipo potencial gravitacional acumulada na água que pode cair numa cascata. São Roque de Minas (MG), 2018.

↑ Energia mecânica do tipo cinética presente no movimento do carro.

↑ Energia mecânica do tipo elástica acumulada num elástico usado para a prática de atividades físicas.

- **Energia térmica:** está relacionada à vibração de átomos ou moléculas em uma substância. Podemos perceber o aumento da energia térmica quando, por exemplo, a água ferve.

- **Energia elétrica:** está relacionada, nos casos já estudados, à corrente elétrica.

→ Energia elétrica que pode se manifestar pela diferença de potencial elétrico, dada em volts. Almeirim (PA), 2017.

- **Energia luminosa:** está relacionada à luz. Esse tipo de energia é transportado pela luz. Algumas reações químicas, como a fotossíntese, só ocorrem com a presença dessa energia.

→ Energia luminosa do Sol.

- **Energia química:** está presente na constituição da matéria. Quando nos alimentamos, consumimos a energia química armazenada nos alimentos para o funcionamento do nosso organismo. O motor de um carro, por exemplo, ou de um caminhão transforma a energia química dos combustíveis fósseis em movimento.

- **Energia nuclear:** é associada ao núcleo dos átomos. Uma das formas de liberar a energia nuclear é por meio de pastilhas de urânio enriquecido, que movem as usinas nucleares.

A vida como uma incessante transformação da energia

Não existiria vida na Terra se não houvesse a constante transformação de energia. Ela manifesta-se de diferentes e variadas formas – como energia química, térmica, cinética, nuclear, luminosa, sonora –, além de poder ser transformada de uma forma em outra por meio de diferentes corpos, dispositivos ou fenômenos, cotidianos ou não. A energia e suas transformações estão intimamente relacionadas ao fenômeno da vida.

O fato é que as transformações de energia ocorrem mesmo quando ficamos quietinhos, estudando, ou mesmo dormindo. Para respirarmos e para nosso coração bater, possibilitando-nos desfrutar da vida, nosso organismo extrai energia dos alimentos que ingerimos. Para esse processo, o corpo possui todo um aparato que envolve a atuação de diferentes órgãos, como os digestórios e os circulatórios, entre outros. Esses órgãos lançam líquidos ou sucos que atuam na digestão e transformação dos alimentos no estômago até transformá-los numa espécie de pasta para que os nutrientes que necessitamos possam ser absorvidos pelo organismo; por isso dizemos que a energia proveniente dos alimentos está na forma química. Até mesmo esse processo digestório, que chamamos de metabolismo, ocorre com a utilização de energia!

No frio, ao esfregarmos uma mão na outra, sentimos que elas ficam mais quentinhas. Nesse caso, parte da energia metabólica transforma-se em energia cinética (ou energia de movimento) e, depois, em térmica, devido ao atrito entre as mãos. Já quando esticamos um arco para lançar uma flecha ou erguemos um peso na academia, parte da energia armazenada e metabolizada pelo nosso corpo é transferida para a flecha e para o peso. Após essa transferência, dizemos que esses objetos possuem energia potencial gravitacional, no caso do peso, e potencial elástica, no caso do arco. Quando a flecha é solta, ela recebe parte dessa energia potencial elástica na forma de energia cinética. Outra parte da energia é transformada em energia térmica, por conta do atrito com o ar, ou em energia sonora, se houver algum ruído nesse disparo. Essa energia é chamada de potencial porque, tanto ao erguer o peso quanto ao esticar o arco, eles estão prontinhos para realizar uma transformação de energia. É como se tivessem adquirido o potencial ou a capacidade de, a qualquer momento, realizar essa transformação. Basta você decidir soltá-los!

Fazer as coisas simples e agradáveis da vida, como correr, pular, cantar, estudar física, jogar *video game* e levantar pesos, só é possível porque a energia química armazenada nos alimentos é metabolizada pelo nosso corpo e, depois, usada nos músculos, no cérebro e em outros órgãos no corpo.

O bife que comemos veio do boi, que, por sua vez, comeu plantas, que usaram a luz do Sol para realizar fotossíntese e garantir a vida vegetal que alimentou o boi. A mesma relação pode ser feita quando comemos ovos, arroz, feijão e batata frita. Isso quer dizer que é a luz do Sol que possibilita a vida e as transformações de energia na Terra, além de todas as coisas que fazemos na vida. E tudo isso só acontece porque a energia muda de forma incessantemente, sem desaparecer ou ser roubada do Universo. Por isso dizemos que na natureza a energia é sempre conservada.

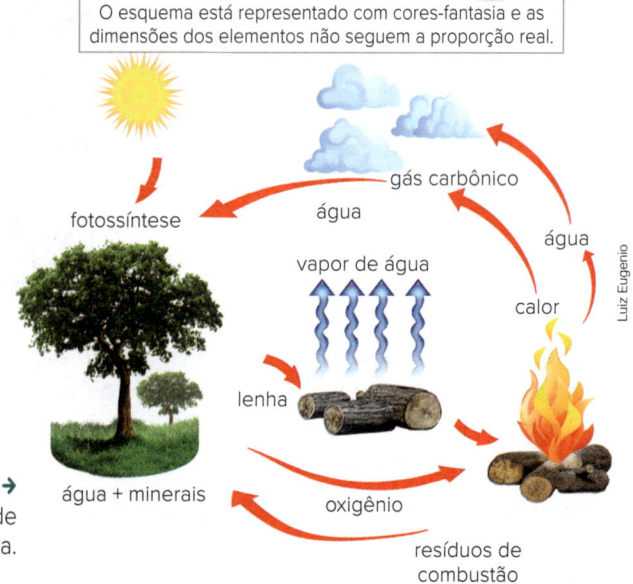

O esquema está representado com cores-fantasia e as dimensões dos elementos não seguem a proporção real.

gás carbônico

água

fotossíntese

água

vapor de água

calor

Luiz Eugenio

lenha

água + minerais

oxigênio

resíduos de combustão

→ Esquema de ciclo de energia.

Por que temos de economizar energia, já que a Ciência diz que ela não se perde?

Com nossos estudos, foi possível perceber o quanto vivemos cercados de processos que envolvem transformações de energia. Usamos a energia proveniente do Sol quando, por exemplo, nos alimentamos e utilizamos a energia armazenada nas plantas pela fotossíntese. Da mesma forma, vimos que a queima do gás butano (gás de cozinha) transforma energia química em energia térmica ao utilizarmos o fogão no momento de cozinhar os alimentos. Sabemos que a energia armazenada nos combustíveis é usada nos diversos meios de transporte, transformando-se em energia cinética, e assim por diante.

Nas mais variadas situações, sabemos que a energia se transforma. Contudo, em geral, ela se conserva. O princípio da conservação da energia é um dos mais fundamentais da natureza.

Mas pensando nisso surge uma pequena questão: frequentemente a mídia discute a crise energética – o excesso no consumo de energia e a necessidade de racionalização de seu uso. Ora, se a energia se conserva, significa que ela não se perde. Assim, por que se fala em crise de energia? Por que se preocupar com seu consumo? A energia pode acabar?

Antoniodiaz/Dreamstime.com

↑ Quando cozinhamos, há transformação de energia química em energia térmica.

1. Para responder ao desafio proposto acima, forme um grupo com alguns colegas e, juntos, façam uma pesquisa sobre um conceito denominado entropia. Para isso, usem os meios fornecidos pelo professor (livros didáticos, textos extraídos de *sites*, jornais ou revistas de divulgação científica). Depois das consultas, discussões e de uma conclusão do grupo, redijam conjuntamente um pequeno texto sobre a entropia, dirigido a um leitor de uma revista de divulgação científica, que explique por que a energia precisa ser economizada. Escolham um título que leve o "leitor" a interessar-se pelo texto.

NO CADERNO

ATIVIDADES

SISTEMATIZAR

1. De onde vem a energia responsável por todas as transformações energéticas ocorridas na Terra? De que forma ela chega até nós?

2. Que transformações de energia ocorrem quando um ciclista pedala?

3. Podemos obter água quente para um banho por meio de um aquecedor elétrico, a gás ou a luz solar. Indique as principais transformações de energia que ocorrem nessas situações.

4. Associe corretamente a coluna 1, que mostra os dispositivos mecânicos ou geradores de energia, com a coluna 2, que mostra as transformações ou tipos de energia.

Coluna 1 – Dispositivos mecânicos ou geradores:

a) Pilha de rádio

b) Gerador de usina hidrelétrica

c) Chuveiro elétrico

d) Alto-falante

e) Dinamite

f) Pêndulo

g) Máquina a vapor

Coluna 2 – Transformações e tipos de energia:

I) Elétrica em mecânica

II) Elétrica em térmica

III) Térmica em mecânica

IV) Química em elétrica

V) Química em mecânica

VI) Mecânica em elétrica

VII) Mecânica em mecânica

REFLETIR

1. O skatista abaixo, ao descer a rampa de certa altura, não consegue chegar à mesma altura da qual partiu do outro lado da rampa. Nesse caso, despreze apenas as forças de resistência do ar.

Estúdio Chanceler

Que transformações de energia ocorrem desde o momento em que o skatista está no topo da rampa até chegar ao topo do lado oposto?

2. Os moradores de certa residência consomem cerca de 150 kWh de energia elétrica por mês. Se essa casa for alimentada por um sistema de coletores solares, qual seria a área mínima necessária para incidência solar, considerando que a energia enviada pelo Sol é, em média, de 8 kWh/m²?

3. Numa usina eólica, a expressão para determinar a potência dos ventos depende do tipo de rotor que compõe a turbina do aerogerador. Considere que a expressão para determinar a potência dos ventos de um aerogerador seja $P_{ot} = 0,5 \times A \times V^3$. Considere A = 4 kg/m.

a) Qual deve ser a velocidade do vento para gerar potência de 1458 W?

b) De acordo com o mapa da velocidade média dos ventos no Brasil, cite ao menos três locais onde poderia ser instalado esse gerador.

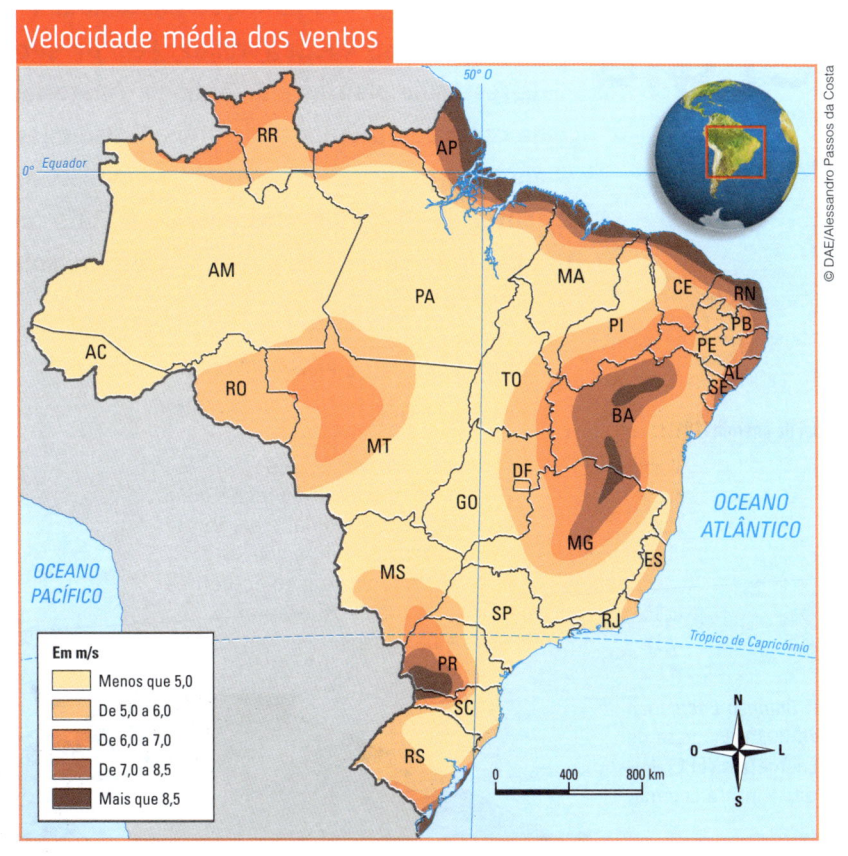

Fonte: Centro Brasileiro de Energia Eólica.

4. Imagine uma situação em que uma tarefa está sendo executada. Determine o tipo de energia envolvida. Em seguida, elabore hipóteses sobre o processo de transformação da energia e investigue de onde veio a energia para a tarefa. Depois, faça o mesmo para saber em que forma a energia usada na tarefa se transformou.

DESAFIO

1. Imagine uma cidade com 1 milhão de habitantes. Suponha que nesta cidade o consumo *per capita* (por pessoa) de energia total seja de 200 kWh. Saiba também que a Terra é iluminada pelo Sol a uma potência de aproximadamente 10^{17} W. Se fosse possível converter a energia solar em energia elétrica com eficiência de 75%, quantas cidades de 1 milhão de habitantes poderiam ser abastecidas?

Observe que:

- A expressão da energia absorvida é dada por E = Potência $\times$ Tempo
- 1 kW = 10^3 W
- 1 h = 3 600 segundos
- 1 mês = 30 dias = 2 592 000 segundos

Fontes de energia

A principal fonte de energia utilizada atualmente engloba o petróleo, o carvão e o gás natural, que são denominados combustíveis fósseis. Esses combustíveis se formaram em um processo lento de decomposição de restos de plantas e de animais (matéria orgânica) que teve início há cerca de 65 milhões de anos. O uso desses combustíveis tem gerado enormes prejuízos ambientais. Com isso, a sociedade tem procurado fontes de energia menos poluentes, tais como os biocombustíveis, o gás hidrogênio e as energias elétrica, solar, eólica e hídrica.

Oferta mundial de energia (2011)	
Petróleo	31,5%
Gás natural	21,3%
Carvão	28,8%
Energia nuclear	5,1%
Biocombustível de fonte renovável e de lixo	10,0%
Energia hidrelétrica	2,3%
Outros	1,0%

Fonte: *Balanço Energético Nacional*, 2014. Empresa de Pesquisa Energética (EPE)/Ministério das Minas e Energia.

Energia nuclear: a mais polêmica

É talvez a mais eficiente: uma fonte limpa, poderosa e quase inesgotável. No entanto, exige grandes investimentos, gestão de tecnologias complexas e possibilidade sempre latente de ocorrer um acidente nuclear. Não forma gases poluentes, porém gera resíduos altamente tóxicos e perigosos.

Lixo como fonte de energia

Os resíduos orgânicos produzidos pelo ser humano podem ser tratados em biodigestores para produção de calor, eletricidade e fertilizantes.

Do campo ao tanque de combustível

Os biocombustíveis são obtidos a partir de matéria-prima natural: vegetais. No Brasil, planta-se cana-de-açúcar para obtenção de etanol e outros vegetais para a produção de biodiesel. Os inconvenientes são a redução de áreas de plantio de alimentos para a produção desses biocombustíveis, além da redução da biodiversidade.

Energia eólica

A obtenção de energia elétrica a partir da energia dos ventos é promissora. É uma energia limpa e inesgotável, mas requer regiões com ventos regulares para girar as pás dos aerogeradores. A crítica a esta fonte está no impacto sobre a paisagem e sobre animais como aves e morcegos.

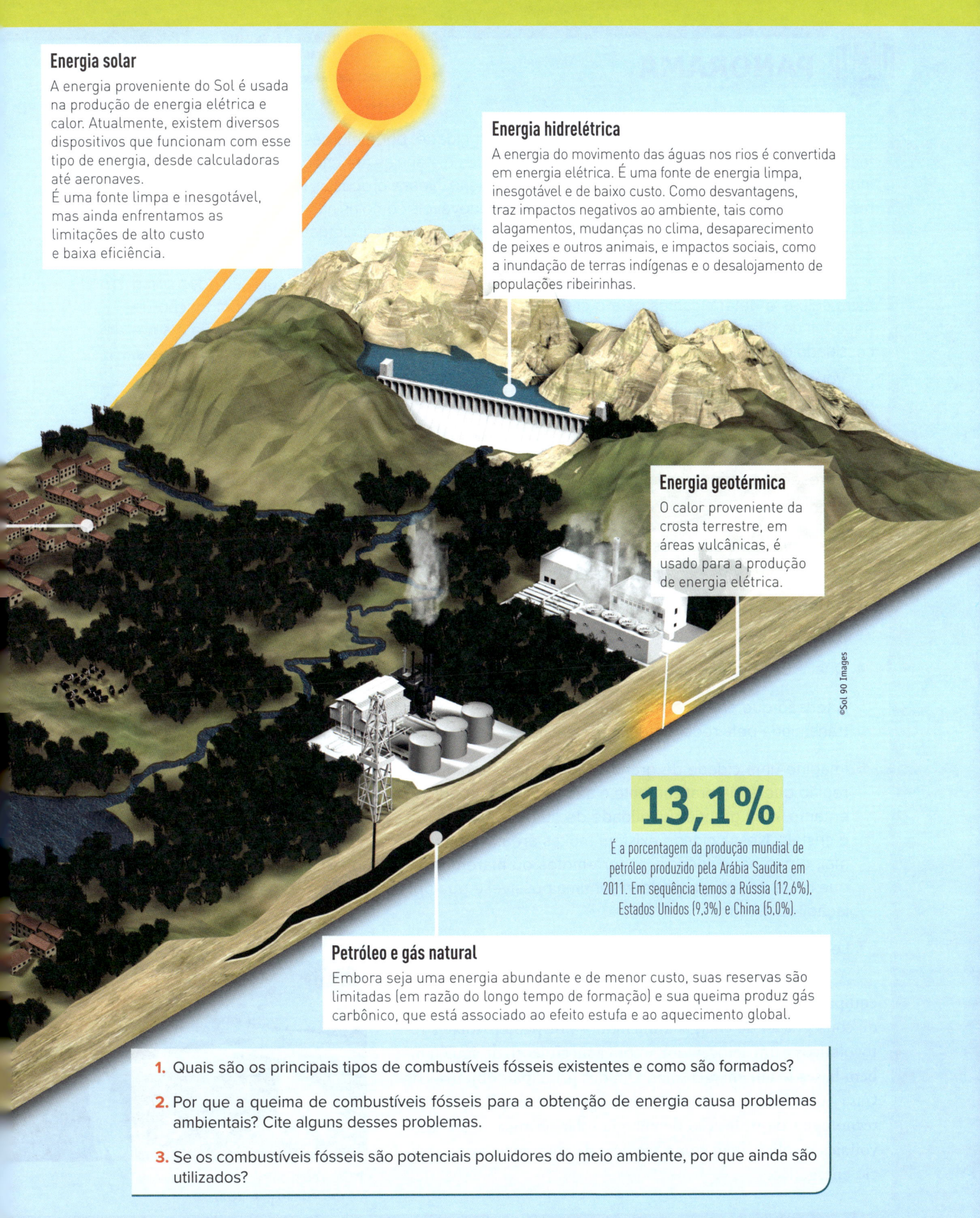

Energia solar

A energia proveniente do Sol é usada na produção de energia elétrica e calor. Atualmente, existem diversos dispositivos que funcionam com esse tipo de energia, desde calculadoras até aeronaves.

É uma fonte limpa e inesgotável, mas ainda enfrentamos as limitações de alto custo e baixa eficiência.

Energia hidrelétrica

A energia do movimento das águas nos rios é convertida em energia elétrica. É uma fonte de energia limpa, inesgotável e de baixo custo. Como desvantagens, traz impactos negativos ao ambiente, tais como alagamentos, mudanças no clima, desaparecimento de peixes e outros animais, e impactos sociais, como a inundação de terras indígenas e o desalojamento de populações ribeirinhas.

Energia geotérmica

O calor proveniente da crosta terrestre, em áreas vulcânicas, é usado para a produção de energia elétrica.

©Sol 90 Images

13,1%

É a porcentagem da produção mundial de petróleo produzido pela Arábia Saudita em 2011. Em sequência temos a Rússia (12,6%), Estados Unidos (9,3%) e China (5,0%).

Petróleo e gás natural

Embora seja uma energia abundante e de menor custo, suas reservas são limitadas (em razão do longo tempo de formação) e sua queima produz gás carbônico, que está associado ao efeito estufa e ao aquecimento global.

1. Quais são os principais tipos de combustíveis fósseis existentes e como são formados?

2. Por que a queima de combustíveis fósseis para a obtenção de energia causa problemas ambientais? Cite alguns desses problemas.

3. Se os combustíveis fósseis são potenciais poluidores do meio ambiente, por que ainda são utilizados?

Neste tema você estudou como é obtida a eletricidade, por meio das diferentes usinas elétricas, e como ela é transmitida, percorrendo grandes distâncias até chegar às casas, escolas e indústrias das várias cidades do país para sua utilização. Nesse processo, identificamos e discutimos diferentes fontes e tipos de energia, tanto as renováveis como as não renováveis. Avaliamos também as semelhanças e diferenças na geração de energia (hidrelétrica, termelétrica, nuclear e eólica), bem como seus impactos socioambientais e econômicos.

Você também viu como a geração, a distribuição e os usos sociais da energia são tidos como estratégicos e determinantes para o crescimento e desenvolvimento de um país. Em função de períodos de dificuldades e oscilações econômicas e climáticas, abordamos a importância e a necessidade de o país diversificar sua matriz energética, principalmente utilizando fontes renováveis.

Você identificou, ainda, as variadas formas de transformação de energia que podem acontecer na natureza, além da necessidade de tornar o consumo de energia mais eficiente e sustentável.

1. Apresente argumentos favoráveis e desfavoráveis ao uso das seguintes usinas elétricas:

   a) eólica;
   b) termelétrica;
   c) hidrelétrica.

2. Descreva como as usinas elétricas acima funcionam e, a seguir, informe a transformação da energia que ocorre desde o início até o final do processo.

3. Descreva a transformação da energia desde o início até o final do processo que ocorre numa usina elétrica de energia nuclear.

4. Qual é o tipo de combustível utilizado em uma usina nuclear?

5. A tensão que chega à sua casa é a mesma que é gerada na usina elétrica ou a mesma que é transmitida pela rede elétrica? Tente explicar como ocorre esse processo.

6. Imagine uma cidade de grande extensão territorial, razoavelmente populosa, localizada numa região que é fria praticamente o ano todo, sem condições para extração de petróleo ou gás, no entanto, com grande quantidade de outros recursos naturais, como diversos tipos de minerais e cristais. Nessa cidade existem muitas áreas inabitadas, cercadas de rochedos e próximas ao mar, e não há incidência de terremotos ou maremotos. Considerando as condições descritas, que fonte de energia poderia ser uma possível e boa opção para suprir a necessidade da população? Justifique.

7. Leia o texto a seguir e depois faça o que se pede:

A Casa Solar é uma casa pré-fabricada com todos os seus equipamentos eletro-eletrônicos eficientes do ponto de vista de conservação de energia alimentados por painéis solares fotovoltaicos e um aerogerador, e com aquecimento de água também baseado em energia solar. Um dos principais objetivos da Casa Solar Eficiente é servir como agente multiplicador para tecnologias de utilização de energia solar térmica, solar fotovoltaica e eólica, bem como técnicas de combate ao desperdício energético.

↑ Casa com painéis de energia solar. Rio de Janeiro (RJ), 2016.

Ricardo Funari/Brazil Photos/Getty Images

A Casa Solar Eficiente, localizada nas instalações do Centro de Pesquisas de Energia Elétrica (CEPEL) da Ilha do Fundão, Rio de Janeiro, é parte do segmento residencial do Centro de Aplicação de Tecnologias Eficientes (CATE) do CEPEL e do Centro de Referência para Energia Solar e Eólica Sérgio de Salvo Brito (CRESESB) na sua estratégia de formação de Centros de Demonstração.

A casa solar eficiente. Disponível em: <www.cresesb.cepel.br/index.php?section=com_content&lang=pt&catid=91>. Acesso em: 3 maio 2019.

↑ Esquema da casa solar eficiente.

Considerando apenas a geração fotovoltaica, o sistema elétrico da casa solar apresenta as seguintes características gerais:

- Arranjo fotovoltaico: 1993 Wp
- Banco de baterias: 750 Ah/48 Vcc (20 unidades)
- Inversor: 48 Vcc/120 Vca/60 Hz-4 kW
- Autonomia: 72 horas (três dias)
- Consumo projetado: 7,5 kWh/dia
- Radiação: média anual de 4,75 - 5,25 kWh/m².dia

Com base nas informações e considerando que a casa solar localiza-se numa região em que a incidência solar média diária seja de cerca de 5 kWh/m², responda:

Dados: 1 mês = 720 horas   Potência = Energia (kWh)/Tempo

a) Qual é o consumo médio de energia da casa eficiente em um mês?

b) Qual é a potência elétrica fornecida pelo painel solar durante um mês?

c) Qual deve ser a área total mínima das placas fotovoltaicas para abastecer a casa por um mês considerando a autonomia da bateria?

8. O setor industrial foi o que mais consumiu energia no Brasil, cerca de 33% da energia total gerada. Como você poderia explicar os motivos pelos quais os setores de indústrias e de transportes são os que mais consomem quando comparados aos outros? Você faz parte desse consumo? Explique.

DICAS

▶ ASSISTA

Uma viagem extraordinária. França e Canadá, 2014. Direção: Jean-Pierre Jeunet, 105 min.

📖 LEIA

Energia: uma abordagem interdisciplinar, de Maria Paula T. de Castro, Cláudio Zaki Dib (Livraria da Física). O livro apresenta de forma clara assuntos como fontes naturais de energia, transformações energéticas realizadas pelos seres vivos, entre outros.

↑ Raios no céu em noite chuvosa na cidade de Londrina (PR), 2015.

TEMA

8

Tempo e clima

NESTE TEMA

VOCÊ VAI ESTUDAR:

- as diferenças entre os conceitos de tempo e clima;
- as nuvens e suas principais características;
- como são feitas as previsões do tempo.

1. O que essa fotografia mostra? Você já viu esse fenômeno da natureza? Onde?

2. Você sabe o que é esse material que sai de dentro do vulcão? De que é feito? De onde vem?

3. De acordo com o que você sabe, explique de que a Terra é constituída, desde a região mais alta (mais externa) até a mais profunda (mais interna).

Meteorologia

Neste capítulo, vamos estudar a Meteorologia: diferenciar os conceitos de tempo e clima e conhecer os principais fatores que afetam as condições do tempo. Também vamos conhecer os tipos de nuvem, como elas são formadas e como são medidos os níveis de chuvas e de umidade relativa do ar.

EXPLORANDO A OBSERVAÇÃO DO TEMPO

Heitor e a mãe iam viajar para a capital do Rio Grande do Sul. Assim que entraram no ônibus, acomodaram as malas e sentaram-se. Heitor, como sempre, pegou o assento da janela, pois gostava muito de observar a paisagem.

Quando o motorista iniciou a viagem, a mãe perguntou a si mesma, em voz alta:

– Será que vai chover em Porto Alegre?

Ilustrações: Claudia Marianno

Em seguida, ela olhou para o celular e consultou um aplicativo de previsão de tempo, que confirmou sua dúvida. A previsão indicada pelo aplicativo era de chuva, com temperatura baixa de 7 °C. O inverno estava rigoroso naquele ano.

Durante a viagem, o garoto não conseguia olhar para outro lugar a não ser o céu. Ele então perguntou para a mãe:

– É possível fazer previsões apenas observando o céu?

A mãe de Heitor disse então que muitas pessoas aprenderam a ler sinais no céu, olhando as nuvens ou o pôr do sol para fazer previsões. Comentou que esses métodos não são precisos e que os meteorologistas desenvolvem equipamentos e tecnologias que contribuem para realizar medições mais precisas.

Heitor ficou pensando que equipamentos seriam esses e quais informações eles davam. Aí resolveu fazer uma pesquisa para conhecer mais sobre o que um meteorologista faz.

Agora é sua vez.

1. Você já viu o tempo se modificar várias vezes ao longo de um dia? Em caso positivo, relate como foi essa mudança.

2. Considerando a região onde você mora, as chuvas costumam ser mais abundantes em algum período do ano? Em caso afirmativo, diga em que mês (ou meses).

3. Por que as nuvens costumam ficar escuras antes de uma tempestade?

A Meteorologia

Quando estudamos a atmosfera, falamos de vento, chuva, umidade, temperatura e pressão do ar. Esses fatores e fenômenos também estão relacionados às condições do tempo. A ciência que estuda os fenômenos que ocorrem na atmosfera é a **Meteorologia**.

Recentemente houve avanços tecnológicos nessa área que possibilitaram maior eficácia na previsão do tempo. Um bom exemplo de tecnologia avançada aplicada à Meteorologia são os satélites meteorológicos, equipamentos que orbitam a Terra e ajudam a monitorar fenômenos da atmosfera, como deslocamento de tufões e furacões. Isso possibilita que a sociedade planeje ações fundamentais para sua sobrevivência, como alertar a população sobre eventuais **fenômenos adversos** ou prevenir possíveis catástrofes.

Com base em observações de fatores meteorológicos do ar – por exemplo, a velocidade e a direção do vento, os tipos e a quantidade de nuvem –, pode-se ter uma boa noção de como está o tempo em determinado instante e lugar e também fazer previsões de como ele se comportará. Para isso, são utilizados variados instrumentos.

DIÁLOGO

A ciência da atmosfera

[...] O termo **Meteorologia** vem do filósofo grego Aristóteles, que, por volta de 340 a.C., escreveu um livro de filosofia natural intitulado "*Meteorologica*". Este trabalho representa a soma do conhecimento sobre o tempo e clima da época [...]

[…]

No livro "*Meteorologica*", Aristóteles explica fenômenos atmosféricos de uma maneira filosófica e especulativa. Muitas destas especulações eram errôneas, mas foram aceitas por quase 2 mil anos. Na verdade, o nascimento da Meteorologia como uma genuína ciência natural não ocorreu até que foram inventados os primeiros instrumentos meteorológicos [...]. Com as observações obtidas dos instrumentos disponíveis, foi possível explicar certos fenômenos usando experiência científica e as leis da física que iam sendo desenvolvidas.

[...] Por volta de 1920, o conceito de massas de ar e de frentes foram formuladas na Noruega. Nos anos 40, observações diárias de temperatura, umidade e pressão, através de balões meteorológicos, deram a visão tridimensional da atmosfera.

A Meteorologia deu mais um passo adiante através dos anos 50 quando foram desenvolvidos computadores de alta velocidade para solucionarem as equações que descrevem o comportamento da atmosfera. [...] Em 1960 foi lançado o primeiro satélite meteorológico, *Tiros 1*, trazendo informações, através de fotos tiradas dia e noite de nuvens e tempestades, de como circula o vapor d'água em volta do globo. Até hoje mais satélites sofisticados estão sendo desenvolvidos [...] permitindo, assim, previsões de tempo mais precisas e longas, talvez para uma semana ou mais [...]

Meteorologia, a ciência da atmosfera. Departamento de Ciências Atmosféricas do IAG/USP. Disponível em: <www.iag.usp.br/siae97/meteo.htm>. Acesso em: 6 maio 2019.

1. Reúna-se com dois ou três colegas e discutam a importância do desenvolvimento da tecnologia para a Meteorologia, indicando as diferenças em relação aos estudos de Aristóteles.

Construção de um pluviômetro simples

Será possível medir a quantidade de chuva?

Se vocês tivessem os materiais a seguir, como fariam para medir a chuva?

Registrem a solução proposta antes de iniciar os procedimentos.

Material:

- recipiente cilíndrico de vidro, como um copo;
- funil (de abertura com diâmetro semelhante ao do recipiente);
- régua;
- fita adesiva.

Procedimentos

1. Fixe a régua na parte externa no recipiente de vidro, utilizando a fita adesiva. É importante que o início da numeração da régua fique na base do recipiente.

2. Posicione o funil sobre a abertura do recipiente de vidro.

3. Em um dia chuvoso, coloque o pluviômetro na chuva por 24 horas. Dessa forma, pode-se saber quanto choveu aproximadamente nesse dia. Procure colocar seu **pluviômetro** sobre uma superfície plana e longe de elementos que possam atrapalhar a entrada da chuva, por exemplo, paredes, árvores ou qualquer tipo de objeto.

4. Depois meça a altura a que chegou a água recolhida no recipiente. Na hora de registrar os valores, use os milímetros da régua — não os centímetros.

> **GLOSSÁRIO**
>
> **Pluviômetro:** instrumento que mede a quantidade de chuva.

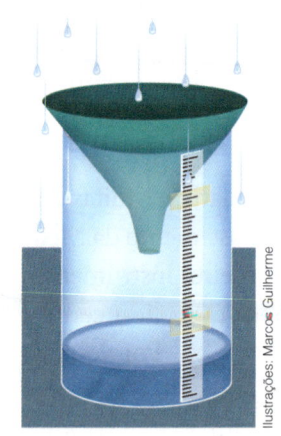

Ilustrações: Marcos Guilherme

O esquema está representado com cores-fantasia e as dimensões dos elementos não seguem a proporção real.

Reflita e registre

NO CADERNO

1. Registre as medidas em vários dias e compare os resultados obtidos em cada um deles.

2. Organize os resultados em uma tabela como a mostrada a seguir e, depois, compare-os com os resultados obtidos pelos colegas.

Nome do aluno	Medida (mm)	Data	Hora

Tempo e clima

Em Meteorologia, é importante diferenciar **tempo** de **clima**. Ambos se referem às condições meteorológicas, como períodos de chuva ou de seca, diferenças na temperatura, condições do vento e características das nuvens.

Em Meteorologia, o termo **tempo** corresponde ao estado atmosférico momentâneo, em determinado período e lugar. Por exemplo, em um mesmo dia, pela manhã, o tempo pode estar ensolarado; no entanto, à tarde, pode chover, e o tempo passará a ser chuvoso; ou seja, quando falamos do tempo, estamos nos referindo à situação meteorológica específica de um instante.

O termo **clima** refere-se às condições atmosféricas médias observadas por um período maior de tempo, não inferior a 30 anos, as quais, por serem frequentes, caracterizam determinada região. Por exemplo, o clima da região do Cerrado é quente, semiúmido, com verão chuvoso e inverno seco. Assim, sempre que falamos do clima, estamos nos referindo a alguma característica mais permanente de uma região.

Para determinar o tempo e o clima, os meteorologistas utilizam medidas da atmosfera e dos mares. Temperatura, pressão atmosférica, umidade do ar, ventos e o **nível pluviométrico** são algumas das principais medidas e contribuem para caracterizar o clima de uma região e fazer previsões do tempo. Vamos detalhar essas medidas a seguir.

Média de precipitação em jan./fev./mar. de 2018

© DAE/Alessandro Passos da Costa

Fontes: Centro de Previsão de Tempo e Estudos Climáticos. Climatologia de precipitação. Disponível em: <http://clima1.cptec.inpe.br/monitoramentobrasil/pt>. Acesso em: 6 maio 2019.
Atlas geográfico escolar. 7. ed. Rio de Janeiro: IBGE, 2016. p. 90.

GLOSSÁRIO

Nível pluviométrico: quantidade de chuva acumulada em um local por determinado período.

Temperatura do ar

Os boletins meteorológicos costumam indicar as temperaturas máxima e mínima previstas para determinado período. Observe ao lado, no mapa das médias anuais de temperatura, que, na Região Sul do país e em parte da Região Sudeste, as temperaturas médias anuais ficam entre 16 °C e 20 °C, enquanto na Região Norte e em parte do interior da Região Nordeste registram-se temperaturas médias anuais superiores a 22 °C.

Como o vapor de água presente no ar ajuda a reter calor, em lugares mais secos há menor retenção de calor na atmosfera, e a diferença entre temperatura máxima e mínima é maior. Nesses locais, podemos dizer, de modo simplificado, que o tempo pode esquentar muito durante o dia, graças ao calor do Sol, mas esfriar à noite.

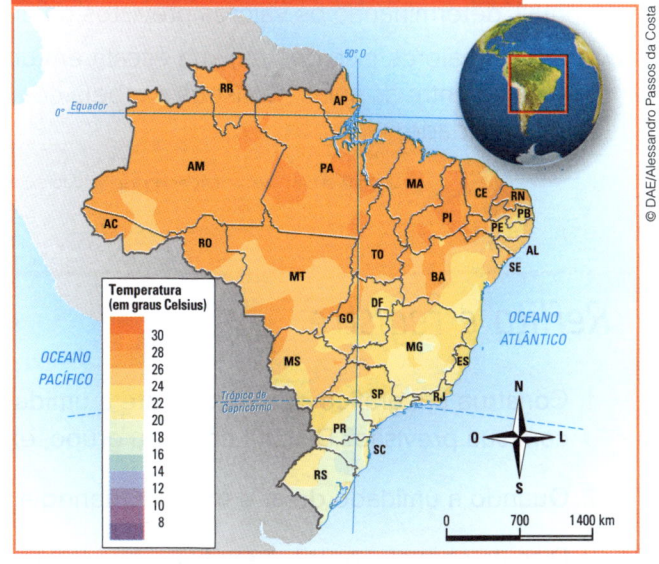

Temperaturas médias no Brasil em 2017

© DAE/Alessandro Passos da Costa

Fonte: Instituto Nacional de Meteorologia. Temperatura média anual. Disponível em: <www.inmet.gov.br/portal/index.php?r=clima/page&page=anomaliaTempMediaAnual>. Acesso em: 6 maio 2019.

O higrômetro de fio de cabelo

Será que nosso cabelo pode ser usado para avaliar a umidade do ar?

Material:

- caixa retangular de plástico transparente ou papelão;
- espeto de churrasco;
- pedaço de arame fino (cerca de 10 cm);
- papel milimetrado ou régua de plástico maleável;
- fio de cabelo com cerca de 25 cm de comprimento, lavado com detergente.

Procedimentos

1. Faça um furo em cada lateral maior da caixa de plástico com diâmetros um pouco maiores que o do espeto de churrasco. Esses furos devem estar paralelos entre si.

2. Fixe uma ponta do fio de cabelo no centro de uma das laterais menores da caixa de plástico. Enrole a outra ponta do fio de cabelo no centro do espeto, colando nele a outra ponta. Encaixe o espeto nos orifícios da caixa, deixando 0,5 cm dele para fora de um dos lados maiores da caixa.

3. Em uma das pontas do espeto cole um pedaço de arame reto, que servirá de ponteiro.

4. O fio de cabelo tem a propriedade de dilatar-se com a umidade e de contrair-se quando seco. Dessa forma, podemos ter, com esse **higrômetro**, uma visão qualitativa da variação da umidade do ar. Para uma medição mais precisa, construa uma escala em uma folha de papel, de modo que ela varie com as menores variações do ponteiro.

> **GLOSSÁRIO**
>
> **Higrômetro:** instrumento usado para medir a umidade na atmosfera.

5. Faça com seu grupo uma estimativa da variação da umidade do ar ao longo do dia. Para deixar essa estimativa mais visual, construa um gráfico umidade do ar (eixo vertical) por hora (eixo horizontal), determinando os valores previstos da umidade relativa. Justifique as previsões.

6. Anote os valores exibidos em sua escala em uma tabela, a cada meia hora, de preferência nos intervalos entre as aulas. Construa a tabela com duas colunas, uma para as horas do dia e outra para a umidade.

Fonte: Ciência Mão. O higrômetro de fio de cabelo.
Disponível em: <www.cienciamao.usp.br/tudo/exibir.php?midia=rip&cod=_indefinidoestacaometeoro> Acesso em: 6 maio 2019.

Reflita e registre

1. Construa um gráfico que represente a umidade do ar ao longo do dia. O gráfico concorda com sua previsão? Discuta com seu grupo, explicando se houver diferenças.

2. Quando a umidade do ar é maior? Quando a umidade do ar é menor?

3. Discuta com seu grupo e explique que fatores do clima ou do tempo vocês atribuem às variações de umidade.

Umidade do ar

A **umidade do ar** é a quantidade de vapor de água presente na atmosfera, fator que caracteriza se o ar é seco ou úmido. Ela pode variar de um dia para outro e, quando alta, favorece a ocorrência de chuvas.

A **umidade relativa** do ar é a relação entre a quantidade real de água no ar em determinado momento e a quantidade máxima que poderia haver naquela temperatura. Ela pode variar de 0%, ou seja, ausência de vapor de água no ar, a 100%, quantidade máxima, denominada ponto de saturação.

POSSO PERGUNTAR?

Umidade do ar e umidade relativa do ar são a mesma coisa? Explique.

Pressão atmosférica

Como vimos anteriormente, a **pressão atmosférica** é a pressão exercida pelo ar sobre a superfície da Terra e todos os corpos presentes nela. Ela está relacionada com a altitude, uma vez que, quanto maior for a distância entre um corpo e a superfície da Terra, menor será a pressão atmosférica que atua sobre ele. Isso ocorre porque em altitudes maiores existe uma menor quantidade de ar sobre o corpo e, portanto, menor pressão atmosférica. A mesma relação de proporcionalidade inversa é observada na temperatura. Assim, quanto maior a altitude, menores são as temperaturas observadas.

Já no que se refere à umidade do ar, considerando a mesma altitude em relação ao nível do mar, quanto mais seco estiver o ar, maior será o valor da pressão atmosférica. De modo similar, quando há diminuição da pressão atmosférica, há aumento da umidade do ar. Como consequência, aumentam as chances de chover.

Nível pluviométrico

O **nível pluviométrico** mostra a quantidade de chuva, em milímetros, por metro quadrado em determinado período e local. Quando se diz que o nível pluviométrico de um local, certo dia, foi de 10 mm, significa que naquele dia e local a quantidade de chuva foi suficiente para encher uma caixa de 1 m² de base até a altura de 10 mm.

As estações meteorológicas são capazes de determinar, com pluviômetros e outros métodos de tecnologia avançada, a média pluviométrica de um lugar por períodos maiores do que um dia, como semanas, meses e até anos. Isso é feito com base nos registros de ocorrências de chuvas em um longo intervalo de tempo.

A ação de transporte de enormes quantidades de vapor de água pelas correntes aéreas recebe o nome de **rios voadores**. Esses rios são formados por massas de ar carregadas de vapor de água, e muitas vezes são acompanhados de nuvens e levados pelos ventos. As correntes de ar carregam umidade da Bacia Amazônica para o Centro-Oeste, Sudeste e Sul do Brasil. Essa umidade, em condições meteorológicas favoráveis, como uma frente fria vinda do Sul, por exemplo, será transformada em chuva.

Vadym Zaitsev/Shutterstock.com

Pluviômetro de jardim.

Como o tempo se modifica e os climas se estabelecem?

↑ Esquema mostra a influência do relevo na determinação do clima semiárido do Sertão. A Serra da Borborema, presente em diversos estados que compreendem o Sertão nordestino, exerce grande influência no clima da região, impedindo a formação de nuvens sobre o sertão.

Como vimos, o tempo e o clima estão interligados. Para entender a existência de tempo e clima precisamos pensar em como a Terra é aquecida pelo Sol. Toda a superfície da Terra é aquecida por igual pelo Sol?

A resposta a essa pergunta deve considerar que, como a Terra gira em torno do seu eixo de rotação, um lado está sempre sendo iluminado pelo Sol (o dia) e o outro lado não (a noite). Dessa maneira, o lado da Terra em que é dia, ou seja, que recebe a luz do Sol, fica mais quente que o lado em que é noite. Além disso, por causa da forma quase esférica da Terra, a luz do Sol incide mais intensamente no Equador que nos polos. Portanto, a Terra não é aquecida por igual.

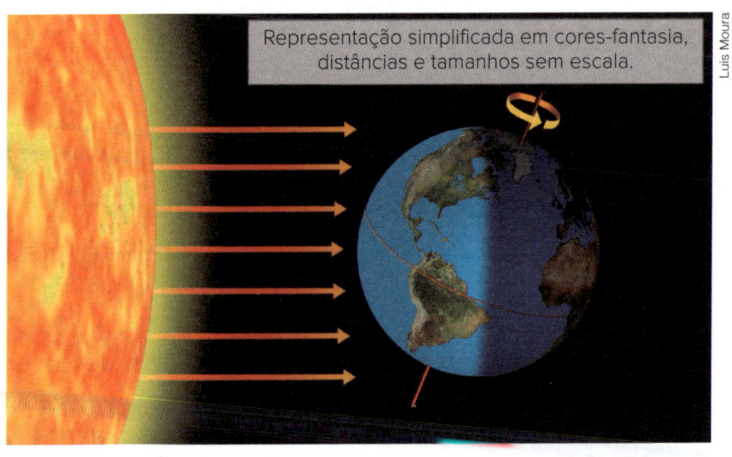

↑ Esquema da radiação solar incidindo na Terra.

Outro aspecto importante para o estabelecimento do tempo e do clima é o relevo. Se os raios solares incidem sobre uma região com presença de água, como um mar ou lago, o aquecimento produzido é mais lento do que se a incidência ocorresse sobre uma região rochosa, sem presença de água. Por isso, de noite, quando o Sol deixa de iluminar a região com presença de água, essa área continua aquecida por mais tempo.

Em lugares onde há pouca água, como nos desertos, a temperatura varia rapidamente. São muito quentes durante o dia e muito frios durante a noite. Em lugares próximos de grandes massas de água, a temperatura se mantém mais constante.

O mesmo acontece em região de florestas ou em uma região com gelo ou neve. Nesse caso, a diferença está na maneira como a região absorve a energia do Sol. As florestas absorvem cerca de 80% da energia solar, enquanto uma superfície de gelo apenas 15%.

Essas características contribuem para entender as variações de tempo e clima de um local para o outro, assim como ao longo do ano.

Variação de temperatura

A dinâmica dos movimentos da Terra em relação ao Sol contribui para que as incidências de raios solares sejam diferentes em cada região. As estações do ano resultam dessa variação da iluminação e consequentemente da **variação da temperatura** ao longo do ano. Veja os mapas.

Planisfério indicando temperaturas médias de dezembro a fevereiro

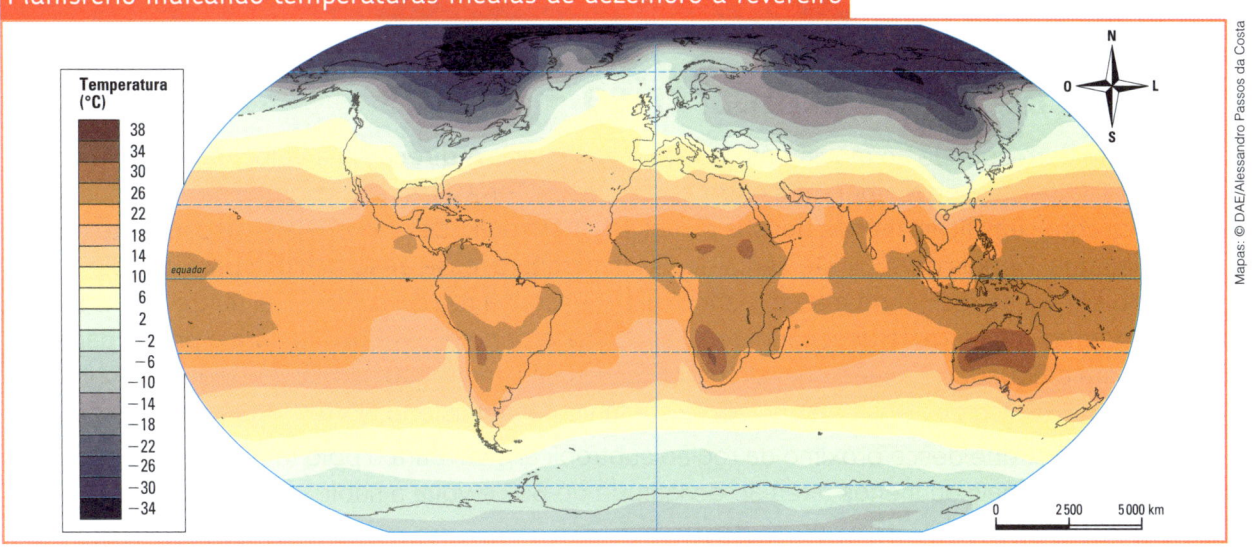

Mapas: © DAE/Alessandro Passos da Costa

Planisfério indicando temperaturas médias de junho a agosto

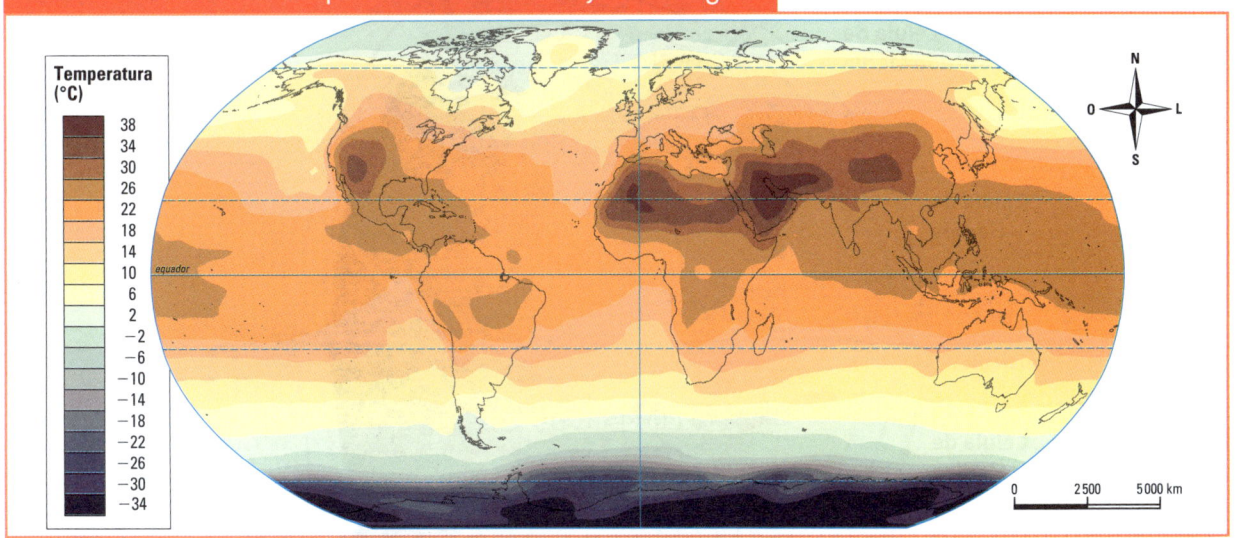

Fonte: Instituto Nacional de Pesquisas Espaciais – INPE, Centro de Previsão de Tempo e Estudos Climáticos – CPTEC.

Além da incidência de raios solares, as nuvens influenciam a temperatura da Terra, pois podem reter parcialmente o calor que seria refletido de volta para o espaço. Esse efeito é particularmente importante na região dos trópicos.

Se a latitude e o tipo de relevo fossem as únicas características que determinassem o clima, teríamos regiões quentes no Equador e as temperaturas diminuiriam por igual à medida que nos aproximássemos dos polos. No entanto, há outros fatores que interferem no clima das diferentes regiões da Terra.

POSSO PERGUNTAR?

Por que na faixa central, no mapa, as temperaturas são mais altas que nos extremos norte e sul?

Fatores que alteram o tempo

Cidades como Campo Grande, no Mato Grosso do Sul, e Vitória, no Espírito Santo, estão relativamente na mesma latitude (linha horizontal), ou seja, ficam na mesma distância do Polo Norte, mas apresentam temperaturas diferentes nas estações do ano.

Para entender essa peculiaridade precisamos estudar a formação dos ventos e o transporte de calor de uma região para outra.

Circulação do ar atmosférico – ventos

O **vento** corresponde ao movimento do ar na atmosfera. A **direção** e a **velocidade** do vento dependem da diferença de temperatura entre as regiões da Terra. Nas regiões próximas do Equador, ar e água se aquecem, ficam menos densos e causam a formação de uma corrente ascendente de ar e vapor de água. Depois de subir até cerca de 10 km de altura, esse ar se desloca para os polos. Nesse trajeto ele vai se resfriando e se tornando mais denso; na região subtropical (entre 20º e 30º de latitude) forma uma corrente descendente. O ar desce, e parte dele continua para o polo e parte dele volta para o Equador, fechando um circuito. Esse circuito, mostrado na figura a seguir, é conhecido como "célula de Hadley". Observe que ela existe tanto no Hemisfério Norte como no Hemisfério Sul.

A parte do ar que desce próximo da região subtropical e vai para o polo forma outra célula de ar. Ela se dirige até mais ou menos a região de latitude de 60º e volta a subir.

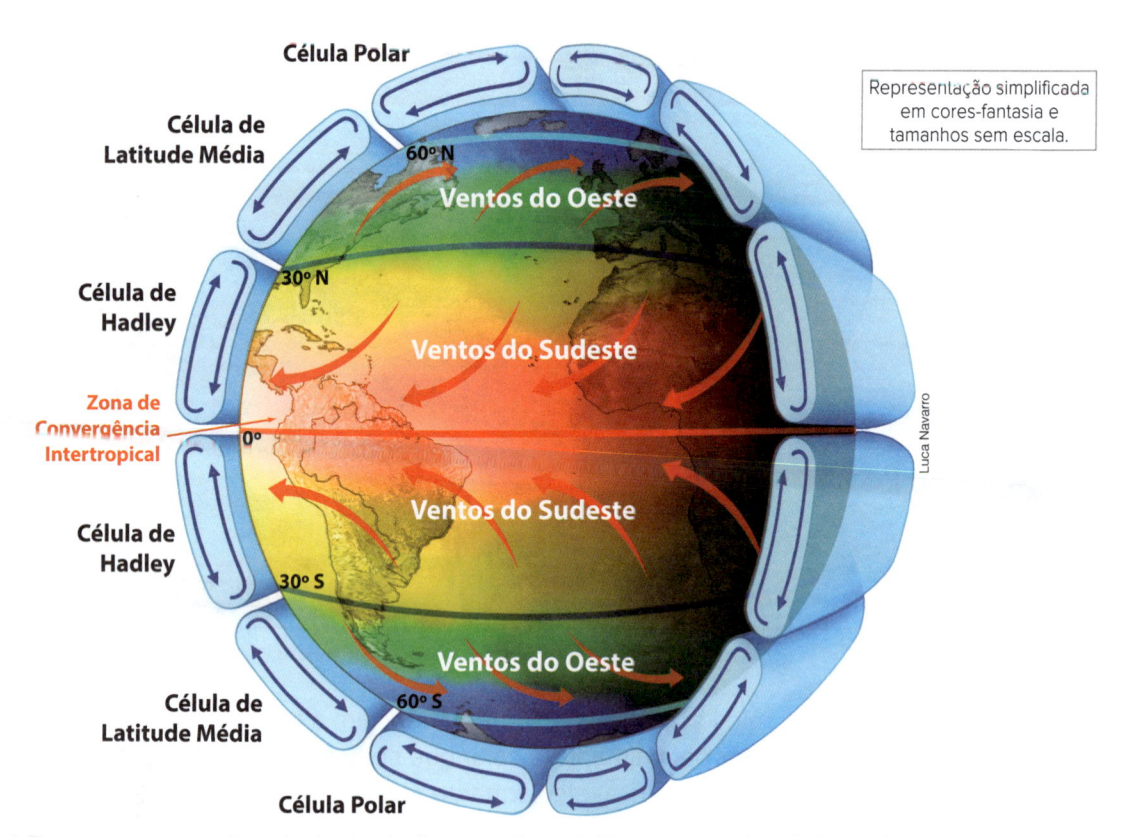

↑ Esquema em cores-fantasia de circulação atmosférica da Terra mostrando células de Hadley.

Observe que na região próxima do Equador convergem o ar vindo do Hemisfério Norte com o ar vindo do Hemisfério Sul. Essa região é chamada de Zona de Convergência Intertropical (ZCIT). Próximo da região de 60º de latitude também há convergência de ventos vindo da região subtropical e dos polos. Esse lugar é conhecido como **Frente Polar**.

Zonas de alta e baixa pressão

Na região subtropical o ar é resfriado na camada mais alta da atmosfera, fica mais denso e desce. A pressão atmosférica também é maior nessa região, que possui **alta pressão subtropical**. Observe na imagem anterior que ela aparece no Hemisfério Norte e Hemisfério Sul.

No Equador, onde o ar é menos denso, a pressão atmosférica também é menor. Essa região é de **baixa pressão**.

Nuvens

Segundo a Organização Meteorológica Mundial (OMM), **nuvem** é um conjunto visível de partículas minúsculas de água líquida, gelo ou ambos em suspensão na atmosfera. Forma-se pela condensação do vapor de água presente na atmosfera, em diferentes altitudes e com diferentes aspectos.

Os quatro principais tipos de nuvem estão descritos a seguir.

- **Cirros:** nuvens que ocupam faixas altas, de até 12 mil metros de altitude. São brancas e geralmente estão associadas a tempo estável, sem chuva. Contudo, quando apresentam diversas camadas, podem indicar possibilidade de chuva.

- **Nimbos:** ocupam baixas altitudes de até 2 mil metros, são densas, de cor cinza e geralmente indicam chuvas fortes, de média a longa duração.

- **Cúmulos:** são baixas e apresentam formações semelhantes a flocos de algodão densos. Indicam tempo instável e possibilidade de trovoada.

- **Estratos:** ocupam baixas altitudes, são alongadas e menos densas que as nimbos; sinalizam a ocorrência de chuvas.

As cores, as distâncias e as dimensões utilizadas na ilustração não são as observadas na realidade.

↑ Representação artística dos principais tipos de nuvem em relação à altura em que se formam. Estão representadas também outras sete variações, que podem apresentar características de dois ou mais tipos de nuvem. A cirro-cúmulo, por exemplo, é alta como a cirro e se assemelha a flocos de algodão como a cúmulo.

Massa de ar

POSSO PERGUNTAR?

Massa de ar e vento são a mesma coisa?

O padrão de circulação do ar mostrado anteriormente é perturbado pela existência das **massas de ar**, que se formam na estratosfera, a primeira camada da atmosfera, pelo contato com a superfície terrestre.

As massas são grandes áreas da atmosfera que se formam sobre as áreas uniformes da superfície terrestre, onde não há formação de ventos fortes. Isso possibilita que o ar, aos poucos, adquira as mesmas características de temperatura e umidade dessas áreas. Assim, se uma massa de ar fica sobre uma região quente, ela aos poucos adquire calor e se torna mais quente. O mesmo ocorre em regiões frias. A umidade também é transmitida ou retirada das massas de ar por movimentos de convecção do vapor de água.

As massas de ar podem se formar sobre o Ártico/Antártico, os polos, os trópicos e o Equador.

- **Polares:** formadas próximo dos polos, apresentam temperaturas extremamente baixas.
- **Árticas/Antárticas:** formadas em latitudes muito altas, apresentam temperaturas baixas.
- **Equatoriais:** formadas próximo da Linha do Equador e apresentam temperaturas elevadas.
- **Tropicais:** formadas próximo dos trópicos de Capricórnio e Câncer, e podem apresentar temperaturas quentes ou frias, de acordo com a região em que são formadas.

As massas de ar se formam sobre a superfície da Terra, podem ser **continentais** (quando ocorrem sobre os continentes), em geral secas, ou **marítimas** (quando ocorrem nos oceanos), em geral úmidas.

As correntes marítimas

Correntes marítimas são massas de água que se deslocam pelos oceanos mantendo características específicas, como salinidade e temperatura. Elas influenciam o clima local em áreas litorâneas, pois podem alterar a temperatura, o regime de chuvas e a umidade do ar. Assim, entre as características específicas, a temperatura é o fator utilizado para classificar essas correntes em quentes ou frias.

As **correntes quentes** se originam na região equatorial do planeta e se deslocam em direção às regiões polares. Elas tornam as regiões por onde passam mais quentes e úmidas (chuvas) e com amplitude térmica menor (variação de temperatura).

As **correntes frias** são provenientes de regiões polares e se deslocam em direção à Linha do Equador tornando as regiões por onde passam mais frias, com maior amplitude térmica e considerável aumento da umidade relativa do ar. Essas correntes raramente provocam chuvas.

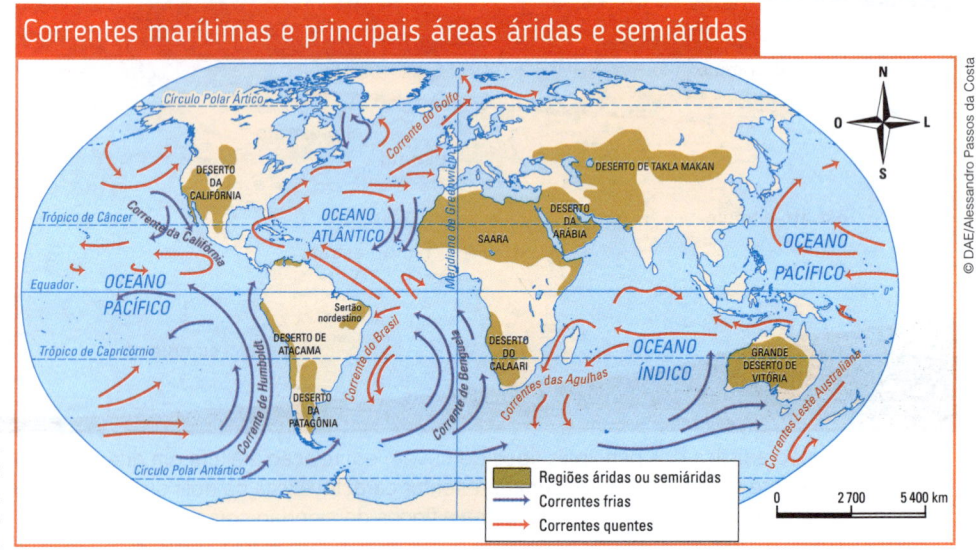

Correntes marítimas e principais áreas áridas e semiáridas

Fontes: ROSS, Jurandyr L. S. (Org.). *Geografia do Brasil*. São Paulo: Edusp, 2001. p. 98. *Atlas geográfico escolar*. 7. ed. Rio de Janeiro: IBGE, 2016. p. 33.

Frentes frias e frentes quentes

As massas de ar podem se movimentar em decorrência das diferenças de pressão na atmosfera. Durante esse movimento, é inevitável que massas de diferentes temperaturas se encontrem. No entanto, a diferença de densidade dos gases que as compõem impede que elas se misturem. Dessa forma, ao se encontrarem, a massa de ar quente desliza sobre a massa de ar frio, vinda do sul. A região de contato entre elas se caracteriza por uma mudança brusca na temperatura, na umidade e na pressão. Essa região de transição entre uma massa de ar e outra é chamada de **frente**.

Uma **frente quente** ocorre quando uma massa de ar quente encontra e empurra uma massa de ar frio que estava parada em uma região, provocando mudanças como a formação de neblina e a ocorrência de chuviscos na região.

Esquemas com concepção artística dos elementos, sem reproduzir cores naturais ou seguir a proporção real entre as dimensões.

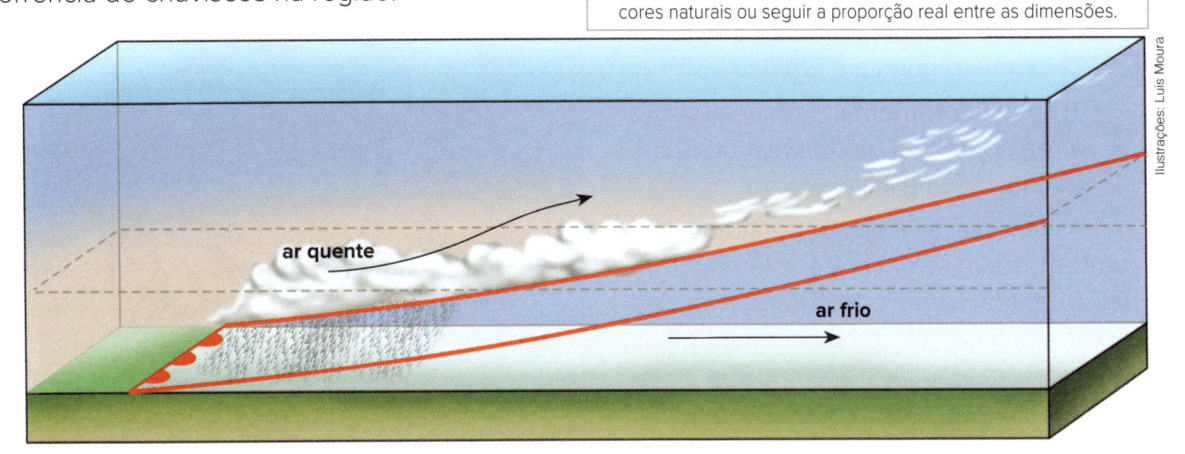

↑ Representação de uma frente quente. Como o ar quente é menos denso, ele acaba subindo. O contato do ar quente e geralmente úmido com a massa de ar frio provoca chuvas ao longo da linha de separação das duas massas de ar.

Uma **frente fria** ocorre quando uma massa de ar frio desloca para cima uma massa de ar quente que estava parada sobre determinada região. Há ocorrência de ventos fortes, mudanças bruscas de temperatura, entre outras mudanças. Após a passagem de frentes frias pode ocorrer ondas de frio.

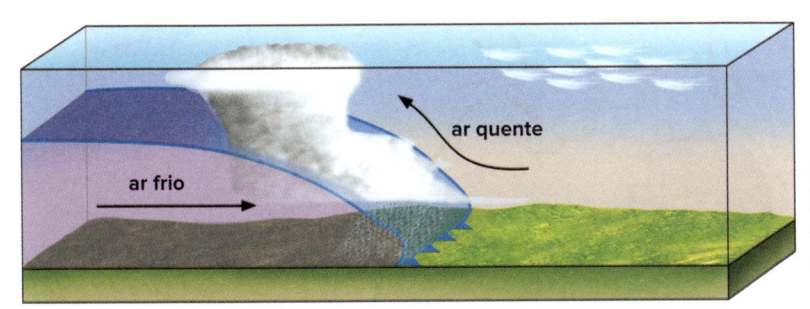

← Representação de uma frente fria. Como o ar frio é menos denso, ele empurra a massa de ar quente para cima.

De maneira geral, as massas de ar quente e as massas de ar frio podem ser caracterizadas por estabilidade, pelos tipos de nuvem, chuvas e temperaturas. Na tabela a seguir, apresentamos as características de cada uma das massas:

	Massa de ar frio	Massa de ar quente
condições atmosféricas	instável	estável
fenômeno e tipo de chuva	chuva com trovoadas	contínua
tipos de vento	fortes e com rajadas	moderados e constantes
temperatura	baixa	elevada

Massas de ar no Brasil

A seguir, as principais massas de ar que atuam no Brasil.

- **Polar atlântica**: forma-se sobre áreas oceânicas em latitudes altas. Ela é composta de ar frio e úmido. É instável e se estende através da troposfera. Adentra o continente pelo Oeste ou pelo Sul/Sudoeste.

- **Tropical e equatorial atlântica**: forma-se sobre o Atlântico Tropical entre latitudes de 10° Norte e 25° Sul. É em geral muito quente e úmida.

- **Tropical continental**: forma-se sobre a região central da América do Sul. É quente, seca e instável.

As massas de ar de temperaturas diferentes podem se encontrar e formar frentes quentes ou frias. No Brasil, a massa polar marítima (mP) é responsável pelas principais mudanças no tempo. Ela avança pela Região Sul em direção ao litoral, e os ventos podem desviá-la para outras regiões do país. As imagens a seguir mostram a atuação das massas de ar no Brasil.

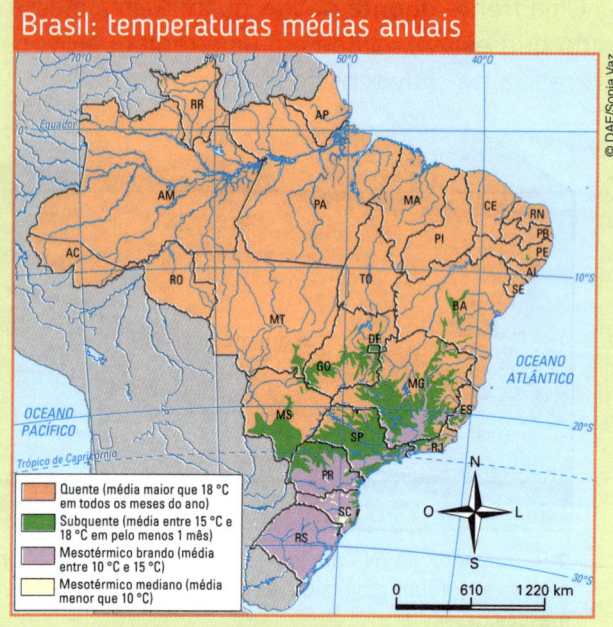

Brasil: temperaturas médias anuais

Fonte: *Atlas geográfico escolar*. Rio de Janeiro: IBGE, 2012.

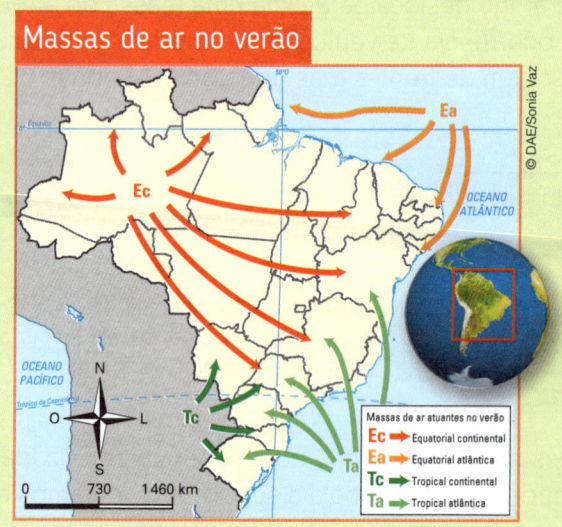

Massas de ar no verão

Fonte: Gisele Girardi e Jussara Vaz Rosa.
Atlas geográfico do estudante. São Paulo: FTD, 2011. p. 25.

Massas de ar no inverno

Fonte: Gisele Girardi e Jussara Vaz Rosa.
Atlas geográfico do estudante. São Paulo: FTD, 2011. p. 25.

1. Quais são as principais diferenças da atuação entre as massas de ar no verão e no inverno no Brasil?

NO CADERNO

2. Pesquise as massas de ar citadas e discuta com os colegas como elas podem influenciar o clima da região em que vivem no verão e no inverno.

ATIVIDADES

SISTEMATIZAR

1. Qual é a importância do estudo da Meteorologia? Quais fatores estudados por essa ciência interferem nas condições do tempo?

2. Qual é a diferença entre clima e tempo?

3. Como as nuvens são formadas?

4. Como a pressão atmosférica varia com a altura? Por que isso acontece?

5. O que é Zona de Convergência Intertropical (ZCIT)? Como ela se caracteriza?

6. Quais são os tipos de frentes e como elas se formam?

7. Ao que corresponde a umidade do ar?

REFLETIR

1. No *site* do Centro de Previsão de Tempo e Estudos Climáticos, as informações meteorológicas dos aeroportos brasileiros são constantemente atualizadas. Veja um exemplo com alguns dados:

> **Aeroporto Galeão** – Rio de Janeiro – RJ
> Data: 4 maio de 2019
> Hora: 14:14
> Temperatura: 31 °C
> Umidade relativa calculada: 59%
> Condições gerais do tempo: parcialmente nublado
>
> Vento (norte geográfico):
> **Sugestão 1:**
> Entre o ponto subcolateral Leste-nordeste e o Leste
> **Sugestão 2:**
> Direção Leste
> **Sugestão 3:**
> Direção Leste, levemente inclinado para o Norte.

Fonte: <https://weather.com/weather/today/l/-22.81,-43.26?par=google>. Acesso em: 4 maio 2019.

a) Os dados informados referem-se ao clima ou ao tempo? Justifique.

b) Por que a Aeronáutica precisa desses dados?

DESAFIO

1. Leia o texto a seguir.

Algumas regiões do país, em determinados períodos do ano, podem apresentar baixa umidade do ar. Esse fenômeno acontece principalmente no inverno, estação mais seca e fria, e pode representar riscos para muitas pessoas, principalmente crianças e idosos. O sintoma mais comum associado com a baixa da umidade é o sangramento das narinas ou mesmo certo desconforto ao respirar.

Reúna-se com dois ou três colegas e pesquisem as causas da baixa umidade, os problemas de saúde relacionados a esse fenômeno e o que pode ser feito para minimizar esses efeitos. Com as informações obtidas nessa pesquisa, elaborem um cartaz informativo sobre o assunto destacando as medidas preventivas.

Previsão do tempo

Neste capítulo, vamos entender como são feitas as previsões meteorológicas vistas nos noticiários da TV. Estudaremos também os fatores que influenciam as mudanças climáticas e um pouco mais sobre os mecanismos que ocasionam alterações de temperatura, incidência de chuvas e nevascas. Além disso, aprenderemos as causas e os impactos de anomalias climáticas, como La Niña e El Niño.

EXPLORANDO O TEMPO NA TV

Certo dia, Luísa comentou com os colegas de escola que gostaria de ir ao parque no fim de semana para andar de *skate*. Cláudio, seu irmão, disse que talvez chovesse nesse dia.

Quando chegaram em casa, pediram a opinião da mãe. Thereza, a mãe dos jovens, sugeriu aos filhos que ouvissem a previsão do tempo depois do jantar.

Na TV, o repórter informava que uma massa de ar quente estava se aproximando da cidade. Luísa, que havia estudado sobre massas de ar, ficou animada quando ouviu a previsão. E Cláudio, sem entender nada, perguntou por que ela estava feliz com a informação sobre a massa de ar quente.

Ilustrações: Claudia Marianno

– É porque a massa de ar quente provoca aumento da temperatura, diferente da massa de ar frio, que provoca queda da temperatura e chuva.

Espantado, Cláudio ficou se questionando sobre como a previsão do tempo pode fornecer essas informações. Para saber se o tempo estaria mesmo quente, ele propôs um desafio para a irmã: os dois teriam que anotar as medições da previsão até o fim de semana, para confirmar se as previsões estariam corretas.

No fim de semana, os irmãos compararam as anotações, e, mesmo com algumas diferenças, as previsões foram precisas. Eles então ficaram conversando sobre como as previsões do tempo são feitas.

Agora é sua vez.

1. Quais dados são utilizados para realizar a previsão do tempo?

2. Quais informações estão presentes na tabela de previsão do tempo?

O comportamento do tempo e a formação do clima

Para que possamos fazer a previsão do tempo, precisamos conhecer a dinâmica de movimentação do ar na atmosfera ao longo do tempo, ou seja, analisar fenômenos como os ventos, as correntes marítimas e as massas de ar a fim de compreender como o tempo e o clima se estabelecerão em determinada região.

As observações do clima e do tempo remontam à Antiguidade. Na Grécia Antiga Aristóteles apresentou, em *Meteorológica* (350 a.C.), informações sobre o ciclo da água com precisão. Por todo o mundo, povos indígenas já acumulavam informações sobre o comportamento do clima e do tempo e eram capazes de fazer previsões. Os babilônios, por sua vez, realizavam observações dos padrões das nuvens e dos astros e utilizavam esses dados para prever o tempo.

Conhecer previamente o tempo e o clima de determinada região é fundamental para a vida em sociedade, a realização de atividades agrícolas e a previsão de catástrofes; por exemplo, o clima de uma região facilita a escolha das culturas vegetais a serem plantadas e o momento certo de fazê-lo. Além disso, pode auxiliar no desenvolvimento de campanhas de conscientização a fim de reduzir impactos sobre a população e sobre atividades econômicas. Por exemplo, a realização de campanhas de redução do consumo de água de uma região responsável pelo abastecimento de água de determinada cidade, caso entre em período de seca.

As tabelas de previsão do tempo

A previsão do tempo é fundamental para a realização de diversas atividades. Mas como podemos compreender os dados apresentados nas **tabelas de previsão do tempo**?

As tabelas da previsão do tempo apresentam dados como probabilidade de céu aberto ou fechado, temperatura, índice de umidade, característica dos ventos, probabilidade de chuva, entre outros dados.

A estimativa de volume de precipitação é um dado importante, pois, além de indicar o volume e o tipo de chuva (que podem variar de chuva leve a violenta), contribui com as atividades agrícolas por fornecer informações quanto ao regime de chuvas de determinada região. Observe a seguir alguns tipos de chuva e o volume de precipitação.

- Chuva leve: até 2,5 mm
- Chuva moderada: entre 2,5 mm e 7,6 mm
- Chuva forte: entre 7,6 mm e 50 mm
- Chuva violenta: acima de 50 mm

Além das tabelas, a previsão do tempo pode ser observada em mapas com informações do tempo. Essas informações são apresentadas em imagens simples que indicam céu encoberto ou aberto, chuvas e geadas, e outras informações para cada região. Observe no mapa que as regiões que apresentam as mesmas características, como chuva ou tempo aberto, são destacadas de diferentes cores.

Brasil: previsão do tempo

© DAE/Alessandro Passos da Costa

Fonte: Climatempo. Disponível em: <www.climatempo.com.br/brasil>. Acesso em: 4 maio 2019.

Meteogramas

As informações obtidas pelos equipamentos meteorológicos podem ser organizadas em diferentes gráficos, cada um especificando uma variável da previsão do tempo, como precipitação, temperatura e umidade. Esse gráficos são chamados de **meteogramas**, e incluem previsões numéricas de alguma característica do clima. Nas figuras a seguir, apresentamos os meteogramas para a precipitação, a temperatura, a umidade relativa e os ventos de determinada região. Em cada gráfico, o eixo horizontal indica o dia do mês referente aos dados. O eixo vertical é uma escala que indica a medida da grandeza. Em alguns casos, há uma barra e em outros uma linha contínua, pois não há medidas todos os dias, como na precipitação.

Precipitação: corresponde à deposição de água na superfície terrestre, que pode ser em chuva, geada, orvalho e neve.

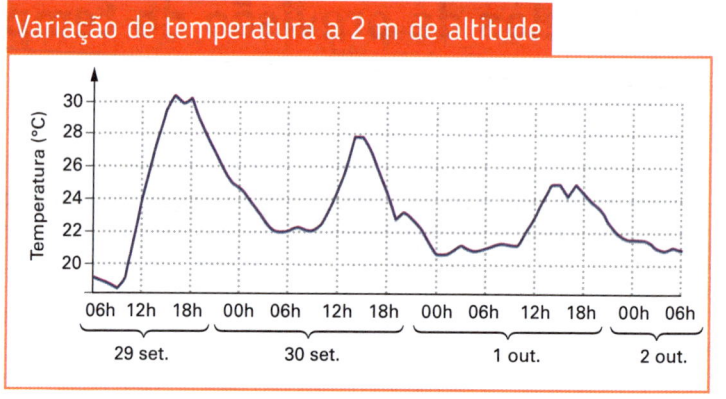

Fonte: <www.cptec.inpe.br>. Acesso em: 6 maio 2019.

Temperatura: medição da temperatura próximo da superfície terrestre expressa em graus Celsius. No gráfico, é possível observar a variação da temperatura ao longo de alguns dias.

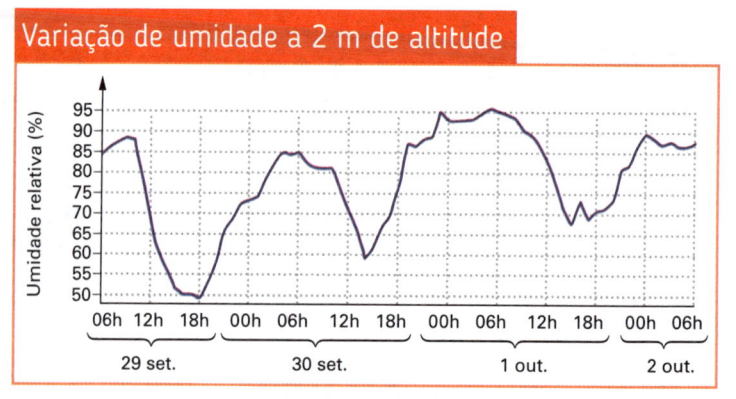

Fonte: <www.cptec.inpe.br>. Acesso em: 6 maio 2019.

Umidade relativa: concentração de água na atmosfera próximo da superfície terrestre expressa em porcentagem (%).

Fonte: <www.cptec.inpe.br>. Acesso em: 6 maio 2019.

Vento: corresponde à medição dos ventos próximo da superfície terrestre, indicando a sua intensidade e direção.

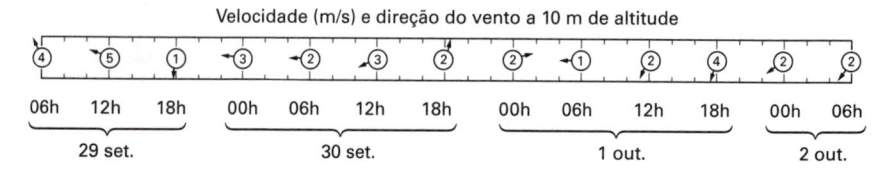

Satélites meteorológicos

Vimos que as previsões do tempo apresentam diferentes informações que correspondem às características climáticas de determinada região. Como são obtidas essas informações?

Atualmente as previsões são baseadas em dados obtidos de estações meteorológicas, locais onde são recebidos e interpretados diferentes dados dos instrumentos meteorológicos. Nesses locais, encontram-se aparelhos que medem a temperatura, os ventos, a umidade e pressão, entre outros fenômenos. Além disso, contam com imagens registradas por satélites, como as massas de ar e seu deslocamento sobre a superfície terrestre.

Os **satélites meteorológicos** orbitam a região equatorial da Terra a uma altitude de aproximadamente 35 mil km acima da superfície terrestre. Eles transportam equipamentos sensíveis que registram as alterações climáticas ao longo da órbita terrestre.

Assim, os meteorologistas registram informações precisas das temperaturas, massas de ar, dos ventos, das nuvens, da pressão do ar em várias regiões e como elas se modificam ao longo do tempo.

Lockheed Martin/NASA

↑ Concepção artística de um satélite meteorológico. Uso de cores-fantasia e imagens fora da escala.

 **CIÊNCIA, TECNOLOGIA E SOCIEDADE**

INPE recebe imagens preliminares do satélite meteorológico GOES-16

A Divisão de Satélites e Sistemas Ambientais do Centro de Previsão do Tempo e Estudos Climáticos (CPTEC), do Instituto Nacional de Pesquisas Espaciais (INPE), está recebendo imagens do GOES-16, lançado pelos Estados Unidos em novembro de 2016 e considerado o satélite meteorológico mais poderoso do mundo.

[…], o GOES-16 apresenta capacidade avançada de observação para atender a diversas áreas de aplicação ambiental, como qualidade do ar e visibilidade, clima, formação de nuvens, incêndios, furacões, cobertura de superfície, raios, nevoeiros, ambientes costeiros e marinhos, precipitação e inundações, tempestades severas e tornados, clima espacial e vulcões.

"Essa nova geração de satélites representa uma autêntica revolução no monitoramento ambiental. Os benefícios esperados são derivados de um maior conjunto de instrumentos para a melhora do monitoramento meteorológico, ambiental, climático e dos fenômenos de tempo espaciais e os perigos relacionados", explica Daniel Vila, chefe da Divisão de Satélites e Sistemas Ambientais do CPTEC/INPE.

[…]

Disponível em: <www.inpe.br/noticias/noticia.php?Cod_Noticia=4443>. Acesso em: 6 maio 2019.

1. Reúna-se com dois ou três colegas e discutam:

a) Qual é a importância dos satélites para a previsão do tempo?

b) Quais são as contribuições dessas informações para a prevenção de catástrofes?

SISTEMATIZAR

1. Qual é a importância da previsão do tempo para a sociedade?

2. Quais características dos ventos são registradas pelos meteogramas? Qual é a importância dessas informações?

3. Com base na imagem, responda à questão.

← Ruas alagadas devido à cheia do Rio Piracicaba. Piracicaba (SP), jan. 2016.

De que forma a previsão de temporais para essa localidade poderia ser útil aos moradores?

4. Como as massas de ar se deslocam na atmosfera?

REFLETIR

1. Observe a imagem, leia o texto e faça o que se pede.

No Cerrado, a temperatura média anual é 24 °C. Na primavera e no verão, ela pode chegar aos 40 °C e nos meses de inverno (junho, julho e agosto) fica em torno de 12 °C, podendo atingir 0 °C. Nos dias mais frios podem ocorrer geadas, principalmente na região sul do Cerrado.

← Montanhista caminha na Serra do Pouso Alto, Chapada dos Veadeiros. Alto Paraíso de Goiás (GO), ago. 2018.

a) De acordo com os conceitos de clima e tempo, identifique a que conceito se referem a situação da imagem e a do texto.

b) O que fez você chegar a essa conclusão?

Justifique sua resposta.

2. Analise o gráfico e responda às questões.

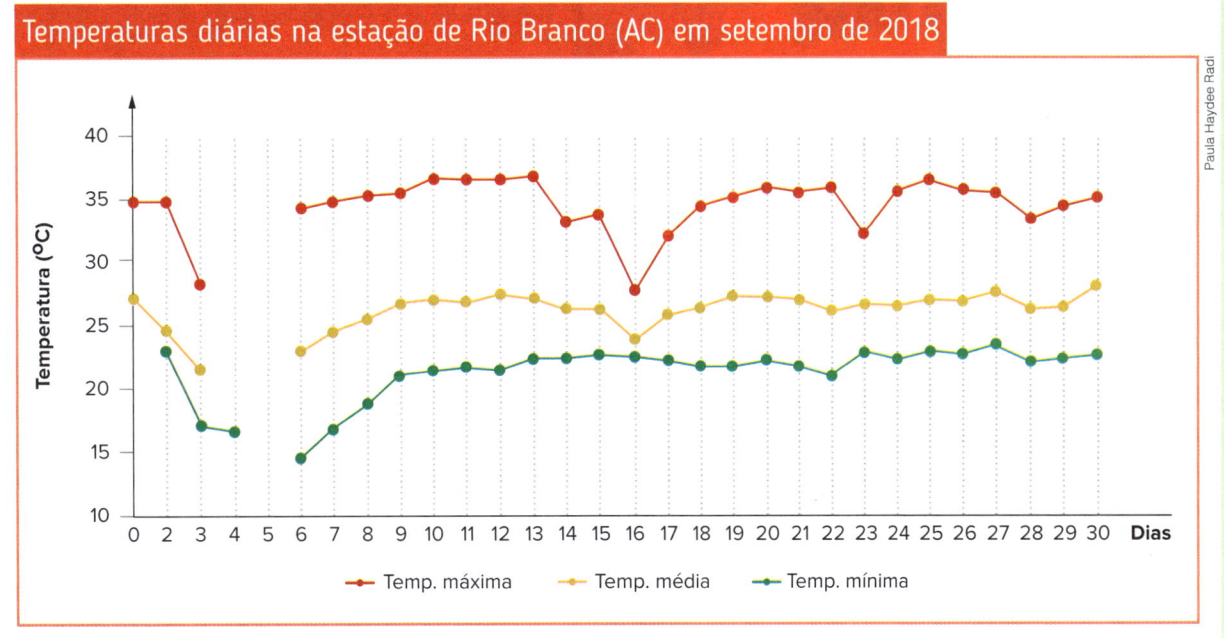

Temperaturas diárias na estação de Rio Branco (AC) em setembro de 2018

Fonte: Instituto Nacional de Meteorologia – Inmet. Disponível em: <www.inmet.gov.br/sim/gera_graficos.php>. Acesso em: 6 maio 2019.

a) Que órgão produziu o gráfico?

b) De que trata o gráfico?

c) Em que local foram registrados esses dados?

d) Em que período de tempo?

e) Qual foi a temperatura máxima registrada nesse período? E a mínima?

DESAFIO

1. Reúna-se com um colega ou mais para ler o texto a seguir:

A importância das estações meteorológicas

Os técnicos enviam os dados das condições do tempo das estações meteorológicas para os distritos ou institutos meteorológicos com o objetivo de que se façam as previsões do tempo para as diversas regiões. No Brasil, as previsões do Instituto Nacional de Meteorologia (Inmet) e do Instituto Nacional de Pesquisas Espaciais (Inpe) exigem dados mais precisos.

Muitas regiões do Brasil sofrem, às vezes, com enchentes e deslizamentos de terra provocados por fortes temporais ou por longos períodos de seca. Essas situações extremas costumam provocar mortes e grandes prejuízos financeiros. Por isso os governantes têm buscado na tecnologia sistemas de previsão do tempo e de probabilidades de inundação de alta precisão.

a) Pesquise as formas de a população colaborar com os governantes para evitar ou amenizar as consequências de enchentes e deslizamentos de terra, relacionando a importância da previsão do tempo com a das medições meteorológicas. Combine com o professor um dia para compartilhar essas informações.

b) Na data combinada, o professor organizará a turma em grupos. Elabore com os colegas cartazes, folhetos ou cartilhas que divulguem essas informações para a comunidade.

273

Estações meteorológicas

As estações meteorológicas são locais que reúnem uma série de equipamentos para coleta e análise dos fatores climáticos, importantes para as previsões do tempo. Elas podem tanto estar na superfície da Terra quanto nos mares e oceanos, ou mesmo no ar.

Higrômetro e higrógrafo

Ambos são aparelhos que medem a umidade relativa do ar. As medições são feitas com base nas deformações sofridas por um material que é afetado pela umidade.

Luís Moura

Biruta

É utilizada para verificar a direção do vento, mas também fornece uma ideia da velocidade. Trata-se de um saco longo aberto nos dois lados – sendo um mais amplo que o outro –, geralmente feito de lona. A direção do vento é indicada pela posição em que fica esse saco.

Termômetro

O termômetro comum é usado para medir a temperatura em determinado momento. Com informações mais completas, o mais utilizado nas estações meteorológicas é o termômetro de máximas e mínimas, que registra justamente as temperaturas máximas e mínimas (°C) em determinado intervalo.

Barômetro e barógrafo

São aparelhos que medem a pressão atmosférica em centímetros ou milímetros de mercúrio. Os barógrafos medem contínua e automaticamente a pressão atmosférica.

Representações e fotos em cores-fantasia e fora de escala.

Radiossonda

É um conjunto de instrumentos e sensores que emitem sinais de rádio e que são transportados por balões meteorológicos. Eles são utilizados para medir fatores como pressão atmosférica, temperatura e umidade nas camadas altas da atmosfera.

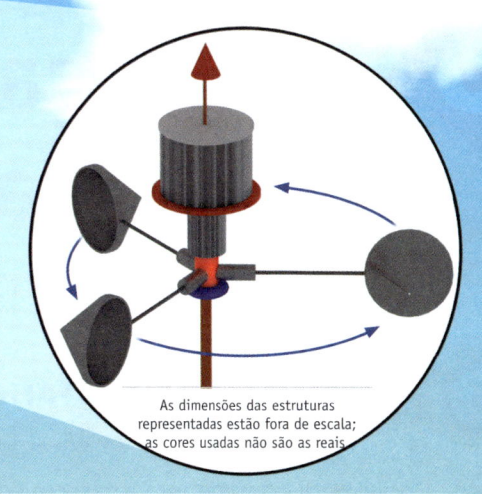

As dimensões das estruturas representadas estão fora de escala; as cores usadas não são as reais.

Anemômetro

É o aparelho que mede a velocidade dos ventos. Apresenta estruturas semelhantes à de conchas e rodam ao redor de um eixo quando impulsionadas pelo vento. Quanto maior a velocidade com que elas rodam, maior a velocidade do vento. Um marcador na base do aparelho registra as velocidades alcançadas.

Pluviômetro

Mede o índice pluviométrico, isto é, a quantidade de chuva por metro quadrado em uma região por determinado período de tempo. Ele é formado, na parte superior (mais larga), por um funil, que recolhe a água da chuva, e, na parte inferior (mais estreita), por um cilindro graduado, no qual a água é armazenada e medida. Cada milímetro de água medido nele corresponde a 1 litro de água da chuva por metro quadrado.

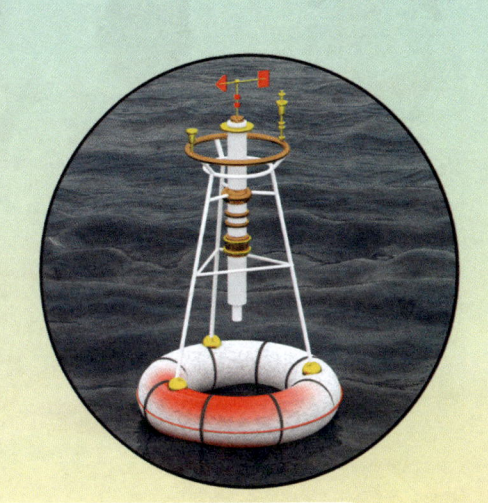

Boia meteorológica

Trata-se de uma pequena estação meteorológica localizada nos mares e oceanos. É equipada com sensores que medem, por exemplo, a quantidade de chuvas, a velocidade dos ventos, a quantidade de radiação solar e a salinidade. Ela transmite as informações para um satélite, que as retransmite para um sistema computacional.

1. Reúna-se em grupo e, juntos, façam uma pesquisa sobre as estações meteorológicas do Brasil, seu histórico, funcionamento e distribuição. Organizem o material pesquisado e apresentem-no aos colegas em sala de aula.

2. Qual é a importância das estações meteorológicas para a vida das pessoas? Discuta com os colegas e, se necessário, pesquisem juntos o assunto.

Mudanças climáticas

Neste capítulo, identificaremos fenômenos que influenciam as variações de temperatura no planeta e estudaremos a importância da estabilidade no clima para a manutenção da vida na Terra.

EXPLORANDO MUDANÇAS NO CLIMA

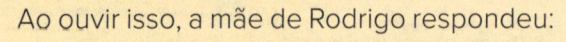

Rodrigo foi com a mãe visitar a avó dele no interior do estado de Minas Gerais. Enquanto se deliciava comendo um pedaço do famoso bolo de fubá da avó, o menino prestava atenção na conversa entre sua mãe e ela.

Lembrando do passado, a avó disse algo que chamou a atenção de Rodrigo:

– Olha, minha filha, sou uma mulher idosa e vi muitas coisas na vida que mudaram. A que mais me intriga é o clima. Lembro-me que, quando era jovem e trabalhava na roça, o clima era mais ameno, não tínhamos tantas secas nem tanto calor.

Ao ouvir isso, a mãe de Rodrigo respondeu:

– É, mamãe, mas naquela época as coisas eram diferentes. Tudo se fazia em casa, não havia tantas indústrias nem tantos carros e caminhões.

Ambas concordaram, e a avó suspirou saudosamente.

Rodrigo ficou pensando na conversa das duas. O clima teria mesmo se alterado ao longo do tempo? Será que a industrialização e a produção de carros têm algo a ver com as mudanças de temperatura que sua avó comentara?

Para resolver essas dúvidas, Rodrigo correu para o computador em busca de explicações.

Claudia Marianno

Agora é sua vez. 🎤

1. Você acha possível que o clima do planeta seja afetado por ações que realizamos em nosso cotidiano?

2. O que você acha que pode causar as mudanças climáticas constatadas no texto?

3. Quais são os impactos ambientais do aumento das temperaturas globais e da falta de chuvas?

Mudanças climáticas

De modo geral, o clima do planeta não é estático ou imutável, passando naturalmente por ciclos de mudanças. Essas mudanças podem acontecer por fatores naturais, pela ação humana ou pela junção desses fatores.

Os cientistas têm estudado ao longo dos anos as causas naturais das mudanças do clima na Terra a fim de compreender os fatores e as dinâmicas que contribuem para que elas ocorram, como a incidência de raios solares e a dinâmica dos movimentos da Terra.

As **mudanças climáticas** e geológicas do planeta Terra ao longo de milhares de anos contribuem para que possamos compreender as dinâmicas atmosféricas. Fenômenos como o efeito estufa são fundamentais para a manutenção da vida na Terra. No entanto, atualmente, estão ocorrendo mudanças climáticas relacionadas à intensa intervenção humana no ambiente, especialmente pelo aumento da emissão de gases poluentes para a atmosfera, que intensificam o efeito estufa e causam o aquecimento global.

A seguir são apresentados alguns fenômenos climáticos que contribuem para as dinâmicas climáticas da Terra, assim como os efeitos das interferências humanas sobre esses fenômenos.

Glaciação

O **fenômeno glacial**, também conhecido por "era do gelo" ou "era glacial", é definido pelo período de longa duração no qual grandes superfícies de gelo recobriram regiões da Terra.

A última era do gelo ocorreu há aproximadamente 20 mil anos e recobriu com espessas camadas de gelo as regiões onde hoje estão localizadas a América do Norte, a Europa e a Ásia. Foi um período difícil para a vida na Terra, os seres vivos que habitavam essas regiões, como mamutes, tiveram de resistir ao frio intenso e à escassez de alimentos. Esse período corresponde à extinção em massa de diversas espécies, principalmente de grandes mamíferos. Os mapas a seguir mostram como o gelo recobriu parte da Terra; observe as diferenças em relação ao mapa atual do planeta.

As cores, as distâncias e as dimensões utilizadas na ilustração não são as observadas na realidade.

Ilustrações: Studio Caparroz

↑ Extensão da cobertura de gelo na última era glacial.

↑ Extensão da cobertura de gelo atualmente.

Para entender as dinâmicas e os efeitos que ocorreram ao longo desse período, os cientistas pesquisam os efeitos nas rochas, os fósseis de animais, entre outras evidências geológicas.

Eles estudam os motivos da ocorrência de glaciações na Terra a fim de compreender suas dinâmicas e assim poder prever novos períodos como esses. A órbita da Terra em relação ao Sol, movimentos nas placas tectônicas, atividades vulcânicas ou solares são alguns dos fatores que podem interferir para a ocorrência desse fenômeno.

El Niño, La Niña

Para compreender o significado de **El Niño** e **La Niña**, é necessário entender as condições normais de clima e os impactos causados pelas alterações drásticas decorrentes desses fenômenos climáticos. Leia o exemplo hipotético a seguir.

Imagine que, em uma das bordas de uma piscina, haja alguns ventiladores posicionados de modo que soprem para a outra borda, gerando uma corrente de ar ao longo da piscina. O vento arrasta consigo as camadas superiores da água, fazendo com que as águas mais frias do fundo da piscina fiquem expostas, enquanto as águas mais quentes são levadas para o outro lado da piscina. Esse movimento causa um acúmulo de água no lado oposto aos ventiladores, aumentando o nível da água nessa região e diminuindo-o próximo dos ventiladores.

O que ocorre no Oceano Pacífico em condições normais é semelhante ao que ocorre no exemplo da piscina. A atuação dos ventos sobre as águas oceânicas é semelhante ao efeito gerado pelos ventiladores na piscina. Esses ventos deslocam as águas mais quentes da costa (Pacífico Oriental), deixando-a com águas mais frias; as águas quentes, então, se deslocam para a região do Pacífico Oeste, onde as águas são mais quentes e em um volume mais elevado.

As águas mais quentes são regiões de maior quantidade de evaporação de água, e, aliadas aos ventos, criam condições para a ocorrência de correntes de circulação de ar de oeste para leste em baixas altitudes e de oeste para leste em grandes altitudes. Esse ciclo de movimento das massas de ar é chamado de **célula de circulação de Walker**.

A ocorrência de anomalias nesse sistema climático é classificada como La Niña ou El Niño.

O El Niño é o fenômeno causado quando os ventos são menos intensos ou quase inexistentes. Quando o vento cessa, o mesmo acontece com o fluxo de água. Sem o movimento superficial das águas, as águas mais próximas à superfície do oceano se tornam mais quentes, caracterizando um aquecimento anormal das águas, o que provoca um aumento das massas de ar quentes e úmidas, gerando maior precipitação nas áreas onde o fenômeno ocorre.

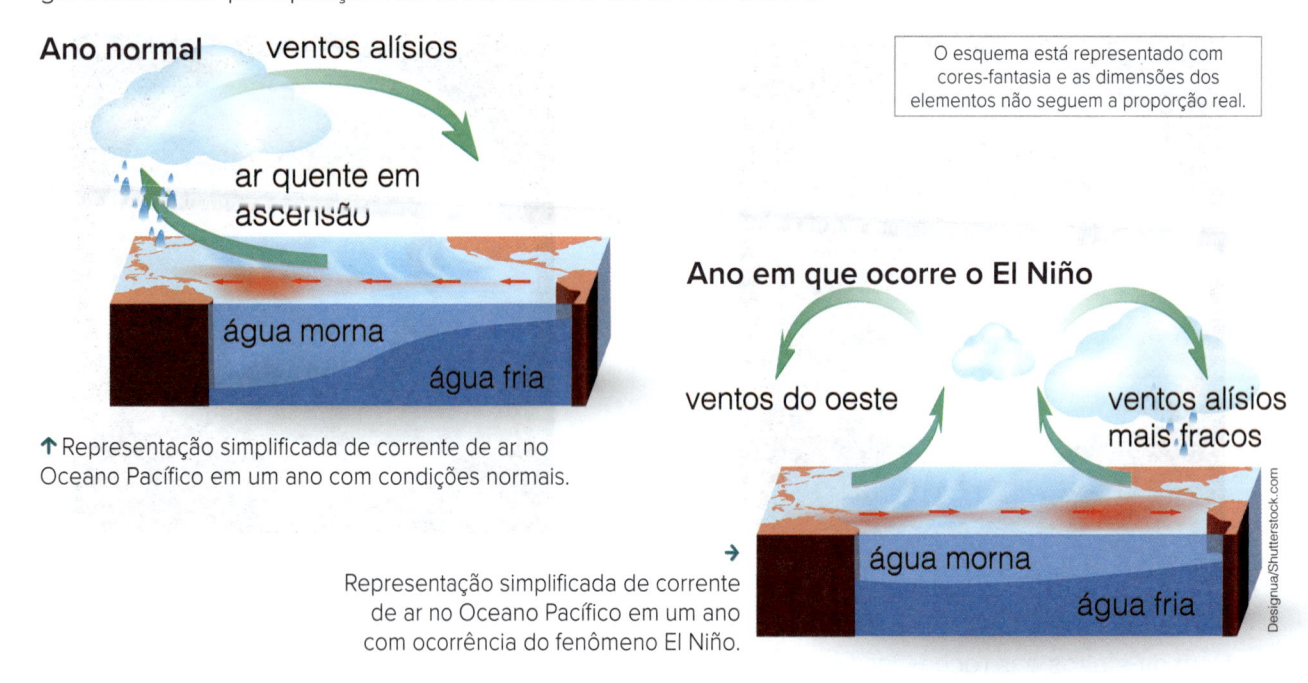

Ano normal — ventos alísios — ar quente em ascensão — água morna — água fria

O esquema está representado com cores-fantasia e as dimensões dos elementos não seguem a proporção real.

↑ Representação simplificada de corrente de ar no Oceano Pacífico em um ano com condições normais.

Ano em que ocorre o El Niño — ventos do oeste — ventos alísios mais fracos — água morna — água fria

→ Representação simplificada de corrente de ar no Oceano Pacífico em um ano com ocorrência do fenômeno El Niño.

Designrua/Shutterstock.com

O La Niña é o fenômeno oposto. Os ventos não cessam e são muito intensos. Uma maior quantidade de água se acumula no Pacífico Oeste, enquanto o Pacífico Oriental fica com um menor nível e com a temperatura menor, ou seja, mais frio, caracterizando resfriamento anormal das águas, maior precipitação na região amazônica e queda nas temperaturas da América do Norte e da Europa.

Aquecimento global

É bem provável que você já tenha escutado na televisão ou lido na internet sobre o aquecimento global. Mas você sabe o que significa esse fenômeno e quais são as principais causas?

Ao longo da história da Terra, o planeta passou por diversas mudanças naturais no clima e na temperatura média. No entanto, tem-se observado nos últimos 50 anos alterações mais drásticas relacionadas ao clima, como o aumento da temperatura média global do ar e dos oceanos, o derretimento de calotas polares e a elevação do nível do mar. Isso se deve, em grande parte, ao aumento da emissão de gases de efeito estufa, como o dióxido de carbono (CO_2), na atmosfera.

Leia o texto a seguir que aborda esse assunto.

Quais as principais consequências do aquecimento global?

[...] Os cientistas já observam que o aumento da temperatura média do planeta tem elevado o nível do mar devido ao derretimento das calotas polares, podendo ocasionar o desaparecimento de ilhas e cidades litorâneas densamente povoadas. E há previsão de uma frequência maior de eventos extremos climáticos (tempestades tropicais, inundações, ondas de calor, seca, nevascas, furacões, tornados e *tsunamis*) com graves consequências para populações humanas e ecossistemas naturais, podendo ocasionar a extinção de espécies de animais e de plantas.

[...]

As mudanças climáticas podem ter causas naturais como alterações na radiação solar e dos movimentos orbitais da Terra ou podem ser consequência das atividades humanas.

O Painel Intergovernamental de Mudanças Climáticas (IPCC), órgão das Nações Unidas responsável por produzir informações científicas, afirma que há 90% de certeza de que o aumento de temperatura na Terra está sendo causado pela ação do homem.

Quais as principais atividades humanas que causam o aquecimento global?

[...] a queima de combustíveis fósseis (derivados do petróleo, carvão mineral e gás natural) para geração de energia, atividades industriais e transportes; conversão do uso do solo; agropecuária; descarte de resíduos sólidos (lixo) e desmatamento. Todas estas atividades emitem grande quantidade de CO_2 e de gases formadores do efeito estufa.

No Brasil, as mudanças do uso do solo e o desmatamento são responsáveis pela maior parte das nossas emissões e faz o país ser um dos líderes mundiais em emissões de gases de efeito estufa. Isto porque as áreas de florestas e os ecossistemas naturais são grandes reservatórios [...] de carbono por sua capacidade de absorver e estocar CO_2. Mas quando acontece um incêndio florestal ou uma área é desmatada, esse carbono é liberado para a atmosfera, contribuindo para o efeito estufa e o aquecimento global. [...]

[...]

WWF. Mudanças climáticas. Disponível em:
<www.wwf.org.br/natureza_brasileira/reducao_de_impactos2/clima/mudancas_climaticas2/>.
Acesso em: 4 maio 2019.

Origens do aquecimento global

Forme um grupo com os colegas e discutam esta questão:

- O que é o aquecimento global?
- Quais efeitos climáticos estão relacionados a esse fenômeno?

Ao final da discussão, registrem a conclusão encontrada no caderno.

O aquecimento global é um tema bastante abordado atualmente, apesar de muitos ainda contestarem a ocorrência desse fenômeno. Nessa pesquisa o objetivo é compreender o aquecimento global com base na interpretação de dados e debate.

Claudia Marianno

Material:

- computador com acesso à internet;
- cartolinas;
- folhas de papel A4;
- lápis;
- canetas hidrográficas;
- réguas;
- canetas.

Procedimentos

1. Façam um sorteio a fim de organizar a sala em dois grupos. Cada grupo será responsável por um tema.

Grupo 1	Grupo 2
Aquecimento global causado pela ação humana	Aquecimento global causado pelas dinâmicas naturais da Terra

2. Cada grupo deverá pesquisar informações relevantes ao tema pelo qual é responsável.
3. Todos os colegas de grupo devem trabalhar juntos a fim de elaborarem os argumentos e os materiais a serem utilizados no debate, como cartazes e folhetos.
4. Pesquisem informações em *sites* de universidades, periódicos e revistas científicas, além de livros e revistas.
5. Os argumentos serão apresentados em um debate. Para isso, cada grupo deve escolher um representante, que pode ser eleito por meio de votação. Deve ser definido também um mediador para o debate, por exemplo, o professor ou um aluno eleito por votação.
6. Cada representante deve transmitir os argumentos do grupo durante um tempo, que pode ser, por exemplo, 5 minutos para cada representante.

Reflita e registre

NO CADERNO

1. O debate comparou dois pontos de vista sobre a que se deve o atual nível do efeito estufa: causas naturais e ação humana. Antes dos debates, qual era sua opinião a esse respeito?

2. Ao final do debate, você continua com a mesma opinião ou mudou de ponto de vista? Justifique.

3. Produza um texto no qual você expresse o que entendeu sobre os dois pontos de vista em relação ao aquecimento global, concluindo com sua opinião a respeito do tema.

Alguns efeitos do aquecimento global

Previstas pelos cientistas, as consequências do **aquecimento global** ao planeta abrangem mudanças no regime de chuvas e a proliferação anormal de insetos cuja reprodução é favorecida pelo clima quente. Uma superpopulação de insetos pode causar desequilíbrios como destruição de plantações e epidemias de doenças, como dengue e febre amarela. Além disso, podemos citar entre os efeitos causados pelo aquecimento global:

- aumento na temperatura próximo da superfície da Terra;
- diminuição do volume e da extensão da cobertura de gelo;
- aumento do nível e da temperatura das águas dos oceanos.

Os cientistas alertam sobre a necessidade de reduzir a liberação dos gases que contribuem para o agravamento do efeito estufa. Contudo, para que essa redução seja realmente significativa, os países devem tomar medidas preventivas, como a redução da queima de combustíveis fósseis.

Com o objetivo de avaliar as mudanças climáticas, foi estabelecido o Painel Intergovernamental sobre Mudanças Climáticas (IPCC – sigla em inglês), que visa fornecer uma visão científica sobre as mudanças e os impactos ambientais e socioeconômicos causados pelo aquecimento global.

Embora dependamos das ações de nossos governantes, é possível colaborar individualmente para a redução do aquecimento global.

Veja a seguir algumas práticas que diminuem a emissão de gases de efeito estufa.

- Regulagem dos motores dos veículos para que gerem menos gases nocivos.
- Cultivo do hábito de caminhar ou andar de bicicleta para evitar o uso de automóveis.
- Reciclagem do lixo, pois o lixo que não é reciclado acaba em aterros, gerando gases tóxicos.
- Plantio de árvores e de outras plantas, pois elas, por meio da fotossíntese, tiram o gás carbônico do ar e o utilizam em seu crescimento, liberando oxigênio.
- Controle do consumo exagerado, pois quanto mais produtos industrializados a sociedade consome, mais energia é gasta na produção e mais poluentes são liberados.
- Mobilização da sociedade civil para cobrar dos governantes ações efetivas.

Fenômenos climáticos e o aquecimento global

Monções

As **monções** são eventos climáticos que ocorrem na Ásia e são marcados pelos ventos que regulam as estações secas e de chuvas. São importantes pois regulam os períodos de plantio e colheita de regiões onde as pessoas dependem economicamente das atividades agrícolas. Estima-se que o aquecimento global associado ao crescimento na concentração de gases de efeito estufa na atmosfera causem um aumento na precipitação durante o verão asiático, intensificando o volume de chuvas nessas regiões.

Neve e gelo

Há espessas **camadas de gelo** que cobrem algumas regiões dos polos do planeta, os mantos de gelo. Com o aquecimento global, o manto de gelo Polar Ártico deve ganhar massa devido à grande precipitação, enquanto o manto da Groenlândia deve perder volume, uma vez que a quantidade de gelo que derrete e escoa para o oceano será maior do que a precipitação nessas áreas. Também é prevista a redução das áreas de extensão da **cobertura de neve** no Hemisfério Norte e da área congelada dos oceanos.

Nível do mar

O **nível médio marítimo** mundial está projetado para aumentar cerca de 10 cm até 2100, com base em diferentes cenários analisados.

Isso ocorre em razão da perda de massa de geleiras e calotas polares causadas pelo degelo. Quando há derretimento de gelo, uma maior quantidade de água adentra nos oceanos, aumentando seu nível. O aumento de poucos metros de altura no mar pode significar o avanço de vários metros em direção ao continente em cidades costeiras.

De acordo com projeções do quinto relatório (AR5) do Painel Intergovernamental sobre Mudanças Climáticas (IPCC, na sigla em inglês), o nível dos oceanos subirá aproximadamente 1,6 metro até 2100.

 **DIÁLOGO**

Mudanças climáticas no Brasil

[...] "De modo geral, é possível perceber um aumento nas temperaturas em todo o país, porém com intensidades diferentes em cada região. Já o regime de chuvas será diferente, com regiões tendo diminuição no volume de precipitações e outras tendo aumento", explica o meteorologista Tercio Ambrizzi, professor de Instituto de Astronomia Geofísica e Ciências Atmosféricas da USP [...].

[...]

Essas mudanças no clima trarão uma série de impactos em diversos setores, como nos recursos hídricos, na geração e distribuição de energia, e na agricultura. [...] Entre os problemas a serem enfrentados, está o risco de colapso no abastecimento de água em várias regiões urbanas, devido a **estiagens** mais prolongadas; [...] e intensificação dos efeitos da poluição nos corpos hídricos, reduzindo ainda mais a disponibilidade e a qualidade hídrica. [...]

> **GLOSSÁRIO**
>
> **Estiagem:** tempo seco, em que não há chuvas.

A energia também é um ponto preocupante. Como as hidrelétricas são responsáveis por 85% da geração de eletricidade no Brasil, a redução do volume das chuvas em grande parte do país acarretará perdas significativas. [...]

A agricultura também será afetada, com muitas culturas tendo que se deslocar devido às temperaturas elevadas e à estiagem. Culturas como feijão, soja, trigo e milho serão especialmente atingidas, sofrendo grandes reduções de área de plantio e deslocamento para regiões mais frias. [...]

[...]

Para contribuir com a diminuição da emissão de gases de efeito estufa, governo e sociedade precisam pensar em fontes de energia limpa, além de novos modelos para a indústria e o transporte. Outra ação importante consistirá em brecar o desmatamento e a exploração ilegal de madeira, já que esses fatores contribuem mais para as emissões globais do que o setor dos transportes. [...]

Painel Brasileiro de Mudanças Climáticas. Mudanças climáticas no Brasil. Disponível em: <www.pbmc.coppe.ufrj.br/pt/noticias/459-mudancas-climaticas-no-brasil>. Acesso em: 6 maio 2019.

1. Reúnam-se em grupos e pesquisem as mudanças climáticas que já podem ser percebidas na região onde vivem. Com as informações pesquisadas, elaborem filmes de curta-metragem, de aproximadamente 2 minutos, sobre as mudanças climáticas e suas consequências na sua região. Com o auxílio do professor, organizem um festival de curtas para exibir as produções à comunidade escolar.

ATIVIDADES

SISTEMATIZAR

1. Qual é o maior risco do agravamento do efeito estufa?

2. Estabeleça uma relação entre efeito estufa e aquecimento global.

3. Que previsões são feitas antevendo consequências do aquecimento global?

4. Que medidas os governantes podem tomar para combater o aquecimento global? E os indivíduos?

REFLETIR

1. Observe a fotografia ao lado. O que você vê?

2. Em sua opinião, qual dos meios de transporte mostrados na imagem é o menos prejudicial para o ambiente? Por quê?

3. Que atitudes os cidadãos podem tomar para minimizar a emissão de poluentes em relação aos meios de transporte?

4. Você usa o transporte público no dia a dia? Discuta com os colegas como é o transporte público em sua cidade. Ele oferece boas condições? Se necessitar, busque informação em jornais e na internet.

↑ Ponte Eusébio Matoso sobre o Rio Pinheiros com vista de vegetação lateral. São Paulo (SP), set. 2016.

DESAFIO

1. Reúna-se com um ou mais colegas e leiam o texto a seguir:

Os rios voadores são "cursos de água atmosféricos", formados por massas de ar carregadas de vapor de água, muitas vezes acompanhados por nuvens, e são propelidos pelos ventos. Essas correntes de ar invisíveis passam em cima das nossas cabeças carregando umidade da Bacia Amazônica para o Centro-Oeste, Sudeste e Sul do Brasil.

Essa umidade, nas condições meteorológicas propícias como uma frente fria vinda do sul, por exemplo, se transforma em chuva. É essa ação de transporte de enormes quantidades de vapor de água pelas correntes aéreas que recebe o nome de rios voadores – um termo que descreve perfeitamente, mas em termos poéticos, um fenômeno real que tem um impacto significante em nossas vidas.

[...]

Fenômeno dos rios voadores. Disponível em: <http://riosvoadores.com.br/o-projeto/fenomeno-dos-rios-voadores/>. Acesso em: 4 maio 2019.

Pesquisem os rios voadores na Amazônia, sua importância e os fatores que ameaçam esse fenômeno.

Depois, elaborem uma campanha informativa sobre esse tema, destacando a importância desses rios voadores e o que pode ser feito para preservá-los.

Mudanças climáticas e os riscos para a agricultura

Os efeitos econômicos e sociais das mudanças climáticas têm sido um ponto importante de debate atualmente. Nesse cenário, é muito comum pensar que agricultores e ambientalistas estão em lados opostos, como se o sucesso de um implicasse o fracasso do outro. Proteger o ambiente ou desenvolver a agricultura é um falso dilema, pois o que as pesquisas científicas mostram claramente é que, num eventual aumento da temperatura média do planeta, todos perdem!

Para entender as origens do dilema entre agricultura e meio ambiente, devemos lembrar, inicialmente, de que nosso país ocupa o segundo lugar entre os países com maior cobertura vegetal do planeta (dados medidos entre 2001 e 2016). Somando-se a isso o fato de que o desmatamento de cobertura vegetal contribui com cerca de 11% das emissões globais de CO_2 na atmosfera, podemos associar o desmatamento no Brasil com o aquecimento global, já que, além disso, as florestas são os principais agentes na minoração dos efeitos do aquecimento. Segundo estimativas de centros de controle e pesquisa, cerca de 36% de toda a emissão de CO_2 com origem nas atividades humanas são reabsorvidas pelas florestas do mundo. No caso do Brasil, a Floresta Amazônica sozinha responde por 20% do sumidouro. Em outras palavras, destruir florestas causa duplo impacto nas mudanças do clima, pois lança gases de efeito estufa na atmosfera e reduz os meios para conter o aquecimento.

Por outro lado, o Brasil é também um grande produtor de alimentos, ocupando o segundo lugar na produção de soja e carne bovina e o primeiro lugar na produção de cana-de-açúcar, apenas para citar três produtos. Nossos alimentos são consumidos por habitantes de todo o planeta. Além da necessidade de terras para plantar e para criar os rebanhos (as quais, em muitos casos, foram obtidas por meio do desmatamento de florestas), produzir alimentos também impacta o clima. A produção de carne e de leite representa cerca de 50% de todas as emissões de Gases de Efeito Estufa (GEE) no Brasil. Enquanto, na maioria dos países industrializados, os meios para reduzir as emissões de GEE se concentram na produção industrial, no transporte e na geração de energia, no Brasil, o compromisso com a redução atinge diretamente o desmatamento e a cadeia de produção de alimentos.

Analisando esse cenário, parece difícil conciliar as duas vocações do país: a de ser, por um lado, o celeiro do mundo e, por outro, sua reserva vegetal.

Mas o aquecimento global é ruim para todos, tanto para o ambiente como para a agricultura. Isso acontece porque a agricultura brasileira se concentra em duas regiões climáticas: tropical e subtropical. Essas regiões ficam próximas ao que os especialistas chamam de "envelope climático", locais em que um aumento de temperatura média provoca forte diminuição da produtividade agrícola. São locais atingidos pelas ondas de calor e secas decorrentes do aquecimento global.

↑ Plantação de soja no Brasil, 2018.

Para se ter uma ideia do estrago na agricultura que o aumento da temperatura média pode causar, observe o gráfico abaixo, que relaciona a necessidade de água para a cultura de soja e a área disponível para o plantio.

Cultivo de soja no Brasil em função do aumento de temperatura

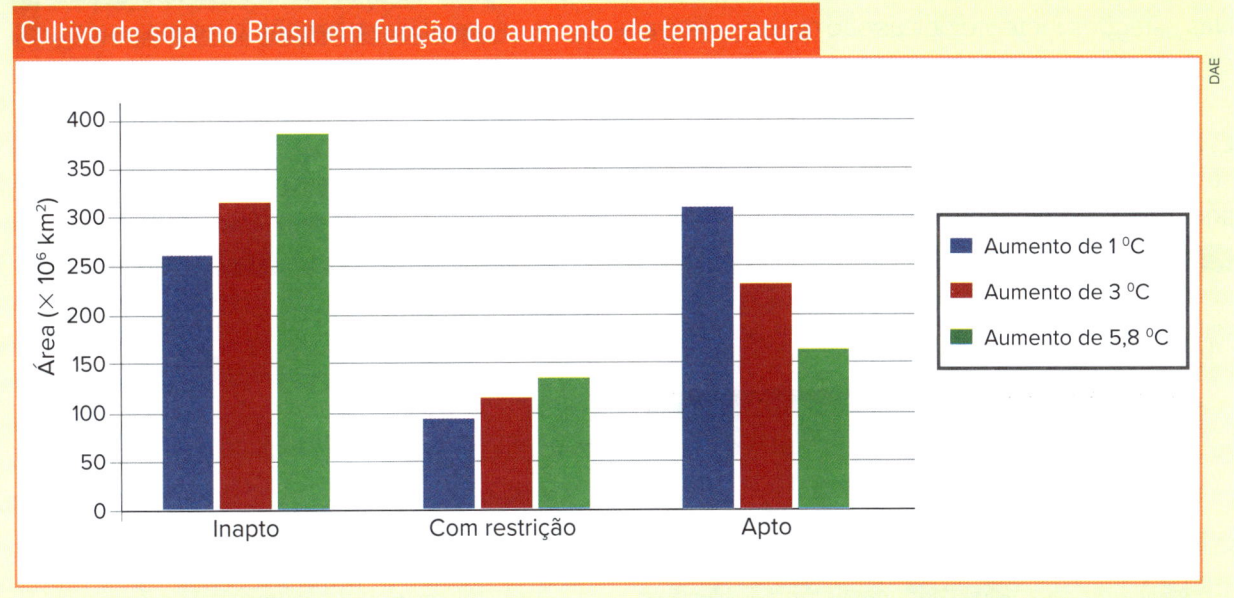

↑ Influência do aumento da temperatura na área disponível para cultivo de soja no Brasil.

Fonte: Carlos Roberto Leandro. Estudo das consequências do aquecimento global na produção agrícola. *Revista Especialize On-line IPOG*, Goiânia, 6. ed., n. 6, v. 1, dez. 2013.

O gráfico simula um cenário para o plantio de soja, plantada entre 1º e 10 de outubro, supondo-se uma determinada precipitação, um tipo de solo de textura média e variação no aumento da temperatura. Ele indica se o plantio é respectivamente: **inapto**, **apto com restrições** e **apto**. É importante notar como o total de áreas aptas diminui à medida que a temperatura aumenta. Ao chegarmos a 5,8 °C de aumento, o total de terras aptas cai quase à metade.

Para alguns especialistas em agricultura, se a temperatura média no Brasil superar os 30 °C, a cultura de grãos estará praticamente inviabilizada. Isso porque, na maior parte do país, a temperatura ao longo do dia ultrapassaria o limite máximo tolerado por grande parte das culturas, o que tornaria impraticável a agricultura no território nacional. Países como o Canadá e a Rússia seriam candidatos a celeiros do mundo por terem grandes porções de terra situadas em climas temperados e polares.

O que podemos concluir é que clima e agricultura, longe de serem inimigos, são interligados. Na verdade, a preservação do ambiente é pré-requisito para qualquer tipo de atividade econômica sustentável.

1. Por que o desaparecimento das florestas afeta duplamente o aquecimento global?

2. Com base no texto acima, quais são os motivos que explicam o embate tão duro entre agricultores e ambientalistas no Brasil?

3. Usando suas palavras, como você explicaria a um familiar que é um falso dilema ter de escolher entre agricultura e preservação do meio ambiente?

4. Por que o aumento da temperatura média mundial seria especialmente prejudicial à agricultura brasileira?

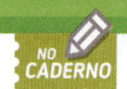
Neste tema, você aprendeu que o tempo corresponde ao estado atmosférico em determinado momento e lugar, e o clima ao conjunto de condições atmosféricas mais frequentes em determinada região. Os fatores que indicam as condições atmosféricas são as nuvens, a velocidade e a direção dos ventos, as massas de ar e a umidade do ar, além da pressão e da temperatura. Nas estações meteorológicas são registradas e analisadas as variações das condições atmosféricas por meio de equipamentos como termômetro, anemômetro, higrômetro, biruta e pluviômetro.

Existem anomalias que podem causar consequências devastadoras no planeta, como o El Niño. Além disso, o fenômeno do efeito estufa é agravado por gases como o gás carbônico, sendo uma das prováveis causas do aquecimento global – fenômeno climático cuja principal consequência é o aumento da temperatura média do planeta.

1. Analise a imagem a seguir.

Grant Tiffen/Alamy/Fotoarena

← Glaciar Perito Moreno, na Argentina. A foto mostra um grande bloco de gelo se desprendendo da geleira e caindo no mar. Fev. 2018.

a) Que fenômeno está sendo representado?

b) Quais são as causas desse fenômeno?

c) Que medidas podem ser tomadas para amenizar esse problema?

2. Você estudou neste tema que o serviço de meteorologia utiliza vários instrumentos para fazer as previsões do tempo.

- Barômetro – mede a pressão atmosférica.
- Biruta – indica a direção do vento.
- Higrômetro – mede a umidade do ar.
- Anemômetro – mede a velocidade do vento.
- Termômetro – mede a temperatura.
- Pluviômetro – mede a quantidade de chuva.

Relacione as frases a seguir aos instrumentos mencionados anteriormente.

a) O Rio de Janeiro registrou a máxima de 38 °C em Bangu.

b) A previsão da umidade do ar para a cidade de São Paulo, na semana passada, estava baixa: cerca de 20%.

c) Na Ponte Rio-Niterói hoje o vento tinha a direção de 90 graus leste.

d) Os ventos do furacão Catarina chegaram a atingir 150 km/h.

e) Ao nível do mar, a pressão atmosférica é, em média, 1 atm.

3. Quais informações sobre os ventos contribui para a elaboração da previsão atmosférica?

4. O que são fenômenos climáticos? Cite exemplos.

5. Com a diminuição dos ventos, a água do Oceano Pacífico tende a se aquecer por toda a sua extensão, aumentando a precipitação. Observe o esquema a seguir que representa esse fenômeno.

O esquema está representado com cores-fantasia e as dimensões dos elementos não seguem a proporção real.

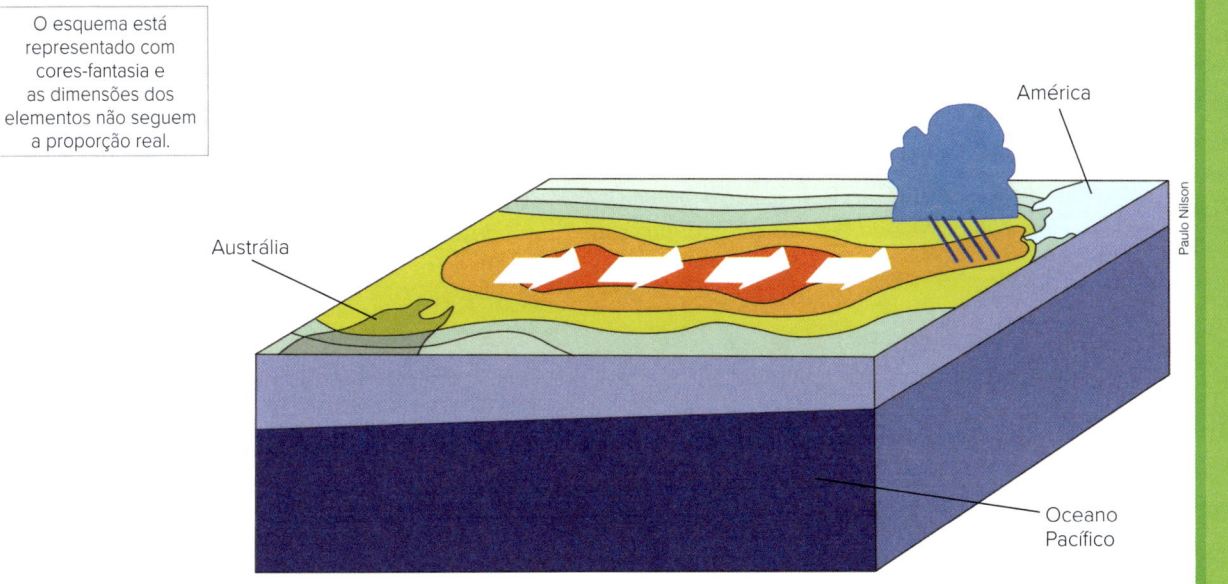

Fonte: <https://i.guim.co.uk/img/static/sys-images/Guardian/Pix/pictures/2015/3/5/1425570716554/303470e3-ebe7-4312-afc7-a6451f51c813-bestSizeAvailable.png?width=300&quality=85&auto=format&usm=12&fit=max&s=6f194d41f6442ed86b9501d341264fd7>. Acesso em: 4 maio 2019.

a) Que fenômeno é esse?

b) Esse fenômeno é provocado pelo ser humano? Justifique.

c) Quais são os impactos causados por ele no mundo?

DICAS

▶ ACESSE

Site do CPTEC: <www.cptec.inpe.br>. Acesso em: 4 maio 2019. Nesse *site*, são encontradas diversas informações sobre tempo e clima.

Windy: <www.windy.com/pt/>. Acesso em: 4 maio 2019. *Site* que permite a visualização de diversos fatores relacionados ao tempo, como ventos e temperatura, em tempo real e em todo o planeta.

▶ ASSISTA

O menino e o mundo. Brasil, 2013. Direção: Alê Abreu, 80 min. Animação sobre um garoto que sai à procura de seu pai e se depara com diversos problemas relacionados à vida moderna.

Seremos história? Estados Unidos, 2016. Direção: Fisher Stevens, 96 min. Documentário que mostra os efeitos das mudanças climáticas em diversos países.

A era da estupidez. Reino Unido, 2009. Direção: Franny Armstrong, 89 min. Filme em que um homem que vive sozinho em 2055, com o planeta devastado, revive imagens de seu arquivo, tentando entender por que não salvamos a Terra enquanto ainda havia chance.

▶ LEIA

Clima e meio ambiente, de José Bueno Conti (Atual).
A obra explica as relações entre clima e meio ambiente e mostra que a modificação no equilíbrio em nível planetário leva ao efeito estufa e a suas consequências.

Dança da chuva. (Pesquisa Fapesp). Artigo com vídeos e infográficos que aborda questões relacionadas à escassez de água no Brasil e explica o que são os rios voadores. Disponível em: <http://revistapesquisa.fapesp.br/2014/12/29/danca-da-chuva/>. Acesso em: 4 maio 2019.

Referências

ALVAREZ, Albino Rodrigues; MOTA, José Aroudo (Org.). *Sustentabilidade ambiental no Brasil:* biodiversidade, economia e bem-estar humano. Brasília: IPEA, v. 7, 2010. (Série Eixos Estratégicos do Desenvolvimento Brasileiro).

ALVES, R. A.; VIANELLO, L. R. *Meteorologia básica e aplicações.* 2. ed. Viçosa: Ed. UFV, 2012.

ANDRADE, K. M.; CAVALCANTI, I. F. A. *Climatologia dos sistemas frontais e padrões de comportamento para o verão na América do Sul.* São Paulo: CPTEC/INPE.

BOLONHINI JR., Roberto. *Portadores de necessidades especiais*: as principais prerrogativas dos portadores de necessidades especiais e a legislação brasileira. São Paulo: Arx, 2004.

BRASIL. Câmara dos Deputados. *Estatuto da Criança e do Adolescente.* 15. ed. Brasília: Edições Câmara, 2015.

_____. Ministério da Educação. *Base Nacional Comum Curricular.* 3. versão. Brasília: MEC, 2017.

_____. Ministério da Educação. Secretaria de Educação Básica. Diretoria de Currículos e Educação Integral. *Diretrizes Curriculares Nacionais da Educação Básica.* Brasília: MEC, 2013.

_____. Ministério da Saúde. Secretaria de Atenção à Saúde. Departamento de Atenção Básica. *Guia alimentar para a população brasileira.* 2. ed. Brasília: Ministério da Saúde, 2014.

BRUSCA, Gary J.; BRUSCA, Richard C. *Invertebrados.* Rio de Janeiro: Guanabara-Koogan, 2007.

CACHAPUZ, Antonio et al. (Org.). *A necessária renovação do ensino das ciências.* São Paulo: Cortez, 2011.

CAMPOS, Maria Cristina da Cunha; NIGRO, Rogério Gonçalves. *Teoria e prática em Ciências na escola.* São Paulo: FTD, 2010.

CANIATO, Rodolpho. *O céu.* São Paulo: Átomo, 2011.

CAVALCANTI, I. F. A.; KOUSKY, V. E. Configuração de anomalias associadas à propagação de sistemas sinóticos sobre a América do Sul. *Anais do IX CBMET*, Campos do Jordão, 1996.

DORNELLES, Leni Vieira; BUJES, Maria Isabel E. (Org.). *Educação e infância na era da informação.* Porto Alegre: Mediação, 2012.

FARIA, Romildo P. *Fundamentos de Astronomia.* Campinas: Papirus, 2001.

FERREIRA, A. G. *Meteorologia prática.* São Paulo: Oficina de Textos, 2006. 188 p.

FREIRE, Paulo. *Educação como prática da liberdade.* Rio de Janeiro: Paz e Terra, 2009.

GOLDEMBERG, José; LUCON, Oswaldo. *Energia, meio ambiente e desenvolvimento.* São Paulo: Edusp, 2008.

GUYTON, Arthur Clifton; HALL, John Edward. *Tratado de Fisiologia Médica.* 12. ed. Rio de Janeiro: Elsevier, 2011.

INMET, Instituto Nacional de Meteorologia. *Atlas de nuvens.* Disponível em: <www.inmet.gov.br/portal/index.php?r=home/page&page=nuvens>. Acesso em: 13 out. 2018.

MENDES, C. L. T.; SOARES-GOMES, A. *Circulação nos oceanos correntes oceânicas e massas-d'água.* Rio de Janeiro: Universidade Federal do Fluminense, 2007. Disponível em: <https://docplayer.com.br/7466417-Circulacao-nos-oceanos-correntes-oceanicas-e-massas-d-agua.html>. Acesso em: 13 out. 2018.

MORETTO, Vasco P. Reflexões construtivistas sobre habilidades e competências. *Dois pontos*: teoria & prática em gestão, v. 5, n. 42, p. 50-54, 1999.

POUGH, F. Harvey; JANIS, Christine M.; HEISER, John B. *A vida dos vertebrados.* São Paulo: Atheneu, 2008.

RAVEN, Peter H. *Biologia vegetal.* Rio de Janeiro: Guanabara Koogan, 2007.

REBOITA, M. S.; AMBRIZZI, T.; ROCHA, R. P. Entendendo o tempo e o clima na América do Sul. Terræ Didatica, 8(1): 34-50, 2012. Disponível em: <www.ige.unicamp.br/terraedidatica/v8-1/pdf81/s3.pdf>. Acesso em: 13 out. 2018.

SENE, E.; MOREIRA, J. *Geografia geral do Brasil*: espaço geográfico e globalização. São Paulo: Scipione, 2013. v. 1.

SOBOTTA, Johannes. *Atlas de anatomia humana.* 23. ed. Rio de Janeiro: Guanabara Koogan, 2013.

SOCIEDADE BRASILEIRA DE ANATOMIA. *Terminologia anatômica.* Barueri: Manole, 2001.

TORTORA, Gerard J.; DERRICKSON, Bryan H. *Princípios de Anatomia e Fisiologia.* 14. ed. Rio de Janeiro: Guanabara Koogan, 2016.

TOWNSEND, Colin R.; BEGON, Michael; HARPER, John L. *Fundamentos em Ecologia.* 3. ed. Porto Alegre: Artmed, 2010.

VAREJÃO-SILVA, M. A. *Meteorologia e Climatologia.* Instituto Nacional de Meteorologia. Brasília: Stilo, 2000.